생각의 융합

생각의 융합

인문학은
어떻게 콜럼버스와 이순신을
만나게 했을까

··· 김경집 지음 ···

더숲

인문학적 융합만이
살 길이다

●
' 여러 해 전 일이다. 아들 녀석의 셔츠에 적힌 '1492MILES'
라는 글자에 자꾸 눈길이 갔다. 반사적으로 1492는 콜럼버스가 아메리카
대륙을 발견한 해라는 사실이 떠올랐다. 그렇다면 1492가 자유와 새로운
도전을 뜻하겠구나 싶었다. 그런데 거기에 왜 길이의 단위인 miles가 붙었
을까? 찾아봤더니 약진하는 젊은이의 패기를 상징하는 것이라고 한다.
21세기 새로운 미래에 꿈과 희망을 품은 젊음에겐 그럴싸한 이름이다. 자
유와 도전과 패기, 그것이 젊음의 힘이자 가치다.
  그런데 내겐 또 다른 숫자가 떠올랐다. 1592. 바로 임진년 조일전쟁(임진

왜란)이 일어난 해다. 그 전쟁에서 가장 중심이 되는 인물은 이순신이다. 100년이라는 시간적 간격과, 서양과 동양이라는 공간적 차이가 궁금했다. 그 사이에 어떤 일이 일어났을까? 그 간격과 차이를 하나씩 찾아가는 과정은 뜻밖에도 즐거웠다. 그렇게 콜럼버스와 이순신과의 조우가 내게 일어났다. 그리고 자연스럽게 1392이라는 숫자도 등장했다. 조선의 건국과 콜럼버스의 탐험, 그리고 이순신의 위대한 전쟁이 100년의 간격을 두고 세계사에 나란히 등장하는 것을 단순히 연도의 나열로만 배우고 익힌 것이 우리의 교육이었다. 그러나 그 사건들을 따로 떨어진 각각의 점이 아니라 점과 점의 연결로 보면 뜻밖의 것들을 많이 만나게 되고, 그것들이 서로 연결될 수 있는 지점을 발견하게 된다. 요즘 말로 새로운 '케미'의 연결들이다. 그 점들의 연결을 파고 들어가다 보면 상상력이 저절로 생기고 그 날개가 활짝 펴지는 즐거운 경험을 하게 된다.

상상력이 강조되는 시기다. 창조와 융합이 요구되는 시대다. 그러나 막상 어떻게 상상하고 창조하며 융합해야 하는지 경험해본 적이 없는 까닭에 여전히 구호와 선언에 그치는 것이 현실이다. 왜 그것을 해야 하는지, 어떻게 할 수 있는지 하는 핵심은 빠진 채 그저 여기저기 슬로건만 외치는 현실을 보면 안타깝다. 그 당위를 깨닫는 데에만 이미 18년이 걸렸다. 그런데도 여전히 그 타령이다.

우리에게 1997년은 기억하고 싶지 않은 해다. 극심한 외환위기를 겪었고 그 폐해는 엄청났다. 다행히 경제 위기는 3년 만에 졸업했지만 그 후유증은 지금까지 사라지지 않았다. 우리는 IMF 체제의 졸업으로 그 위기를 완전히 벗어났다고 여기지만, 그 오해가 지금까지 위기를 낳고 있다. 나는 그 해를 산업화 대한민국의 임계점이라고 해석한다. 1960년대에서 1990년대까지 우리나라는 기적에 가까운 놀라운 성장을 이루었다. 밑바닥에서 시작하여 1996년 경제협력개발기구(OECD)에 가입해 선진국 대열에 합류했으며 세계 경제의 중심으로 성장했다. 그러나 그 성취에 취해 세상이 바뀐 것을 깨닫지 못했다.

산업화 시기에는 '속도와 효율'이 강조되었다. 특유의 근면함과 강한 욕망이 거기에 호응하며 눈부신 성장을 이루었다. 대견하고 뿌듯한 성취였다. 그러나 이미 이 패러다임은 종말을 고하고 있었다. 그것은 세계뿐 아니라 우리에게도 똑같이 적용되는 일이었다. 그런데도 우리는 여전히 낡은 프레임과 패러다임에서 벗어나지 못한 채 그 가치에만 몰두했다. 그러다 결국 1997년 경제 위기를 맞아 IMF 관리체제로 들어가게 되었다. 이는 단순히 경제 문제에 국한된 것이 아니라 대한민국의 모든 프레임이 맞닥뜨린 위기였다. 그것을 깨닫는 데 10년이 넘게 걸렸다.

그만큼 속도와 효율의 패러다임은 우리에게 거의 절대적인 것이었다. 그 속에서 인문학의 존재 가치와 힘은 배제되었다. 그게 밥이 되냐 떡이 되냐며 타박만 했을 뿐이다. 위기를 겪으면서 인문학의 성찰과 가치를 잃은 사회는 속도와 효율의 한계라는 패러다임의 대안을 찾기 시작했다. 그런 배경에서 인문학이 부상하게 되었다.

그러나 불행히도 작금의 인문학 열풍은 우리가 직면한 문제에 대한 해법을 제시하지 못했다. 그저 품격과 교양의 수준, 그리고 우리가 잊고 살았던 가치에 대한 향수를 자극하는 방식이 주를 이루었다. 물론 그런 과정은 불가피하다. 그렇게라도 해서 인문학의 가치를 느낄 수 있다면 좋은 일이다. 그러나 지금은 그렇게 한가로울 때가 아니다. 무엇보다 인문학이 지금 우리에게 가장 유용한 대안이라는 점에서 더욱 그렇다. 그리고 인문학은 바로 그러한 역할을 충실하게 수행해야 한다.

21세기가 요구하는 방식은 '창조, 혁신, 융합'이다. 기존의 방식이 무조건 잘못되었다는 건 아니지만, 교육만 해도 그렇다. 우리가 배운 건 생각보다 많다. 온갖 분야의 다양한 지식을 배웠다. 문제는 속도와 효율의 프레임에 매몰되어 각 과목의 영역만 가르치고 배웠다는 점이다. 다른 과목이나 분야로 넘나드는 융합의 지식은 경험하지 않았다. 그러니 막상 새로운 시대에 융합이 필수적이라고 아무리 외쳐도 어찌 해볼 도리가 없다. 역사 시간에 역사만 가르치고, 수학 시간에 수학적 계산법만 가르쳤다. 그걸 잘 수행하는 학생들에게는 좋은 대가가 주어졌다. 불행히도 아직도 그 프레임은 유효하다. 그런데 그런 교육방식은 이제 더 이상 유효하지 않다. 우리만 그걸 모르거나 모른 척할 뿐이다.

이미 대부분의 영역에서 인간의 두뇌는 속도와 효율의 측면에서 볼 때 컴퓨터 알고리즘에 뒤지는 것으로 판명되었다. 앞으로 속도와 효율의 프레임에서 각광 받고 지위를 누리던 직업들은 쇠퇴할 것이고, 그런 일에 매달린 사회는 패퇴할 것이다. 그것은 필연이다. 그러나 절망적인 것만은 아니다. 많은 지식들과 정보들을 섞고 묶어 새로운 의미를 찾아내고 그것을 바탕으로 새로운 가치를 찾아내는 것은 여전히 우리 인간이 해야 할 영역으로 남아 있다. 그리고 그것을 극대화하여 컴퓨터 알고리즘의 한계를 채우는 것이 미래 가치를 만들어낼 것이다. 그것이 바로 융합의 가치이고 힘이다.

우리가 배운 엄청난(그러나 각각의 상자에 담긴 지식으로 존재한다면 그것은 고작해야 몇 기가 용량도 채 안 될 것이다) 지식과 정보를 가로지르며 의미를 찾고 새로운 가치를 도출해내는 방식으로 재구성하면 된다. 시간과 공간, 과목과 분야의 분리와 격리를 허물고 자유롭게 넘나들며 내가 주인이 되어 묻고 캐고 따지면서 묶고 엮어보면 새로운 것들이 보인다. 그것을 해줄 수 있는 분야가 무엇인가? 그게 바로 인문학이다.

인문학은 흔히 말하듯 문학·역사·철학의 영역에 국한되는 게 아니다. 진정한 인문학은 어떤 분야를 다루건 인간이라는 틀로 접근하는 연구와 성찰이다. 예를 들어 양자물리학 가운데서도 가장 어렵다는 힉스물리학을 이론적으로 접근하고 이해하는 것은 물리학, 즉 과학의 영역이다. 그러나 힉스물리학으로 해석되는 물질·세계·우주에서의 인간과 그 인간의 삶은 어떻게 해석되어야 하는가 하는 물음을 던지면 그건 인문학이 된다. 지금까지 우리가 인문학에 대해 갖고 있던 낡은 틀을 깨야 한다. 그래야 우리에게 지금 요구되는 새로운 세상을 살아갈 수 있다. 따라서 지금의 인문학은 우리에게 혁명이어야 한다!

나는 『인문학은 밥이다』에서 인문학의 분야가 문사철에 국한되는 것이 아님을 제시하려 했다. 12개의 분야로 정리했지만 사실 그 분야는 무한한 것이다. 편의상, 그리고 분량의 제한 때문에 그렇게 기본적으로 제시했을 뿐이다. 이 책은 그 카탈로그를 실전 모드로 전환하는 레시피 가이드라고 할 수 있다. 끊임없이 묻고 캐고 답을 찾아나서는 과정에서 많은 것들을 만날 수 있었다. 그리고 그것들을 통해 나의 삶을 리셋하고 사회를 재해석하는 수확을 얻을 수 있었다. 재료는 한정적이어도 레시피는 무한하다. 그게 지금 우리에게 필요한 인문학이다.

텍스트 일변도에서 벗어나 다양한 콘텍스트로 엮어보고 해석하는 것이 창조와 융합의 시작이다. 그리고 그 혁명적 변화가 우리의 미래를 살려낸다. 멈출 것인가, 나아갈 것인가 심각하게 자문해야 한다. 더 이상 머뭇거릴 때가 아니다. 그 역할을 바로 인문학이 해야 한다. 그게 시대적 당위다. 그 시작이 바로 융합이다.

나는 그런 작업을 위해 이 책을 구상했다. 내 아이의 셔츠에 있던 숫자가 나를 호기심으로 이끌었고 그 물음을 통해 이곳저곳 넘나들면서 나만의 해석을 시도해봤다. 그렇다고 온전히 새로운 것은 아니다. 또한 그르게 혹은 논리적으로나 사실적으로 비약한 해석도 있을 것이다. 그 비판에 대한 몫은 전적으로 내가 감당할 몫이다. 그러나 그 과정에서 나의 눈은 넓어졌고 내 앎과 삶은 훨씬 더 농밀해졌다. 틀리면 어떻고 엉뚱하면 또 어떤가? 갇힌 틀에서 벗어나는 꿈틀거림이 나를, 미래를 살려낼 것이다. 그것이 지금 우리가 해내야 할 용틀임이다. 21세기가 우리에게 요구하는 명령이다.

이 책을 펴내기까지 더숲의 김기중 대표에게 빚을 많이 졌다. 예정보다 1년 가까이 늦었음에도 묵묵히 기다려주고 오히려 성원해줬다. 고마운 마음 크다.

또한 신선영 주간과 편집부의 꼼꼼한 도움은 놓쳤을 실수들도 고칠 수 있게 해줬다. 저자로서 이런 편집자들을 만나는 것은 큰 행운이다. 함께 작업해준 출판사 가족들에게 감사함을 전하고 싶다.

2015년 정월
해미 수연재(樹然齋)에서

생각의 융합 __ I

인문학은
어떻게
콜럼버스와
이순신을
만나게 했을까

콜럼버스, 이순신을 만나다

-시공간을 초월한 역사와 역사

콜럼버스와
이순신 만남의 출발점,
실크로드

,

몇 해 전 나는 아주 흥미로운 책을 읽었다. 베르나르 올리비에(Bernard Ollivier)가 쓴 『나는 걷는다』라는 책이다. 그는 30여 년간 프랑스의 주요 일간지와 방송국에서 정치부와 경제부 기자로 일하며 숨 가쁘게 살다가 퇴직했지만 여생을 편히 보내기를 거부했다. 바쁘게 살았던 삶을 뒤로하고 그는 느리지만 생생한 삶의 리듬을 되찾고 싶었다. 1997년 에스파냐의 산티아고 데 콤포스텔라로 향하는 2,325킬로미터의 길을 걷고 난 뒤 그의 도보 여행은 엉뚱하게 실크로드로 이어졌다.

그는 길을 걷는 이유에 대해 "홀로 걸으며 생각을 하면서 근본적인 것에

도달할 수 있기 때문이다."라고 말하며 좀 더 오래, 좀 더 멀리 걸을 수 있는 길을 찾았다. 그래서 가장 힘든 여정으로 이스탄불과 중국의 시안(西安)을 잇는 신비의 실크로드를 선택한 것이다. 전직 기자로서의 감각을 살려 베르나르 올리비에는 매일매일 여행기록을 노트에 남겼고, 파리로 돌아와 그것을 정리하여 책으로 펴냈다. 그것이 바로 『나는 걷는다』라는 책이다.

그가 걸었던 길은 실크로드였다. 그는 4년을 준비해서 떠났고 한꺼번에 모든 여정을 마친 것이 아니었다. 끊고 이어서 여러 해로 나누어 걸었다. 물론 최소한의 장비와 불편함을 고수했지만 그 옛날 그 길을 넘었던 상인들의 고난에 비교하는 것 자체가 어불성설이다.

그 책을 읽으면서 TV에서 보았던 차마고도[1]의 아찔한 협곡 길이 떠올랐다. 실크로드(Silk Road)라는 이름을 붙인 사람은 독일의 지리학자 리히트호펜(Richthofen, 1833~1905)으로, 유럽과 중국이 무역을 할 때 아시아 내륙을 관통하던 경로를 묶어 지칭한 말이었다. 가장 수요가 많았던 수입 품목이 비단이어서 그런 이름이 붙었다. 이미 기원전 4세기에 도나우 상류 지역에 있는 켈트족의 거대한 토총에서 중국

[1]≫
茶馬古道. 기원전부터 중국과 티베트 사이에 차와 말을 거래하던 무역로로 실크로드와 함께 인류의 가장 오래 된 교역로였으며 길이가 약 5,000km, 해발고도가 4,000m 이상의 험준한 길이다.

의 원단이 발견된 것을 보면 그 역사가 아주 오래되었음을 알 수 있다.

일반적으로 실크로드의 길이는 6,400킬로미터라고 하지만 그것은 중국의 중원에서 시작하여 타클라마칸 사막을 지나 파미르 고원, 중앙아시아 초원, 이란 고원을 지나 지중해 동안에 이르는 길을 지칭하는 것이고 실제 길이는 그것보다 더 길다. 로마시대에 들어서자 비단의 수요가 엄청나게 증가했다. 특히 귀족들에게 비단은 그들의 신분을 과시할 수 있는 중요한 수단이었다. 아우구스투스 통치기(BC 27~AD 14)에 비단(세르, ser)은 최신 유행이었고 중국인들을 '비단인(세레스, Seres)'이라고 불렀다고 한다. 실크로드는 그야말로 동서양을 이어준 기원전의 고속도로였던 셈이다.

중국의 입장에서 보면 실크로드가 처음 열린 것은 전한(前漢, BC 206~AD 25) 시대였다. 한 무제는 지금의 신장 지구인 서역의 대월지국(大月支國)과 연합해 북방을 위협하던 흉노를 제압하길 원했고, 그러기 위해 서아시아로 통하는 교통로를 확보할 필요를 느꼈다. 이를 위해 특사로 장건(張騫)을 파견했으나 그는 중도에 흉노에게 붙잡혀 10여 년을 포로로 지내게 된다. 그러다가 결국 탈출하여 당초 목적지였던 대월지국에 도달했고 거기서 많은 자료를 수집해 본국으로 돌아갔다. 서역에는 명마, 금은이 있고 중국의 칠기와 비단을 사고 싶어 하는 나라들이 있다는 그의 보고에 흥미를 느낀 한 무제는 군사력이 강한 유목 민족을 흡수해 한나라를 세계의 강국으로 만들고자 했다. 그런 점에서 서방은 무역을, 중국은 군사적 목적을 가지고 있었던 셈이다.

기원전 60년, 마침내 흉노마저 굴복시킨 한나라는 서역을 완전히 손에 넣게 되었고 이때부터 본격적으로 중국의 비단이 로마까지 팔려나갔다. 중국 중국에서 수입된 도자기들은 유럽인들을 매혹시켰지만 엄청난 고가였다. 파손 등의 위험성이 그 희소가치를 더했기 때문이다. 그래서 일상에서 마음 놓고 쓰지는 못하고 과시용으로 썼을 것으로 보인다. 그런 습성이 나중에까지 이어져 접시 따위를 장식하는 문화가 생겼을 것이다. 실제로 소문자로 china는 도자기를 의미하는 영어 단어가 되었다 (참고로 japan은 칠기를 의미한다).

에서는 비단, 칠기, 도자기[2] 같은 물품과 양잠법, 화약 제조 기술, 제지 기술 등이 서역으로 건너갔는데, 특히 종이를 만드는 기술은 중세 유럽의 암흑기를 밝혀 인쇄술 발달과 지식 보급의 원동력이 되었다. 그리고 그 실크로드를 통해 중국에는 기린, 사자, 코끼리와 같은 진귀한 동물과 말, 호두, 후추, 호마(胡麻: 깨) 등이 전해졌고, 유리를 만드는 기술도 수입되었다.

무엇보다 이 길은 경제 교류라는 상업적 측면뿐 아니라 동서 문화의 교류라는 문화적 측면에서도 역사적으로 중요한 의미를 지닌다. 실크로드를 통해 활발한 교역이 이루어지던 한·당대까지만 해도 중국과 서역의 교역은 서로의 목적에 부합했다. 중국에 수입된 것들이 있었다는 점을 보면 그것을 확실하게 알 수 있다. 어쨌거나 서방의 관점에서 볼 때 중국과의 교역은 위험과 어려움에도 불구하고 매우 매력적인 거래였다는 것만은 분명하다.

서로 다른 문화 사이에 이루어지는 교역이나 무역은 단순히 경제적 차원에만 머물지 않고 문화가 교류됨으로써 세계관을 확장시키며 서로에게 많은 영향을 미치는 것이 사실이다. 이 장에서 그런 관계의 매우 특이하면서도 핵심적인 부분을 만나게 될 것이다.

욕망에
불을 지른
한 권의 책

'

교역은 많은 이익을 가져다준다. 위험 부담이 클수록, 그리고 물건의 값이 비쌀수록 이익은 커진다. 인간은 욕망의 존재다. 물론 그 욕망의 핵심은 권력과 재력이다. 누구나 부자가 되고 싶어 한다. 그 욕망에 불을 지르는 계기가 주어지면 그 불길은 삽시간에 번진다. 그처럼 인간의 욕망을 자극하는 책이 유럽을 풍미했는데, 바로 마르코 폴로(Marco Polo, 1254~1324)의 『동방견문록』이다. 본래 제목은 『세계의 서술(Divisamentdou Monde)』이지만 일본인들이 그렇게 번역한 까닭에 우리도 그대로 따르고 있다.

중학교 2학년 겨울방학 때(오일쇼크 때문에 갑자기 겨울방학이 길어졌다) 역사 선생님이 내준 숙제로 이 책을 처음 읽었다. 당시 을유출판사에서 나온 책은 한자가 대부분이어서 다른 친구들은 읽을 엄두를 내지 못했는데 다행히 나는 어지간한 한자는 읽을 수 있어서 끝까지 읽어보았다. 그런데 흥미롭다기보다는 황당하다는 느낌이 훨씬 강했다. 대학 시절 다시 읽었지만 느낌은 크게 다르지 않았다. 그건 그만큼 내게 어떤 선입견이 강하게 깔려 있다는 뜻이기도 했다. 그후 40대 들어 다시 읽어본 이 책에서 매우 흥미롭고 당시의 세계상을 짚어볼 수 있는 매력을 발견했다. 25년쯤의 시간이 지나서야 비로소 그 책을 제대로 읽은 셈이다.

분명한 건 그 책 한 권이 당시 유럽인들의 욕망에 불을 지폈다는 점이다. 그리고 그것은 훗날 서구 제국주의와 이어진다는 점에서 주의깊게 읽어봐야 할 필요가 있다. 베니스 출신의 이탈리아 상인이자 여행가인 마르코 폴로가 유럽에서 아시아까지 17년 동안 여행한 내용을 기록한 이 책은, 13세기 중국과 유럽을 알 수 있는 중요한 자료들을 담고 있다. 그가 여행한 당시의 중국은 쿠빌라이 칸이 통치하던 원나라였다. 중국에서 많은 것을 보고 들었던 그는 이란의 몽골 왕조 일 칸국의 아르군 칸에게 시집가는 원나라의 공주 코카친의 여행 안내자로 선발되어 중국을 떠나 콘스탄티노플을 거쳐 고향 베니스로 돌아왔다. 그때가 1290년경이었다. 몇 해 뒤 베니스-제노아 전쟁에서 포로로 잡혀 감옥에 갇힌 그는 시인이자 작가였던 루스티켈로에게 자신이 겪은 일을 받아 적게 했고 그렇게 해서 이 책이 세상에 나오게 되었다.

최근 들어 이 책에 대한 진실 공방이 불거지고 있다. 전족이나 차 등에 대한 기록이 없는 점이라든지, 그의 제안으로 만들어진 성 공략기로 성을 함락했다는 내용은 이미 그 이전에 그 성이 함락되었다는 기록을 통해 거짓으로 드러났다는 점이 그것이다. 실제로 그 책에는 그가 직접 보았다기보다는 전해들은 내용까지 포함되었으며, 때론 과장되었을 가능성도 있음을 충분히 짐작할 수 있다.

하지만 당시의 중국 기록과 비교해볼 때 상당히 많은 부분이 일치한다는 점에서 일반적으로 그 책의 내용이 사실로 받아들여지고 있다. 실제로 당시의 유럽인들도 마르코 폴로의 주장을 믿지 않았다. 하지만 많은 이들이 아시아 여행을 통해 그 내용들이 정확하다는 것을 알게 되었다. 무엇보다 아시아에 엄청난 금은보화가 있다는 내용은 관심을 끌기에 충분했다. 실제로 콜럼버스가 배를 타고 대서양을 건넌 것이나 그보다 일찍 포르투갈의 바르톨로메오 디아스가 희망봉을 도는 데 성공한 것, 1498년에 바스코 다 가마가 인도양 항로를 발견한 것도 모두 구미 당기는 아시아 향료의 무역로를 확보하기 위한 욕망의 발현이었다.[3]

일본과 마다가스카르, 시베리아와 수마트라에 이르기까지 광대하게 펼쳐졌던 마르코 폴로의 시선은 유럽인들의 지리적 상상력을 넓혀주었고 그들의 욕망

포르투갈인들은 1510년에 고아(인도 중서부의 주)를, 1518년에는 실론(스리랑카)을 점령했다.

≪3

을 자극했다. 아시아는 유럽의 상인들에게는 환상적인 재화의 보물창고로, 로마 가톨릭에게는 선교의 대상으로 다가왔다.

실크로드는 그렇게 다시 이어졌다. 예전과는 비교할 수 없을 만큼 대규모의 교역이 이루어졌다. 성공하기만 하면 떼돈을 벌 수 있는 환상의 대륙 아시아에 대한 그들의 갈망은 식을 줄 몰랐다. 그러나 1453년 콘스탄티노플이 오스만인들에게 함락되자, 아시아로 가는 길이 막히게 되었다. 바르톨로메오 디아스나 바스코 다 가마가 새로운 항로를 찾아나선 건 바로 그런 이유 때문이었는데, 결과적으로 이후 배를 사용함으로써 훨씬 더 많은 물자를 실어나를 수 있게 되었다. 이제 실크로드는 육로가 아닌 해로에 그 역할을 내주게 된 것이다. 배는 육상의 어떤 운송수단보다 훨씬 더 많은 물자를 운반할 수 있었기에 이익도 더 컸다. 따라서 상인들과 선교사들은 경쟁적으로 배를 타고 미지의 세계로 건너갔다.

무엇보다 『동방견문록』이 저잣거리의 낭인들까지 설레게 만든 건 "가는 곳마다 황금이 있었다"는 구절 때문이었다. 지팡구(일본)의 집들은 지붕까지 금으로 덮혀 있다는 등의 허풍을 곧이들은 사람들이 일확천금의 횡재를 꿈꾼 건 당연한 일이었다. 아메리카 대륙을 발견한 콜럼버스나 잉카제국을 정복하고 잔인한 학살과 약탈을 자행한 피사로의 동기도 바로 금에 대한 탐욕 때문이었다. 콜럼버스의 탐험을 지원한 에스파냐의 왕 페르난도 2세는 "금을 가져와라. 가능한 한 인도적으로, 그러나 어떠한 위험을 무릅쓰고라도 그것을 가져와라"라고 명령했다. 그런 점에서 이 책이 유럽인들에게 끼친 영향은 결코 가볍다고 할 수 없다.

동서양 문명,
역전이
시작되다

,

　　마르코 폴로의 『동방견문록』을 언급한 김에 기행문의 성격을 지닌 다른 책들과 비교해보는 것도 흥미와 의미를 제공할 것이다. 우선 『동방견문록』과 『왕오천축국전(往五天竺國傳)』을 비교해보자. 『동방견문록』이 14세기에 나온 것에 비해 『왕오천축국전』은 8세기(727)에 쓰인 것이니 시간상으로는 650여 년의 차이가 있지만 답사기라는 점에서, 그리고 다른 나라, 그것도 서역의 여러 나라들을 다루고 있다는 점에서 비슷한 점이 있다.

　　신라의 승려 혜초(慧超, 704~787)가 쓴 『왕오천축국전』은 제목 그대로 고대

인도(중국에서 고대 인도를 천축국이라 불렀다)의 여러 나라를 답사한 글로 당시 인도와 서역 여러 나라들의 종교와 풍속, 그리고 문화에 관한 기록이 소상하게 담겨 있다. 불교에 관한 자료들과 더불어 각 나라의 문화와 풍속에 관한 내용은 현대까지도 매우 중요한 의미를 지닌다.

사실 이 책은 온전한 모습이 아니라 필사본의 일부만 약본의 형태로 남겨진 까닭에 인도의 각 지역과 중앙아시아 여러 나라의 서술은 지극히 간략한 편이다. 따라서 현장의 『대당서역기』나 법현의 『불국기』 등에 비하면 정확성이 떨어진다. 하지만 이 두 책이 육로나 해로 하나로만 답사한 것임에 비해 혜초의 책은 육로와 해로가 함께 언급되어 있으며, 8세기 인도와 중앙아시아에 관해서는 세계에서 유일한 기록이라는 점에서 사료적 의미도 크다. 게다가 일반적인 정치 정세나 종교뿐 아니라 사회 상황에 대한 사료적 가치도 돋보인다.

흥미로운 사실은 우리의 답사기들은 주로 종교나 문화 혹은 문학적인 목적에서 기록되었다는 점이다. 그것은 우리가 중국을 선진문화의 모범으로 삼았고 인도가 불교의 발상지인 까닭에 자연스러운 일이기는 하지만, 상업적 목적이나 정치적 목적을 위한 답사기나 기록문이 별로 없다는 점은 주목할 일이다. 그나마 중국의 풍속과 문물제도를 자세히 기록한 박지원의 『열하일기』가 도드라진다.

말하자면 종교나 문화보다 정치나 경제적 목적의 답사 기록을 별로 남기지 않았는데, 이러한 태도는 우리의 세계관에도 그대로 드러난다고 할 수 있다. 물론 일반화의 오류에 빠질 위험이 있지만, 이런 사례를 통해 다른 나라의 문화와 문물에 대한 관심이 어떻게 다르게 나타나는지 가늠해 볼 수 있다.

실제로 같은 도구를 가지고도 그것을 어떻게 운용하느냐에 따라 그 사회의 미래가 달라진다. 그 대표적인 예를 구텐베르크(Johannes Gutenberg, 1397~1468)의 인쇄술과 고려의 인쇄술을 비교함으로써 발견할 수 있다. 종이, 화약, 나침반이 중국에서 만들어지고 서역을 거쳐 유럽에 전해지면서 유럽인들의 세계관과 문화를 혁명적으로 바꿨듯이 인쇄술 역시 그러했다.

『상정고금예문(詳定古今禮文, 고금상정예문이라고도 부른다)』 50권이 고려 인종 때 인쇄 편찬되었다. 이것을 고종 21년(1234)에 금속활자로 인쇄했다는 기록으로 보아 고려는 세계 최초의 금속활자를 발명했음이 분명하다. 불행히도 그 유물이 현존하지 않은 탓에 1377년 찍은 『직지심체요절(直指心體要節)』이 현존하는 가장 오래된 금속활자본이다. 구텐베르크가 새로운 형태의 금속활자 방식을 고안해낸 것이 대략 1440년경(존 맨의 설)이니 『직지심체요결』만으로도 이미 서양보다 70년쯤 앞섰다.

그러나 중요한 건 누가 먼저 만들었는가 하는 것이 아니다. 무엇을 찍었으며 그것이 시대와 사회에 어떤 영향을 미쳤는가 하는 점이다. 고려 말에 펴낸 불교서적을 읽은 사람들은 과연 얼마나 되었을까? 어쩌면 인쇄한 부수도 매우 제한적이었을 것이다(이 점은 조선시대에도 크게 다르지 않았다). 소수의 사람들만 그 책을 소유할 수 있었을 것이고, 그들조차 그것을 읽고 삶으로 체화하기보다는 자신이 소유하고 있다는 사실 자체를 과시하는 경우가 더 많았을 것이다.

4 »
『책의 탄생』(뤼시앵 페브르·앙리 장 마르탱 지음, 강주헌·배영란 옮김, 돌베개, 2014). 이 저서는 책의 사상이 아니라 책의 생산과 유통에 관한 제반 요소들을 조명함으로써 책이 사회를 어떻게 변화시켰는지를 밝히고 있다.

5 »
로렌 커닝햄은 구글과 구텐베르크를 합성한 신조어 구글베르크(Google-berg)를 만들어냈다. 커닝햄은 15세기에 구텐베르크가 인쇄술로 세상을 변혁시켰듯이 지금의 인터넷 시대에는 수많은 '구글베르크'들이 세상 변혁의 주역이 될 수 있다고 강조한다.

그에 비해 구텐베르크의 인쇄술은 유럽의 근대를 열었다. 인쇄술 덕분에 지식과 정보가 싹트고 유통될 수 있었던 것이다. 1455년 구텐베르크가 마인츠에서 찍은 『42행 성서』가 그 시발점이었다. 급속하게 퍼진 인쇄술과 책의 출간은 중세 시대 지식의 독점을 무너뜨리는 데 결정적인 역할을 했다.[4] 구텐베르크의 인쇄술이 없었다면 르네상스도, 종교개혁도 불가능했을 것이다. 진정한 의미의 근대 역사가 펼쳐지게 된 것은 단연코 그의 인쇄술 덕분이다. 그리고 이러한 차이는 결국 서양과 동양이 역전되는 중요한 계기가 되었다. 누가 먼저 만들었느냐가 아니라 그것을 어떻게 운용했느냐가 더 중요하다는 점이 여기에서 새삼 드러난다.[5]

강명관은 『조선시대 책과 지식의 역사』에서 중국, 조선, 일본 가운데 조선에만 서점이 없었다는 사실을 지적한다. 조선에서의 책은 〈삼강행실도〉처럼 백성을 교화할 목적으로 찍어낸 윤리서적 위주였고 대부분은 소규모로 발행하여 귀족들의 신분과 가문의 과시용으로 쓰였다. 출판업자와 서적상이 아니라 국가에서 독점한 출판은 활성화될 수 없었고, 양

중세의 인쇄소 풍경을 보여주는
1568년 작 판화. ····▶

반의 상징인 책을 판매하는 것은 저속한 행위로 여겨졌으며 금기시되었
다. 따라서 서점이 있을 까닭이 없었다.

중국에는 이미 송대에 민간 출판사와 서점이 있었고 일본도 도쿠가와
막부 이후 민간 출판사와 서점이 폭발적으로 늘어나, 에도 시대를 '서물(書
物)의 시대'라고 부를 정도였다고 한다.

그런 의미에서 본다면 서양에서 책은 중세를 붕괴시키고 근대로 나아가
는 데 기여했지만, 고려와 조선의 책은 중세적 질서를 고착화시키는 도구
였던 셈이다. 서양에서 책은 변화의 원동력이었지만 조선에서 책은 체제
유지용이었기 때문이다.

중국의 정화원정대보다
콜럼버스가
대항해의 원조로
기억되는 이유

,

서양과 조선의 이러한 차이는 유럽의 대항해 시대와 그
보다 훨씬 앞서고 압도적으로 우세했던 명나라 환관 정화(鄭和, 1371~1435?)의
선단과 비교해도 확연하게 드러난다. 정화의 배들은 당시 유럽의 배들과
는 비교할 수 없는 엄청난 규모였고 승선 인원 역시 비교도 안 될 만큼 대
규모였다. 그들이 탄 배는 길이가 137미터, 너비가 56미터, 마스트가 3개
에 이르는 엄청난 규모로, 약 1,500톤짜리 배였다.[6]

1402년 명나라의 3대 황제에 즉위한 영락제는 환관 정화에게 서역으로
가는 바닷길을 개척하라고 명했다. 당시 명나라의 북방에서 강성한 티무

르 제국이 서역으로 통하는 육로인 비단길을 막고 있었기 때문이었다. 그리고 남해 여러 나라의 조공을 촉구하고 새로이 개창한 명나라의 위력을 전 세계에 과시하려는 또 다른 목적도 있었다. 말하자면, 속내는 군사적으로나 상업적으로나 중요했던 비단길을 대체할 새로운 통로를 확보하는 것이고, 명분은 중국의 세력 과시였던 셈이다.

1405년, 드디어 정화가 이끄는 첫 원정대가 출발했다. 그 규모는 대함선 62척에 선원, 학자, 군인, 통역사, 의사 등을 포함해 2만 7,800여 명, 항해 기간은 2년 4개월, 그들이 들른 곳은 지금의 캄보디아, 태국, 자바 섬, 수마트라 섬, 실론, 인도의 캘리컷이 포함되었고 심지어 페르시아의 호르무즈, 아라비아의 아덴, 소말리아의 모가디슈, 케냐의 몸바사에 이르기까지 엄청난 규모의 원정이었다.

정화는 1433년까지 28년 동안 모두 7차례의 항해를 이끌었다. 1405년 7월 11일에 출항해 1407년에 돌아온 제1차 항해를 시작으로 1407년의 2차, 1409년의 3차, 1413년의 4차, 1416년의 5차, 1421년의 6차, 그리고 1430년에 시작해 1433년에 끝난 7차까지 모두 합쳐 28여 년 동안 지속적이

★ 6

정화의 기함인 보선의 크기는 정확하지 않다. 각 자료마다 다르기 때문이다. 역사적 사료에는 정화의 보선이 길이 44장 4척, 너비 18장이라고 기록되어 있지만 이런 규모의 배는 현실적으로 존재할 수 없다는 게 중평이다. 이 기록대로라면 보선은 축구장보다 긴 길이 134.5m 너비 54.5m에 이르는데 과연 이것이 가능한지 의문이다. 『1421, 중국 세계를 발견하다』의 저자 개빈 멘지스가 보선이 "길이 150m, 폭 60m로서 당시 세계 최대였다"고 적었는데, 이 사료를 인용했기 때문에 그의 진술도 마찬가지로 의심스럽다. 이 정도면 현대의 조선술로도 제작이 불가능하기 때문이다. 사료의 신빙성이 의심받는 이유는 정화의 선단을 모두 불사르면서 자료도 함께 태웠기 때문이다. 최근 『명사(明史)』, 「정화전」의 기록 상당수가 다소 허황된 창작집의 기록을 인용했다는 사실이 밝혀지기도 했다. 학자들에 따라 그 규모에 대한 추정은 다르지만, 가장 작은 추정에 근거하더라도 15세기에 엄청난 규모로 배를 건조하고 대규모 선단을 조직해서 인도양과 아프리카까지 항해했다는 것은 중국인들의 조선술과 항해 능력이 얼마나 뛰어났는지를 알 수 있게 하는 부분이다.

고 대규모로 항해 선단을 이끌었다.

정화의 선단은 그 항해술에서도 독보적이었다. 그들은 나침반과 견성판을 사용하여 방향을 잡았으며, 물시계를 이용하여 시간을 재고 항해 속도를 조절함으로써 긴 항해를 가능하게 했다. 그리고 야채를 오랫동안 보관할 수 있도록 염장법을 활용했으며, 선원들의 식량으로 현미를 충분히 선적하여 항해가 길어질 상황에 대비했다. 또한 다양한 풍물을 연구하기 위해 학자들을 태웠을 뿐 아니라 심지어 기생들까지 태워 선원들을 격려하고자 했다. 얼핏 보면 대규모 원정 부대를 방불케 할 정도였다.

물론 정화의 대항해에 대해 칭송일변도의 반응만 존재하는 건 아니다. 그들이 항해에 나섰던 것은 정치적, 군사적 목적 때문이었다는 지적도 있다. 당시 명나라는 건국 과정에서 원나라와 전쟁을 치르고 이후에도 몽골과의 잦은 분쟁으로 경제적 곤경에 처하게 되었고 따라서 바닥난 재정을 보충해야만 했다는 것이다. 하지만 이런 지적조차 석연치는 않다. 왜냐하면 그런 이유로 항해에 나선 것이라면 당연히 적극적인 교역이 이루어졌어야 하는데 그런 흔적은 별로 보이지 않기 때문이다.

오히려 명나라가 세력을 과시하고 중국을 중심으로 국제관계를 전개하면서 그 위세를 떨치려 했던 것이라는 설명이 설득력이 있다. 그 예가 바로 베트남 같은 주변 국가들에게 엄청난 세력 과시를 했던 일이다. 중국은 전통적으로 중화와 변방이라는 구조로 국제관계를 구축했는데 이것을 더욱 공고하게, 더 광범위하게 하려는 목적을 갖고 있었다. 실제로 정화의 대항해를 명령한 영락제는 육로 대신 해로를 이용해서 서쪽으로 나아가 동남아시아의 여러 나라를 제압하고 이를 바탕으로 더 넓은 세력권을 확보하려고 했다.

정화의 선단이 방문국들에서 보여준 모습을 보면 그런 의도를 더욱 확실하게 알 수 있다. 그들은 방문국에서 서로 갈등하거나 다투는 세력들을 중재하고 화해하는 일까지 했다. 대항해 시대 유럽 국가들이 보여준 행태와는 대조적이라 할 수 있다. 애초부터 정치경제적 목적을 가지고 항해에 나섰고, 나중에는 노골적으로 식민지를 개척하려 했던 유럽 국가들은 원주민을 분열시켜 서로 싸우게 해서 세력을 약화시켰을 뿐 아니라 자신들을 환대했던 사람들까지 배반하고 학살하는 일이 비일비재했다. 그러나 중국은 달랐다. 그것은 아마도 당시 중국인들이 지녔던 정치경제적·문화적 우월감이 작용했기 때문일 것이다.

정화의 함대도 때론 공격적인 일을 자행했다. 자신들에게 적대적인 경우에는 월등한 군사력으로 상대를 제압했다. 그러나 그렇지 않은 경우에는 많은 선물을 제공하면서 호의를 베풀었다. 애당초 식민지는 염두에 두지도 않았고 주민들을 잡아가 노예로 쓸 의도도 없었던 것이다.

여기에서 한 가지 생각해볼 점이 있다. 유럽인과 중국인의 항해 목적이 확연히 달랐다는 점이다. 유럽인들은 경제적 목적을 가졌지만 중국인들은 정치적 목적을 가졌으며, 유럽인들이 상대를 알기 위해 탐험·조사하며 기록한 데 반해, 중국인들은 자국의 위력을 과시하기 위해 대규모 항해에 나섰다는 점이다. 이러한 차이는 왜 생겼을까? 상대를 알려는 것은 자신의 처지가 약세라고 인식하거나 상대의 전력을 확실하게 파악하지 못했을 때 생겨난다. 이런 경우, 성공적으로 상대를 알게 되면 자신의 상황을 극복할 수 있는 힘을 기를 수 있다. 이와 달리 자신의 능력을 과시하려는 경우에는 상당한 비용을 치르면서도 정작 상대로부터 아무것도 얻지 못하게 된다. 들인 비용과 노력에 비해 정작 성과는 별로 없는 것이다. 이러한 시각과 의도의 차이는 결국 근대 들어와 서양과 동양의 세력 역전이라는 결과를 낳게 된다.

분명 정화의 대함대는 당시로서는 중국 외에는 꿈도 꾸지 못할 어마어마한 수준이었다. 따라서 '세력 과시'라는 목적은 어느 정도 이루었다. 하지만 그 영광은 의외로 짧았다. 그 까닭이 해괴하기까지 하다. 전쟁에서 패해서가 아니라 스스로 마감한 것이다! 중국은 대함대의 배들을 뜯어내고 항해의 기록들까지 다 태워버렸다. 다시는 그런 시도를 하지 못하게 하기 위해서였다.

정화의 함대를 지시했던 영락제가 사망한 1424년이 결정적인 전환점이었다. 영락제를 이은 홍희제는 "보물배의 원정은 아무 소용도 없는 일에 국력을 낭비할 따름이니 마땅히 중단해야 한다"는 유학자들의 의견을 받아들여 선단을 해체하고 아예 미련을 두지 못하도록 원천봉쇄해버렸다. 그는 할아버지였던 태조가 택했던 일종의 폐쇄정책으로 돌아갔다. 외국과의 접촉도 통제하고 배가 중국의 항구를 드나드는 일조차 엄격히 금지시켰다. 거대한 함대를 이끌던 정화는 궁궐을 개축하는 작업에 전보되었다. 아마도 대원정 사업이 비용은 많이 드는 반면 실리는 크지 않았기 때문일 테지만 굳이 원정의 기록까지 폐기한 것을 보면 그 이상의 의도가 있었을 것으로 보인다. 어쨌거나 정화의 대항해는 그렇게 일단 막을 내렸다.

그러나 엄청난 공력을 들여서 만든 대함대에 대한 미련을 쉽게 버리기는 어려웠는지 홍희제가 죽은 뒤 제위에 오른 선덕제는 6년 만에 다시 원정을 지시했다. 하지만 선덕제도 기본적으로는 홍희제의 노선을 따른 편이었기 때문에 이전과는 규모가 달랐다. 결국 항해는 정화의 죽음과 함께 끝이 났다. 1433년 그는 호르무즈 근방에서 병을 얻어 끝내 회복하지 못하고 사망했다. 그리고 그 이후로 다시는 항해가 이루어지지 않았다.

왜 항해에 나섰었는지도 딱 부러지지 않았던 것처럼 왜 스스로 접었는지에 관해서도 여러 설이 있다. 영락제가 정화를 대원정에 나서게 한 동기가 황제의 자리에서 쫓겨난 후 행방을 알 수 없었던 건문제[7]를 찾기 위해서라는 설도 있고 그의 특별한 이국 취향 때문이었다는 설도 있다. 그런 의도였다면 항해를 스스로 접을 만도 하다. 하지만 과연 그것만을 위해 그 엄청난 선단을 띄웠을까? 그 이상의 목적이 있었다고 보는 학자들이 많다. 실제로 이 항해가 얻은 성과는 사실 그리 미미한 것이 아니었다. 그래서

1402년 태조 주원장의 넷째 아들인 연왕 주체(영락제가 됨)가 명나라 2대 황제로 즉위한 건문제(주원장의 장손)를 몰아내려 '정난의 난'을 일으켰다. 이때 건문제가 불에 타 사망했다고 했으나 그의 시신을 확인할 수 없었고 이에 불안을 느낀 영락제는 건문제의 종적을 찾기 위해 해외로까지 사람을 파견하게 된다.
≪7

영락제 사망 이후 상황이 급격하게 바뀌었기 때문이라는 추정이 가능한데, 정작 그 추정의 근거 또한 확실하지 않다.

이런 까닭에 새로운 세력과 기득권 세력의 충돌과 갈등이 원인일 것이라는 가설이 설득력을 지닌다. 아무리 비경제적인 이유였다고는 하나 어느 정도 교역이 이루어졌을 것이고 따라서 신흥 상인층이 등장하여 세력을 키웠을 것이다. 물론 유럽처럼 상업혁명을 불러올 정도는 아니었다고 해도, 이러한 신흥 상인세력과 그들을 후원하고 그들의 지원을 받는 정치세력은 분명히 존재했을 것이다.

여기에서 눈여겨봐야 할 것은 바로 정화라는 인물이 조정에서 차지한 비중이다. 그는 한족이 아니라 위구르 출신이었고 환관이었다. 주류 계급이 될 수 있는 인물이 아니라는 것을 의미한다. 중국에서 환관은 금권정치의 중심이기도 했다. 그런 점에서 정화의 대선단에 대한 한족 기득권 세력의 경계심은 결코 만만치 않았을 것이다. 비록 영락제의 전폭적인 지원 때문에 입을 다물 수밖에 없었지만 영락제 사후에 정화의 권한을 철저히 제한한 것을 보면 능히 짐작할 수 있다. 환관인 정화는 정치적 입지뿐 아니라 경제적으로도 경계의 대상이었음이 틀림없다. 기득권 세력은 그런 정화의 권한이 커지는 것을 위험하다고 판단했을 것이고, 무엇보다 그가 신흥 상인계층의 중심이 되는 것은 더더욱 두려웠을 것이다.

상업의 발달은 중국이나 조선에서 늘 경계의 대상이었다. 상업이 발달하고 외국과의 교류가 활발해지면 부수적으로 새로운 사상이나 문화가 유입될 것이고, 그것이 기득권층과 농업을 기반으로 한 사회질서와 이념을 위태롭게 할 수 있다고 여겼기 때문이다. 통치자로서는 이 갈등의 수위가 도를 넘게 되면 정치적 안정에 위협을 느끼게 된다.

이런 현상은 17세기 초에도 나타난다. 당시 광업, 공업, 상업의 발달을 토대로 상인층의 권력이 막강해지자 엄청난 세금을 부과하여 그들을 노골적으로 탄압했는데, 그것도 그러한 권력 구도의 변화를 두려워했기 때문이다. 아마 그런 억압과 말살이 없었다면 중국은 유럽보다 더 일찍 근대화를 시작했을지도 모른다.

어쨌거나 28년의 기간 동안 이루어졌던 정화의 대선단과 대항해는 영락제의 죽음, 그리고 정화의 죽음과 함께 끝나고 말았다. 심지어 향후에 다시 이런 시도를 하지 못하도록 배의 설계도까지 다 불살라서 다시는 그런 배를 건조하는 것조차 불가능해졌다. 항해하는 선박의 돛의 수도 제한하여 원양 항해는 아예 꿈도 꾸지 못하게 했다. 그렇게 해서 중국은 해양 강국으로서의 지위를 스스로 상실하고 말았다. 중국은 그저 내륙에 한정된 국가가 된 것이다. 그리고 이러한 선택은 훗날 중국이 서구 제국주의의 침략을 제대로 이겨내지 못하고 굴복하게 되는 요인으로 작용했다.

역사에서 가정이라는 게 무의미한 일이기는 하지만, 만약 정화의 위업이 사위지 않고 계속 이어져 더 강화되었다면 동양과 서양의 역사는 달라졌을 것이다. 그러나 그런 일은 일어나지 않았고, 중국의 해양 강국으로서의 쇠퇴는 세계사에서 대항해의 원조를 정화가 아니라 콜럼버스로 기록하게 만들었다.

이쯤에서 우리가 주목해야 할, 그러나 거의 주목하지 않은 하나의 사건이 있다. 2006년 9월 정화의 배가 원형에 가깝게 복원된 사실이다. 우리나라 언론에서는 크게 보도되지 않은 까닭에 주목받지 못했다. 〈중앙일보〉가 그 사실을 비교적 크게 다루었으나 큰 차이는 없었고 그 보도에 대한 해설도 따르지 않았다. 그 배의 건조는 정화의 항해 600주년을 기념하는 것으로, 중국은 난징(南京)에 있는 당시 조선소 유적지에서 건조하여 대대적인 기념행사를 벌였다. 그 배의 크기는 길이 63.25미터, 너비 13.8미터의 크기였고 8개의 돛을 달았는데 가장 큰 돛은 면적이 200제곱미터에 달했다. 전체 배수량 1,300톤의 이 배는 400명이 승선할 수 있는 규모다. 중국 언론에 따르면 이것은 현재까지 세계에서 건조된 모형 목선 중 최대의 규모라고 한다.

과연 이것이 무엇을 의미하는가? 중국이 대국굴기(大國崛起, '대국이 일어서다'라는 뜻)를 선언한 상징이며 노골적으로 패권국가로 나아가겠다는 공표다. 그런데도 그것을 제대로 읽어내 분석하고 전망한 보도를 본 적이 없다. 내가 미처 다 찾아보지 못했을지도 모르지만, 적어도 관심을 갖고 있는 나조차 그것을 발견하지 못했다는 것은 아쉬운 대목이다. 21세기 현대에서 우리가 얼마나 우물 안 개구리로 살아가는지 안타깝기만 하다.

중국에 대한 관심이 부쩍 높아졌음에도 우리는 여전히 좁은 프레임 안에서 세상을 읽어내고 있다. 일본이 중국이라는 축을 이용하여 미국을 등에 업고 자신들의 요구사항을 마음대로 조종하고 있는 현실과 비교해보면 우리의 문제가 더 확연히 드러난다.

이런 세계관의 차이는 개화기 일본과 조선의 태도에서도 발견할 수 있다. 조선과 일본은 똑같이 쇄국정책을 폈고, 결과적으로 외세에 눌려 개방해야만 했다. 그러나 일본은 서양을 따라잡고 극복하기 위해 유럽에 시찰단을 파견하고 자신들의 모델로 강소국 네덜란드를 선택하여 '난학(蘭學)'을 정립했지만 조선은 형식적인 유람단에 만족했고, 체계적인 벤치마킹에 무관심했다. 그 차이는 20세기 양국의 처지를 완전하게 갈라놓았다.

마르코 폴로의 『동방견문록』과 그에 미혹된 욕망에 힘입어 대항해 시대를 전개해나간 유럽과, 엄청난 선단을 이끌고도 자신들의 자존감에 만족한 채 나중에는 모든 항해 시도를 중단하고 그런 배를 건조하는 것조차 법으로 금지시킴으로써 해양 강국으로서의 입지를 잃어버린 중국. 이 두 세력의 태도는 그런 점에서 지금 우리에게 많은 것을 시사하고 있다.

산타마리아호는 보통 규모였으나 흘수가 깊기 때문에 그해 12월 24일 서인도의 히스파니올라(아이티) 근해에서 좌초하여 배를 포기하였다. 콜럼버스는 선원의 반을 섬에 남기고 니냐호로 귀국하였다.

8»

콜럼버스,
새로운 세상을
열다

,

　　1492년 8월 3일 세 척의 배가 에스파냐 팔로스항을 떠났다. 산타마리아호, 핀타호, 니냐호가 그것이었는데 기함인 산타마리아호는 적재능력 150톤의 카라크 선(carrack ship)으로 길이 23미터, 너비 7.5미터, 흘수 1.8미터[8]의 크기였으며 3개의 돛대와 5개의 돛을 달고 있었다. 도중에 카나리아 제도에서 식량을 보충하고 대서양을 건너기 시작했다. 그 배의 선장은 바로 콜럼버스였다.

　　일행은 90명(120명이라는 설도 있다)이었고 그중 40명이 기함인 산타마리아호에 탔다.

항해는 비교적 순조로웠고 5주나 계속되었다. 그러나 아무리 가도 육지가 보이지 않자 선원들은 불안해하기 시작했고 명령을 거역하며 회항을 간청하기도 하였다. 그렇게까지 먼 바다에 나가본 적이 없고 여전히 지구가 평평하며 바다의 끝은 낭떠러지라고 믿었던 선원들로서는 그 공포가 엄청났을 것이다. 그러나 콜럼버스는 맨 먼저 육지를 발견하는 사람에게 왕과 여왕이 약속한 에스파냐 금화 1만 마라베디와 명주로 만든 속조끼를 주겠다고 선언하여 그들의 욕망을 부추김으로써 가까스로 위기를 모면했다. 마침내 10월 12일 핀타 호의 선원이 갈대와 풀잎이 물에 떠 있는 것을 발견하였다.[9] 육지가 나타난 것이다. 콜럼버스는 그곳을 성스러운 구세주라는 뜻의 '산살바도르(San Salvador)'라고 명명했다. 그 새로운 땅은 에스파냐의 안달루시아에서 4월에나 볼 수 있는 풀이 무성하게 자라 있는 곳으로, 지금의 바하마 제도 가운데 한 섬이었다. 그는 산살바도르라고 이름 붙인 그곳에 상륙했다.

콜럼버스는 항해에 나서기 전, 1484년에 먼

«9
대륙 발견은 서양 입장이고 기존 원주민들과는 상관없는 문제들이었다. 최초의 발견도 아니다. '발견'의 사전적 의미는 '이제까지 찾아내지 못했거나 세상에 알려지지 않은 것을 처음으로 찾아냄'이다. 즉, 신대륙을 '발견'했다는 말은 이제까지 사람들이 찾지 못했던 곳이나 세상에 알려지지 않았던 새로운 대륙을 처음으로 찾아냈다는 것을 의미한다. 그러나 콜럼버스가 닻을 내리고 땅에 발을 디뎠을 때, 그곳에는 많은 원주민들이 그네들의 문명을 개척하며 살고 있었다. 그러므로 '신대륙 발견'이라는 것은 유럽인들 사이에서만 의미를 지닐 수 있는 용어다. 실제로 남아메리카에 발달되어 있던 아스텍 문명과 잉카 문명은 유럽인들에 의해 철저하게 파괴되었으며, 일부 중앙아메리카 국가들은 "콜럼버스가 아메리카 대륙을 발견한 이래 150년 동안 1억 명에 달하던 원주민들이 유럽인들이 전파한 각종 전염병, 학살로 300만 명으로 줄어들었는데, 이 모두가 콜럼버스의 아메리카 상륙에서 비롯되었다"고 주장한다. "따라서 콜럼버스는 인류 역사상 가장 큰 학살을 촉발한 침략자이지 존경할 만한 대상이 아니기 때문에 이날을 '원주민 저항의 날'로 바꾸자"는 운동이 전개되어 베네주엘라는 2002년 원주민 저항의 날을 제정한 바 있다.

저 포르투갈 왕 주앙 2세에게 대서양 항해탐험을 제안하였다. 그러나 희망봉 루트를 준비 중이던 왕은 그의 제안을 거절하였다. 아마도 그가 포르투갈이 아니라 이탈리아 출신이라는 것도 영향을 미쳤을 것이다. 절망한 콜럼버스는 1486년 에스파냐로 건너가 후원자를 찾았으나 또다시 거절당했다. 당시 에스파냐가 국토회복을 내걸고 내전에 버금가는 상황이었음을 고려해보면 그 제안 자체가 성급한 것이었다. 그후 영국, 포르투갈, 프랑스에 재차 후원을 요청하였다가 번번이 거절당했지만 그는 포기하지 않았다.

마침내 그의 집요한 노력이 결실을 맺어 에스파냐의 후원을 받아냈다. 에스파냐는 카스티야와 아라곤으로 구분되어 있어, 카스티야 여왕 이사벨 1세와 아라곤 왕 페르난도 2세[10]가 결혼함으로써 카스티야를 공동 통치하고, 아라곤은 페르난도 2세가 단독 통치하는 상태였다. 콜럼버스가 처음 제안했을 때와는 다른 상황이었다. 이사벨과 페르난도 부부는 해외 진출에 관심을 갖고 있던 터라 이사벨 여왕이 마침내 콜럼버스를 등용하였다. 산타페 협약[11]을 맺은 뒤 그는 마침내 대서양을 건너 항해할 수 있게 되었다.

콜럼버스의 꿈을 지핀 것은 마르코 폴로의 『동방

그는 또한 카스티야 국왕으로서는 페르난도 5세이며, 나폴리 국왕으로서는 페르난도 3세, 시칠리아 국왕으로서는 페르난도 2세이기도 하다.

10≫

이사벨 여왕은 콜럼버스가 제시한 계약 조건을 승인하였는데 계약 내용은 '콜럼버스는 발견한 토지의 부왕(副王)으로 임명될 것이며, 이 직책과 특권(산물의 10분의 1)은 자손에게 전승한다'는 것이었다. 이 계약을 산타페 협약이라고 부른다. 이사벨은 자금을 제공한 것 외에도 팔로스시(市)로 하여금 선박 2척(핀타호와 니냐호)을 내주게 하고, 과거의 모든 죄를 면죄한다는 조건으로 승무원 모집에도 협력해주었다.

11≫

견문록』이었음이 분명하다. 실제로 에스파냐의 세비야에 있는 콜럼버스 박물관에는 콜럼버스가 수없이 읽고 메모를 적어놓은 라틴어로 된 『마르코 폴로 여행기』가 보존되어 있다고 한다.

그는 일확천금을 얻기 위해 목숨을 걸고 대서양을 건넜다. 그가 가려고 했던 곳은 인도였다. 우리가 익히 알고 있는 것처럼 콜럼버스는 죽을 때까지 그곳을 인도라고 믿었다. 콜럼버스는 이른바 신세계를 찾아나선 것이 아니라 인도로 가는 항로를 발견하기 위해 항해를 했기 때문이다. 왜 그는, 아니 당시 유럽인들은 인도로 가는 항로에 그토록 집착했을까?

당시 유럽인들에게 중국과 인도에서 생산되는 비단과 향료는 매우 큰 인기를 끌었다. 하지만 이러한 상품들은 대부분 실크로드를 장악하고 있던 아라비아 상인들을 통해야 했기에 엄청나게 비쌀 수밖에 없었다. 게다가 나중에는 종교적인 이유 때문에 아랍 지역을 통과하는 것이 거의 불가능해졌다. 게다가 교역량의 차이도 매혹적이었다. 직접 거래할 뿐 아니라 배로 운송하면 대규모로 교역할 수 있기 때문에 수익이 엄청날 것이라 여겼다. 그리고 콜럼버스는 낙타 대신에 배를 타고 대서양을 건너면 인도

콜럼버스는 자신의 절대적 후원자인 이사벨 여왕이 죽은 후 그녀의 남편인 페르난도 왕의 냉대로 에스파냐를 떠나면서 자신은 죽어서도 그 땅을 밟지 않겠다고 선언했다. 실제로 그가 죽은 후 그의 시신은 유언에 따라 아메리카 대륙으로 옮겨졌다. 그러나 1898년 콜럼버스를 영웅으로 추대한 에스파냐는 그의 시신을 세비야 성당으로 옮겼다. 다만 그의 유언에 따라 그의 시신이 땅에 닿지 않도록 하기 위해, 그의 무덤은 네 명의 왕을 상징하는 조각상이 그의 관을 들고 있는 모습으로 만들어졌다. 조각가는 앞의 여왕은 당당하게 고개를 들고 있지만 뒤의 왕은 고개를 숙이고 있는 것으로 표현함으로써 그 상황을 극적으로 나타내고 있다.

12≫

:
콜럼버스를 환영하는 원주민. 1590년 제작된 동판화 〈위대한 여행〉

와 중국에 빠르게 도착할 수 있을 것으로 믿었다.

물론 콜럼버스의 꿈은 단순히 공상의 산물만은 아니었다. 동시대인들과
는 달리 그는 지구가 둥글다는 것을 믿었고 해양과 지구 물리학에 관한 지
식이 그의 상상력을 뒷받침해주었다. 콜럼버스의 항해 목적이 '황금의 나
라'를 발견하려는 데 있었던 것은 분명하지만, 그 외에도 그는 중세의 후손
답게 종교적 신념을 실현하려는 목적도 가지고 있었던 듯하다. 이것은 무
슬림을 몰아내고 이베리아 반도를 통일하여 에스파냐 제국을 세운 부부왕
페르난도와 이사벨의 종교적 태도와 일치했다.[12] 그런 점에서 이슬람교도

들의 방해를 받지 않고 인도(중국을 포함해서)와 교역하는 길을 열려는 것 또한 그 목적의 일부였던 것 같다.

실제로 콜럼버스는 자신의 꿈을 완전히 실현하지는 못했다. 에스파냐로 돌아온 그는 엄청난 환대와 영예를 누렸고 신세계 부왕으로 임명되었다. 그리고 2차 항해에서도 그가 원했던 금은 만족할 만큼 얻지 못했으나, 그가 황금을 가지고 돌아왔다는 사실만으로도 전 유럽을 흥분의 도가니로 몰아넣었다. 물론 원주민을 학살하고 황금 대신 노예를 보냈다는 등의 이유로 문책을 당했다. 그러나 그가 대서양을 건너 새로운 대륙으로의 항해에 성공한 것은 유럽인들에게 충격과 새로운 욕망을 불러일으켰다. 이후 에스파냐와 포르투갈은 아메리카 대륙을 그들의 식민지로 삼았고 그곳에서 어마어마한 은을 착취했다.

콜럼버스와
이순신이 만나게 되는
결정적 모멘텀

,

　　　　　대항해 시대에 유럽과 중국의 교역은 활발히 이루어졌고 규모도 컸다. 중국과 무역하면 크게 이익을 얻을 수 있었으니 유럽인들이 그 일에 매달리는 건 당연했다. 그런데 여기 좀 이상한 구석이 있지 않은 가? 무역 혹은 교역이란 한 나라의 상품을 싣고 다른 나라에 가서 팔고 그 나라의 상품을 구매하여 자기 나라에 와서 파는 것이 일반적이다. 그렇게 양쪽에서 차액을 얻어야 더 많은 이익이 생기기 때문이기도 하거니와 거래의 수단이 주로 서로 다른 화폐보다는 교환가치가 있는 물건들이었기 때문이다.[13]

그런데 중국과의 교역에서 유럽이 팔았던 품목은 별로 없다. 그것은 그만큼 중국과 유럽의 문화적 차이, 특히 생활과 상업의 차이가 확연했다는 의미다. 아직은 동양과 서양의 패권이 완전히 역전되기 전이어서였을까? 한쪽은 일방적으로 수출에만, 다른 한쪽은 수입에만 의존한다는 건 정상적인 교역이 이루어질 수 없다는 의미다. 그런데도 어떻게 그렇게 엄청난 규모의 교역이 가능했을까? 그 비밀은 바로 은에 있었다.

이제, 우리는 이 은에 주목해야 한다. 앞으로 이어갈 이야기의 중심에 바로 은이 있기 때문이다. 콜럼버스가 이순신과 만나게 되는 중요한 모멘텀이 바로 은이다. 과연 그것은 어떻게 가능했을까? 아니, 가능하기는 한 것인가? 이 단락의 핵심인 이 문제는 뒤에 가서 본격적으로 설명하기로 하자.

1545년경 유럽인들은 페루의 포토시(지금은 볼리비아에 속함)에서 엄청난 은광을 발견했다. 1572년부터 수은 아말감법으로 품위가 낮은 은광도 이용할 수 있게 되자 마구잡이로 채광이 이루어졌다. 포토시의 은은 유럽으로 유입되어 유럽의 가격혁명을 일으켰다. 그리고 마젤란이 태평양 항로를 발견하면서 나

주13
은행을 뜻하는 bank는 이탈리아어 banca에서 유래했다고 한다. 방카는 벤치라는 뜻이다. 15세기 프랑스 리옹에서 국제시장이 열렸다. 각국의 상인들은 자국의 특산품을 들고 와 팔아서 큰 이익을 남겼다. 그런데 문제는 환전과 환율의 계산이었다. 스웨덴의 달러, 이탈리아의 피오리노, 프랑스의 프랑 등 서로 다른 화폐 체계 때문이었다. 거래를 마친 상인들은 벤치에 앉아 있는 이에게 와서 조정을 맡겼고 그는 문제를 해결해주고 수수료를 받았다. 이렇게 벤치에 앉아 있던 사람은 이 시장을 통해 다양한 정보를 취득하여 여러 나라의 경제 사정을 훤히 꿰뚫고 있었다. 그 대표적인 인물이 바로 비에리 메디치(Vieri Medici)였다. 메디치는 나중에 교황청의 재정까지 맡아서 관리함으로써 엄청난 부를 축적할 뿐 아니라 경제 권력과 더불어 정치적 힘까지 획득하게 되었다.

중에는 직접 필리핀으로 은을 운반했다. 바로 이 은이 동방무역의 주요 수단이 되었고 이런 무역을 통해 엄청난 양의 은이 중국으로 흘러들어갔다.

이렇게 유입된 은은 마침내 중국의 화폐제도를 붕괴시켰다. 16세기에 중국에서 금과 은의 교환 비율이 1 대 6~8이었지만, 유럽에서는 1 대 12였다. 유럽에서 금 1킬로그램을 은 12킬로그램으로 바꿔서 중국에 가져오기만 하면 1.5~2배의 이익을 남길 수 있었으니 그 자체로 매력적인 거래였다. 게다가 중국에서 금을 구입하여 유럽에 가져가 팔면 큰 이익을 볼 수 있었다. 그러니까 은은 물품을 구입하는 데 사용하는 화폐인 동시에 하나의 상품이었던 셈이다. 세계적인 중국사 연구자인 티모시 브룩(Timothy Brook, 1951~)의『쾌락의 혼돈』은 16세기에 세계의 중심에 섰던 중국 명대의 상업과 문화를 세밀하게 추적하면서 전 세계의 은이 중국에 흘러들어온 과정과 그 영향을 소개하고 있다.

유럽은 인도와 동남아시아에서는 향신료를, 중국에서는 비단, 도자기, 차[4]를 구입하기 위해 엄청난 은을 소비했다. 실크로드가 아닌 대항해 시대의 해상 운송은 그 전과는 비교도 할 수 없을 만큼 그 규

영국에 차 문화를 전파시킨 인물은 찰스 2세에게 시집온 포르투갈의 캐서린 공주였다. 1622년부터 시작된 이러한 영국의 차 문화는 처음에는 귀족들 사이에서만 유행했지만 18세기에는 일반 대중에게도 확산되었다. 중국에서 차를 수입하던 영국이 나중에 아편전쟁을 일으킨 것도 바로 이 차 문화와 무관하지 않았다.

/4 »

모가 엄청났다. 성공하면 그야말로 대박이었다. 상인들은 너도나도 큰돈을 벌기 위해 무역에 나섰다. 배를 건조하고 선원을 모아 동양으로 떠났다. 그러나 그것은 엄청난 비용과 위험 부담을 안은 도박이기도 했다.

여기서 우리는 셰익스피어를 만날 수 있다. 그의 대표작 『베니스의 상인』은 1596년경의 작품이다. 베니스의 상인 안토니오는 포샤에게 구혼하기 위해 돈을 빌려달라는 친구 바사니오를 위해 자신의 배를 담보로 유대인 고리대금업자 샤일록에게 돈을 빌린다. 이때 상환하지 못하면 자신의 살 1파운드를 제공하겠다는 각서를 썼다. 그러나 안토니오는 자신의 배가 돌아오지 않아 돈을 갚지 못하게 되자 법정에 서게 된다.

여기서 우리는 16세기를 풍미한 대항해 시대의 주인공 안토니오가 어쩌면 동방무역에 나섰던 배의 선주일지 모른다는 점에서, 셰익스피어와

윌리엄 셰익스피어,
『베니스의 상인』 초판 표지 …▶

이순신 사이의 접점을 발견하게 된다. (물론 이 희곡에서의 법정 판결이 '정의가 승리했다'라는 말로 포장된 말도 안 되는 억지와 허위라는 점, 그리고 당시의 반 유대인 감정을 근거로 하고 있다는 불편한 진실은 일단 논외로 하자.) 우리는 이 장에서 그 장면을 곧 보게 될 것이다.

만약에 콜럼버스가 대서양을 건너지 않았다면, 그리고 아메리카 대륙에서 엄청난 은을 빼앗고 채굴하지 않았다면 과연 유럽의 대규모 상선들이 중국에서 무역을 할 수 있었을까? 그리고 그랬다면, 앞으로 언급하게 되겠지만, 임진왜란이 일어날 수 있었을까?

문학도 이럴진대 경제의 문제가 여기서 빠질 수 없다. 그 대표적인 예가 바로 보험이다. 최초의 보험제도는 함무라비 법전에서 찾아볼 수 있다. 일찍이 바빌로니아 상인들이 해상무역에서 혹 겪게 될지도 모를 위험에서 보호받기 위한 방편으로 고안해낸 것이 바로 그것이다. 4천여 년 전 바빌로니아 상인들은 항해 중에 일어날 수도 있는 사고에 대비하여 '보텀리(Bottomry)'라는 제도를 만들었다고 한다. 그것은 배를 맡기고 항해 비용을 빌려주는 일종의 차금(借金) 형식을 보완한 것으로 화물을 저당하여 자금을 차입한 후 항해가 무사히 끝나면 원금과 고율의 이자를 물고, 만약 해난으로 인한 손해가 발생하면 채무의 일부나 전부를 면제 받는 일종의 대차거래 방식이었다. 사실 인간은 태초부터 본능적으로 사고나 질병에 대비하는 여러 가지 지혜를 짜냈고 그 두려움에서 벗어나기 위한 적극적인 대비책이 바로 샤머니즘이었다. 다양한 토템들은 위험에 대비하는 능력을 주술적인 방법으로 찾는 것이었는데, 그 한계를 합리적 방법으로 궁리해낸 것이 보험이다.

보험이 본격화된 것은 바로 해상무역의 발전 덕분이다. 물론 14세기 르네상스 초기에 시작된 활발한 해상무역이 그 본격적인 발단이다. 해적이나 자연재해의 두려움에 적극적으로 대처하기 위해 이탈리아의 제노아, 피사, 베니스 등의 상업도시에서 프란시스코 디 마르코 다티니(Francesco di Marco Datini) 등의 상인이 해상보험을 인수한 것이 그 시초다. 그러나 이러한 보험이 본격적이고 대규모로 이뤄진 것은 대항해시대였고 이후 영국을 중심으로 급격히 성장하게 되었다.[15] 대금결제와 위험대응 등의 필요가 근대적인 은행업과 보험업을 태동시켰는데, 그 본격적 발단이 바로 동서교역에서 비롯된 것이다.

동양과의 교역이 만들어낸 중요한 경제적 아이템이 보험이라는 점을 감안할 때 우리는 콜럼버스와 이순신이 만나는 과정에서 또 다른 중요한 사실들을 발견하게 된다. 그 이야기는 뒤에서 하기로 하고, 다시 본래의 이야기로 돌아가자. 어쨌건 은은 우리가 주목해야 할 매우 중요한 대상이다. 바로 그 은이 대항해 시대에 나타난 경제적 변화의 중심이었고, 동방교역에서 중요한 결제수단이었으며 그 여파가 조선에까지 미쳤기 때문이다.

≪15
영국에서는 커피하우스에서 일반 개인에 의해 보험거래가 일어났다. 15세기경 영국의 커피하우스는 사회활동과 상업활동의 중심지로서의 역할을 하였으며, 그 중 에드워드 로이드가 설립한 로이즈 커피하우스는 보험거래가 가장 활발하게 이루어진 곳이었다. 로이즈는 고객에게 커피를 파는 데 그치지 않고 단골손님이 원하는 정보를 열심히 모아 제공했다. 그 과정에서 그들이 원하는 또 하나의 니즈(needs), 즉 보험이라는 새로운 시장을 발견해 상품까지 만들어 많은 돈을 벌 수 있었다.

일본,
유럽인에게서
총을 구입하다

중국계 미국인 역사학자 레이 황의 『1587, 만력 15년 아무 일도 없었던 해(1587, A Year of no Significance)』는 당대 세계 최고의 역사와 문화, 전통을 지닌 중국이 어떻게 몰락해갔는지 그 속살을 깊숙이 해부한 책이다.

이 책은 명대 말기의 조락해가는 왕조의 모습을 냉정하게 분석한다. 겉보기에는 그다지 큰 문제 없이 유지되고 있었지만, 이미 왕조의 제도적 문화적 장치들이 심각한 한계를 드러내고 있음을 보여주는 해의 전환점으로 1587년을 지적한다.

수억의 인구는 중국이 지닌 힘의 근거인 동시에 한계의 근원이기도 하다. 그 엄청난 인구를 부양하고 서로 갈라져 싸워서 죽어나가지 않게 하기 위한 정치적·문화적 장치들을 세계 어느 나라, 어떤 제국이 지니고 있었을까? 그런 점에서 당시 명나라는 비교 불가한 제국이었다. 특히 중국의 경제적 부는 유럽의 제국주의가 본격화되기 이전까지만 해도 독보적인 규모였다. 그런 중국에 유럽인들이 무역선을 타고 부지런히 찾아왔다. 주 무역품은 도자기, 비단(아직은 차가 주요 수입품목이 아니었다)이었는데 그들에게 최고의 물건은 도자기였다.

유럽인들은 남미에서 약탈한 은을 가지고 중국에 와서 엄청난 양의 물품을 구매했다. 거의 일방적인 교역 행태였다. 그만큼 경제적 문화적 격차가 컸다는 뜻이기도 하다. 만약 은이 없었다면, 그러니까 콜럼버스에 의한 대서양 항로의 발견과 이베리아 반도 국가들의 남미 침략이 없었다면 이런 일이 가능했을까? 그것은 전적으로 은 덕분에 가능했던 일이다. 은이 없었다면 포르투갈 상인들이 머스킷 총을 가지고 먼 바다를 건너 중국까지 가고, 일본에까지 갈 일이 있었을까?

자, 이제 콜럼버스와 이순신이 만날 지점이 다가오고 있다.

레이 황의 말처럼 1587년 중국은 겉으로는 아무 일도 없는 듯 태연했지만 속으로는 골병이 들기 시작했고, 일본 열도는 거의 100년간 이른바 전국시대(戰國時代, 1467~1573)라고 불리는 극심한 혼란 상황에 놓여 있었다.

그렇다면 레이 황이 이야기하는 명조의 한계는 무엇인가? 레이 황에 따르면, 명조의 통치는 태조 홍무제 때 만들어진 '소박한' 제도와 간단한 법률적 장치들, 그리고 1만 명이 채 못 되는(1587년경에 이르면 2만 명가량으로 늘어난다) 관료들에 의해 유지되었다. 명나라는 특히 도덕을 중요한 통치 강령으로 삼았다. 명 왕조의 소박한 제도적, 법률적 장치들은 유교이념에 입각한 관료들의 판단과 예법들로 보완했다. 중국은 2천 년 이래로 도덕이 법률과 제도를 대신해왔는데 명대에 와서 그것이 극에 달했다.

레이 황은 중국이 세계사적으로 선진적이었던 한 · 당에서 낙후된 명 · 청으로 바뀌게 된 주요 원인이 바로 여기에 있다고 판단한다. 이런 식의 소박함을 강조하는 도덕적 · 문화적 통치체계, 즉 '문화적 통치' 형태는 전란의 와중에서 피폐해진 경제와 민심을 추스려야 하는 명조 초기 홍무제의 시기만 하더라도 잘 작동할 수 있었다. 하지만 1587년경에 이르면 홍무제 시기와는 비교가 안 될 정도로 인구가 증가하고 경제적 발전이 이루어졌으며 그에 따른 각종 사회적 문제와 이권다툼도 극심해졌다. 이 점은 티모스 브룩의 견해와도 일치한다.

레이 황은 신기하게도 1587년에 중국에 결정적인 사건은 없었지만, 얼핏 사소해 보이는 사건들이 거대한 명 제국을 완전한 몰락의 길로 접어들게 했다고 지적한다. 13대 황제 만력제(신종)는 절대 군주였음에도 불구하고 후계자조차 마음대로 지명할 수 없었다. 그에 앞서 장거정[16]은 개혁을 외치고 황제의 신임을 얻었으나 일찍 세상을 마감했다.

16세기 중국 사회는 아직 세계 조류와 충돌하기 전이었지만 이미 서서히 무너지고 있었다. 레이 황은 그러한 중국의 정체와 퇴보는 외부의 힘에 의해 개방된 근대에 시작된 것이 아니라, 16세기 후반 명의 만력 연간에 이미 그 징후가 보였다고 주장한다. 그러나 여전히 중국은 막강한 제국이었고 엄청난 부국이었다. 오죽하면 국제 무역에서 일방적으로 사기만 했을까? 현대에서 그런 모습은 산유국으로부터 원유를 사는 경우를 제외하고는 드문 일이다. 그마저도 사실은 기름을 사는 대신 엄청난 무기를 팔고 사회간접시설을 비롯한 엄청난 물품을 판다는 점을 감안하면 당시의 중국과 유럽의 교역은 분명 그 유례를 찾기 어렵다. 그만큼 중국의 물산이 얼마나 풍부하고 문화적으로 발전했는지를 가늠할 수 있다.

유럽인들이 중국과의 무역에서 엄청난 이익을 얻을 수 있었던 것은 분명하다. 그렇지 않았다면 목숨을 담보하면서까지 그 먼 항해를 나설 까닭이 없었다. 이미 실크로드를 통해 중국의 물산을 경험한 유럽인들로서는 새로운 항로를 통해 대

장거정은 목종의 신임을 얻었고 목종이 죽은 뒤에는 아들 신종을 보필하는 보정대신이 되었다. 태후와 환관 풍보의 지지까지 얻은 그는 막강한 권한을 행사했지만 권력을 남용하거나 사욕을 채우지 않았다. 그는 왜구를 물리친 척계광을 중임하여 국방을 강화했다. 게다가 그가 권력을 장악한 당시는 20~30년 간 북방과 전쟁을 치르지 않아서 안정을 꾀할 수 있었다. 하지만 그런 상황에서도 국고는 피폐했다. 조정이 부패한 탓에 대지주들의 횡포가 극심했기 때문이다. 그래서 장거정은 토지를 재조사하여, 국가재정을 강화했다. 그리고 부세와 노역을 하나로 합친 세금을 은으로 납부하게 하는 일조편법(一條鞭法)으로 세제를 바꿔 관리들의 부정부패를 억제했다. 하지만 그로 인해 기득권층의 미움을 샀다. 그러나 장거정은 향락을 일삼으며 정사를 외면하던 신종을 설득해서 그의 판단을 흐리게 한 환관들을 모조리 궁에서 내쫓아 황제의 친정을 도모하는 것으로 대응했다. 그러자 태후는 한걸음 더 나아가 신종을 대신하여 '죄기조'(罪己詔, 황제가 자신의 잘못을 반성하는 조서)를 작성하도록 장거정에게 명을 내렸다. 아무리 신종이 무능한 황제였지만 그건 치욕스러운 일이었다. 그래서 장거정을 증오하기 시작했다. 장거정은 1582년 병으로 죽었다. 그리고 신종이 친정을 시작하자 평소 장거정에게 불만을 품고 있던 대신들이 들고 일어나, 그가 집정할 때 독단 전횡하며 정사를 그르쳤다고 비판했고 신종은 기다렸다는 듯 죽은 장거정의 작위를 모두 삭탈하고 가산을 몰수했다. 이로써 모든 개혁은 끝났다. 결국 개선되고 있던 명나라의 정치는 다시 암울하게 추락하게 되었다.

규모로 중국의 제품을 수입해서 큰돈을 벌 수 있었다. 그 선봉에 서서 대항해 시대의 문을 가장 먼저 연 나라가 대서양에 접해 있던 포르투갈이었다. 포르투갈은 이슬람 세력의 팽창으로 아시아와의 육로 무역이 어려워진 상황을 타개하고자 바다로 나아가 인도와 중국에 닿으려 했다. 대항해 시대에 에스파냐와 경쟁하던 포르투갈은 아메리카 대륙을 포기하고 대신 다른 인도 항로를 개척할 필요를 느꼈다. 1497~1498년에 걸쳐 바스코 다 가마는 희망봉을 돌아 인도까지 진출했다. 그리고 자연스럽게 중국까지 항해했고, 때로는 표류하거나 교역을 위해 일본에 닿기도 했다. 중국의 마카오를 점령한 포르투갈은 아시아 지역과 밀무역을 벌였으며 당시 동아시아 해역에서 활동하던 왜구들과 무역하는 경우도 많았다.

1543년 중국 해적선 한 척이 명나라 닝보(寧波)로 가던 도중 폭풍우를 만나 규슈의 남단에 위치한 다네가시마(種子島)에 닿게 되었다. 이 배에 탔던 포르투갈인은 일본에 온 최초의 유럽인이었다. 영주인 다네가시마 도키타카(種子島時堯)는 이들과 말은 통하지 않았지만 배 안에 있던 명나라 사람과 필담을 나누다가 그 포르투갈인이 가지고 있던 총(철포)에 관심을 갖게 되었다. 도키타카는 지금 돈으로 환산하면 1억 엔의 거금인 2,000냥을 주고 두 자루의 총을 입수했다. 그는 곧바로 스기보노라는 장인에게 총의 기능과 제작법을 배워 모조품을 양산하게 하였다. 그렇게 조총의 양산이 시작되었지만 총열과 총의 아랫부분을 결합하는 방법을 몰랐던 스기보노는 자신의 딸을 포르투갈인에게 주는 도박을 감행하여 그 기술을 알아냈다. 그렇게 해서 조총의 본격적인 양산 체제에 돌입할 수 있었다. 그후 조총은 전국

다이묘(大名, 10세기 말에 등장하여 19세기 후반 폐지되기 전까지 일본의 각 지역을 다스렸던 지방 유력자)들에게 퍼져나갔다.

그뿐만 아니라 사카이(堺)와 오미(近江) 지방이 조총 생산지로 번영하게 된다. 포르투갈인에게 배운 조총 제작기술은 전래 50년 만에 유럽 수준을 능가할 정도로 발전했다. 총의 제작은 돈 없이는 전쟁을 치를 수 없는 경쟁 시대를 열었다. 엄청난 가격의 철포를 제작하기 위해서는 많은 돈이 들었기 때문이다. 전국 다이묘는 일본 열도에서 무력을 다투고 패자가 되고자 치열한 경쟁을 벌였고, 앞 다투어 신병기를 갖추게 되었다. 그래서 전국시대에는 종래의 기마 중심 전법에서 조총으로 하는 전투가 중요한 전략이 되었고, 방어가 주된 목적이었던 성의 구조도 철포전에 적합한 형태로 변화하기 시작했다.

마침내 1573년 오다 노부나가는 무로마치 막부를 완전히 멸망시켜 전국을 통일했다. 그리고 오다 노부나가의 사후 그의 계승자를 자처한 도요토미 히데요시는 전후 일본 국내의 불안정을 해소하기 위해 조선을 침공했다. 그것이 바로 임진왜란(1592~1598)으로, 전국시대 때 그 놀라운 효력을 확인한 조총이 사용되었으며 조선은 이 신무기에 속수무책으로 당했다.

여기서 한 가지 첨언할 것은 노부나가가 새로운 무기에 대한 전술을 개발했다는 점이다. 요즘으로 말하자면 하드웨어의 효율을 극대화시킬 수 있는 소프트웨어를 개발한 것이다. 그는 조총 전술에 가장 뛰어난 명장으로, 단발식이었던 조총의 단점을 3교대 사격(3열 횡대로 1열씩 교대하면서 사격하고 장전하는 방식)이라는 전술을 개발해 연발 사격의 효과가 나도록 하였다. 이러한

일본 조총 ····▶

3교대 조총사격 전술을 이용해 당대 일본 최강이었던 다케다 가쓰요리의 기마군단을 궤멸시킨 1575년 나가시노 전투는 매우 유명하다. 노부나가는 일본의 사무라이식 창검 위주 전투방식을 조총 위주로 바꾼 인물이다. 그는 그냥 우두머리가 아니라 머리가 비상하고 미래를 예측하는 능력이 뛰어난 인물이었다는 점에 주목할 필요가 있다.

조총이 일본에만 전해진 건 아니었다. 1550년대를 전후해 중국 명나라에도 전해졌다. 그러나 당시 명나라는 조총보다 대포에 집중했던 터라 그 작은 무기에는 그다지 매력을 느끼지 못했다. 다시 말해 중국이 외부의 과학기술에 소극적이었기 때문이 아니라는 의미다. 신형 대포인 홍이포도

서구 기술이 가미된 것이었다. 전통시대 동아시아 군사전문가인 피터 로지(Peter Lorge)는 명나라가 중국 왕조 중에서 '체계적'으로 군제에 화약무기를 보급하고 적용한 첫 왕조였다고 주장한다.[17] 명나라는 북부 국경을 따라 요새를 건립했으며 대포를 배치했다. 북방 이민족, 특히 기마병 위주인 이들을 멀리서 격퇴하기 위해서는 대포가 효과적이기 때문이었다. 중국에 조총이 없었던 것은 아니지만 대포의 비중이 훨씬 높았고 조총은 보조적인 역할만 담당했다.[18] 그것은 그들의 군사문화, 그리고 지리적 원인 때문이었지 외래 문화에 소극적이었기 때문이 아니다. 물론 중국제일주의가 어느 정도 작용하기는 했겠지만.

앞서 언급한 피터 로지의 언급에 따르면, 무기를 개발하는 데 이렇게 차이가 나는 까닭은 중국은 화약무기를 고정시키고 방어하는 방식을 택한 반면, 일본은 공격용 무기가 필요했고 따라서 고정하는 화포보다는 조총이 더 효과적이라고 판단했기 때문이다. 즉 양국이 나름대로 필요에 따라 선택한 전술의 방식이 달랐기 때문에 그렇게 된 것이라는 설명이다.

≪17
그에 따르면 이미 주원장이 원을 물리치고 명을 건립하던 당시 화약무기류가 사용됐고, 영락제 시대가 되면 손으로 들고 다니는 총과 신형 대포가 도입된다. 포르투갈 조총은 1529년에 명나라에 소개됐다고 한다.(War, Politics and Society in early modern China 900~1795 참조)

≪18
임진왜란을 겪으면서 왜구와 싸운 명나라의 유명한 장군 척계광은 보병 분대마다 조총 두 정을 지급하면서 조총수들을 각종 창검류를 휴대한 병사와 함께 배치함으로써 군사전략의 변화를 꾀했다.

그렇다면 조선은 어땠을까? 조선 역시 중국처럼 방어 위주의 국방 전술을 택했기 때문에 화포 중심이었다. 뿐만 아니라 중국 일변도의 채널 때문에 서양의 새로운 문명을 비롯해 새로운 총기를 접할 기회도 없었다. 결국 조선과 일본은 사회적 문화적으로 필요한 기술이 달랐고, 따라서 조선은 기술특화가 진행된 무기 체계에서 소외될 수밖에 없었다. 그런데 그게 어디 과거에만 그칠 일일까?

임진왜란,
마침내 콜럼버스와
이순신이 만나다

1592년 4월 일본이 조선을 침략했다. 바로 임진왜란[19]이다. 불과 20일 만에 도성이 함락되고 임금은 도성을 버리고 도망쳤다. 이 전쟁은 조선을 초토화시켰다. 무려 7년 동안 치른 전쟁으로 조선 땅에는 남은 것이 별로 없었다. 제대로 방비를 세우지 않았던 조선은 그렇게 무기력하게 무너졌다.

전쟁에 대한 기미는 그 이전부터 있었다. 일본을 통일한 도요토미 히데요시는 1585년경부터 대륙

≪19
임진왜란의 명칭은 각 나라마다 다르다. 우리도 1597년 제2차 침략전쟁을 따로 정유재란이라 부르기도 한다. 일본에서는 분로쿠 게이초(文祿慶長)의 역(役), 예전 중국에서는 만력(萬曆)의 역(役)이라고 불렀다. 현재 중화인민공화국과 중화민국에서는 만력조선전쟁(萬曆朝鮮戰爭)으로 부른다. 한편 북한에서는 임진조국전쟁(壬辰祖國戰爭)이라고 한다.

침략에 대한 야욕을 보였고, 대마도주에게 조선을 침공하고자 한다는 뜻을 밝혔다. 중간에 샌드위치 신세였던 대마도주는 조선에 통신사 파견을 요청해서 전쟁을 막으려 했다. 하지만 조선의 조정에서는 그 해 대마도주가 파견한 일본 사신이 오만하다는 이유 등으로 엉뚱하게 일본 정벌론 같은 강경론만 들끓었고 통신사 파견은 결국 좌절되었다.

조선의 조정은 갈팡질팡했다. 처음에는 일본의 침략 조짐을 애써 무시했으나 상황이 예사롭지 않다는 판단에 따라 일본에 통신사를 파견했다. 1590년 3월 정사 황윤길, 부사 김성일, 종사관 허성이 통신사를 이끌었다. 일본은 이들에게 자신들이 지닌 군사력의 핵심은 감추고 조선에 요구사항을 담은 답서를 딸려 보냈다. 통신사가 귀국했음에도 조선 조정은 정황을 제대로 판단할 수 없었다. 정사와 부사의 보고가 일치하지 않았고 이로 인해 파당에 따라 대립하고 갑론을박에 휩싸였기 때문이다.[20] 무엇보다 당시 조선은 나라 밖 소식에 대한 관심과 지식이 별로 없었다. 그러니 국방정책이라는 것도 변변하게 마련돼 있지 않았고, 시시각각 변해가는 당시 동아시아의 국제정세를 중국을 통해서만

통신사 편에 보낸 일본의 답서는 노골적으로 무례했다. 외교 관례에 어긋날 뿐 아니라 정명가도(征明假道) 같은 말까지 서슴지 않을 만큼 심각했다. 그것만 제대로 읽어냈어도 일본의 감춰진 야심을 간파할 수 있었겠지만 정사와 부사는 일본의 침략 가능성에 대해 상반된 보고를 올렸다. 이로 인해 당파에 따라 견해를 달리하면서 의견의 일치를 이끌어내지 못했다. 동인세력은 서인세력이 전쟁의 공포를 유발하여 정치적 위기를 넘기려 한다고 의심했기 때문에 문제의 본질을 제대로 파악하지 못했다. 안 될 집안의 꼴을 그대로 드러내고 있었던 것이다.

20≫

얻으려 했다. 국경을 맞대고 있는 여진이나 인접한 일본의 정치적 변화에도 거의 무지에 가까울 만큼 무관심했으며 때론 의식적으로 무시하거나 외면했다. 그러니 제대로 대책을 세울 리 만무했다.

결국 전쟁이 터졌다. 조선이 개국한 때가 1392년이니 딱 200년 만에 임진 왜란이라는 엄청난 전쟁을 치렀던 셈이다. 200년 내내 태평성대였다고 할 수는 없다. 초기 50년은 새로운 왕조의 정통성 확보와 안정을 위해 매진했던 시기였고, 다행히 세종 같은 성군이 있어서 그 고비를 잘 넘겼다. 그리고 성종 대에 이르러 법률 등 모든 체제가 완비되었고 왕조와 국가는 튼실해졌다. 조선 건국 100년이 되는 해인 성종 23년 임자년이 바로 1492년이다.

그럼, 이때 무슨 일이 있었는가? 7월에는 『대전속록(大典續錄)』이 완성되었고, 3월에는 왜인과의 사무역이 허용되었다. 4월에는 이극균이 편전(片箭)을 새로 제조했다는 기록이 있다. 이것은 그만큼 사회가 안정되었다는 뜻이다. 조선 왕조는 개국 후 100여 년간 창업을 주도했던 개국공신을 비롯해 이후 세조의 집권을 도왔던 공신 집단과 그 후손들로 이루어진 훈구파 세력의 집권으로 왕조의 안정과 융성을 유지할 수 있었다.

콜럼버스의 1492년과 조선의 1492년을 숫자의 우연한 일치로 비교하는 것은 무의미하다. 그러나 이렇게 안정되었던 시기가 몰락의 시초가 되었다는 점에 유념해야 한다.

당시 조선의 현실을 짚어볼 필요가 있다. 조선 건국 후 대립이 지속되다가 훈구파가 승리하고 어느 정도 안정되자, 이들은 노골적으로 권력을 독점하기 시작했고 부패는 심화되었다. 왕조차 이들을 통제하기 어려울 지경이었고 훈구파의 독점을 깨뜨려야 한다는 절박함이 대두되었다. 거기에 호응한 것이 사림파의 등장이었다. 이들은 정치 개혁을 통해 훈구파의 권력 독점과 부패를 일소해야 조선이 흥한다고 주장했다. 당연히 두 세력은 마찰을 일으킬 수밖에 없었다. 이런 와중에 성종이 3사(사헌부, 사간원, 홍문관)에 사림파를 앉혀서 감찰 임무를 맡겨 대관과 국왕에 대한 간쟁의 역할을 수행하도록 했다. 물론 사림파가 국왕에게도 간쟁을 하지만 이들의 주 목표는 훈구파였다. 훈구파의 저항도 만만치 않았다. 그래서 15세기 후반부터 16세기 중반까지 네 차례의 사화(무오사화, 갑자사화, 기묘사화, 을사사화)가 일어나 사림파의 신진 세력은 큰 타격을 받았다.

네 차례의 사화는 조선의 근간을 흔들 만큼 그 파장이 엄청났다. 정치, 경제, 사회 각 방면에서 야기된 대혼란은 자연스럽게 신분제와 군역제 같은 국가의 근본까지 뒤흔들었다. 훈구파를 견제하기 위해 왕실이 내세웠던 사림파가 몰락하자 훈구파는 노골적으로 집권 야욕을 확장했고, 마침내 왕이나 국가도 권문세도가를 통제하지 못할 지경에 이르렀다. 훈구파의 욕심은 권력에 그치지 않았다. 그들은 대규모로 농장을 확대하여 재산을 늘렸으며, 이 여파로 노비가 증가하고 공납제도까지 문란해지면서 사회 전체가 흔들리게 되었다. 왕실이 안정돼도 이 세력을 통제하기 어려울 판에 조정은 왕위 계승을 둘러싸고 왕실 척신들이 정권 쟁탈전에 뛰어들었다. 그 절정이 바로 을사사화였다. 그리고 그 와중에 사림파는 사림파대로 집안싸움에 휩싸여 제몫 챙기기에 급급한 상황이었다.

이렇게 건국 이후 주자학적 패러다임으로 나라와 사회를 경영해온 조선은 중기인 15~16세기부터 인류 역사의 시대적 발전을 따라가지 못하고 쇠락하기 시작했다. 한 나라가 성립된 지 200년쯤 지나면 아무래도 기강이 해이해져서 재강화해야 하는 시점이 도래한다. 그건 역사적 필연이다. 그런데도 나라의 기강을 재확립하지 못하고 무사안일하게 있다가 전쟁을 맞게 된 것이다. 15세기 후반에 에스파냐가 겪은 격변이나 16세기 후반에 일본이 겪은 격동은 엄청난 에너지로 팽창한 반면, 안정만을 추구한 조선은 변화를 거부하고 바깥 세계의 흐름에 둔감해져 결국 전쟁을 자초한 것이라 해도 지나치지 않을 것이다.

조선을 침략한 일본군의 가장 강력한 무기는 조총이었다. 그것은 앞서 본 것처럼 포르투갈 상인들이 전해준 총에서 비롯되었고, 그런 무역은 새로운 항로의 개척 덕분에 가능했으며 그 중심에 콜럼버스가 있다. 그런 일본군을 격퇴시키고 무력화시킨 존재가 조선의 수군이었고 그 주인공이 바로 이순신이었으니, 이렇게 두 사람은 조우한 것이다.

서울이 함락되고 함경도 지역까지 왜군의 침략을 당하고 있을 때 이순신은 바다에서 전라도 해안으로 진출하는 왜병을 막아내고 있었다. 사실 조선의 수군은 예상보다 강했다. 이순신의 능력 때문만은 아니었다. 조선 수군의 편제와 전술은 고려 이래로 왜구 방어 위주였고 그런 군사전략에 따라 잘 정비되어 있었던 덕분이었다. 각 도에는 수영(水營)이 있어 이것을 중심으로 수군이 진을 치고 해안을 방어할 수 있었다.

물론 모든 수군이 막강한 건 아니었다. 1592년 4월 14일 부산으로 침입한 일본 함대는 해상에서 별 저항도 받지 않으면서 경상 좌수영과 우수영의 수군을 대파했다. 그러나 조선에는 이순신이 있었다. 그는 연전연승했다. 그것은 이순신의 전략과 훈련, 그리고 대비가 있었기에 가능한 일이었다. 그의 눈부신 활약은 익히 아는 바와 같다. 여기서 유심히 살펴볼 것은 해상과 해안에서의 승리가 무엇 때문인가 하는 점이다. 물론 이순신의 지략이 큰 힘을 발휘했지만, 무엇보다 그 전쟁은 대포와 조총의 대결이었고, 육상에 비해 방어적 개념이 더 강한 해상 전투에서 화포, 특히 대포의 위력이 조총보다 우위에 있었다는 점을 주목해야 한다.

콜럼버스와 이순신, 1492년과 1592년. 100년이라는 시간의 격차, 동양과 서양이라는 공간적 차이를 뛰어넘은 두 사람의 만남은, 그 사이에 펼쳐진 수많은 사건과 변화까지 소환함으로써 우리에게 무한한 상상력과 입체적 사고력의 한 단면을 맛보게 해준다. 그 중심에는 은과 조총이 있다. 동양에 전해진 한 자루의 총은 동아시아의 판도와 역사를 바꿔놓았다. 7년에 걸친 대 전쟁은 결과적으로 중국, 한국, 일본의 영토 변화를 가져오지는 않았지만, 실제로는 엄청난 변화를 일으켰다.

쇠락한 명나라는 여진족에게 나라를 빼앗겨 청나라의 등장을 재촉했다. 또한 일본에서는 종전 이후 도쿠가와 이에야스를 중심으로 한 새로운 체제, 즉 1603년 일본의 마지막 막부인 에도 막부가 등장하였다. 이런 변화의 소용돌이에도 정작 조선은 변하지 않았다. 왕조도 바뀌지 않았다. 그것은 그만큼 조선의 안정성이 높았다는 의미이기도 하지만 여전히 수구 세력이 모든 권력을 독점하고 있었으며 변화를 거부했다는 반증이기도 하다.

일본이 조총을 받아들이고 동아시아에서 엄청난 전쟁을 일으켜 세 나라를 도탄에 빠지게 했다는 점은 분명 비난받을 일이다. 그러나 그들은 외래문화를 자신들의 요구에 맞게 수용했다. 일본의 개화는 메이지유신이 아니라 이미 그 전부터 시작되었던 셈이다. 놀랍게도 그들은 그렇게 두 차례 외래문물을 수용한 이후 조선을 침략하는 행태를 보였다. 한 번은 임진왜란으로, 또 한 번은 을사늑약 이후의 국권 침탈로 나타났다. 이것은 지금 우리에게도 매우 의미심장한 일이다. 그 변화를 제대로 분석, 비판할 수 있어야 한다. 시간과 공간을 가로지르는 역사 인식과 안목이야말로 지금 우리에게 절실하게 필요한 것이다.

임진왜란인가,
임진년
조일전쟁인가

,

이름을 어떻게 정하느냐 하는 문제는 특히 역사에서 매우 중요하다. 앞에서 거론했듯이 임진왜란에 대해 각 나라마다 서로 다르게 부르는 것은 각자 자국 중심으로 해석하고 기술한다는 점에서 어느 정도 수긍할 만한 일이다. 그러나 역사에서 의도적이건 아니건 간에, 명칭에 의해 사실이 왜곡되고 편향될 가능성이 있다는 점을 잊지 말아야 한다.

1592년 일본이 조선을 침략한 것을 우리는 임진왜란이라 부른다. '임진년에 왜놈들이 일으킨 난리'라는 뜻이다. 물론 우리가 침략한 것이 아니고 일본이 침략했으니 그렇게 부를 만도 하다. 그러나 역사를 객관적으로 바라볼 수 있어야 한다. 그래야 어리석은 역사를 되풀이하지 않는다. 전쟁은 민족이나 부족이 하는 것이 아니라 국가 대 국가의 대립과 투쟁이다. 전쟁의 당사자는 배달민족과 왜인이 아니라 조선과 일본이라는 국가다. 그러므로 '임진년 조일전쟁(朝日戰爭)'이라 불러야 마땅하다. 그리고 침략하지 않았지만 침략을 당한 것도 역사적 책임이 있다는 점에서 이러한 용어에 대해 반성적으로 고찰할 필요가 있다. 그렇게 본다면 정유재란은 '정유년 제2차 조일전쟁'이라 부를 수 있다. 역사를 고찰할 때 자민족의 자존감을 살리는 것도 중요하지만, 오류를 반복하지 않으려면 냉정하고 객관적인 평가가 따라야 한다.

임진왜란이나 정유재란이라는 말 속에는 난리의 원인이 오로지 왜인들에게 있다는 관점이 담겨 있다. 물론 전쟁을 도발한 것은 일본이다. 그러므로 전쟁의 책임은 침략자가 져야 한다. 그러나 그렇게 당하도록 방관하고 대비하지 않은 조선의 과실도 크다. 왜란이라는 명칭에 자칫 자기 책임을 회피하려는 의도가 개입된 것이 아닌지 돌아볼 일이다. 어쩌면 그런 사고방식 때문에 전쟁을 자초했고 백성들이 수년 동안 고난을 받았음에도 불구하고 왕조가 바뀌지 않고 버틴 것인지도 모른다. 그렇게 보면 병자호란도 마찬가지다. 1636년의 이 전쟁도 '병자년 조청전쟁(朝淸戰爭)'이라고 불러야 한다. 병자호란이라는 명칭에도 '병자년에 오랑캐[胡]가 일으킨 난리'라는 의미가 숨어 있다.

이런 식의 명명에는 큰 함정이 숨어 있고 그런 현상은 현재도 진행 중이다. 예를 들어 '동학란'으로 부르느냐 '동학혁명'으로 부르느냐에 따라 역사적 평가가 달라진다. 1950년 한국전쟁을 우리는 대개 '6·25동란' 혹은 '6·25사변'으로 부른다. '동란'의 사전적 의미는 "폭동, 반란, 전쟁 따위가 일어나 사회가 질서를 잃고 소란해지는 일"이다. '사변'은 "사람의 힘으로는 피할 수 없는 천재(天災)나 그 밖의 큰 사건" 혹은 "한 나라가 상대국에 선전 포고도 없이 침입하는 일"이다. 북한을 독립국가로 인정하지 않는다면 내전이고, 독립국가로 인정한다면 엄연한 전쟁이다. 그리고 전쟁은 국가가 책임지는 것이고 최고 통치자가 가장 큰 책임을 져야 한다. 하지만 한국전쟁 이후 이승만은 오히려 독재를 강화했을 뿐 책임지지 않았고, 그 점은 북한의 김일성도 똑같았다.

더 심각한 것은 '사태'라는 명칭이다. 지금은 '광주민주화운동'이라는 정식 명칭을 얻었지만 초기에는 '광주사태'라고 불렸다. '사태'는 일이 되어가는 형편이나 상황 또는 벌어진 일의 상태를 지칭하는, 매우 객관적인 명칭이다. 거기에는 가해자와 피해자의 구분이 없다. 그렇다면 누가 그런 이름을 지을까? 당연히 가해자일 확률이 높다. 그런 명칭 속에 자신들의 범죄를 감춘다. 그것을 객관적이라고, 일반적 명칭이라고 눙치는 일이 반복되면 '힘 센 놈이 정의'라는 인식을 갖게 된다. 아무것에나 '사태'라는 이름을 붙이면 안 되는 건 그런 까닭이다.

이름을 누가 어떻게 부르냐 하는 문제의 대표적 예로 '시프린스호 사건'과 '태안 기름유출 사건'을 비교해보자. 1995년 7월 23일 유조선 시프린스호가 전남 여천군 남면 소리도 앞바다에서 태풍 페이를 피하다가 좌초하여 많은 기름을 바다에 흘려 오염시킨 사건이 발생했다. 그러니까 일차적 책임은 그 배 시프린스호에 있다. 그런데 그 배는 호남해운 소속이었으니 최종 책임은 호남해운에 있다. 사람들의 뇌리에는 어느 바다에서 일어났느냐 따위는 별로 중요하게 남지 않지만, '시프린스호'라는 배가 '범인'이고 책임자라는 인식은 또렷하게 남는다.

몇 해 뒤 그보다 훨씬 더 심각한 사건이 일어났다. 2007년 12월 7일 서해안 태안 앞바다에서 유조선 허베이스피릿호와 해상 크레인이 충돌하여 대량의 기름이 유출되어 엄청난 해양오염 사고를 일으킨 것이다. 이 사건은 삼성 예인선단 2척이 인천대교 건설공사에 투입되었던 삼성중공업의 해상 크레인을 쇠줄에 묶어 경상남도 거제로 예인하던 도중에 일어났다. 예인선 한 척의 쇠줄이 끊어지면서 해상 크레인이 유조선과 3차례 충돌을 일으켰던 것이다. 사상 최악의 해양 오염사건이었다. 시프린스호 사건과 같은 맥락에서 이름 붙이자면 그것은 '삼성-허베이스피릿호 원유유출 사건'이어야 한다. 그러나 일반적으로 태안 기름유출 사건 또는 서해안 기름유출 사건이라고 부른다. 그 이름 속에 삼성은 쏙 빠졌다. 이 사건은 예인선이 기상악화 예보를 무시한데다가 지역 해양청의 충돌위험 무선 경고까지 무시하고 무리하게 운항하다가 빚어진 인재였으며, 사고 후에 무선 경고를 받은 적이 없는 것으로 항해일지를 조작하기까지 했다는 점에서 그 책임이 시프린스호보다 훨씬 더 막중한 사건이었다. 그런데 가해 회사는 쏙 빠졌다. 누가 이렇게 이름 붙였을까? 상상하기 어렵지 않을 것이다.

이름 붙이기, 결코 사소한 일이 아니다. 역사에서는 더더욱 그렇다!

생각의 융합 _ 2

인문학은
어떻게
콜럼버스와
이순신을
만나게 했을까

코페르니쿠스, 백남준을 만나다

- 과학과 예술

미래는 언제나
낯설게 시작한다

: 절대 권위에 맞선 코페르니쿠스

,

　　　　지구는 우주의 중심점이라는 엄청난 특권을 포기해야 했다. 인간은 엄청난 위기에 봉착했다. 종교적 믿음에 대한 확신, 거룩함, 죄 없는 세상, 이런 것들이 모두 일장춘몽으로 끝날 위기에 놓인 것이다. 새로운 우주관을 받아들인다는 것은 사상 유례 없는 사고의 자유와 감성의 위대함을 일깨워야 하는 일이다.

　독일의 대문호 괴테의 말이다. 그것은 바로 코페르니쿠스(1473~1543)의 지동설에 대해 언급한 것이다. 지금은 어느 누구도 지구가 태양의 둘레를 돈다는 이론에 대해 의문을 갖지 않지만, 중세 후기의 유럽인들에게 지동설은 '끔찍한' 재앙이자 공포였다. 그러나 그것은 무지에서 온 공포였고, 교회라는 거대한 권위 체계가 만들어낸 유령의 거짓 재앙이었을 뿐이다. 과학혁명에서 이보다 더 강력한 펀치는 찾기 어려울 것이다. 당시 교회는 지구가 우주의 중심이라는 '프톨레마이오스 체계'를 하늘의 뜻이라고 여겼고 그것 자체가 바로 과학이라고 단호하게 주장했다.

프톨레마이오스(85?~165?)의 우주관이 도전을 받는다는 것은 곧 교회의 권위에 대한 도전이었다. 그의 우주관은 '창세기' 프레임과 일치하는 천동설이었고, 나름대로 과학적 관찰과 탐구에 근거한 것이었기에 당시의 관점에서 보자면 더 이상 왈가왈부할 수 없는 완전한 것으로 여겨졌기 때문이다. 그런 까닭에 자칫하면 코페르니쿠스의 우주관은 천동설이 받쳐주고 있는 교회의 우주관, 인간관, 신앙관을 뿌리째 흔들 수 있었다. 무엄하게도 코페르니쿠스의 이론에 따르면 '영원한 낙원 에덴동산'을 갖고 있는 지구라는 존재는 보잘것없는 태양의 부속물이었으며 그 속에 사는 인간 역시 하찮은 존재에 불과했다. 그러했으니 교회는 그 도발을 결코 용서할 수 없었던 것이다.

만물의 중심에는 태양이 있다. 전체를 동시에 밝혀주는 휘황찬란한 신전이 자리 잡기에 그보다 더 좋은 자리가 또 어디 있단 말인가. 혹자는 그것을 빛이라 불렀고, 혹자는 영혼이라 불렀고, 또 어떤 이는 세상의 길잡이라 불렀으니 그 얼마나 적절한 표현인가. 태양은 왕좌에서 자기 주위를 선회하는 별들의 무리를 내려다본다.

이렇게 주장하는 코페르니쿠스의 『천체의 회전에 관하여』(1543)는 성서만이 절대 진리였던 16세기 유럽에서 과학혁명의 서곡을 연 저술이다. 비록 그가 세상을 떠나기 직전 마지못해 발표했지만, 지구가 하루에 한 바퀴씩 자전하고 태양 주위를 1년에 한 번씩 공전하며 지구 축이 회전한다는 세 가지 이론을 주장한 이 책의 파장은 엄청났다. 처음에는 변방의 그에게 큰 관심을 갖지 않고 그저 그런 천문학 이론쯤으로 눈감아주던 교회도, 사람들이 그 이론에 호응하기 시작하자 곧바로 금서로 지정했을 만큼 도발적이었다. 철학에서 데카르트가 교회의 완전성에 도전하며 '자유로운 개인'의 확실한 인식론적 근거를 마련함으로써 지성적 근대를 열었다면, 코페르니쿠스는 과학의 근대를 열었다고 할 수 있다.

우리는 바로 이 지점에 주목해야 한다. 절대적이라고 믿는 체제는 엄청난 힘을 지닌다. 하지만 아무리 그 체제가 견고한 이론과 논리로 무장했다 하더라도 결코 완전할 수는 없다. 그것은 교회도 마찬가지다. 절대자는 절대적이지만 절대자에 대한 서술은 절대적일 수 없다. 그것이 신학이든, 교리든 마찬가지다. 그럼에도 불구하고 거기에 권력까지 부여되면 그야말로 무소불위의 신공(神功)이 된다. 게다가 종교는 초월성까지 다루고 있으니 엄청난 권위가 부여되면, 그야말로 그것으로 끝이다. 거기에 저항하는 것은 목숨을 담보해야 하는 일이다. 그런 점에서 데카르트와 코페르니쿠스는 용감했(물론 두 사람 다 심약해서, 자신의 저작을 한 사람은 남의 나라에서, 그리고 다른 한 사람은 죽기 직전에 출간했지만) 사람들이며, 오늘날 우리는 그들에게 진 빚이 크다.

코페르니쿠스는 아리스토텔레스-프톨레마이오스의 세계관인 지구중심설에 정면 도전했고 결국 교회의 권위를 뒤흔들었다. 가뜩이나 개신교와의 갈등으로 위축된 가톨릭교회에게 그것은 도저히 용납될 수 없는 도발이었다. 그렇다고 개신교에서 전적으로 환영받은 것도 아니다. 코페르니쿠스가 신부였던 것처럼 아우구스티누스 수도회 신부였던 마르틴 루터 (Martin Luther)는 코페르니쿠스의 주장을 맹공격했다.

"하늘이나 하늘의 덮개, 해와 달이 아니라 지구가 회전한다는 것을 입증하려고 발버둥치는 오만불손한 주장이 나왔다. 그 바보는 천문학 전체가 뒷걸음치는 것을 바라고 있다."

마르틴 루터에게 코페르니쿠스는 바보 같은 인물일 뿐이었다. 루터는 부패한 가톨릭교회를 비판하고 어리석은 교황과 싸웠던 것이지 성서와 창세기의 권위에 도전할 마음은 추호도 없었다. 오히려 그는 '오직 성서(sola scriptura)', '오직 믿음(sola fide)', '오직 은총(sola gratia)'을 강조하는 입장이었기 때문에 성서의 권위는 그의 신학적 근거이며 교회의 바탕이라고 보았다. 따라서 코페르니쿠스의 지동설을 결코 받아들일 수 없었다.

물론 마르틴 루터의 종교개혁이 많은 신자들로 하여금 교황청에 등을 돌리게 만들었다면, 코페르니쿠스의 우주론은 신으로부터 등 돌리게 할 수 있는 엄청난 파괴력을 지닌 것이었고 말 그대로 천지개벽할 일이었다. 그런 상황에서 코페르니쿠스를 바라보는 시선이 고울 리 없었다. 기존의 교회에 맞서 싸우는 개신교 입장에서도 그랬으니 가톨릭교회의 경우는 당연한 일이었다.

여기서 한 가지 주목해야 할 것이 있다. 중세 후기와 근대 초기에 천문학자들의 상당수가 성직자 또는 수도자였다는 점이다. 가장 큰 이유는 중세의 지식을 교회가 독점하였기 때문이고, 특히 천문학은 우주의 신비를 발견하는 것이므로 그것을 통해 신의 위대함을 밝혀낼 수 있다는 목적이 더해졌기 때문이었다. 그러나 그 지식이 교회의 의도를 벗어나자 가차 없이 억압했다. 코페르니쿠스의 지동설을 지지한 갈릴레오 갈릴레이(1564~1642)가 그랬고, 스콜라 철학과 가톨릭교회에 반대했던 조르다노 브루노(Giordano Bruno, 1548~1600)가 그랬다. 튀빙겐에서 신학을 배우면서 지동설을 접하고 수학 및 천문학을 가르쳤던 요하네스 케플러(Johannes Kepler, 1571~1630)는 프로테스탄트였기에 종교 박해와 싸우는 이중고를 겪어야 했다. 하지만 진리를 드러낸 빛은 스스로 거둬들이지 않는 법이다. 아무리 억압하고 탄압하며 금서로 묶고 재판에 회부해도(브루노는 결국 화형에 처해졌고, 갈릴레이는 타협으로 목숨을 건졌지만 교회로부터 공식적으로 사면된 것은 1992년이었다) 지동설은 가둘 수가 없었다.

한 곳에만 머물면 자칫 사고가 편협해지기 쉽다. 그건 예나 지금이나 크게 다르지 않다. 코페르니쿠스가 태양을 중심으로 우주가 펼쳐진다는 생각을 하게 된 것은 이탈리아에 유학했을 때 플라톤의 영향을 받았기 때문이라고 한다. 그건 무슨 의미인가? 일반적으로 중세의 사상과 철학이 플라톤에 바탕을 둔 것은 누구나 인정하는 일이지만, 적어도 과학의 영역에서는 '이교도의 철학자'라고 불렸던 아리스토텔레스의 영향력이 지대했다. 그런데 플라톤이라니? 잘 알고 있는 것처럼 플라톤은 그의 이데아론의 초월성과 유일성 때문에 그리스도교 신학 체계, 특히 유일신의 존재에 대한 가장 확고한 철학 체계를 제공했다. 그 덕택에 최고의, 그리고 절대적인 철학적 영향력을 발휘했다.

그는 물질적 존재를 단순히 이데아를 분유한(shared) 것에 불과하다고 보았기에 자연과학에 대한 이론 체계 자체를 다루지는 않았다. 하지만 코페르니쿠스는 플라톤의 이데아 중심설로부터 영감을 얻었던 것 같다. 아마도 모든 질서는 이데아를 중심으로 전개된 것이라는 영감이었을 것이다. 그것을 천문학에 대입하면 천체 역시 그러한 중심이 반드시 있어야 한다.

게다가 당시에 소속된 대학에서 프톨레마이오스의 『알마게스트』('가장 위대한 것'이라는 뜻)를 공부하던 코페르니쿠스는 몇 개의 행성에서는 주전원이 매우 많아 계산하기 난해하다는 것에 불만을 가지고 있던 차에 보름 상태의 금성을 관측하게 된다. 『알마게스트』의 천동설에 따르면 태양을 항상 등지고 있는 금성은 절대 보름달처럼 보일 수 없다는 사실에 착안한 그는 고대 그리스의 천문학자인 아리스타르코스(Aristarchos)의 문헌을 다시 찾았다. 기원전 3세기 고대 알렉산드리아의 천문학자 아리스타르코스는 저서 『태양 및 달의 크기와 거리에 대해서』에서 삼각법을 이용하여 태양이 지구보다 300배나 크다고 계산하였다. 그 때문에 태양의 연주운동은 지구의 공전이고, 항성들의 일주운동은 지구의 자전에 따른 것이라는 것이 아리스타르코스의 학설이었다.

코페르니쿠스보다 1,700여 년이나 앞서 지동설을 주장한 아리스타르코스는 지구가 태양 주위를 돌고 있다는 것을 최초로 주장한 인물이다. 그는 우주의 중심은 태양이며, 태양 주위를 지구와 별, 행성들이 돌고 있다고 주장했다. 또 지구는 하루에 한 번씩 자전한다고 믿었고, 오늘날 우리가 알고 있는 태양계의 구조를 거의 그대로 믿었다. 그는 지구, 달, 태양 세 천체의 상대적인 크기와 거리를 계산해내기도 했는데, 오늘날의 계산과 딱 들어맞지는 않지만 시대 상황을 감안하면 그 계산 방법은 대단한 것이었다.

코페르니쿠스는 이 아리스타르코스의 지동설 주장이 자신이 배웠던 천동설보다 훨씬 정확하게 행성의 운동을 기술한다는 점을 확인하였다. 화성의 역행운동이 공전 속도의 차이로 인한 것임을 예측한 코페르니쿠스는 지동설을 완성하게 되고, 역행운동을 하는 내행성과 그렇지 않은 외행성들을 나누어서 관측하게 되었다. 그러나 사제 입장에서 차마 완성된 주장을 내보일 수 없었던 코페르니쿠스는 죽음을 코앞에 두고『천체의 회전에 관하여』를 출간하였다.

하늘에서
뚝 떨어지는
변화란 없다

코페르니쿠스의 지동설은 분명 혁명적이었고, 근대를 관통하는 상징과도 같았다. 그러나 그 이론이 어느 날 갑자기 불쑥 튀어나온 것은 아니다. 15세기 말과 16세기 초는 르네상스와 종교개혁이 맞물려 돌아가는 시대였다. 중세 천년의 강고한 벽이 무너졌다. 말이 천년이지 실제로는 엄청난 시간이다. 흔히 암흑의 시대라고 부르는 중세 천년 동안 점진적 변화가 쌓이고 쌓여 마침내 봇물처럼 터진 것이다. 오히려 천년이나 유지된 게 놀라울 지경이다. 그것은 중세를 지배한 것이 그나마 교회였기에 상대적으로 덜 타락하고 부패했다는 점도 조금은 작용했을 것이다. 그러나 거기까지였다. 도시의 발달과 지식의 확산은 마침내 교회의 권위에 억눌려 있던 인간을 해방시켰다.

그렇다면 성경의 절대적 권위에 맞서 혁명적 천문 이론을 제기한 코페르니쿠스가 살았던 시대는 어떠했는가? 그는 르네상스 끝자락과 근대 초입에 걸쳐 살았던 인물이다. 근대정신의 핵심은 '자유로운 개인'이다. 그 싹은 이미 르네상스 시기에 자라고 있었지만 아직 온전한 의미의 '자유로운 개인'에는 미치지 못했다. 그래도 마키아벨리, 토머스 모어 같은 정치 사상가들이 중세적 정치 체제와 사상을 비판하고 나섰고, 레오나르도 다 빈치, 미켈란젤로, 라파엘과 같은 뛰어난 예술가들이 그런 이상을 작품을 통해 표현하기 시작했다. 그리고 근대의 전환점이라고 평가받는(근대의 전환점은 인쇄술의 발달, 종교개혁, 합리론의 등장 등 다양하게 지목된다) 콜럼버스의 항해가 이미 시작된 때였다.

그 전환점에서 시대는 변화와 창조적 활동을 요구했다. 그 가운데 가장 강력한 폭풍은 말할 것도 없이 1517년의 종교개혁(The Reformation)[1]이었다. 종교개혁은 천년을 지탱하던 교회의 강고한 권위를 무너뜨렸으며 종교마저 개인이 선택할 수 있다는, 그야

'종교' 개혁이라 부르는 것에는 어폐가 있다. 그것은 '유럽 교회의' 개혁 또는 분열이지 종교의 개혁은 아니다. 그리스도교만 종교가 아니기 때문이다. 그런데도 그것을 종교개혁이라고 부르는 것은 은연중 '종교=그리스도교'라는 등식을 깔고 있는 셈이고, 이런 태도야말로 '자발적 오리엔탈리즘'이라고 할 수 있다. 영어로는 'The Reformation'일 뿐이다. 당시 유럽은 그리스도교 사회였으니 그렇게 부를 수 있다 치더라도 우리가 그렇게 부를 까닭은 없다.

≪1

말로 혁명이었다. 그만큼 '자유로운 개인'은 폭발력을 지니고 있었다. 그런데 코페르니쿠스는 거기에 버금가는 과학의 대혁명으로 기존의 인식체계 자체를 송두리째 뒤흔들었던 것이다. 그는 성경의 절대적 권위에 도전해서 지동설이라는 혁명적 신이론 체계의 토대를 마련했다. 그리고 그것은 단순히 과학혁명에 그치지 않았다. 처음에는 너무 충격적이어서 주춤했지만, 변화와 창조적 활동을 간절히 원하던 시대정신에 부합하는 것이었으며 근대과학으로의 대전환을 이끈 대담한 이론이었다. 결국 그는 시대정신을 제대로 읽어냈을 뿐 아니라 시대정신을 이끈 인물이 된 셈이다.

물론 그 변화가 오직 코페르니쿠스와 지동설에 기인하는 것은 아니다. 몇몇 변화만으로 그 동안 묶여 있던 중세사회 체제를 단숨에 모두 바꿀 수는 없다. 그것들이 쌓이고 겹쳐서 마침내 거대한 둑을 무너뜨렸고 그 중심 역할을 한 것이 바로 코페르니쿠스의 지동설이었다고 보는 것이 옳다. 당시 교회는 여전히 막강한 힘을 휘두르고 있었다. 왜냐하면 이러한 시대적 변화와 다양한 발전적 인간 활동에도 불구하고 여전히 어린아이들의 사산이나 흑사병과 같은 치명적인 전염병은 인간의 통제 밖에 있었고, 기근이나 홍수, 전쟁 등으로 인한 식량 감소는 곧바로 생명의 위기로 이어졌기 때문이다.

따라서 날마다 죽음의 기로 앞에 떨고 있을 때 아직 과학적 사고에 길들여지지 않은 사람들로서는 초월적인 힘을 대변하는 교회 말고는 달리 위안을 얻을 데가 없었던 것이다. 이러한 이유로 16세기 초의 유럽인들은 종교적으로 신앙심이 매우 고양되어 있었다. 그런 상황에서 아직은 명확한 증거 체계를 갖추지 못한 과학이론은 냉대와 왜곡의 대상일 수밖에 없었다.

아이러니하게도 그 혁명의 시작은 교회 내에서 싹트기 시작했다. 당시 모든 지식은 여전히 교회와 수도원이 장악하고 있었고, 천문학자들조차 대부분 사제나 수사들이었다. 교회가 천문학에 대해 관심이 높았던 것은 우주의 신비를 밝혀냄으로써 창조주의 능력을 확인하고 과시할 수 있다고 믿었기 때문이다. 또한 실질적인 이유도 있었는데 그것은 바로 정확한 교회력(church calendar)의 필요성이었다. 그러기 위해서는 천체의 관측이 필수조건이었다. 실제로 코페르니쿠스가 천문학을 공부하게 된 데에는 천문학에 대한 관심뿐 아니라, 교회에서 천문학 연구를 권장한 이유도 있었다. 코페르니쿠스도 그런 시대적 배경에서 탄생한 인물이었던 셈이다.

그러나 결과적으로 교회의 이러한 예측은 어긋났다. 진실이 하나 둘 밝혀지는 과정에서 그동안 지켜왔던 거대한 축이 무너졌던 것이다. 코페르니쿠스의 대발견은 이런 관점에서도 접근하고 이해할 필요가 있다.

우리가 코페르니쿠스의 천문학에 관심을 가져야 할 또 다른 이유는, 당시 지배적이었던 스콜라 철학이 사변적 이론에 몰두했던 것과는 달리, 코페르니쿠스는 실제로 천체를 관측하고 궤도를 계산하는 등 실존적 천문학자였다는 데 있다.[2] 다시 말해 과학은 실증적인 면모를 띠면서 드디어 객관적 근거를 마련하게 되었고 사람들은 서서히 그의 말에 수긍하기 시작했다. 물론 여전히 소수의 사람들에 그쳤지만, 머지않아 봇물 터지듯 확산되는 것은 필연이었다.

처음에만 낯설 뿐, 다가오는 미래는 익숙해지자마자 거대한 태풍으로 변모할 것이었다. 물론 코페르니쿠스가 완전한 실증적 수단을 지니지 않은 까닭에 입증할 수는 없었지만 그가 열어놓은 문으로 근대의 바람이 불어들었다. 그의 뒤를 잇는 과학자 갈릴레오 갈릴레이는 이렇게 말했다.

"아리스타르코스와 코페르니쿠스 체계를 더듬어보면 나는 이들의 오성과 감성에 감탄하지 않을 수 없다."

코페르니쿠스는 사실 엄밀하게 보자면 우주의 중심에 태양을 두지는 않았다. 태양을 우주의 중심에 두면 관측과 계산이 일치하지 않았기 때문이다. 하지만 그렇다고 해서 그의 지동설, 즉 태양이 우주의 중심이며 지구를 비롯한 행성들이 태양을 중심으로 돈다는 것이 부정되는 것은 아니다.

≪2

모든 사상은
상호 영향을 미친다
: 오컴의 면도날과 코페르니쿠스

코페르니쿠스에게 가장 결정적으로 영향을 미친 사상을 꼽자면 윌리엄 오컴(William of Ockham, 1300년경~1349년경)[3]의 철학사상을 들어야 할 것이다. 우리는 지레짐작으로 철학은 그저 정신에 관한 것만 다룰 뿐 아니라 난해한 형이상학적 이론을 늘어놓는 것으로 여기는 경향이 강한데, 철학이란 존재, 인식, 가치에 관해 생각의 바탕에서부터 실천의 방식에 이르기까지 광범위하게 사유하는 모든 행위를 말한다. 그런데 이것을 따로 떼어놓고 생각하고 실제로 그렇게 가르치고 배우고 있기 때문에, 안타깝게도 철학의 영역이 축소되곤 한다.

흔히 오컴이라고 부르지만, 그것은 그의 성이 아니라 출신지 명이다. 따라서 그의 이름은 윌리엄이다. 하지만 윌리엄이라는 이름이 흔한 데다가 오컴 출신 가운데서는 그가 가장 뛰어났거나 유명한 인물이었기에 오컴이라고 통칭했다. '오컴 출신 윌리엄'이라고 부르기도 한다. 이것은 레오나르도 다 빈치도 마찬가지다. '빈치 출신의 레오나르도'니까 그의 이름은 레오나르도이지 다 빈치가 아니다. 하지만 이제는 '다 빈치'라고 부르면 그게 누구인지 다 아는 까닭에 간편하게 그렇게 부른다.

≪3

우리는 흔히 중세라고 하면 오로지 교회에 의해 지배된 '암흑의 시대'라고 일축하거나 철학마저도 '신학의 시녀' 역할만 했다고 단정짓기 쉽지만, 결코 그렇지만은 않다. 다른 관점에서 보면 중세 철학이야말로 심오한 깊이를 자랑한다. 그 대표적 인물이 토마스 아퀴나스(St. Thomas Aquinas, 1224~1274)다. 역사학자 크리스토퍼 도슨(Christopher Dawson)이 중세 후기를 암흑기가 아니라 여명기라고 부른 것도 그런 편견을 벗어나게 하는 직관이다. 비록 중세는 큰 변화가 없었고 정체되었던 것이 사실이지만, 오히려 그런 점에서 매우 안정적이었다. 고대 그리스에서 발아된 철학적 사유가 중세에 와서 깊은 천착으로 이어지는 것은 그 때문이다. 심지어 중세철학에서 언어에 관해 다루고 있는 것을 보면 마치 현대 언어철학을 보는 듯한 착각에 빠질 정도다. 중세 후반기 유럽 철학에서 가장 큰 논쟁은 바로 유명론(唯名論, Nominalism)에 대한 것이었다. 그리고 그 논쟁의 대표적 검객이 바로 오컴이었다.

오컴은 영국의 신학자이며 유명론의 대표적 스콜라 철학자다. 프란치스코 수도회 수사로 옥스퍼드에서 철학을 공부한 오컴은 당시 무소불위이자 절

보편이란 실재하는 것이 아니라
단지 이름이나 기호일 뿐이라고
주장해 유명론 논쟁을 일으킨
오컴의 윌리엄 ⋯▸

대적 권력이었던 교황의 권위에 반대하여 세속의 권력은 세속의 제후에게
있다고 주장했다. 그것은 그가 신앙을 철학과 구분해야 한다고 확신했기
때문인데, 그로 인해 이단으로 몰려 아비뇽에 4년간 유폐되었다. 그러나
당시 교황과 대립하던 바이에른의 루드비히 황제의 도움을 받아 뮌헨으로
도주하였고 그후 저작에만 몰두했다.

그는 이성으로 증명할 수 있는 것만 다루어야 한다고 주장하였다. 따라
서 자연히 신의 존재를 증명하는 것이나 도그마를 다루는 것은 철학의 영
역에서 배제했다. 그것이 바로 유명론 논쟁으로 당시 센세이셔널한 관심
을 불러모았다. 유명론 혹은 명목론은 보편자란 그저 명사, 즉 낱말에 불과
할 뿐 실체적 존재, 즉 실재는 아니라는 주장이다. 유명론의 주장에 따르

면, 구체적인 개체만이 실재하는 것이므로 그것에 대한 보편개념이란 단지 낱말이나 기호, 하나의 명사에 불과하다는 것이다. 극단적인 유명론은 이 명사를 주어진 근거로 하여 사물간의 유사성이라는 것마저 부정한다. 중세 후반기를 가장 뜨겁게 달궜던 이 논쟁은 보편논쟁에서 비롯되었다.

여기서 잠깐 보편논쟁을 짚어보자. 이 문제는 중세의 철학과 신학에 대한 진검승부와도 같기 때문이다. 이 논쟁이 본격화된 것은 중세 후반이다. "보편은 실체로 존재하는가? 아니면 그저 사물에 대한 이름에 불과한 것인가?" 하는 물음이 이 논쟁의 핵심이다. 실재론의 입장은 전자를, 유명론의 입장은 후자를 대변한다. 이 논쟁은 형이상학의 핵심을 건드리는 매우 예민한 문제였다.

논쟁의 겉모습은 철학의 얼굴을 하고 있었지만 그 속내는 신학의 얼굴이기도 했기에 이 문제는 그야말로 '뜨거운 감자'였다. 실재론의 든든한 후원자는 플라톤이었다. 그의 이데아론은 실재론의 정수였고 중세의 신관(神觀)을 기반으로 하는 철학적 근거였다. 오죽하면 플라톤 이론에 반대한다는 이유 하나만으로 아리스토텔레스가 '이교도의 철학'이라고 배척되었을까! 이런 플라톤의 전통을 따르는 에리우게나, 안셀무스는 보편은 '사물에 앞서(ante res)' 존재한다는 초기 스콜라철학을 따랐다. 그리고 그런 철학은 중세 내내 지속되었다. 그러나 시대가 바뀌었다. 후기 스콜라철학은 신학과 철학, 그리고 신앙과 이성을 분리해야 한다고 주장하며 그 둘을 다른 영역으로 간주했다. 이것이 유명론 논쟁의 발단이었고, 이것을 빅 이슈로 만든 장본인이 바로 오컴이었던 것이다.

보편이란 실제로 존재하는 것이 아니라 단지 이름이나 기호일 뿐 실재하지 않는 추상물이라는 오컴의 주장은 당대로서는 매우 대담하고 위험한 사상이었다. 그러나 그의 사상은 17세기 영국의 경험론에 큰 영향을 주었고 특히 토머스 홉스에게 지대한 영향을 끼쳤다. 오컴의 이러한 주장은 스콜라 철학으로 대변되는 교회의 권위에 도전한 합리적 지성, 즉 경험적 과학을 육성한 사조의 승리를 예고한 것이었다.

유명론 논쟁에서 오컴의 가장 유명한 개념은 '오컴의 면도날(Ockham's Razor)'이다. 오컴의 면도날은 흔히 '경제성의 원리(Principle of economy)'라고도 한다. 대표적 문장을 인용해보자.

"Pluralitas non est ponenda sine neccesitate.(필요하지 않은 경우에까지 많은 것을 가정하면 안 된다. 혹은 필요 이상으로 복잡하게 만들지 마라.)"4

"Frustra fit per plura quod potest fieri per pauciora.(보다 적은 수의 논리로 설명이 가능한 경우, 많은 수의 논리를 세우지 마라.)"

이 말은 '쓸데없이 실재를 늘여서는 안 된다'는 의미다. 논리적 자명성이나 신적 계시 같은 '충분한 근

오컴이 이 원리를 만든 건 아니지만 오컴이 빈번히 사용했기 때문에 그의 이름이 붙었다.
≪4

5≫
오컴의 면도날은 단순히 "여러 가지 가설이 세워지게 된다면 그중 하나를 고를 때 사용하는 일종의 태도"에 지나지 않는다. 그렇기에 오컴의 면도날로 어느 가설을 선택했다고 해서 반드시 그 가설이 옳다고 볼 수는 없다. 거꾸로도 마찬가지다. 어느 가설을 오컴의 면도날로 '잘라내'버렸다 하더라도 그 가설이 틀렸다고 할 수 없다. 오컴의 면도날은 진위를 가르는 잣대가 아니다.

거' 없이는 어떤 명제도 주장해서는 안 된다는 것을 규정하고 있다. 어떤 현상을 설명할 때 불필요한 가정을 해서는 안 된다는 것이다. 오컴이 말하는 면도날은 불필요한 가설은 반드시 제거해야 한다는, 그래야만 제대로 실체를 이해할 수 있다는 주장이다. 필연성 없는 개념은 제거하고 중요한 핵심만 남긴다는 점에서 이것은 일종의 '사고 절약의 원리(principle of parsimony)'를 반영한 것으로, 합리성과 경제성이 동전의 양면과 같은 것이며 무엇보다 과학이론을 구성하는 기본적 지침이 된다. "무엇인가를 다양한 방법으로 설명할 수 있다면 우리는 그중에서 가장 적은 수의 가정을 사용하여 설명해야 한다"는 오컴의 주장은 그런 점에서 근대 철학의 출구를 마련하는 매우 중요한 계기가 되었으며, 과학적 사고를 지닌 사람들에게는 매우 매력적인 사상이었다.[5]

프톨레마이오스의 천체에서 지구를 중심에 두기 위해서는 엄청나게 많은 궤도가 필요했다. 무려 81개나 되는 궤도가 복잡하게 그려져야 했고 심지어 어떤 행성은 잠시 멈추거나 살짝 후진해야 하는 경우도 있었다.

코페르니쿠스는 전지전능한 하느님이 그렇게 복잡하게 우주를 창조할 까닭이 없다고 생각했다. 그런 그에게 오컴의 경구는 매우 호소력이 있었다. 진리는 단순한 데 있지 복잡한 데 있지 않다는 생각이 물론 두 개의 주장이 충돌할 때 반드시 간단한 쪽을 선택하라는 의미는 아니지만, 그에게 그 복잡한 궤도를 해소할 방법을 모색할 동기를 주었다.

천동설로 태양계에서의 행성의 움직임을 설명하려면 매우 복잡할 뿐 아니라 지구를 중심에 놓자니 금성의 움직임 같은 모순들이 생겨났고, 이를 설명하기 위해 추가적인 가설을 붙여나가다 보니 나중에는 엄청나게 복잡해지는 것이 프톨레마이오스 이론의 문제였다. 코페르니쿠스는 마침내 지동설을 따르면 훨씬 간단하게 설명할 수 있을 뿐 아니라 쓸데없이 복잡한 것을 모두 제거할 수 있음을 알았다.

이렇게 인류의 위대한 사상들은 시간과 공간의 한계를 넘어 끊임없이 넘나들고 충돌하며 새로운 방식과 방향으로 나아간다. 그렇게 보면 코페르니쿠스의 이론은 그저 그런 하나의 과학적 발견이 아니라 기존의 사고 틀을 완전히 뒤바꿔놓은 획기적인 사건이었고 혁명이었다. '코페르니쿠스의 대전환'은 수사적 개념이 아니라 중세와 완전히 결별하는 계기가 된 과학혁명이었다.

6 »
로마 가톨릭 교회가 코페르니쿠스의 저서를 금서에서 해제한 것은 19세기 초였다.

간섭하고 억압해도
진리는
물러서지 않는다

●
,

1616년 3월 5일 모든 가톨릭교도들에게 교황령이 내려
졌다. 코페르니쿠스의 사상을 순수한 '가설'이 아닌 다른 방식으로 접근해
서는 안 된다는 금지령이었다.⁶

그것은 가설로만 다룰 수 있다는 유보 조항이었지만, 교회에서 가설은
무의미하고 유해한 것이라는 뜻이니 본질적으로 금서요 파문인 셈이었다.
가설이 아니고 진실이라면 성서에 위배되는 이단 학설이 되기 때문이다.
17세기 초엽은 예전 같지는 않았지만 여전히 교회가 막강한 권한을 지니
고 있었다. 그래서 코페르니쿠스의 주장에 대해 자칫 이단 학설을 확산시

키는 불경한 생각이라고 판단했다. 그러나 이미 시작한 강물을 끝내 막기는 어려웠다. 갈릴레이는 『프톨레마이오스 대 코페르니쿠스의 우주체계에 관한 대화』(1632)를 통해 코페르니쿠스의 주장은 단순한 가설이 아니라 새로운 진리라고 주장하면서 코페르니쿠스의 학설을 금지하는 것은 잘못된 것이라고 비판했다. 그렇지만 교회는 끄떡도 하지 않았다. 아예 코페르니쿠스의 이름을 거론하는 것 자체를 금지시켰다. 그러나 객관적 진실에만 의존하는 과학은 교회의 권위에 쉽게 굴복할 생각이 없었다. 반대로 그 저항을 촉발시킨 게 코페르니쿠스였으니 교회는 그를 억누를 수밖에 없었다. 이 대목은 근대사에서 매우 중요한 의미를 갖는다.

근대 과학혁명의 완성은 뉴턴(1642~1727)에 의해 이루어졌다. 뉴턴은 마치 바통 터치를 하듯 갈릴레이가 죽은 1642년에 태어났으니 우연치곤 꽤나 상징적이다. 뉴턴은 태양과 달의 인력이라는 개념을 정립하여 바닷물의 밀물과 썰물 현상을 설명했다. 그것을 밝혀낸 과학의 힘은 놀라운 것이었다. "바다의 밀물과 썰물은 태양과 달의 작용에 의한 것이다"라는 뉴턴의 주장은 사고 혁명의 범위를 우주의 영역으로까지 확대시켰다. "모든 물체는 서로 끌어당기는 힘이 있다. 끌어당기는 힘은 끌어당기고 있는 천체를 바라보고 있는 쪽의 물에 작용하는 것이 지구 전체에 작용하는 것보다 크며, 지구 전체에 작용하는 것이 반대편의 물에 작용하는 것보다 크다"라는 뉴턴의 과학적 설명은 신비의 영역에서 실증의 영역으로 과학의 힘을 확장시켰다. 뉴턴은 케플러 행성의 법칙들도 수학적으로 명확하게 증명함으로써 코페르니쿠스의 학설을 확고하게 정립시켜주었다.

폴란드 화폐에 있는
코페르니쿠스 도안 ⋯⋯

　과학은 수학적 증명과 구체적 실험을 거쳐 지식을 정립함으로써 어떤 다른 지식보다 더 견고한 진리의 자리를 차지하고 입지를 다졌다. 그렇게 해서 중세적 권위를 벗어나 근대적 독립을 가능하게 했다. 그 중요 인물들이 코페르니쿠스, 갈릴레이 그리고 뉴턴이었다. 이 대목에서 어떤 이들은 코페르니쿠스의 저작은 금서가 되었고 갈릴레이는 결국 교황과 교회에 굴복하지 않았느냐고 반문할지 모른다. 그러나 교회마저도 과학의 명증성을 인정할 수밖에 없는 시간이 점점 다가오고 있었다. 물론 교회는 여전히 견고하고 완고했으며 이들을 복권시키지도 사죄하지도 않았지만.

　유럽 국가들 가운데 가톨릭교회의 영향력이 상대적으로 더 큰 폴란드는 코페르니쿠스의 조국이었음에도 불구하고 그를 외면했다. 그러나 2010년, 뒤늦었지만 매우 상징적인 일이 폴란드에서 일어났다. 교회에서 이단자로 몰렸던 코페르니쿠스의 장례식을 그가 죽은 지 거의 500년 만에 다시 치렀던 것이다. 놀랍지 않은가? 21세기에야 비로소 그의 명예가 공식적으로 복권된 것이다. 그 오랜 세월 동안 그는 가톨릭교회의 인정을 받지 못한 신세였던 것이다. 폴란드 교회와 고위 성직자들도 국민들과 더불어 코페르니쿠스를 국민적 영웅으로 칭송했다. 역설적으로 그만큼 교회의 영향력이 지금까지도 상당하다는 뜻인데, 그런 현실이 못내 씁쓸하기도 하다.

잘못을 객관적으로 인정하는 데 그렇게 오랜 시간이 걸리는 경우가 종교 말고 또 있을까? 종교와 과학은 얼핏 양립불가한 것처럼 여기는 이들이 많다. 지금도 그렇다. 창조론과 진화론에 대한 논쟁은 여전히 교회에서 뜨거운 감자다. 그 상징적 모습을 갈릴레이에서 발견할 수 있다. 1609년 종교법정에 소환된 갈릴레이는 결국 교회에 굴복했지만 "그래도 지구는 돈다"[7]고 소극적으로 저항했다. 교회는 1992년에야 그를 복권시켰다. 이미 역사가 코페르니쿠스와 갈릴레이를 '과학혁명의 주도자'로 인정했음에도 불구하고 끝까지 외면하다가 뒤늦게야 마지못해 인정한 꼴이 되었다. 교회에서 지구가 돈다는 과학적 진리를 부정하지 않은 지는 오래지만, 정식으로 사과하는 데 그렇게 많은 시간이 걸린 사실은 결코 가볍게 여겨서는 안 된다.

종교는 오랫동안 과학을 못마땅하게 여겼다. 그

아우크스부르크 대학교수인 교회사가 발터 브란트뮐러는 갈릴레이가 그런 말을 한 기록이 없음을 지적한다. 갈릴레이는 교회의 압력을 받기 전 자신의 주장을 철회했다. 그의 유죄는 불복종이라는 죄목이었지 이단이라는 죄목이 아니었다. 갈릴레이는 앞으로 태양 중심의 우주론을 우주의 현실이라고 가르쳐서는 안 된다고 금지당하기는 했지만 천문학적, 수학적 작업 가설을 주장, 논의, 부연하는 것까지 금지당한 것은 아니었다. 따라서 연구를 더 진척시킬 수 있는 길은 오히려 의도적으로 열려 있었다고 브란트뮐러는 주장한다. 실제로 그는 재판 중 바티칸 궁전에 거주했고 시종까지 딸려 있었으며 재판이 끝나기도 전에 피렌체 대사관으로 가는 것을 허락받았다. 그러나 그건 형식적인 면에서 그랬을 뿐 갈릴레이의 과학이론이 탄압받은 것은 분명한 사실이다.

≪7

것은 가톨릭이나 개신교나 크게 다르지 않았다. 천동설이 위력을 잃었음에도 불구하고 성공회 대주교였던 제임스 어셔(James Ussher, 1581~1656)는 신이 기원전 4004년 10월 23일 월요일 오전 9시라는 성스럽고 완벽한 순간에 중단 없이 신속하게 천지를 창조했다고 '당당하게' 주장했다. 하지만 그의 허황된 주장은 1859년 찰스 다윈이 『자연선택에 의한 종의 기원』을 발표함으로써 무력화되고 말았다.

중세나 근대 초기에만 성직자인 과학자들이 있었던 것은 아니다. 유전학의 바탕을 마련한 그레고르 멘델(Gregor Johann Mendel, 1822~1884)은 가톨릭 사제였고 대수도원장이었다. 그는 1853년부터 7여 년 동안 수도원 뒤뜰에 다양한 품종의 완두를 심고 이를 교배하여 여러 잡종을 만들어냈다. 다행인지 불행인지 멘델은 1865년 여러 식물학자들에게 자신의 연구 결과를 발표했지만 그들 대부분이 그 실험 결과의 중요성을 알아채지 못했다. 교회로서도 '엉뚱한' 짓거리나 하는 그가 못마땅했지만 크게 문제를 일으키지는 않았으므로 몇 차례 경고에 그쳤을 뿐이다.

예수회 신부이자 고생물학자였던 피에르 테이야르 드 샤르댕(Pierre Teihard de Chardin, 1881~1955)은 북경원인을 발견하는 위대한 공헌을 했음에도 불구하고 그가 쓴 책들이 교회 입장과 맞지 않는다는 이유로 여러 차례 종교재판에 소환되었다. 1955년 그는 고생물 국제회의에 참석하려 했지만 그의 상관이 불허했다.

그뿐인가? 현대물리학의 핫이슈인 빅뱅이라는 개념은 1920년대 조르주 르메트르(Georges Lemaître, 1894~1966)가 처음 제안한 것인데, 공교롭게도 그는 벨기에의 가톨릭 신부였고 학자였다. 그는 에드윈 허블 이전에 우주의 팽창과 빅뱅 이론을 최초로 발표한 사람이었다. 물론 그의 의견은 수많은 반대에 직면했고, 아직은 빅뱅 개념의 핵심인 증거가 발견되기 이전이었다. 물론 그들이 예전에 코페르니쿠스나 브루노, 그리고 갈릴레이처럼 험한 꼴은 당하지 않았지만 그들 역시 갈등과 억압 속에 번뇌해야 했다.

현대 종교는 더 이상 과학을 억압하지 않는다. 그리고 뒤늦었지만 코페르니쿠스와 갈릴레이도 복권했다. 하지만 누구나 아는 진실을 수백 년이 지난 뒤에야 겨우 인정한다는 것은 역설적으로 여전히 종교가 과학과 그리 사이가 좋지 않다는 것을 반증하는 것이다.

물론 종교가 이전처럼 노골적으로 억압할 수 있는 환경도 아니지만, 불

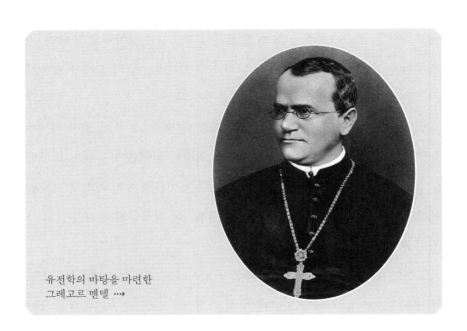

유전학의 바탕을 마련한
그레고르 멘델 ···▶

필요하게 결기를 부리고 지나치게 민감하게 반응하는 경우도 없지는 않다. 하지만 지나고 보면 그런 과민반응이나 결기가 결코 도움이 되지 않는다는 것을 알 수 있다. 과거 황우석 사태가 그랬고, 줄기세포에 관한 논란도 그랬다. 이 점에 대해서는 늘 코페르니쿠스를 반면교사로 삼을 일이다. 진리는 간섭하고 억압한다고 해서 눌리거나 물러서지 않는다.

과학에서 좀 빗나간 얘기지만, 종교가 해야 할 일은 오히려 내부 고발자를 보호하는 일에 힘을 쏟는 것이다. 황우석 사태 때도 그것을 고발한 사람이 없었다면 그 실체를 모르고 넘어갔을 것이고, 나중에 더 큰 재앙과 망신을 자초했을 것이다. 그러나 우리 사회는 그 고발자를 존중하고 보호하기는커녕 오히려 배신자라고 비난하고 따돌렸다.

최초로 '빅뱅' 개념을 제안한
조르주 르메트르 ⋯▸

그뿐 아니다. 최근에만 해도 군부재자 투표의 부정을 폭로한 이지문 전 중위, 군 내부의 부정을 고발한 김영수 소령, 민간인 사찰을 폭로한 장진수 전 주무관 등 무수히 많다. 그 백미는 삼성의 비리를 폭로한 김용철 변호사 사건이다. 천주교 정의구현사제단이 마지막에 그를 보호했지만, 우리 사회는 그를 배신자 취급했고, 따돌렸다. 진리를 주장하는 과학을 억압할 것이 아니라 인간의 가치를 억압하는 탄압과 불의를 질타하는 것이 종교의 역할이고 그 허물을 고발하는 내부 고발자들을 보호하는 것이 종교의 사명이다.

미술에도 오컴과
코페르니쿠스가
있다

❜

　　　　　현대미술은 어렵다. 그래서 12년 동안 공교육에서 미술을 배우고 그림을 그렸으면서도 정작 현대미술을 관람하러 가는 일은 별로 없다. 학교에서 그림만 그리게 했지 제대로 감상법을 가르치고 경험할 기회를 주지 않았으니 더욱 그렇다. 그런데도 해마다 거의 연례행사처럼 개최되는 인상파 미술전은 인산인해다. 과연 인상파 미술은 이해하기 쉬운가?

　　고대부터 근대 후기까지 미술을 평가하는 기준은 얼마나 똑같이, 얼마나 감동적이고 엄숙하게 그렸느냐 하는 것이었다. 그리고 그림의 내용은 주문자(적어도 서양미술에서는)의 요구에 철저하게 따른 것이었다. 왕, 교회, 귀족들이 요구하는 그림은 자기과시, 교육, 허영을 위한 것이었다. 그림은 '주문자의 눈'에 의해 그려진 셈이다.[8] 이른바 '재현미'가 기준이 되는 그림이었다.

그후 르네상스를 거쳐 근대에 이르면서 '자유로운 개인'에 눈뜨기 시작했고 프랑스 혁명을 통해 정치적 자아를, 산업혁명을 통해 경제적 자아를 발견하게 되면서 조형적 본능이 꿈틀대기 시작했다. 미술교육을 받지 않은 사람들도 저마다 그림을 그리게 되었다. 자아에 대한 인식이 확대된 이 무렵의 상징적 현상은 자화상이 출현한 사실이다. 아직 인상파가 등장하기 이전에도 이미 이런 조짐은 있었다.

렘브란트(Rembrandt Harmenszoon van Rijn, 1606~1669) 역시 수많은 자화상을 그렸다. 이것은 그가 자아에 대한 강한 의지를 가지고 그것을 표상했다는 의미다. 이러한 변화의 백미는 인상파의 활약이다. 윌리엄 터너(Joseph William Turner, 1775~1851)에서 시작되어 프랑스 인상파 미술에서 만개한 미술의 대전환은 사실 혁명적이고 획기적인 일이었다. 왜냐하면 비로소 주문자의 눈이 아닌 '화가의 눈'이 그림의 중심이 되었기

≪8
이 시기의 서양미술에서 정물화나 풍경화는 거의 찾아보기 어렵다. 17세기부터 네덜란드에서 일상화, 풍경화, 정물화가 그려지기 시작한 것은 예외에 속할 만큼 특별한 경우다. 그것은 상업 중심의 도시가 발달한 네덜란드가 정치경제적 독립을 누린 개인 중심 사회였기에 가능한 일이었다.

9≫
인상주의 미술 작품이 높은 가격으로 거래되는 이유는 짧은 시기였던 만큼 작품의 수가 한정되어 있고, 사조도 다양하며 무엇보다 미술사의 대전환이라는 의미를 담고 있어 작품들의 희소가치가 높기 때문이다.

입체파 또는 큐비즘(cubism)이라는 용어는 마티스가 조르주 브라크의 작품을 혹평하면서 비평가 루이 복셀에게 '작은 입방체'를 그려놓은 것 같다고 말한 것에서 유래했다. 이 말을 들은 복셀은 〈르 피가로〉에 마티스의 말을 인용해서 브라크를 비평했고 그때부터 이 용어가 널리 쓰이기 시작했다.

10≫

때문이다. 자기과시, 훈계, 허영 따위는 개입할 틈도 없었고 개입할 까닭도 없었다. 오로지 자기가 좋아서, 자기 방식대로 그렸다. '누구의 지시와 기준'이 아니라 '자유로운 개인'으로서 원하는 대로 그렸다는 것은 근대성의 완성을 상징하는 것이다. 미적 기준도 바뀌었다. 더 이상 재현미는 무의미했고 그것을 대체하는 기준으로 '표현미'가 제시되었다.

인상주의 미술이 갖는 의미는 이렇게 매우 크고 중요하다. 그런데 우리는 '미술책에서 본 그 그림'이라는 무게감에 이끌려 인상주의 미술 전람회에 가는 경우가 많지 않은가 싶다. 그러나 인상주의 화가들이 활동한 기간은 생각보다 그리 길지 않다. 그것은 대전환기였고 격변의 파랑이 다양하고 빠르게 전개된 시기였다.[9] 데카르트가 "나는 생각한다. 고로 나는 존재한다"라고 근대의 문을 열었다면 인상파 화가들은 "나는(혹은 내가) 그린다. 고로 나는 존재한다"라고 답하며 근대를 완결지었다. 데카르트가 제시한 '자유로운 개인'은 철학적 명제로 시작하여 프랑스 혁명과 산업혁명이라는 사회적 변화를 거쳐 인상주의 미술이라는 예술적 명제로 마감했다. 비로소 '자유로운 개인'은 철학·정치·경제·문화 모든 분야에서 완전히 발아되고 개화한 것이다.

그후 완전히 새로운 형태의 그림들이 쏟아져나오기 시작했다. 이른바 추상미술, 혹은 비구상미술의 출현이다. 피카소는 그 상징적 인물이다. 그런데 이 미술 작품들은 아주 낯설고 때론 아예 이해 불가인 경우가 많아서 그 그림을 보는 감상자로서는 당혹스러울 때가 많다. 피카소의 입체파[10]를 비롯하여 다양한 방식의 추상미술들은 형태를 해체하거나 재해석하고 때론 형태를 지워냄으로써 도대체 우리가 무엇을 보고 있는지 모르게 만들기 때문이다. 비록 매우 다양하고 서로 달라서 한마디로 정리하기는 어렵지만, 이들이 취한 입장의 핵심은 '완전히 다르게 보기' '나와 세상의 복합적 관계를 서술하기'라고 할 수 있다.

그렇게 생각하면 추상미술을 이해하는 방법은 의외로 간단하다. 예를 들어 스마트폰을 그린다고 치자. 고대나 중세라면 그것을 똑같이 그리는 것을 중시할 것이고, 인상주의 화가들은 그것이 빛에 따라 다르게 보이는 인상을 표현하는 데 집중하겠지만, 추상주의 화가들은 그것이 나의 삶에 미치는 영향이나 그것으로 인해 나와 세상이 맺는 관계 등에 대해 그려내고 싶어한다. 즉 그것에 대한 자신의 '생각'을 표현하길 원한다. 그런데 형태가 보이면 자꾸 그 사물 자체에 시선이 머물게 되고 그것이 오히려 인식에 방해가 되므로 정작 그리는 사물은 사라진다. 이것을 한 단어로 표현하자면 '인식미'라고 할 수 있을 것이다. 이렇게 미적 기준의 흐름이 '재현미-표현미-인식미'로 변화해온 것이다.

여기서 더 중요한 것은 어떤 관점에서 대상을 표현했느냐다. 재현미에서는 주문자의 눈이었고 표현미에서는 화가의 눈이었다면, 인식미에서는 '감상자의 눈'이 중심이다. 화가가 자기 방식대로 생각과 느낌을 그려냈다면 감상자는 더 이상 화가의 눈과 해석에 따라 이해할 필요가 없다는 뜻이다. 화가가 그렇게 생각하고 느낀 것을 나는 내 방식대로 해석하면 된다. 그러니 무엇을 그린 그림인지 모르겠다고, 불친절하다고 불평할 게 아니라 오히려 나 자신을 들여다볼 수 있는 최상의 기회로 삼는 것이 현명한 감상태도다. 그러니 그런 그림들을 일부러라도 찾아 다닐 일이다.

나 개인적으로는 현대미술에서 매우 독특한 지평을 연 미니멀리즘에서 오컴을 발견한다. 미니멀리즘이란 '되도록 소수의 단순한 요소로 최대의 효과를 이루려는 사고방식'을 말한다. 이것은 제2차 세계대전을 전후로 시각 예술에서 시작되었지만 음악, 미술, 건축, 패션뿐 아니라 철학의 영역으로까지 확장되었다.//

미니멀리즘의 핵심은 사물의 군더더기를 제거하고 그 근본만 표현했을 때 오히려 현실과 작품 간의 괴리를 최소화할 수 있으며, 그것이 바로 진정한 리얼리티의 실현이라는 사상이다. 역설적으로 보일지 모르지만 의미심장한 주장이다. 마치 오컴의 면도날을 예술에서 해후하는 느낌이랄까? 본질을 보는 것이 리얼리티의 진정성이다. 그런데 그 본질을 덮고 가리는 것들이 너무나 많은 세상이다. 온갖 장식과 화장은 물론이고 작가의 기교가 개입하고 심지어 제 뜻대로 각색하여 눈을 어지럽힌다. "작은 것이 아름답다"는 말은 우리가 지나치게 거대하고 화려한 것에 함몰된 것에 대한 반성이고 "적을수록 많

//》
이러한 흐름이 미술에만 국한된 것은 아니었다. 특히 미국문학에서는 사실주의적 전통을 토대로 간결하면서도 완곡한 수법을 사용하는 새로운 유형이 각광을 받았다. 그 대표적 작가가 바로 헤밍웨이(Ernst Hemingway, 1899~1961)였다. 그는 미니멀리즘을 효과적으로 사용하여 간결하면서도 강인한 문학세계를 구축했다. 평론가 김욱동은 1960년대와 1970년대에 유행한 미니멀리즘에 대해 최소한의 노력으로 최대 효과를 얻는다는 경제 원칙에 입각해서 절제와 응축이라는 경제성을 서술 전략으로 삼는다고 평했다. 또한 미니멀리즘은 음악에서도 불필요한 장식을 제거하여 단순한 화성과 반복되는 리듬을 사용하였고, 아프리카 타악기 음악을 차용하거나 동양 사상의 영향을 받아 음이 오랫동안 지속되는 명상음악의 형태 등이 발전했다. 처음에는 너무 단순하고 보잘것없다는 평가를 받기도 했지만, 단순함과 간결함을 추구함으로써 음악의 본질을 되찾게 했다고 재평가되고 있다.

다"라는 일종의 모순어법마저 우리를 끄덕이게 하는 세상이다.

물론 미니멀리즘을 지나치게 확대하는 것은 경계해야 한다. 여기서 다루어야 할 중심은 미술이고, 미술에서의 그것은 불필요한 요소들을 제거하여 대상의 본질만 남기는 시각예술의 태도다. 미니멀리즘은 색채의 선택도 지극히 간결하다. 불필요한 색상을 걷어내야 기하학적 뼈대와 더불어 대상의 본질을 가장 견고하게 표현할 수 있다고 보기 때문이다. 미술가이기도 한 도널드 저드(Donald Judd, 1928~1994)는 미니멀리즘의 대표 작가다.

미니멀리즘은 철학과 종교에도 영향을 미쳤다. 즉 생존에 필요한 최소한의 소유만을 주장하는 금욕주의 철학, 복잡한 의식을 없애고 신앙의 근본으로 돌아가려는 종교적인 흐름 등은 분명 미니멀리즘의 영향을 받은 것들이다. 일본의 건축가 안도 다다오(1941~)의 〈물 위의 교회〉나 〈빛의 교

도널드 저드의 작품

안도 다다오, 〈빛의 교회〉

회〉는 그 대표적 작품이다. 불필요한 장식을 모두 사상시킨 그의 건축은 모든 것을 털어내고 신과 대면하는 직관성을 이끌어낸다는 평가를 받는다. 미니멀리즘은 분명 오컴의 직관에 맞닿아 있다. "필요 이상으로 복잡하게 만들지 마라"는 오컴의 격언은 지나치게 복잡해진 현대사회에서 역설적으로 설득력을 갖는다.

　미니멀리즘 음악의 특성은 단순함과 반복이다. 그것은 음악의 모든 장식을 극소화함으로써 음악의 진정한 의미에 맞닿을 수 있다는 음악적 사상이 표상된 것이다. 그래서 최소한의 음악 재료를 일정한 패턴에 따라 끝없이 반복한다. 특별한 기교나 기법을 표현하려는 것도 아니고 단순한 선율과 리듬을 노골적으로 반복할 뿐이다. 얼핏 들으면 지겹기 짝이 없다. 그러한 단순함 속에서 뜻밖에도 음악의 고갱이를 발견하고 느낄 수 있다는 음악적 미니멀리즘은 그 자체로는 크게 유행하지 못했지만 이후 많은 음악에 영향을 미쳤다.

최근 구글은 미니멀리즘의 경향을 새롭게 해석하여 인기를 끌고 있다. 구글은 키보드와 검색 키만 사용해서 필요한 것들을 가장 손쉽게 찾게 한다는 최소주의를 표방함으로써 인터넷에서 단순성의 르네상스를 구현하고 있다고 평가된다. 이것은 디자인과 테크놀로지의 개념이기는 하지만, 디지털 기기에도 미니멀리즘이 대두되고 있음을 알 수 있다. 또한 본체 없는 컴퓨터처럼 파격적인 제품의 등장을 미니멀리즘의 관점에서 바라보는 것도 흥미로운 일이다.

어느 정도 비약일 수도 있지만, 미니멀리즘은 해체주의와도 맞닿아 있다. 해체주의는 1960년대 후반 프랑스 철학자 자크 데리다(J. Derrida, 1930~2004)를 중심으로 구조주의의 한계 상황을 극복하고자 나타난 사조다. 구조주의는 자아나 주체, 개인 사유를 인정하지 않고 모든 것을 객관화시켰다. 그것은 극도의 이성 중심적 사유체계이기도 하며, 특히 서구중심적 사유체계이기도 하다. 데리다는 습관적 규칙을 거부하고 기존의 개념에 의문을 제기하며 모든 관습을 파괴함으로써 이성 중심적 형이상학의 지배를 거부하였다. 그것은 어떠한 지배적 사유체계도 자기중심적일 수밖에 없으며 그럴수록 본질에서 멀어질 뿐이라고 주장한다는 점에서 미니멀리즘의 핵심 사상과 맞닿아 있다.

어쨌거나 오컴의 면도날은 7세기의 시간 공백을 뛰어넘어 현대인들에게 삶과 사유의 본성에 대한 반성과 새로운 각오를 요청한다. 그럼 이제 코페르니쿠스적 대전환을 불러온 예술가를 만나보자. 주인공은 바로 백남준이다.

변화를 담아낸
예술적 혁명가,
백남준

,

         우리는 백남준(白南準, 1932~2008)을 '한국이 낳은 위대한 세계적 예술가'로 여기고 있다. 실제로 그의 작품을 많은 한국인이나 한국 기업이 소장하고 있다. 그러나 나로서는 과연 백남준의 진가가 제대로 평가되고 있는지에 대해 회의적이다. 그는 단순히 비디오 아트의 선구자로만 평가될 수 없다. 위대한 현대 예술가 그 이상이다. 그는 위대한 혁명가다!

    백남준은 1960년대 플럭서스/2 운동의 중심에 서서 전위적이고 실험적인 공연과 전시로 큰 충격과 화제를 불러일으켰다. 그는 비디오 아티스트로 알려졌지만 실제로 그가 전공했던 것은 현대음악이었다./3 그는 다양한 매체를 통해 예술에 대한 근원적 정의를 바꿔놓았고 표현의 범위를 혁명적으로 확대했다.

그에게 결정적 영향을 미친 것은 1958년 전위음악가 존 케이지(John Cage, 1912~1992)와의 만남이었다. 그와의 만남은 백남준의 인생과 예술에 대전환을 가져왔다. 존 케이지는 기존의 음악적 정의를 거부했고 '불확정성의 음악', '우연성의 음악'을 강조하며 음악에 대해 당혹스러울 정도의 혁신을 시도했다.

백남준은 〈존 케이지에 대한 헌정(Homage a John Cage)〉을 공연하면서 바이올린을 내리쳐 박살내는 해프닝을 보여주기도 했다. 넥타이는 맬 뿐만 아니라 자를 수도 있으며[14] 피아노는 연주할 뿐만 아니라 두들겨 부술 수도 있다는 도발은 많은 사람들을 충격에 빠뜨렸고, 급기야 경찰이 출동하기까지 했지만 눈 밝은 사람들은 그 의미를 직관했다. 이 사건은 케이지가 주장한 우연성과 불확정성을 가장 상징적으로 보여준 것이었다. 이 공연을 통해 백남준은 평생의 예술적 동지인 요제프 보이스(Joseph Beuys, 1921~1986)와 인연을 맺게 된다.

백남준은 다양한 분야에 종사하는 동료들과 함께 광범위하게 작업을 했다. 1973년 지구촌의 개념을

플럭서스(Fluxus)는 1962년 조지 마키우나스(George Maciunas)가 처음 사용하고 선언문을 발표하면서 시작되었다. '변화' '움직임' '흐름'의 의미를 가지고 있으며 "귀족병에 걸려 있는 지적인, 프로화된, 그리고 상업화된 문화 모두를 제거해야 한다"고 주장했다.

≪12

백남준이 도쿄대학교에서 제출한 졸업논문은 아르놀트 쇤베르크(Arnold Schönberg)에 대한 것이었다. 그리고 그는 1956년 독일로 유학을 떠나 뮌헨대학과 프라이부르크 음악학교, 쾰른대학에서 현대음악을 전공했다.

≪13

14≫
그는 연주회에서 객석 관객들의 넥타이를 가위로 잘라 그들을 기겁하게 만드는 일도 서슴지 않았다.

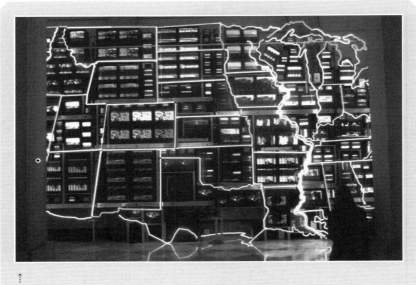

백남준, 〈전기고속도로 : 미국 대륙, 알래스카, 하와이〉(1995)

가시화한 것으로 평가받는 그의 대표작 〈글로벌 그루브(Global Groove)〉에서는 존 케이지, 앨런 긴즈버그, 한국인 무용가 이선옥 등 그와 교분이 있는 예술가들이 등장한다. 이러한 그의 작업 방식은 예술 창작에 대한 정의와 표현의 범위를 확대시켰다. 그리고 1974년에는 백남준의 상징적 대표작이 되는 〈TV 정원(TV Garden)〉을 발표하였다. 이는 수많은 모니터를 사용함으로써 비디오 설치라는 개념을 도입, 설치 미술의 새로운 가능성을 제시했다. 백남준에게 음악이니 미술이니 하는 칸막이는 더 이상 무의미했다.

그의 이러한 넘나듦이 미술의 역사를 바꿨다. 미술은 회화든 조각이든 공간을 차지하는 예술이다. 그러나 시간이나 움직임을 담지는 못한다. 반

/5»
칼더는 몬드리안과 친했는
데, 어느 날 몬드리안의 아
틀리에에 갔다가 영감을 얻
어 몬드리안의 추상작품을
모티프로 하여 모빌을 만들
었다고 한다.

대로 음악은 공간을 담지 못한다. 그것을 깨기 위한
무수한 시도가 있었다. 하지만 어느 누구도 성공하
지 못했다. 물론 엔지니어 출신 조각가 칼더(Alexander
Calder, 1898~1976)가 '키네틱 아트(kinetic art)'라는 새로운 장
르를 개척하여 모빌/5을 통해 움직임을 표현하기는
했지만 그것은 이야기를 담거나 의도적인 시간을 담
는 것이 아니라 기계적이고 우연적인 움직임을 나타
낼 수 있을 뿐이었다. 하지만 백남준은 TV라는 '새
로운 캔버스'에 주목했다. 그것은 이전까지의 미술
에서 꿈도 꾸지 못했던 '시간과 동작'이라는 두 마리
토끼를 한꺼번에 잡은 쾌거였다. 그것을 '콜럼버스
의 달걀'이라고 할 수도 있겠지만, 이 선택은 '코페
르니쿠스적인 혁명'이라고 보는 것이 옳다.

그는 일찍이 "콜라주가 유화를 대체하듯이 브라
운관이 캔버스를 대체할 것이다"라고 예언했고, 자
신이 그것을 입증해 보였다. 비디오 아트, 그리고 백
남준은 바로 그런 의미에서 미술의 혁명가였다. "자
연이 아름다운 이유는 아름답게 변해서가 아니라
단지 변하기 때문이다"라는 백남준의 말은 그 변화
를 담을 수 있다는, 즉 시간과 동작을 미술로 표현할
수 있다는 대담한 상징이기도 했다. 백남준은 붙들

수 없는 시간의 조각들을 묶어 공간을 구성하고 그 안에서 시간의 길이와 깊이, 순간성과 영원성, 정형성과 비정형성을 동시에 구현했다. 더 나아가 그는 단순히 새로운 매체를 사용한 것이 아니라 인간과 삶의 근원적 문제인 시간을 새로운 방식으로 해석하고 성찰하게 한 위대한 철학자였다. 그래서 그에게는 '시간을 지휘하는 예술가'라는 칭호가 헌정되었던 것이다. 그는 전기공학자이자 발명가, 그리고 기술자로서 대중의 우상인 TV를 임의적으로 조작한 최초의 예술가였다. 그는 위대한 혁명가였다!

내가 개인적으로 백남준의 예술에 전율을 느끼게 된 작품은 1984년에 생중계 되었던 뉴욕과 파리, 베를린, 서울을 연결하는 최초의 위성중계 쇼 〈굿모닝 미스터 오웰(Good Morning, Mr. Orwell)〉이었다.[16] 그것은 세계 최초의 쌍방향 방송으로 TV는 쌍방향에서 시작된 것이라는 선언이었다. 미술품은 고유한 작품이 단 하나밖에 없다. 그래서 작품이 희소하고 비싸다. 앤디 워홀이 꽃피운 팝아트는 실크스크린으로 수많은 작품을 복제하여 누구나 가질 수 있게 하였다지만 그것도 제한적일 수밖에 없다.

그런데 백남준은 전 세계인이 어디에 있든지 동

《16
1984년에 이 작품을 기획한 것은 조지 오웰의 『1984』의 비관주의를 극복하고 새로운 미래에 대한 낙관주의를 선언한 것이었다. 백남준은 이후 이 작품을 3부작 연작 시리즈로 제작하여 1986년 제2편 〈바이 바이 키플링(Bye Bye Kipling)〉을, 그리고 1988년에는 제3편 〈손에 손잡고(Wrap around the World)〉를 연달아 발표했다.

시에 같은 작품을 감상할 수 있으며 소유(녹화)할 수 있다고 대담하게 선언한 것이다. 그것은 세계 민주주의(global democracy)의 가능성을 상징적으로 보여준 것이기도 하다. 예술가 어느 누가 이렇게 매력적이고 혁명적인 도발을 했던가! 그는 위대한 세계인이었다. 그것이 바로 백남준 예술의 진면목이다.

적어도 나는 그에게서 앞서 말한 이 두 가지 혁명, 즉 'TV의 캔버스'와 '시간과 동작을 담는 미술'을 본다. 더 나아가 그는 작품의 쌍방향성이라는 혁명의 물꼬를 텄다. "예술가의 역할은 미래를 사유하는 것이다"라는 그의 말은 어떤 예술가의 선언보다 묵직한 울림을 갖는다. 단언컨대, 그는 위대한 철학자이자 과학자다.

과학과
예술은
친구다

,

흔히 과학과 예술은 친해질 수 없는 소원한 관계로 이해
한다. 그러나 결코 그렇지 않다. 결론부터 말하면, 과학과 예술의 진정한
힘의 원천은 '직관과 상상력'이다. 그것을 풀어내는 방식만 다를 뿐이다.
그리고 철학은 그것들을 삶과 사유의 방식으로 풀어내는 논리적 서술이
다. 서로 떨어져 있는 것이 아니다.

그런데도 이것들을 따로 떼어 각자 따로 놀게 만들어서 서로 해후하지
못하게 한 까닭은 무엇일까? 그것은 우리의 교육 방식이 전문적 지식의 습
득만을 강조하고, 수월성(excellency)만 중시하는 기능적 교육에 머물러 있기

때문이다. 미술과 음악 따로, 사회와 과학 따로, 철학과 문학 따로, 그렇게 제각각 독립된 분야로만 다루었기 때문이다. 그러면서 자기 틀에 맞지 않으면 억압하고 오로지 효율적 결과만을 위해 틀에 넣고 복제하는 방식에 의존해왔다. 그런 교육은 결코 미래의 가치를 만들어낼 수 없고, 그 속에서 사는 인간의 삶은 자유롭지도 행복하지도 않다. 우리에게 자유가 필요한 것은 정치적 이유 때문만은 아니다. 상상력은 자유가 없으면 발현될 수 없다. 독재국가에서 천재도 위대한 산물도 나오지 않는 것은 이상한 일이 아니다. 그것은 인간의 가치를 억압하고 말살할 뿐만 아니라 미래 가치를 만들어내는 원동력 자체를 뿌리째 뽑아버리는 어리석은 짓이다.

자유, 직관, 상상력. 그것을 극대화하는 것이야말로 진정한 혁명으로 이끌어내는 길이다. 다시 백남준을 인용해서 말하자면 "불확실성 없는 창조란 있을 수 없다."

생각의 융합 __

3

인문학은
어떻게
콜럼버스와
이순신을
만나게 했을까

에밀 졸라, 김지하와 만나다

− 정치와 인권

강기훈 사건과
김지하

,

2014년 2월 13일 서울고법 제10형사부(재판장 권기훈 부장판사)는 유서대필 사건의 주인공 강기훈 씨에게 무죄를 선고했다. 무려 23년이 걸린 긴 투쟁의 끝이었다. 그런데 서울고검은 일주일 뒤 공소심의위원회를 열어 대법원에 상고하기로 결정했다.

오죽하면 여당 의원조차 "검찰이 강기훈님 사건 상고했다구요. 정권이 1991년 항쟁 잠재우려고 유서대필 조작해 23년을 고통 받은 분에게 사과하기는커녕, 인간에 대한 예의 한 조각도 찾아볼 수 없네요"라고 트위터에 글을 남겼을까! 강기훈은 억울한 옥살이를 했을 뿐 아니라 평생을 파렴치

생각의 융합

한 인간으로 매도당한 채 살아야 했다. 그런데 그 사건을 주도한 인물 가운데 어느 누구도 그에게 사과하지 않는다.

지금 강기훈이라는 이름을 기억하는 이들이 얼마나 될까? 그는 그렇게 잊혀야 할까? 그렇게 된다면 대한민국은 결코 올바른 민주주의를 회복할 수 없다. 정치는 남의 일이거나 나와 상관없는 일이 아니다. 정치는 우리 삶의 방식을 결정짓는 매우 중요한 요소다. 어째서 인문학에서 최근의 시국사건(?)을 다루느냐고 따질 일이 아니다. 이 사건은 대한민국의 정의가 어떤 지경에 있는지, 그리고 인간의 가치가 얼마나 허술하게 다뤄지고 억압되고 있는지를 가르는 매우 중요하고 상징적인 사건이기 때문이다.

우선 이 사건을 대충 돌아보자. 1991년 4월 26일 명지대학생 강경대가 무술 경관으로 구성된 속칭 백골단의 쇠파이프에 맞아 쓰러져 방치되었다가 한 학생에 의해 발견된다. 그러나 그는 급히 세브란스 병원으로 옮겨졌지만 한 시간 만에 사망하고 만다. 이에 분노한 이들이 살인폭력 집단인 노태우 정권의 퇴진을 요구하며 저항하자 당시 대통령 노태우는 이 사건의 책임을 물어 내무부 장관을 경질했다. 하지만 무려 13명의 노동자, 학생, 사회운동가들이 연이어 분신하며 민주주의의 회복을 외쳤다. 그러다가 5월 8일 당시 재야단체인 전국민족민주운동연합(전민련) 사회부장이던 김기설이 서강대학교 본관 옥상에서 분신한 뒤 투신하였다.

당국으로서는 심각한 상황이었다. 자칫 불이 더 번지게 되면 큰일이라고 판단했다. 그리고 당시 검찰은 강기훈과 전민련에 함께 근무하던 사회부장 김기설이 1991년 4월 26일 강경대 쇠파이프 치사사건으로 반정부분위기가 팽배하자 이를 더욱 확산시키기 위해 분신자살을 계획한 것을 강기훈이 알고 김기설 명의의 유서 2매를 작성하여 분신자살을 방조했다고 주장했다. 정치 검찰은 오직 정권의 안위만 염두에 두었을 뿐 한 개인의 삶이 무너지고 망가지는 것쯤은 안중에도 없었다.

그렇게 일은 엉뚱한 방향으로 전개되었다. 이른바 '유서대필 사건'의 시작이었다. 당시 검찰총장 정구영은 "조직적 배후 세력을 조사하라"고 지시했다. 당시 검찰 등 공안당국은 그런 식으로 사건을 몰아갔다. 이 사건은 언론에 대서특필되었고, 왜 그가 죽었으며 그 유서의 내용이 무엇인가는 이미 논외의 문제였다. 세상에 어느 누가 유서를 대신 써준다는 말인가? 그렇다면 김기설은 자신의 유서조차 쓰지 못하는 바보인가? 그리고 강기훈은 남의 죽음을 부추겨 자신의 뜻한 바를 꾀한 악당인가? 상식적으로 말이 되지 않는 이야기였다.

그러나 당시 검찰과 정부는 이른바 민주세력을 자처하는 사람들이 남의 생명을 앗아가면서까지 자신들의 목적을 달성하려는 자들이라고 몰아세웠다. 그런 지탄을 받는다면 더 이상 설 곳이 없게 된다. 하물며 '민주'를 내세우는 세력들이 아닌가! 하지만 아무도 사건의 내막을 정확하고 꼼꼼하게 조사하거나 파악하지 않았으며 그 사건은 권력자의 입맛에 맞게 흘러가고 있을 뿐이었다. 시민들은 반신반의하면서도 만약 그것이 사실이라면 도저히 묵과할 수 없는 파렴치한 일이고 비인간적 행위라고 여겼다. 그러나 실체는 없었다. 검찰의 일방적인 발표만 있었고 언론은 그것을 받아쓰기처럼 그대로 적어 보도했다.

그 무렵 김지하는 일간신문에 '죽음의 굿판 당장 걷어치워라'라는 글을 발표했다.

…… 지금 당신들 주변에는 검은 유령이 배회하고 있다. 그 유령의 이름을 분명히 말한다. 네크로필리아 시체선호증이다. 싹쓸이 충동, 자살특공대, 테러리즘과 파시즘의 시작이다. …… 도대체 그놈의 굿판에 사제 노릇을 하고 있는 중과 신부의 정신을 사로잡고 있는 것은 악령인가? 성령인가? 저는 살 길을 찾으면서 죽음을 부추기고 있는 이른바 진보적 지식인들은 선비인가? 악당인가? 당신들은 지금 굿에서의 이른바 불림을 행하는 모양인데, 불림에는 조건이 있는 법이다.

-〈조선일보〉1991년 5월 5일자

당시 그가 생명이라는 화두에 천착하고 있었다는 점을 고려하더라도 그의 글은 매우 투박하고 독선적이며 무책임한 것이었다. 그는 당시 정부의 반민주적이고 비인격적인 악행에 저항하는 종교인들조차 한 묶음으로 공격하며 마치 그들이 자살을 부추기고 방조하는 세력의 뿌리인 것처럼 비판했다. 그가 생명의 중요성을 강조했다는 점에서는 일말의 참작할 사항도 있겠지만, 그러기 위해서는 사실을 정확히 직시하고 판단 근거를 제시해야 했다. 하지만 글 어디에도 그런 내용은 없었다. 무엇보다 그는 자신의 존재와 발언의 무게를 가늠했어야 함에도 그러지 못했다. 단지 상황을 호도하듯 거칠게 발언했을 뿐이다. 결국 그의 발언은 그가 의도했건 아니건

이 사건이 엉뚱한 방향으로 전개되는 데 도화선이 되었다.

그 도화선은 바로 당시 서강대학교 총장이었던 박홍으로 이어졌다. 그는 "죽음을 부추기는 어둠의 세력이 있다"라고 말했다. 예수회 신부인 그는 보란 듯 '성경 위에 손을 얹고' 기자회견을 했다. 하지만 아무런 증거도 제시하지 않았다. 신부인 그가 성경에 손을 얹음으로써 자신의 말은 결코 부인할 수 없는 양심적 발언이라는 듯 당당했을 뿐이다. 그의 발언은 아무런 근거도 없고, 무책임할 뿐 아니라 사제로서 매우 경망스러운 것이었지만, 보수 매체에서는 기다렸다는 듯 글자체 운운하며 유서가 대필이고, 정부에 반대하는 세력들이 얼마나 사악한 집단인지 알려야 한다고 설쳤다.

두 사람은 운동권 사이에 죽음을 찬미하는 소영웅주의와 허무주의적 분위기가 집단 감염되듯 확산되고 있다고 단정했을 뿐 자신들의 그 발언이 얼마나 위험한 것인지 아랑곳하지 않았다. 지금까지 두 사람이 자신의 발언에 대해 사과했다는 말을 들어본 적도 없다. 그들이 여전히 자신의 신념을 고수하는 것일지도 모르지만, 이미 그 사건이 무죄로 판명된 이상, 그리고 각자의 신념의 문제를 넘어 양식과 양심의 문제라는 점에서 그들은 한때 존경받던 시인과 대학 총장으로서 최소한의 의무조차 팽개친 것이다.

유서 대필 사건은 당시 노태우 정권에게는 절호의 기회였다. 불리하던 정국을 한순간에 반전시킨 것은 물론 눈엣가시이던 정부 비판 세력을 싸잡아 부도덕한 집단으로 몰아세울 수 있었으니 쾌재를 부를 사건이었다. 정부 비판 세력에게 불온한 정치적 목적을 달성하기 위해 동료의 목숨마저 요구하는 인간 이하의 집단이라는 칼을 씌우고 수세에 몰렸던 정권의 위기를 반전시킬 카드였다. 그러나 그것은 적반하장이고 가장 파렴치한 음모였다.

검찰은 김기설의 유서를 전민련 동료인 강기훈이 대필했다며 강기훈을 구속했다. 같은 시기에 숨진 박승희의 장례가 광주에서 20만 인파가 운집한 가운데 거행됐고 서울에서는 여학생 김귀정이 경찰의 강제해산 과정에서 숨진 사건이 발생했다. 여기서 우리가 눈여겨볼 것은 그런 와중에도 자칫 정권이 흔들릴 처지에 놓인 노태우 정권이 국면을 전환하기 위해 공안검사로 유명한 김기춘을 법무부 장관에 임명했다는 사실이다. 결과적으로 유서 대필 사건은 노태우 정권의 위기를 검찰이 온몸을 던져 막은 것이었다.

검찰이 말도 되지 않는 유서 대필 사건의 내막을 몰랐을 리 없다. 그럼에도 황당한 주장을 밀고나가야 할 만큼 노태우 정권은 위기에 처해 있었다. 그러나 정권의 눈치 보기에만 급급했던 검찰은 자신들의 목적을 이루기 위해 사건을 왜곡했다. 범인은 강기훈이 아니라 대한민국 검찰이었다! 그것은 대법원의 판결로 명백히 밝혀진 사실이다. 하지만 검찰은 이 사건으로 체제 유지의 선봉장이 되었다. 상대적으로 군과 정보기관이 퇴조한 가운데 검찰이 그 자리를 차지했으니 검찰의 위세가 막강해지고 당시 법무장관 김기춘이 노태우 정권을 지켜내는 데 혁혁한 기여를 했을지는 몰라도, 진실과 민주주의, 인간의 가치는 퇴보했다.

강기훈은 조작된 '자살 방조죄'라는 해괴한 죄목으로 3년을 감옥에서 지내야 했다. 그러나 그것으로 끝이 아니었다. 그는 사람들에게 친구의 죽음을 부추기고 그 유서까지 대신 써준 악질 파렴치한으로 인식되고 있었다. '세상 천하에 없는 나쁜 놈'으로 살아야 했던 강기훈은 분노와 억울함을 억제할 수 없었다. 그래서였을까? 그는 치명적인 암에 걸리고 말았다. 누가 그를, 그의 삶을 그렇게 엉망으로 만들었는가? 바로 노태우 정권이었다. 그리고 그 권력에 기생한 자들이었다. 노태우 정권과 권력자들은 오로지 자신의 안위와 권력 유지를 위해 무고한 청년의 모든 것을 철저하게 짓밟았다.

당시 대한민국 검찰과 경찰, 그리고 청와대 권력이 누구보다 강기훈의 무죄를 알고 있었을 것이다. 자신들이 조작했으니 진실의 실체를 누구보다 더 잘 알았을 것이다. 하지만 그 당사자들은 여전히 떵떵거리며 잘 살고 있다. 친일파 자손들이 아직도 부귀영화를 누리는 데 반해 독립군 자손들은 신고(辛苦)의 삶을 살아야 하는 현실과 매우 흡사하다. 과연 그들을 용서해야 하는가? 내 일이 아니니 그냥 잊고 살아야 하는가?

위키백과는 다음과 같이 이 사건을 요약하고 있다.

이 사건은 형법상 자살 관여죄에 대한 대법원 판결 가운데 실제 죄로 인정된 유일한 판례였으며, 강기훈은 법원으로부터 목격자 등 직접적인 증거도 없이 국과수의 필적 감정 결과와 정황에 따라 자살방조 및 국가보안법위반으로 징역 3년에 자격정지 1년 6월을 선고받고 1994년 8월 17일 만기출소했다. 다행히 사건 발생 16년 만인 2007년 11월 13일 대한민국 진실·화해를 위한 과거사 정리위원회'는 제58차 전원위원회 회의에서 '강기훈 유서대필 의혹사건'에 대한 진실규명 결정을 내리고 국가의 사과와 재심 등의 조치를 취할 것을 권고했고 이에 따라 2012년 대법원의 재심이 개시되었으며, 2014년 2월 13일 재심 판결에서 대법원은 당시 검찰이 제시한 필적 감정이 신빙성이 없으며, 유서 대필 및 자살 방조에 대해 무혐의·무죄로 재판결하였다.

2005년 5월 31일 '진실·화해를 위한 과거사정리 기본법'이 공포됐다. 6장 57조와 부칙으로 이뤄진 이 법이 같은 해 12월 1일 시행되면서 진실화해위원회가 출범했다. 정식 명칭은 '진실·화해를 위한 과거사정리위원회'. 설립목적은 항일독립운동, 일제강점기 이후 국력을 신장시킨 해외동포사, 광복 이후 반민주적 또는 반인권적 인권유린과 폭력 학살 의문사 사건 등을 조사, 은폐된 진실을 밝힘으로써 과거와의 화해를 통해 국민통합에 기여하기 위한 것이었다.

≪ /

드레퓌스
사건과
에밀 졸라

●
'   드레퓌스. 그것은 한 개인의 이름이지만, 이제 더 이상 하나의 고유명사가 아니다. 그 이름 자체가 정의의 상징이고, 권력의 불법과 왜곡, 그리고 그것을 위해 싸운 인류의 위대한 승리를 의미하기 때문이다. 또한 불의를 감추려 했던 세력의 수치를 드러낸 이름이기도 하다.

1894년 프랑스 육군 참모본부에 근무하던 포병대위 A.드레퓌스(Alfred Dreyfus, 1859~1935)가 독일대사관에 군사정보를 팔았다는 혐의로 체포되어 비공개 군법회의에 의해 종신유형의 판결을 받았다. 현역 장교의 그런 행위는 매국적인 일이었기에 충격을 주었고 용서받을 수 없는 범죄행위였다.

그러나 별다른 증거가 없었다. 단지 파리의 독일대사관에서 몰래 빼내온 정보 서류의 필적이 드레퓌스의 필적과 비슷하다는 정황만 있을 뿐이었다. 그러나 육군은 그 필적이 드레퓌스의 필적과 다르다는 것을 전혀 문제 삼지 않고 그를 체포했다. 제대로 된 언론이라면 이것을 고발했어야 한다. 그러나 당시 언론들은 공공연하게 반(反) 유대주의를 표방하고 있었기에 오히려 드레퓌스를 비난하는 기사로 도배하며 그 사건을 대서특필했다. 심지어 그들은 참모본부의 장교가 반역죄를 저질렀으니 이 사건을 공개해야 한다고 주장했다. 물론 그 사건에 대한 날조, 근거 없는 추측, 과장된 풍문 따위는 아무런 문제가 되지 않았다. 이 때문에 육군은 속된 말로 빼도 박도 못하는 처지가 되었다. 드레퓌스의 유죄를 입증하지 못한다면 참모본부뿐 아니라 육군, 더 나아가 군부 전체가 설 자리를 잃게 될 형편이었다.

이런 상황에서 마침 희생양이 필요했던 당시 권력은 '기꺼이' 한 인간의 삶을 송두리째 망가뜨리기로 결정했다. 게다가 그가 유대인이라는 사실만으로도 그에게 걸린 혐의는 충분했다! 마침내 드레퓌스는 1894년 12월 군사법정의 비밀재판에서 종신형을 선고 받았다.

사건이 빨리 수습되기만을 바랐던 군 당국은 증거를 조작하여 그야말로 전광석화처럼 사건을 종결지었다. 그들은 자신의 실수를 철저하게 은폐하고 여러 문서를 날조하여 유죄의 증거로 제출했다. 그뿐 아니라 드레퓌스가 자신에 대해 진술할 기회조차 봉쇄해버리고 폐정시켰다. 일말의 정의도 없었다. 그러나 반 유대주의에 물들었던 신문들은 드레퓌스가 프랑스와 프랑스 국민을 파멸시킬 뿐 아니라 프랑스의 영토까지 차지하려는 국제적 유대인 조직의 스파이라고 맹비난하며 드레퓌스의 사형을 요구했다.

그렇다면 군부는 이에 대해 어떻게 대응했을까? 참모본부는 "국가안보를 위해서 증거를 공개할 수는 없지만 드레퓌스는 종신형을 선고받았다"며 간단하게 설명하는 것으로 그만이었다. 놀랍게도 이러한 방식은 부패한 권력이 극우적 방식으로 나라를 이끌어갈 때 사용하는 방식이다. 1974년 대한민국에서 벌어진 인혁당 사건도 이와 다르지 않았다. 확실한 증거의 공개를 요구하는 것은 당연한 일인데도 그런 일부 양식 있는 사람들마저 동조자로 몰아 입을 막았다. 마치 지금 걸핏하면 '종북' 운운하며 겁박하듯.

하지만 군부의 이런 대응에 굴하거나 그들의 주장을 수긍하지 않는 사람들, 특히 변호사들은 증거 공개를 요구했다. 그러자 군부는 "이것은 중대한 군사기밀이기 때문에 만약 공개하게 되면 독일과의 전쟁을 각오해야 한다"며 협박했다. 21세기 대한민국에서 쿠데타로 권력을 빼앗은 세력들이 했던 짓과 너무나 흡사하지 않은가? 그런데 안타깝게도 21세기 대한민국에서는 아직도 그런 협박이 횡행하고 똑같이 사악한 짓을 되풀이하고 있다. 악의 사슬을 끊어내지 못하면 악은 언제나 출몰하여 주먹을 휘두르는 법이다.

드레퓌스는 얼마나 황당했을까? 그는 "나는 결백합니다! 프랑스 만세! 군대 만세!"라고 외치며 항변했다. 그러나 아무도 그의 말에 귀 기울이지 않았다. 유죄 평결을 받은 그는 계급을 박탈당하고 "더러운 유대인놈!"이라는 야유와 폭언 속에 '악마의 섬'으로 유배를 떠나야만 했다. 그곳은 간수를 제외하고 주민은 오직 그뿐이며 간수들에게는 그에게 말을 걸지 말라는 엄명이 내려진 곳이었다. 그렇게 그 사건은 끝이 났다.

권력은 그것으로 끝난 줄 알았다. 그런데 드레퓌스의 가족은 포기하지 않았다. 그의 무죄를 확신한 가족은 사방으로 그에게 죄가 없음을 주장하며 석방을 호소했다. 물론 군부와 정부는 꿈쩍도 하지 않았다. 그래도 그들은 포기하지 않았다. 실제로 이 사건의 진상이 세상에 밝혀지는 데 가장 큰 원동력이 된 것은 가족의 신뢰와 투쟁이었다. 그리고 거기에 불을 붙인 건 바로 에밀 졸라(Emile Zola, 1840~1902)였다. 이 사건은 1789년 프랑스 혁명 이후 그 어떤 사건보다 프랑스를 분열시켰다. 그리고 그 과정에서 우리는 작가 에밀 졸라의 위대한 지성과 용기를 만나게 된다.

대통령 각하, 저는 진실을 말하겠습니다. 왜냐하면 정식으로 재판을 담당한 사법부가 만천하에 진실을 밝히지 않는다면 제가 진실을 밝히겠다고 약속했기 때문입니다. 제 의무는 말을 하는 겁니다. 저는 역사의 공범자가 되고 싶지 않습니다. 만일 제가 공범자가 된다면, 앞으로 제가 보낼 밤들은 유령이 가득한 밤이 될 것입니다. 가장 잔혹한 고문으로 저지르지도 않은 죄를 속죄하고 있는 저 무고한 사람의 유령이 가득한 밤 말이지요.

대통령 각하, 정직하게 살아온 한 시민으로서 솟구치는 분노와 더불어 온몸으로 제가 이 진실을 외치는 것은 바로 당신을 향해서입니다. 저는 명예로운 당신이 진실을 알고도 외면하지는 않았으리라고 확신합니다.

에밀 졸라는 분노에 찬 격문 「나는 고발한다!」를 1898년 1월 13일 〈로로르(여명)〉지에 발표했다. 간첩이라고 판결난 매국노를 이렇게 대놓고 옹호할 수 있을까? 게다가 그는 이미 유명한 작가의 삶을 누리고 있었다. 그런데 이렇게 대담하고 위험한 도발을 감행했다. 왜 그랬을까? 반 드레퓌스 진영에는 교회와 군부, 그리고 보수 왕당파가 버티고 있었다. 그들은 막강한 기득권을 휘두르고 있었다. 비록 프랑스 혁명으로 인해 잠시 고난을 겪었지만 그들은 끝내 왕정복고에 성공했다. 그들은 국가 안보, 국익, 통치상의 기밀 등을 빌미로 공공연히 공권력을 폭력적으로 행사했다. 그들에게 중요한 것은 국가가 아니라 권력이었다.

그러나 에밀 졸라는 단기필마로 이 거대한 세력에 도전장을 내밀었다. 사실 그가 처음은 아니었다. 베르나르 라자르(Bernard Lazare)나 장 조레스(Jean Jaurès) 등 소장 지식인들이 문제를 제기했지만 역부족이었다. 조레스는 거대한 다수가 그 지도자 뒤에 진을 치고 있었다는 것을 폭로하며 이 사건을 밝혀내야 한다고 주장했지만 반향이 없었다. 그러던 차에 당대를 대표하는 세계적 문호 에밀 졸라가 「나는 고발한다!」라는 도발적인 글로 지축을 흔들었다. 처음에는 '대통령에게 보내는 편지'라는 제목으로 발표할 예정이었는데 〈로로르〉지의 편집장이자 정치가였던 조르주 클레망소(Georges Clemenceau, 1841~1929)의 권유로 '나는 고발한다!'라고 타이틀을 바꿨다고 한다.

졸라는 이 격문으로 엄청난 파장을 불러일으켰는데 그 때문에 커다란 고통을 겪어야 했다. 그가 그런 후폭풍을 전혀 예상하지 못했을까? 결코 그렇지 않았을 것이다. 그러나 그는 당당하게 나섰다.

1898년 1월 13일자 〈로로르〉지 1면에 게재된
에밀 졸라의 공개 선언문 「나는 고발한다!」.

졸라는 이 사건에 대해 계속해서 글을 써서 발표했다. 처음에는 당대 최
고 신문이던 〈르 피가로〉지에 실었지만 보수적인 독자들이 신문을 끊겠다
고 협박하며 해지 운동을 벌이자 신문사는 졸라의 글을 더 이상 게재할 수
없다고 물러섰다.

우여곡절 끝에 졸라의 글은 〈로로르〉지에 실리게 되었고, 편집장이 나
서서 제목까지 바꿔 1면을 장식했다. 졸라의 격문이 실린 이 신문은 순식
간에 30만 부가 팔렸다. 일단 주의를 끄는 데는 대성공이었다. 졸라의 이

격문에 호응한 사람들은 이후 드레퓌스 재심 청원서에 서명했는데, 그 면면을 보면 아나톨 프랑스, 마르셀 프루스트, 에밀 뒤르켐, 클로드 모네 등 여러 분야의 지식인들이 망라되어 있었다. 이런 호응에 힘입어 드레퓌스 사건에 대한 재심 청원은 점점 빠르게 확산되었다. 에밀 졸라는 단호하게 선언했다. "단언하건대 드레퓌스는 무죄다. 나는 거기에 내 생명을 걸고, 내 명예를 걸겠다."

자신의 이해와는 전혀 상관이 없는 일에 이처럼 '목숨'을 거는 것이 한낱 선언적 의미였을까? 이후 그가 보여준 행보는 그것이 허언이 아니었음을 보여주었다.

이제 상황은 드레퓌스 진영과 반 드레퓌스 진영으로 갈라지게 되었다. 1894년부터 1906년까지 무려 12년에 걸친 대격돌이었다. 얼핏 공화주의자와 왕당 보수파의 대립과 대결로 보이지만, 그 본질은 자유, 평등, 박애라는 프랑스 혁명의 정신에 대한 근원적 반성을 촉구하는 것이었다.

드레퓌스가 종신형을 선고받은 때가 1894년이고 에밀 졸라가 공개적으로 격문을 내건 때는 1898년이다. 그럼 4년 사이에 무슨 일이 벌어졌던 것일까?

사실 드레퓌스 사건은 반전의 연속이었다. 드레퓌스가 맹목적 애국주의를 이용한 권력자들의 그릇된 망상과 반 유대주의의 희생양이 되어 유죄 판결을 받았지만, 그로부터 2년 뒤인 1896년 판결을 뒤집는 결정적 사건이 발생했다. 프랑스 참모본부 정보국장 피카르 중령은 두 가지 놀라운 사실을 발견했다. 하나는 드레퓌스의 유죄를 입증할 만한 증거가 아무것도 없다는 사실이었고, 다른 하나는 그 문제의 '명세서'의 필적이 보병 대대장인 에스테라지 소령의 필적과 똑같다는 사실이었다. 그는 상부에 오판을 고칠 것을 건의했지만 참모본부는 움직이지 않았다. 만일 피카르 중령이 진실을 발견했을 때 참모본부 지휘부가 적절한 조치를 취했더라면 반역자 에스테라지가 체포되고 드레퓌스라는 한 무고한 장교는 명예를 회복하는 것으로 사건이 종결되었을 것이다.

그러나 군부의 위신을 국가 안보와 동일시한 군 고위층의 어처구니없는 아집과 독선 때문에 사건은 눈사태처럼 커져갔다 .이 같은 사실을 알아챈 드레퓌스 부인이 재판의 재심을 요구하는 청원서를 제출하자 재심을 원치 않았던 국방부 장관 비요는 피카르를 동부전선에 보냈고 다시 튀니지로 전보시켰다. 그것은 분명히 피카르 중령이 증언하는 것을 두려워했기 때문이다. 그러나 다음해 휴가를 내 파리로 돌아온 피카르는 친구인 변호사 케스트네르에게 그 사실을 털어놓았고 그 변호사도 드레퓌스의 무죄를 확신하고 재심 운동을 시작했다. 그렇게 해서 에스테라지 소령이 공식적으로 고소되었다. 이것은 꺼져가는 불길을 되살리는 불씨였다.

밝혀지는 진실,
그러나
외면한 진실

,

　　　　　　1894년 9월 프랑스의 참모본부 정보국이 프랑스 주재 독일대사관의 우편함에서 훔쳐낸 편지의 수취인이었던 독일대사관 무관 슈바르츠코펜은 그 편지가 에스테라지 소령의 것임을 알았지만 그렇다고 해서 자기 첩자의 이름을 알려줄 수는 없었으므로 입을 다물었다.[2] 문제는 엉뚱한 데서 터졌다. 바로 〈르 마탱〉의 특종이었다. 그 신문은 주로 참모본부의 입장을 옹호하고 드레퓌스 비난에 열을 올렸던 곳이었다. 그런데 문제의 명세서 사본을 입수하여 보도한 것이다. 프랑스 전체가 발칵 뒤집혔다. 다시 드레퓌스 사건의 진상에 관한 문제가 이슈로 떠올랐다. 그러나 변호사와 상원의원은 진상을 밝힐 엄두를 내지 못했다. 유대인과 한통속이라는 비방과 모략이 두려웠기 때문이었고, 무엇보다 진실을 밝히려는 용기가 없었기 때문이었다.

여전히 대부분의 신문들은 참모본부를 옹호하고 두둔하는 편이었다. 그러면서도 논쟁과 추측과 허위보도들이 난무했다. 심지어 드레퓌스 사건에 대한 재심을 요구하는 것은 군부를 모욕하고 더 나아가 프랑스를 파멸시키려는 유대인들의 국제적 음모이기 때문에 결코 굴복하거나 수용해서는 안 된다고까지 주장했다. 아예 유대인들을 군과 공직에서 추방해야 한다는 과격한 발언도 조금의 여과도 없이 그대로 실렸다. 그런 혼돈 속에 〈르 피가로〉는 처음으로 드레퓌스가 결백하고 진범은 바로 에스테라지라고 주장하고 나섰지만, 반 유대주의 흐름에 파묻히고 말았다. 프랑스 최대 신문의 진실 주장마저 그렇게 묵살될 지경이었다.

아무리 반 유대주의 흐름이 진실을 가로막는다 해도 진범은 불안했을 것이다. 과연 진범 에스테라지는 그때 무엇을 하고 있었을까? 그는 아예 신문사에 자리를 잡고 앉아 하루 종일 날조된 정보를 생산

조국 독일에 한없이 충성스러웠던 무관 슈바르츠코펜은 인간 드레퓌스의 고난을 외면할 수밖에 없었지만, 1917년 죽음이 임박했을 때 프랑스 말로 이렇게 이야기했다. "내가 프랑스인들에게 말하건대. 드레퓌스는 죄가 없다. 모든 것이 거짓이고 모략이다. 그에겐 티끌만한 잘못도 없다."

≪2

해서 전파시켰다. 특히 있지도 않은 국제적 유대인 조직에 대한 악의에 찬 내용들이 주를 이루었다. 에스테라지는 그만큼 비열한 인간이었다. 겉으로는 괜찮은 복무 기록을 갖고 있었지만 스파이 노릇으로 돈을 벌었고 돈 많은 미망인을 꾀어 돈을 뜯어내 사치를 일삼던 자였다. 군부 내에서도 그런 에스테라지의 인간성을 알고 있었고, 결국에는 사건의 진상까지 알았지만 계속해서 진실을 감추기에 급급했다. 에스테라지는 체포는커녕 적반하장으로 참모본부와 대책을 논의했고(우리는 독재의 시대에 이 '대책회의'라는 말을 얼마나 숱하게 들었던가!) 주연을 맡았다. 참모본부는 들러리였다.

에스테라지는 진실이 드러나면 자신은 개인의 처벌에 불과하지만 추락한 참모본부의 굴욕은 어떻게 할 거냐고 협박하여 결국 참모본부가 필적 감정사들에게 압력을 넣게 만들었다. 그렇게 해서 감정가들은 그 필적이 에스테라지의 것이 아니라고 허위 증언을 했다.

진실로 가는 길은 여전히 험난했다. 하원은 군에 대한 국민의 신뢰를 깨뜨리려는 선동 행위를 뿌리 뽑아야 한다고 결의했고 결국 재판에 회부된 에스테라지는 만장일치 평결로 간첩죄 혐의에 대해 무죄를 얻어냈다. 그러면서 뻔뻔하게도 재판부는 피카르 중령을 체포했다. 변호사에게 군사기밀을 누설했다는 혐의였다.

에스테라지 소령은 법정에서 정부(情婦)와 팔짱을 낀 채 보란 듯이 나왔고 사악하고 맹목적인 애국주의와 그릇된 인종차별, 즉 반 유대주의에 오염된 군중들은 그런 에스테라지를 열광적으로 환영했다! 사실과 진실의 실체보다는 자신들의 맹목적 믿음이 더 중요하고 그것이 바로 애국의 길이라고 굳게 믿는 사람들의 모습은 20세기 중반 매카시즘의 광풍 속에서 미국 대중이 느꼈던 공포와 권력에 대한 지지에서 그대로 나타났고, 21세기 대한민국에서도 여전히 재현되고 있다.

에밀 졸라가 분노하고 드레퓌스 사건에 본격적으로 뛰어들게 된 것은 바로 진짜 간첩임이 뒤늦게 드러난 에스테라지 소령이 무죄 석방됐기 때문이었다. 게다가 드레퓌스가 억울하다고 주장하며, 물증까지 내놓았던 피카르 중령마저 이날 투옥됐기 때문이었다.

졸라는 이 모습에 경악하고 다시 붓을 들었다. 외신들도 앞 다투어 이 문제를 보도했고 특히 유럽의 신문들은 프랑스를 조롱할 정도였다. 자신의 신문에 졸라의 격문을 실어 이 문제를 논쟁의 중심에 던졌던 클레망소는 이런 신문들을 읽으며 통곡했다. 프랑스 혁명과 인권선언으로 늘 당당하고 우월감을 갖고 있던 프랑스의 치욕이었고 자유와 지성의 가치는 곤두박질쳤기 때문이다.

에스테라지의 무죄 방면과 졸라의 선언으로 프랑스는 완전히 둘로 쪼개져버렸다. 이 사건에 대해 재심을 요구하는 사람들과 반대하는 사람들의 진영으로 완전히 갈렸기 때문이다. 재심을 반대하는 세력은 누구였을까? 그들은 왕정복고주의자들과 옛 귀족들이었고 군국주의자들 혹은 국가주의자들로 짜인 군부와 인종차별주의자들이었다. 그리고 그 큰 배후세력으로는 편협한 가톨릭주의자들과 보수 정치인들, 그리고 자본가들이었다. 이들은 국가의 안정을 위해서라면 개인의 자유와 권리쯤은 무시할 수 있어야 한다고 믿었고 유대인의 음모로부터 국가를 구해내야 한다는 허황된 믿음을 공유했다. 자본가들이나 대농장 소유자들은 어떤 형태의 사회적 갈등도 자신들의 이익에 반한다고 믿었기 때문에 결사적이었다. 이런 갈등에 불을 지른 건 늘 이들의 이익을 대변하는 신문들이었다. '자유로운 개인'이라는 프랑스혁명의 고귀한 정신은 이들에겐 한낱 휴지조각에 불과했다.

그러나 이런 세력들만 존재한 것은 아니었다. 자유·평등·박애의 고결한 가치는 시민혁명을 통해 쟁취한 것이며 국가의 번영과 안전도 이런 공화정 정신 위에서만 가능하다고 믿는 세력들이 존재했다. 왕정복고를 반대하는 공화주의자들과 양심적 지식인들이 여기에 속했고, 인권과 정의는 결코 포기할 수 없다고 믿는 법률가들이 가세했다. 또한 프랑스에서 일찍이 발달한 사회주의자들은 어떤 형태의 차별과 불평등도 용납할 수 없으며 사회적 공동 가치를 추구해야 한다며 재심을 요구했다. 하지만 이들 세력은 수적으로 열세였다. 무엇보다 이들을 대변하는 언론도 별로 없었다. 외형적으로 보면 게임이 되지 않았다. 하지만 이들은 끈질기게 드레퓌스 사건의 재심을 요구하며 그의 무죄를 주장했다. 서로 한치의 양보도 타협도 없었다. 오로지 극단적 대립만이 프랑스를 격랑으로 몰아넣었다.

이런 상황에서 졸라의 선언이 매우 중요한 역할을 했다. 다른 나라들에서 드레퓌스 사건의 실체를 알게 되었고,[3] 이들이 지속적으로 문제를 보도하면서 졸라에 대한 응원을 이끌어냈다. 3만여 통의 편지와 전보가 졸라에게 날아들었는데, 그것은 재심 요구파에게 큰 힘을 실어주었다. 이때 졸라에게 보낸 가장 대표적 성원은 미국의 작가 마크 트웨인이 보낸 것이었다.

이러한 모습은 1979년 9월
29일 민주공화당과 유신정
우회에서 신민당 총재 김영
삼의 1979년 9월 16일자 〈뉴
욕타임스〉와의 기자회견 내
용을 문제 삼은 것과 대조된
다. 그들은 그해 10월 4일 국
회에 징계동의안을 제출, 김
영삼을 징계, 의원직을 박탈
했다. 김영삼은 그 인터뷰에
서 박정희 정권에 대한 지지
를 철회하라고 주장했다.

≪3

이러한 노골적인 반 유대인
감정에 넌더리가 난 유대인
들이 간첩으로 몰리기까지
하자, 테오도르 헤르츨을 중
심으로 하느님이 약속했다
는 '약속의 땅' 팔레스타인에
이스라엘을 건국하겠다는
시오니즘운동을 시작한다.
그들은 이를 계기로 자신들
의 정체성 확립을 꾀했고 현
대적 민족의식을 갖게 되었
다. 그리고 이러한 움직임은
유대민족주의인 시오니즘
에 빠지는 결과를 낳았다.

4≫

"나는 졸라를 향한 존경과 무한한 찬사에 사무쳐
있다. 군인·성직자 같은 겁쟁이, 위선자, 아첨꾼들
은 한 해에도 100만 명씩 태어나지만 잔 다르크나
졸라 같은 인물이 태어나는 데는 5세기의 시간이 걸
린다."

〈뉴욕헤럴드〉에 보도된 이 기사는 잔 다르크와 졸
라를 동급에 둠으로써 프랑스인들에게 새로운 각성
을 일으키기에 충분했다. 그러나 조작과 왜곡, 광기
에 싸인 수구세력은 끄떡도 하지 않았다. 그들은 오
히려 교묘하게 대중을 선동하는 데만 몰두했다. 졸
라에 대한 집단적 광란도 일어났다. 그들은 졸라가
프랑스를 혼란에 빠지게 했을 뿐 아니라 외국에까지
이 문제를 퍼뜨려 국제적 망신을 초래했다고 원망했
다. "졸라를 죽여라!"고 외치며 졸라의 집으로 몰려
가 돌을 던지기도 했다. 졸라가 그 정도였으니 유대
인의 상점들이 약탈되고 살상당하는 일은 오히려 자
연스럽게 느껴질 정도였다.[4]

그러나 과연 우리가 그들을 비난할 수 있을까?
20세기 대한민국에서 자행된 사법 살인(인혁당 사건, 민청
학련 사건 같은)이나 간첩 조작 사건 등에 대해, 정보부서
의 일방적 보도지침을 앵무새처럼 그대로 따라한

언론이나 온갖 관제 궐기대회에 동원된 사람들이 있었다. 그리고 21세기에도 여전히 그런 작태가 되풀이되고 있다. 게다가 예전에는 눈치라도 보았는데 이젠 아예 대놓고 부정과 비리를 저질러놓고 적반하장의 조작과 왜곡이 난무한다.

다시 드레퓌스 사건의 이야기로 돌아가보자. 아무리 반유대인과 수구세력이 졸라를 위협해도 그는 외롭지 않았다. 그동안 숨죽이고 있던 양심적 지식인들이 가세했고 졸라에게 찬사를 보내는 성명서를 발표했다. 오직 프랑스의 재심 반대파들만 졸라를 증오했다. 그러나 문제는 그들이 절대다수를 차지하고 있다는 사실이었다. 하지만 졸라는 흔들리지 않았다. 그는 단호하게 말했다.

"내가 취한 행동은 진실과 정의의 폭발을 서두르기 위한 혁명적 조치입니다. 많은 것을 지탱해왔고 행복 추구의 권리를 가진 인류의 이름에 대한 지극한 정열만이 내가 가지고 있는 전부입니다. 나의 불타는 항의는 내 영혼의 외침일 뿐입니다. 이 외침으로 인해 내가 법정으로 끌려간다 해도 나는 감수할 것입니다. 다만 만천하 공개 하에 나를 심문하도록 해주십시오! 나는 기다리고 있습니다."

졸라는 의연했다. 그에게 가해진 협박도 조롱도 그를 굴복시키지 못했다.

졸라에 대한 대중의 분노는 여전했다. 그들은 광기에 빠졌다. 그들로서는 졸라가 눈엣가시였다. 그들은 진실을 알고 싶은 생각이 추호도 없었고, 오직 이 문제를 들춰서 프랑스를 곤경에 처하게 만든 졸라에 대한 증오만 가득했다. 결국 그들은 군법회의를 중상 모략했다는 죄를 들어 졸라를 기

드레퓌스 사건을 둘러싼 당대 프랑스 국민들의 분열을 풍자한
1898년 2월 13일자 만평. 어느 대가족의 식사 시간,
"오늘은 드레퓌스 사건에 대해 이야기하지 맙시다"라고 선언한다.
하지만 바로 다음 장면에서 "결국은 이야기했다"면서
온 가족이 난장판이 되도록 싸우고 있다.

소했다. 그리고 기다렸다는 듯 베르사유 중죄재판소는 졸라에게 징역 1년과 3천 프랑의 벌금형을 선고했다. 며칠 뒤 프랑스 정부는 졸라의 레지옹 도뇌르 훈장도 박탈했다. 그것은 마치 소크라테스에게 죽음을 선고한 아테네의 법정과도 같았다. 광기가 증폭하자 졸라는 신변의 위협을 느낄 수밖에 없었고 영국으로 망명하라는 주위의 권고를 받아들였다. 그러나 그는 진실이 반드시 밝혀질 것이며 아무리 그것을 땅에 묻으려 해도 무서운 폭발력으로 치솟아 세상 모든 것을 휩쓸어버릴 것이라고 단언했다. 이러한 광기로부터의 위협은 졸라에게만 국한된 것이 아니었다. 재심 요구파에 속한 교수는 대학에서 쫓겨났고 정치인들은 선거에서 떨어졌다. 그렇게 진실은 암흑 속에 묻힐 것만 같았다. 희망이 별로 없어 보였다.

새로운 반전,
진실이
승리하다

,

반전은 뜻하지 않은 일이 발단이 되어 일어났다. 1898년
8월 30일, 참모본부의 앙리 중령이 자살했다. 그는 일찍이 피카르 중령을
모함하기 위해 에스테라지와 짜고 문서를 날조했던 인물이었는데, 진상이
발각될 위기에 몰리자 스스로 면도날로 목을 찔렀던 것이다. 재심을 요구
했던 세력은 다시 진상을 요구했고 군부의 위신은 땅에 떨어졌다. 그러자
반 드레퓌스파의 '영웅' 에스테라지는 재빨리 영국으로 도망갔고 그뿐만
아니라 뻔뻔하게도 자신은 이중첩자이며 상부의 명에 따라 독일의 기밀을
빼내려고 독일 무관에게 접근했다는 내용의 책을 써서 돈을 벌었다. 이제

더 이상 재심의 요구를 막을 수는 없었다.

마침내 1899년 6월 3일, 고등법원은 1894년 12월의 재판이 무효임을 선언하고 재심을 명령했다. 억울하게 투옥되었던 피카르 중령도 이때 석방되었다.

하지만 그런 결정이 광기를 가라앉히지는 못했다. 라보리 변호사는 법정으로 가는 길에 괴한의 저격을 받아 부상을 입었는데 범인은 잡히지 않았다. 이러한 백색 테러와 광기에 힘을 얻은 참모본부는 여전히 왜곡과 거짓으로 일관했다. 심지어는 에스테라지가 자신이 문제의 명세서 작성자라고 자백했는데도 불구하고 정상 참작이라는 이유로 금고 10년을 선고했을 뿐이었다. '정상 참작'이라, 어디서 많이 듣던 말 아닌가?

이러한 결정은 에밀 졸라를 다시 격분하게 했다. 그는 외쳤다.

"이것이 정상 참작이란 말인가? 이것은 피고에 대한 정상 참작이 아니라 심판관들에 대한 정상 참작이라고 해야 할 것이다. 그들은 스스로를 위해 정상 참작을 한 것이다. 이같은 결정은 그들이 규율과 양심 사이에서 타협했다는 고백 이외에는 아무것도 아니다."

사실 지금도 우리는 그런 역사의 장면들을 목격하고 있다. 몇십 년 질곡의 시간이 지난 뒤 무죄를 선고하면서도 정작 검찰이나 사법부가 저지른 패악에 대해서는 반성하지도 책임지지도 않는다.

상황이 빠르게 전개되었다. 세계 언론들은 다투어 "범죄자는 드레퓌스가 아니라 프랑스다"라는 사설을 실으면서 재심에서도 10년형이라는 유죄 평결을 내린 프랑스 정부를 맹비난하기 시작했다. 바로 다음해 파리에서는 세계박람회가 열릴 예정이었는데 사람들은 프랑스 대사관 앞에 모여 항의 시위를 벌이며 세계박람회를 거부해야 한다고 결의하기까지 했다. 상황이 이러한 지경에까지 이르자, 프랑스 대통령은 1899년 9월 19일 드레퓌스를 특별 사면시켰다. 얼핏 보면 그것은 사필귀정의 절차인 것처럼 보인다. 하지만 꼼수였다. 사면이란 유죄를 전제로 한 것이기 때문에 여전히 드레퓌스에게 내려졌던 유죄 평결은 바뀌지 않기 때문이었다. 그것을 받아들이면 유죄를 인정하는 꼴이니 꼼수가 아닐 수 없었다. 무엇보다 그렇게 되면 드레퓌스를 구해주고 결과적으로 이 사건의 진실의 문을 열게 해준 피카르 중령은 또 무엇이 된단 말인가! 따라서 졸라 진영은 이 사면을 받아들일 수 없었다.

그러나 사람들은 더 이상 이 문제를 질질 끌고 싶어하지 않았다. 소란과 갈등에 지쳐버린 프랑스 사람들은 그를 잊고 싶어했다. 그러나 정작 이 문제의 또 다른 당사자인 에밀 졸라는 달랐다. 그는 침묵하지 않았다. 1년 만에 망명지 영국에서 돌아온 그는 의회가 사면법을 통과시키자 「공화국 대통령 에밀 루베 씨에게 보내는 편지」를 써서 역사의 정의를 운운하기 전에 지금 프랑스의 정의부터 구현하라고 촉구하면서 항의의 뜻으로 침묵을 선언했다.

"거듭 말씀드리지만, 저는 오늘 결론을 지으려 합니다. '사건'의 1단계가 지금 이 순간 종결되고 있거니와, 저는 이것을 범죄라고 부르겠습니다. 그리고 저는 다시 침묵으로 돌아가기 전에 우리가 서 있는 지점이 어디쯤인가, 우리의 과업이 무엇이었는가, 내일을 위한 우리의 확신이 무엇인가를

양심적 지식인으로서
드레퓌스 사건의
진상이 밝혀지기를 촉구했던
에밀 졸라 ····▸

분명히 말씀드리고자 합니다."

세계적 문호이며 위대한 양심이란 찬사를 받은 에밀 졸라는 1902년 9월 30일 불의의 가스 중독 사고로 세상을 떠났다. 석탄 난로의 가스가 빠지지 않은 탓에 잠자던 중 사망한 것이었는데 타살의 의문이 제기되었지만 분명하게 밝혀지지는 않았다.[5]

그리고 1906년 7월 12일, 드레퓌스는 드디어 최고 재판소로부터 무죄 선고를 받아냈다.[6] 에밀 졸라가 사망한 지 4년 뒤에나 일어난 일이다. 마침내 사건의 막이 내린 것이다. "발표하게 되면 독일과의 전쟁이 일어날지도 모른다"면서 참모본부가 그토록 떠들어댔던 중대한 기밀문서 따위는 어디에도 존재하지 않았다. 결국 남은 것은 날조된 허위 증거 문서들뿐이었다. 그리고 드레퓌스가 마침내 군에 복직하자, 1908년 에밀 졸라의 유해는 프랑스의 위대한 영웅들이 잠들어 있는 파리의 팡테옹으로 이장될 수 있었다. 진실과 정의는 반드시 승리한다. 그 힘은 위대하다. 프랑스인들은 비로소 그것을 실감한 것이다.

이 사건은 프랑스를 변모시켰다. 사건의 과정을 통해 군부와 군국주의자들이 오직 군부의 이익과 위신을 내세워 그것을 국가의 이익이나 안보와 동일시했다는 것을 간파했고, 이들을 굴복시킴으로써 정치에서 군국주의자들보다 민간을 우위에 두는 전통을 마련했다.

굴복하지 않은 양심 세력은 여론의 질타와 비난을 받으면서도 끝내 승리한다는 확신을 깨달은 것 또한 프랑스인들이 얻은 소득이었다. "행동하지 않는 지성은 참다운 지성이 아니다"라는 졸라의 선언과 그에 따른 실천은 하나의 진리가 되어, 빛나는 프랑스의 인권과 정의의 전통을 재정립하는 계기를 마련해주었다.

조작된 드레퓌스 사건이 백일하에 드러나게 된

이후에 반 드레퓌스주의자들이 이 소설가를 죽이기 위해 일부러 난로 굴뚝을 막았다는 의혹이 제기되었다.
≪5

≪6
프랑스 대법원이 드레퓌스에게 무죄를 선고하고 복권시킨 후에도 육군은 89년간 이를 인정하지 않았다. 드레퓌스 사건이 터진 지 12년 만인 1906년 프랑스 대법원은 드레퓌스를 복권시켰지만, 프랑스 육군은 사건 발생 101년 만인 1995년에야 드레퓌스가 무죄라고 인정했다.

것은 소수임에도 불구하고 끝까지 불의에 맞서 싸웠던 용감한 사람들이 있었기 때문에 가능했다. 우선 드레퓌스는 끝까지 자신의 결백을 주장하였고 가족들은 그를 신뢰하고 포기하지 않았으며 투쟁을 멈추지 않았다.

무엇보다 우리의 관심을 끄는 인물은 바로 양심적이고 강직한 군인 피카르 중령이었다. 그는 자기만 눈감으면 찻잔 속의 태풍으로 그칠 수도 있었고 자신의 미래도 보장될 수 있었다. 그럼에도 불구하고 자신이 갖고 있던 손쉬운 카드를 의연하게 버리고 진리의 열쇠를 택했다. 이러한 용기와 행동은 결코 쉬운 일이 아니다.

그리고 이 사건의 중심에 섰던 인물 에밀 졸라는 생면부지의 드레퓌스가 겪은 일을 보고 그 사건의 진실을 밝혀내고 정의를 세우기 위해 자신의 모든 것을 던졌고 의연하게 싸웠다. 그는 단연 주연이었다. 그리고 조연의 역할을 충실하게 수행한 클레망소도 빼놓을 수 없다.

그렇다면 과연 지금 우리는 그런 언론인, 정치인을 갖고 있는가? 해외에서도 드레퓌스와 졸라를 지원한 사람들이 많았고, 이들의 압력은 결국 프랑스 정부를 굴복시키는 데 큰 역할을 했다. 그것은 진리와 정의는 특정한 사회나 국가의 몫이 아니라 인류 전체의 자산이라는 것을 도도하게 밝힌 인류의 위대한 업적이었다. 나아가 이 사건의 진정한 주인공은 바로 양심의 목소리였다. 그것을 포기했을 때 진실과 정의가 사라지며 결국 인간의 존엄성도 영원히 사라지게 될 것이다.

우리는 그가 「알프레드 드레퓌스 부인에게 보내는 편지」(1899년 9월 29일 〈로로르〉)에서 했던 말을 기억할 필요가 있다.

"모름지기 위대한 나라는 정의 없이 살 수 없습니다. 지고한 사법에 대한 모욕, 시민의 인권에 대한 부정이라는 오점을 지우지 않는 한 우리나라는 도탄에서 벗어나지 못할 것입니다."

악은
위기에 몰릴 때
더 극악해진다

여기서 잠깐 짚어봐야 할 것이 있다. 도대체 왜 당시의 프랑스는 그런 무모한 선택을 했을까 하는 것이다. 왕정복고파, 과격한 가톨릭교회, 보수적 자본가, 이익에 기생하는 언론 등이 아무 까닭 없이 그렇게 진실을 감추려고 했을까? 아니다. 그들 나름대로 '강한 프랑스'에 대한 무모한 집착과 비이성적 위기감이 있었기 때문이다. 제국주의 상황에서 산업혁명에 뒤졌고 식민지 쟁탈전에도 늦게 나선 프랑스로서는 영국을 따라잡아야 한다는 강박감이 위기의식으로 나타났다. 또 독일과의 전쟁에서 패배한 뒤의 절망과 분노, 그리고 수치심도 작용했다. 영국에 뒤질세라 프랑스도 적극적인 식민지 정책을 추진하게 되었다. 영국과 독일을 비롯하여 전 유럽을 상대로 한 식민지 정책에서는 가혹한 군사적 침략 행위를 서슴지 않았다.

그렇게 곳곳에서 충돌하면서 초조함을 느끼고 있던 프랑스는 보불전쟁에서 패배하면서 그 좌절이 극에 달했다. 급기야는 무능한 정부를 대신하여 국가의 안보와 국익을 보호할 수 있는 유일한 버팀목은 바로 군부라고 여기게 되었다. 아마도 그들은 제2의 나폴레옹이 출현하여 독일에 복수하고 유럽을 지배하고 싶은 꿈이 있었을 것이다. 거기에 19세기 말의 대불황은 배타적 민족주의의 불을 지폈다. 중도파는 무너지고 정국은 어수선해졌다.

게다가 교회는 공화정과 갈등이 심했다. 교회는 특히 교육 분야를 통해 자신들의 기득권을 유지하고[7] 정부 및 군부 실권자와 결탁하여 왕정을 노골적으로 지원했다. 하지만 공화주의자들의 눈에는 프랑스 혁명을 통해 응징된 교회가 다시 왕정, 즉 구체제(ancien régime)로 환원한 수구적 세력으로 보일 뿐이었다.[8] 일요일 노동금지법이나 이혼의 합법화, 그리고 세속적 무상 초등교육의 의무화 등은 공화파와

1801년에 나폴레옹과 교황이 종교협약을 맺은 이후 이러한 구조는 더욱 굳어졌다.
7≫

1886~1889년의 블랑제주의 운동이 퍼졌다. 조르주 블랑제 장군은 독일에 대한 복수를 주장하던 카리스마적인 인물이었다. 극우 세력과 민족주의자, 소상인과 노동자 등이 블랑제를 전폭적으로 지지하면서 거의 쿠데타로 이어질 뻔했다.
8≫

교회의 갈등을 심화시켰다. 가톨릭교회는 이러한 정책들이 신교도와 유대인의 음모라고 비난했다. 당연히 반 유대주의가 가속되었다.[9]

프랑스의 위대함은 '사람은 누구나 자유롭고 평등하다'라는 근대 사회의 이상을 또렷하게 제시했다는 점에 있다. 이것은 현대 사회에도 가장 중요한 이상이다. 그런데 프랑스는 자신들이 위축되자 언제 그랬냐는 듯 그 가치를 스스로 깨뜨리고 헌신짝처럼 내팽개쳤다. 그들은 위기감을 느끼자 곧바로 수세적 입장이 되어 반 도덕적이고 반 인류적인 선택을 했던 것이다.

악은 언제나 위기에 처할 때 더 발호하게 되어 있다. 그리고 그 발호가 극에 달하면, 그리고 사회가 양심과 정의의 가치를 끝내 외면하지 않을 때 반드시 무너지게 되어 있다. 그것이 드레퓌스 사건이 시사하는 또 다른 의미다.[10]

≪9
블랑제주의자들이 준동한 뒤에 터진 것이 바로 드레퓌스 사건이었다. 즉 '유대인 출신' 장교가 군사 기밀을 적국 '독일'에게 팔아넘겼다는 소식은, 프랑스 국민들의 독일에 대한 복수심과 민족주의, 그리고 반 유대주의를 불러일으키는 기폭제 역할을 했던 것이다.

1946년 독일에 동조적인 비시 정부에서 주된 역할을 맡았다는 죄목으로 기소당한 페탱 원수는 "드레퓌스의 복수다!"라고 주장했다. 비시 정권은 유대인의 공직 축출, 나치수용소로의 추방 등 유대인 탄압정책을 펴왔다.
≪10

정치는
삶이고 삶은
철학이다

,

정치는 특별한 것이 아니다. 그건 우리의 삶이다. 나의 생각, 나의 행동, 나의 신념 등 모든 것은 정치적인 것이다. 그리고 철학 역시 대단한 것이 아니다. 그것은 나와 삶, 그리고 세상을 어떻게 인식하고 무엇이 중요한 가치인지 분별하여 행동할 수 있게 하는 지성적 자각이다. 따라서 정치도 철학도 삶 속에 녹아 행동으로 나타나는 것이어야 한다.

드레퓌스 사건에서 에밀 졸라가 보여준 용기는 바로 그러한 신념에서 기인한 것이다. 그런데 아무리 개인이 그런 생각과 신념으로 살아간다 하더라도 정부가 부패하고 폭정을 일삼으면 개인의 삶은 무력해진다. 졸라는 그런 폭력에 대해 분연히 맞서 싸웠던 것이다.

일찍이 아우구스티누스는 『신국론』에서 분명하게 말했다.

"정의가 없는 왕국이 도둑집단이 아니면, 도대체 무엇이란 말인가?"

근대 정치철학의 초석을 마련한 토마스 홉스(Thomas Hobbes, 1588~1679)가 주장했던 것도 단순히 '만인의 투쟁'이라는 인간의 포악성에 방점을 찍은 게 아니라 그것을 피할 수 있는 지성과 보편적 지혜의 가치에 방점을 찍은 것이다. 그는 『리바이어던』에서 이렇게 말한다.

"백성의 참다운 자유, 즉 통치자가 명령한 일에 대해 불의를 범하지 않고 거부할 수 있는 자유가 무엇인지를 알기 위해서는, 국가를 세울 때 우리가 어떤 권리를 양도했으며, 어떤 자유를 스스로 포기했는지 생각해보아야 한다. 왜냐하면 복종이라는 행위 안에는 의무와 자유가 모두 들어 있기 때문이다. 그런데 백성의 의무와 자유는 '나는 그의 모든 행위를 정당하다고 인정한다'와 같은 분명한 말이나, 통치자에게 권력을 부여한 목적에서 나와야 한다."

'통치자에게 권력을 부여한 목적'은 최소한 인간의 자유와 삶의 정당성을 보장해야 한다는 인식에 있었다. 단순히 존 로크(John Locke, 1632~1704)와 대비하여 왕권신수설을 인정한 듯 이해하는 것은 그 의미를 오해하는 것이다. '계약'이라는 개념 자체가 혁명적이었음을 고려해야 한다. 그런 홉스의 사상에서 진일보한 것이 로크였던 것이다. 홉스가 없었다면 로크의 등장이 가능했을까? 그는 이렇게 말한다.

"정당한 권리 없이 무력을 사용하는 자는 누구든지 법에 근거하지 않고 무력을 행사하는 사회의 모든 성원과 마찬가지로, 상대방에게 전쟁을 도발하는 셈이다."

그러나 권력은, 힘은, 이익은 언제나 나를 중심으로 공고해지려고 한다. 심지어 타인의 불행을 담보로 해서라도 나의 행복을 증진시키려 한다. 그것이 불의의 씨앗이고 뿌리다. 일찍이 플라톤은 『국가론』에서 소크라테스를 빈정대는 소피스트의 입을 빌려 이렇게 말했다.

"소크라테스 선생, 나는 정의란 강자의 이익이라고 생각합니다. '올바름' 내지 '올바른 것'이란 실은 남에게 좋은 것, 즉 강자 내지 지배자의 편익인 반면에, 복종하며 섬기는 자의 입장에서는 자기 자신의 손해입니다. '올바르지 못함'은 그 반대입니다. 그래서 사실은, 다스림을 받는 사람들은 강한 자에게 이익이 되도록 행동하며, 또한 그에게 봉사함으로써 그를 행복하게 해주는 것이지 결코 자기들을 행복하게 하는 것은 아닙니다."

그러나 악의 뿌리는 그렇게 단순하게 탐욕스럽고 본성적으로 악한 인간의 소산이 아니다. 한나 아렌트 (Hannah Arendt, 1906~1975)는 그 점을 통감했다. 아렌트는 악이 악당들의 전유물이 아니며 그들의 악한 본성 때문이 아니라 누구나 저지를 수 있음을, 평범한 사람들도 자신이 의식하지 못한 상태에서 큰 악을 저지를 수 있음을 발견하고 아연했다. 그것이 바로 '악의 평범성'이다. 사악한 권력의 그릇된 명령에 순치되어 그것이 옳다고 믿게 되는 순간, 자신은 악을 저지르는 게 아니라 공정한 의무를 수행하고 있다고 믿게 한다. 중국의 홍위병들이 그랬고 현재 대한민국의 일부 '일베(일간베스트)'들의 소행도 그런 경우가 많다. 자신은 정의롭고 성실하다는 이 착각이 악을 더욱 심화시킨다. 그것을 알아채지 못하는 것이 바로 인간 죄악의 뿌리다. 그래서 아렌트는 '평범한 악당' 아이히만이 저지른 죄의 뿌리는 세 가지 무능, 즉 말하기의 무능, 생각의 무능, 판단의 무능에 있다고 분석했다.

"아르헨티나나 예루살렘에서 회고록을 쓸 때나 검찰에게 또는 법정에서 말할 때 그의 말은 언제나 동일했고 똑같은 단어로 표현되었다. 그의 말을 오랫동안 들으면 들을수록, 그의 '말하는 데 무능력함'은 그의 '생각하는 데 무능력함', 즉 '타인의 입장에서 생각하는 데 무능력함'과 매우 깊이 연관되어 있음이 점점 더 분명해진다."

그녀의 대표작 『예루살렘의 아이히만(Eichmann in Jerusalem)』에 나오는 말이다. 생각을 제대로 한다면 시대의 고통을 외면하거나 왜곡할 수 없고 방관할 수도 없다. 외면과 방관은 '생각하는 데 무능력함'의 죄를 짓는 것이다. 따라서 깊이 생각하지 않고 이웃의 고통에 무관심한 것, 역사를 제대로 인식하지 않는 것도 죄며 사회문제에 관심을 갖지 않는 것도 죄다. 그런 점에서 본다면 지금 우리가 시대의 고통을 제대로 파악하지 못하고 관심도 갖지 않는 것, 거기에 분노하지 않는 것도 죄악이다. 정신 제대로 차리지 않으면 우리는 늘 그런 죄에 빠질 수 있는 존재다. 두려움과 절망 때문에 침묵하고 방관하는 것도 죄악이다. 왜냐하면 그런 의식이 바로 악한 구조를 더 강화하고 탐욕과 폭력을 더욱 조장할 수 있는 조건과 환경을 만들어주기 때문이다. 그런 점에서 침묵과 방관은 큰 죄다. 드레퓌스 사건에 대한 프랑스 반 드레퓌스파들도 그런 죄를 저질렀던 셈이다. 그렇다면 지금 우리는 과연 무죄인가 자문해야 한다.

에마뉘엘 레비나스(Emmanuel Levinas, 1906~1995)는 이 문제를 좀 더 철학적으로 파고든다. 레비나스는 서양철학의 심각한 오류가 데카르트의 존재 접근에서 기인한다고 보고 새로운 존재론의 대안을 제시한다. 그가 보기에 서양 존재론의 심각한 문제는 타자를 동일자로 환원하는 전체성의 철학이다. 바로 데카르트를 비롯한 합리주의 식의 오류다. 그것은 고유성을 무시하고 타자를 전체성 속에서 파악하는 것이며 불행히도 이런 시각이 서양철학의 지배적인 사유 방식을 구성했다고 비판한다.

이런 레비나스의 생각은 아우슈비츠의 체험에서 비롯되었을 것이다. 레비나스는 인간이 타자에 대한 윤리적 책임을 상실하고, 타자를 나의 영향권 아래 종속시키기 위해 국가 사회주의 같은 전체주의의 이념을 강요하는 일이 어떻게 생길 수 있는지 묻는다. 그것은 한나 아렌트의 접근과 다르다. 아렌트는 악의 평범성을 파고들었지만 레비나스는 이것을 존재론의 문제로 바라본다. 레비나스가 본 전쟁과 전체주의의 악령은 물론 정치적, 경제적 이유에서 일어난 비극이지만 속을 파고들면 타자를 동일자(나)로 환원하는 서구 존재론의 구조에서 필연적으로 유래할 수밖에 없다. 그가 본 전쟁은 그런 구조였고 그것이 바로 그가 본 전체주의의 모습이다.

레비나스의 관점에서 본다면 드레퓌스 사건에서 군부와 정권의 관점, 그리고 수구 세력의 세계관은 윤리적 책임성이 바로 타인을 나의 사고 체계로 편입시키는 것에 그치는 것이 아니다. 그것은 '나의 나 됨', 즉 전체성 속의 내가 아니라 '자유로운 개인'으로서의 나의 주체성을 바탕으로 해야 하는데도 그것을 망각하는 데서 발생한다. 그것은 도덕성, 인성, 휴머니즘이라는 명목으로 교육한다고 해서 방지되거나 치유될 수 있는 문제가 아니다.

결국 전체주의는 인간의 무사유로 인해 발생한다. 사유는 주어진 천부적 능력이 아니다. 타자의 입장에서 생각하고 판단하는 능력은 우리가 반드시 수행해야만 하는 의무라고 할 수 있다. 의무! 그렇다, 그것은 인간의 의무다. 이런 생각이 한나 아렌트만의 주장일 수는 없다. 그것은 인류 공통의 명제다. 그런데 그것을 외면하거나 인식하지 못할 때 폭력, 왜곡, 허위, 불의가 판치게 되고 그것을 방관한다. 인간의 가치는 완전히 파괴된다. 그런데도 자기가 피해의 당사자가 아니라는 이유로 외면한다. 그러나 그 대가를 치르기까지는 그리 오래 걸리지 않는다.

독일의 저항 목사 마르틴 니묄러(Martin Niemöller, 1892~1984)의 시 〈그들이 왔다〉는 이제 워낙 많이 알려져 진부한 느낌마저 들지만, 그것은 그만큼 그 의미와 가치가 보편적이라는 뜻이니 다시 한 번 인용하는 것도 좋을 듯하다.

> 처음에 그들은 공산주의자를 잡으러 왔다.
>
> 나는 아무 말도 하지 않았다.
>
> 나는 공산주의자가 아니었으므로.
>
> 그들은 유대인을 잡으러 왔다.
>
> 나는 아무 말도 하지 않았다.
>
> 나는 유대인이 아니었으므로.
>
> 그들은 노동조합원을 잡으러 왔다.

나는 아무 말도 하지 않았다.

나는 노동조합원이 아니었으므로.

그들은 가톨릭 신자를 잡으러 왔다.

나는 아무 말도 하지 않았다.

나는 개신교인이었으므로.

그들은 나를 잡으러 왔다.

그런데 이제 말해줄 사람은

아무도 남아 있지 않았다.

프랑스 전범 재판과
대한민국의
반민특위

'

그릇된 역사를 지워내지 못하면 그 역사는 되풀이된다. 악의 세력은 자신들이 패배했을 때 잠시 굽히고 근신하는 것처럼 보이지만, 언제든 기회만 되면 되살아나 더 교묘한 술책으로 악행을 일삼는다. 따라서 그 뿌리는 애초에 도려내야 한다. 드레퓌스 사건을 겪은 프랑스는 이러한 준엄한 사실을 직시했다.

제2차 세계대전이 끝난 후 프랑스는 독일에 부역한 사람들을 모두 법정에 세웠다. 고작 4년간의 점령과 부역이었지만 인구 10만 명당 94명의 비율로 기소되었다./ 15만 8,000여 명이 유죄 판결을 받았고, 무려 7,037명이 사형선고를 받았다. 비시 정부의 수반이던 페탱 대통령도 법정에 서야 했다. 드골은 레지스탕스와 비시 정부의 부역자들을 대조하면서 이들을 공직과 사회에서 완전히 제거했다. 그것은 일견 내전에 버금가는 대분열로 보였다. 그래서 대충 덮고 넘어가자는 의견도 있었다. 자랑스러운 것도 아니고 불가피한 점도 있는데 지나친 것 아니냐는 반론도 있었다.

그러나 드골은 비시 정권 하에서 자행된 13만 5,000명의 구속, 7만 명의 강제수용, 3만 5,000명의 공무원 해직에 대한 책임은 덜어지거나 지워질 수 없다고 단언했다. 프랑스는 철저하게 독일에 협력한 부역자들을 숙청했다. 엄하게 처벌했을 뿐 아니라 공직에는 아예 발도 붙이지 못하게 만들었다. 그것 때문에 시끌시끌할 정도였지만 끝내 이들에 대한 처단은 엄격했다. 그렇게 하지 않으면 언제든 그런 부역자들이 다시 생길 것이라는 인식을 공유했기 때문이다.

한국의 친일파와 프랑스의 독일 부역자들을 똑같은 잣대로 재단하는 것은 어느 정도 무리가 있다는 점을 언급해야 할 것 같다. 그만큼 서로의 처지가 다르기 때문이다. 독일 부역자들은 나름대로 정당화

연구 조사에 따르면 네덜란드, 벨기에, 노르웨이 등에서의 부역자 처리는 프랑스보다 더 치열했으며 처벌된 사람들의 비율도 더 높았다고 한다. 또 다른 연구에 의하면 부역행위로 구속된 사람의 숫자가 10만 명당 벨기에(596), 네덜란드(419), 노르웨이(633)의 비율로 오히려 프랑스보다 높았다는 결과가 나오기도 했다.

≪11

의 여지를 갖고 있었다. 조국을 더 큰 재앙으로부터 건져내야 한다는 최소한의 양심은 있었기 때문이다. 하지만 그런 변명은 끝내 프랑스 정부에 받아들여지지 않았다. 쉬운 일은 아니었다. 독일 부역에 가담한 사람들 가운데 프랑스의 정치·경제·문화·예술 분야의 엘리트들이 많이 포함되어 있었지만, 프랑스는 민족의 정통성이 더 중요하다고 판단했다. 그들은 독일에 점령당한 것도 부끄러운 일이지만, 그 암울했던 점령기를 극복하기 위해서는 준엄한 심판과 처단이 불가피하다고 여겼다. 그렇게 해서 프랑스는 조국을 온전하게 되찾았다는 자부심을 가질 수 있었다. 그 재판은 아직까지 진행형이다. 흔히 이스라엘만 홀로코스트를 저지른 나치 독일 전범을 집요하게 추적한 것으로 알려져 있는데 프랑스도 그에 못지않았다. 프랑스는 교육을 통해서도 이러한 부끄러운 역사를 가르쳤고 저항의 역사를 자랑스럽게 상기시켰다. 그들은 레지스탕스의 역사를 통해 저항의 자부심을 배운다. 실제로 전후 프랑스 내각에는 레지스탕스 출신들이 등용되었다. 이러한 교육을 받은 프랑스 청소년들이 어른이 되었을 때, 만약 다시 전쟁이 발발하고 패전하게 되면 어떤 선택을 하게 될지는 물을 필요도 없을 것이다.

우리는 41년(36년이 아니다! 1905년 을사늑약[12]에 의해 주권을 상실했으므로 정확히 따진다면 41년이 맞다.) 동안 일본의 침략을 받았고, 수많은 사람들이 죽어갔다. 어떤 이들은 독립운동을 하다가 숨졌고, 광복 이후에도 고국으로 돌아오지 못했다. 수많은 젊은이들은 징병과 징용으로 끌려가 죽거나 다치고 고생했으며 꽃다운 처녀들은 전쟁성 노예('정신대'도 '종군 위안부'[13]도 아니다!)로 끌려가 인간 이하의 처우를 받았다. 그러나 친일파들도 많았다. 그들은 오히려 조선인들을 억압하고 조선을 침략한 일본에 협력하며 혜택을 받았고 자식들도 두루 그 혜택을 누렸다. 그리고 마침내 해방되었다.

광복 이후 친일파 척결은 필수적 절차였다. 그래야만 민족정기를 회복할 수 있었으니까. 그러나 미군정은 남한에 반공국가를 세우는 일에 몰두했고 그 중심 세력으로 친일파를 주목했다. 그들이 행정 경험이 있을 뿐 아니라 교육도 받았고, 이른바 유산계급이라는 이유로 공산주의자들과 타협하지 않을 것이라 여겼기 때문이다. 이미 대한민국정부가 수립되기 이전인 1947년 친일 잔재 청산을 위하여 남조선과도입법의원은 '민족반역자·부일협력자·전범·간상배에 대한 특별법'을 제정한 바 있지만 미군정은 이 법안이 미군정의 동맹세력인 친일경찰, 친일관료, 친일정치인을 대상으로 하고 있었기 때문에 인준을 거부하였다.

우여곡절 끝에 마침내 반민족행위처벌법기초특별위원회(약칭 반민특위)가 구성되었다. 1948년 8월의 일이다. 다음 달 특별위는 국회에서 반민족행위처벌법을 통과시켰고, 마침내 친일파 처벌을 위한 법적 근

정확하게는 '을사조약'이다. 어떤 조약도 '억지로 맺은 조약'이라는 뜻의 '늑약(勒約)이라고 명시하지 않는다. 그래서 '객관적으로' 조약이라 함이 옳다. 그러나 이전에 교과서에서조차 '을사보호조약'이라고 식민사관을 그대로 따랐던 것을 시정하기 위해서는 일정 기간 늑약이라 부르는 것도 필요하다고 생각된다.
≪12

정신(挺身)대는 '나라를 위해 몸을 바친 부대'라는 뜻이고 종군위안부는 군대를 '따라다니며 위안'한다는 뜻이다. 도대체 누가 누구에게 왜 위안한다는 말인가? 일본들이 지어낸 말이다. 일제강점기 노동인력으로, 그리고 성노예로 삼았던 것을 일컫는 왜곡된 언어다.
≪13

거가 마련되었다. 이 법안에 따르면 국권을 넘기는 데 협력한 자는 사형 또는 무기징역, 일제의 작위를 받거나 제국의회 의원이 된 자 그리고 독립운동가와 그 가족을 살상하거나 박해한 자는 최고 무기징역에서 최하 5년 이상의 징역에 처하는 등의 중형을, 그리고 직간접적으로 일제에 협력한 자들에 대해서는 10년 이하의 징역이나 재산 몰수 등 상당히 엄한 처벌을 내리도록 되어 있다.

이 법안이 공표됨에 따라 친일 청산이 본격적으로 실행될 것처럼 보였다. 그러나 그동안 권력과 재산을 쌓으며 세력을 키운 친일파들이 가만히 있지 않았다. 이 점은 지도자의 의지가 얼마나 중요한지 보여주는 중요한 사례다. 전후 프랑스를 이끌었던 드골은 철저하고 엄격한 처벌을 위해서는 생살을 도려내는 듯한 고통을 감수해야 한다고 했다. 하지만 정권을 잡은 이승만은 현실적인 이유를 운운하며 반민특위를 못마땅하게 여겼고, 이런 조짐에 힘을 얻은 친일 부역했던 경찰 간부들은 반민특위 인사에 대한 암살 계획까지 세울 정도였다.[14]

무엇보다 이승만 정권에 친일파가 상당수 참여하고 있었다. 첫 단추부터 잘못 꿰고 있었던 셈이다.

10월 하순 수도청 수사과장 최난수(崔蘭洙), 사찰과 부과장 홍택희(洪宅熹), 전 수사과장 노덕술(盧德述)은 수사과장실에 모여 반민특위 위원 중 강경파를 제거하기로 모의한 후 백민태(白民泰)에게 이 일을 맡겼다. 처단 대상 15명 가운데는 대법원장 김병로(金炳魯), 검찰총장(특별검사부장) 권승렬(權承烈), 국회의장 신익희(申翼熙) 등이 포함되어 있었다. 그러나 이 모의는 백민태의 자수로 사전에 발각되어 모의자들은 구속·기소되었다.

«14

다시 드골과 비교해보면 이게 얼마나 황당한 일인지 쉽게 이해할 수 있다. 이승만의 치명적인 오류 가운데 하나는 바로 반민특위 활동을 방해함으로써 끝내 친일파 청산의 기회를 날려버렸으며, 그로 인해 지금까지 온전한 민족정기를 세우지 못하게 했다는 사실이다. 이승만 정권과 친일 잔재세력의 연합은 지속적으로 반민특위 활동을 방해했다. 실제로 사형이 집행된 건 단 한 명도 없었고, 유죄를 받아 구속돼도 곧바로 풀려났다. 참으로 어처구니없는 일이었다. 나라를 다시 세우려는 국가가 이적행위를 일삼고 동족을 핍박한 자들을 처벌하기는커녕 오히려 끌어안고 자기 세력의 방어막으로 삼는다는 것은 어떠한 이유로도 용납될 수 없다. 그런 식으로 넘어가면 도대체 그 역사에서 무엇을 배울 것인가? 만약 정말 상상할 수도, 상상해서도 안 되는 일이지만, 다시 나라를 빼앗긴다면 독립운동을 할 것인가, 침략자 편에 빌붙어 부역하며 영화를 누릴 것인가? 프랑스와 우리를 비교해보라. 답은 간단명료하다. 친일 잔재 청산을 수행하기는커녕 방해해서 결국은 좌절시킨 이승만은 독재의 죄뿐만 아니라 무거운 반민족 행위를 저지른 셈이다.

1949년 8월 '반민족행위특별조사위원 해체안'이 국회에서 통과됨으로써 반민특위는 변변한 성과 없이 끝이 났다. 국회 프락치 사건과 경찰의 특위습격 사건 등은 그 해체를 가속시켰다. 그렇게 영영 대한민국은 친일 세력을 청산하지 못하고 지금에 이르게 되었다. 잠시 납작 엎드린 듯하더니 시간이 지나자 슬그머니 일본으로부터 하사받은 땅이 사유재산이니 돌려달라며 소송하는 친일파 후손들이 나타나는 것만 봐도 우리가 얼마나 역사적으로 한심한 짓을 저질렀는지 알 수 있다.

　나라를 되찾은 후 프랑스와 대한민국이 보여준 극명히 대조적인 모습은 지금 우리가 어떻게 살고 있는지, 앞으로 어떻게 살아야 하는지를 시사한다. 사회 정의와 인간의 가치는 악이 응징되고 선이 보상되는 최소한의 체계 안에서만 가능하다. 혹자는 이 문제가 어떻게 인문학의 소재와 주제가 될 수 있는지 물을지 모른다. 그러나 정치는 우리 삶의 중요한 방식이며 우리 삶에 영향을 미치는 매우 주요한 요소다. 그런데도 그것을 거대 담론으로만 생각하거나 단지 선거 때 투표하는 행위만으로 참정권을 행사했다고 여기는 이들이 많다. 정치는 정치인에게만 맡겨서는 안 된다. 그들이 올바른 사회 정의를 실현할 수 있도록 감시하며 지원할 때 비로소 제대로 기능한다. 그리고 그런 사회가 되어야 비로소 인간이 자유로운 개인으로 올바르게 살아갈 수 있다.

무관심이
최악의
태도다

,

우리는 앞에서 19세기 말 프랑스를 뒤흔들었던 사건을
보았다. 그 사건은 얼핏 사소해 보였다. 사실 지금도 대한민국에서는 그런
일이 비일비재하다. 그러나 양심 있는 지성인들은 그 사건을 결코 간과하
지 않았고 치열하게 싸웠으며 마침내 승리했다. 그 과정은 험난했고, 여차
하면 나라가 찢어질지 모른다는 두려움에 떨었다. 그러나 그런 일은 일어
나지 않았다. 오히려 프랑스는 그 일을 통해 더 자부심이 강해졌고 보다 온
전한 민주주의를 실현할 수 있었다.

내 생각과 같지 않고 내 입맛에 맞지 않는다는 이유로 거리낌 없이 범죄

자 딱지를 붙이는 건 야만적 행위다. 심지어 무고한 이를 구속하고 유죄를 조작하는 일까지 마다하지 않는 행위는 인간의 가치를 포기하는 것이다. 지난 세기 그런 일들이 많이 일어났다. 그런데 21세기에도 여전히 그 망령은 사라지지 않고 있다. 지금도 걸핏하면 자신들의 입맛에 맞지 않거나 시비를 따지면 '빨갱이'니 '극렬좌파'니 '종북세력'이니 하며 억압하고 죄 없는 사람들을 잡아가둔다. 그것도 모자라 심심하면 간첩으로 몰아 조작하기도 한다. 그러면서 마치 그들만이 나라를 위해 일하고 있는 것처럼 떠들어댄다. 그러나 과연 그들에게 올바른 가치와 인간에 대한 기본적 예의와 민주주의에 대한 신념이 있는지 되묻지 않을 수 없다. 그 상징적 사건이 바로 강기훈 사건이다. 그러나 우리는 그의 이름을 잊었으며 그가 겪은 일에 대해 주목하지 않았다. 소수의 양심적 지식인들과 전문가들이 그를 위해 싸웠지만 중과부적이었고 그는 외롭고 억울하게 오랜 시간을 질곡 속에서 살아야 했다. 그리고 마침내 그는 승리했다. 하지만 상처뿐인 승리였다.

그러나 과거 강기훈에게 유죄를 선고하고 항소와 상고를 기각했던 사법부는 반성이나 사과의 뜻을 밝히지 않았다. 그를 억지로 기소한 검찰 역시 마찬가지다. 초기에 그의 필적이 맞다고 증언한 국립과학수사연구소(지금의 국립과학수사연구원)도 예외는 아니다./5 당시 수사에 참여했던 검사들은 여전히 출세가도를 달리고 있으며 유죄 판결을 내린 판사들도 마찬가지다. 그러나 피해자인 강기훈은 국가폭력으로 인한 만신창이의 삶을 견뎌야 했다.

드레퓌스 사건과 강기훈 사건은 최소한 두 가지 점에서 공통점을 갖는다. 하나는 필적을 근거로 기소하고 유죄 선고를 내렸다는 것이고, 다른 하나는 자신들의 위기를 모면하기 위해 죄 없는 사람의 삶을 송두리째 망가뜨렸다는 점이다. 그러나 엄연한 차이도 있다. 한쪽은 치열하게 싸워 진실을 밝힌 것이고, 다른 한쪽은 아무도 책임지지 않았으며 오히려 조작하고 고문하며 법으로 농단했다는 점이다.

과연 검찰은 강기훈 사건의 진실을 몰랐을까? 단언컨대 아니다! 20여 년 후 그에게 무죄 판결이 내려진 것을 보면 명백히 그렇다. 그들이 제시한 근거는 날조된 필적 감정뿐이었다. 유서대필이란 말도 되지 않는 사건이다. 검찰도 몰랐을 리 없다. 검찰이 노태우 정권의 위기를 막기 위해 체제 유지의 선봉에 선 이유는 그것을 기화로 군부나 정보기관보다 정권에서 상대적으로 우위를 차지할 수 있다고 판단했기 때문이다.

그러나 당시 법무부 장관이었던 김기춘은 무죄 판결 후 사과하라는 요구를 묵살했다. 심지어 서울고법에서 이 사건에 대해 무효가 선고되자 검찰은 재심 결심 공판에서도 "사정을 잘 모르는 국민은 검찰과 사법부가 합작해 억울한 사람을 만들었다고 생각한다"며 과거의 판결을 유지해달라고 재판부에 요청했다. 그렇다면 검찰의 태도는 지금도 크게 바

1991년 당시 필적 감정 책임자였던 국립과학수사연구소 문서분석실장 김형영은 뇌물을 받고 허위감정을 한 혐의로 구속되었다.

≪15

꿔지 않았다는 얘기다. 검찰은 강기훈을 기소했고 법원은 그에게 유죄 판결을 내렸다. 그 사건으로 정권은 일단 위기를 넘길 수 있었다.

당시 수사검사는 서울지검 강력부 소속의 강신욱(부장검사), 신상규, 송명석, 안종택, 남기춘, 임철, 곽상도, 윤석만, 박경순 검사 등 9명이었고, 법무부장관은 김기춘이었다. 그리고 서울지방법원 판사는 노원욱(부장판사), 정일성, 이영대, 서울고등법원 판사는 임대화(부장판사), 윤석종, 부구욱이었으며 대법원 대법관은 박우동, 김상원, 박만호, 윤영철이었다. 이들 가운데 특히 검사들은 그 사건 이후 승승장구한 것을 쉽게 추적할 수 있다.

나는 여기서 한 인물이 떠오른다. 바로 박중양(1874~1959)이다. 그는 1897년 관비장학생으로 도일해 1900년에 도쿄 아오야마학원 중학부를 졸업하고 도쿄 경시청에서 경찰제도연구생으로 경찰제도와 감옥제도를 연구 실습했다. 1903년 도쿄부기학교에서 은행 업무를 익힌 후 졸업했는데, 이미 당시에 야마모토라는 일본 이름을 사용했다. 이듬해에 귀국해 일본군의 고등통역관 노릇을 하며 러일전쟁에 종군하였다. 1905년에 농상공부 주사가 되었으나 대구에 1년간 거처하였고 1년 후 군부기사가 되어 의친왕이 일본을 방문할 때 통역관으로 수행한 후 대구 군수 겸 경북 관찰사 서리가 되었다.

일제는 조선 사람들의 공간적 정체성의 바탕인 읍성을 가장 먼저 허물었다. 그래서 지금 온전하게 남은 읍성은 해미, 고창, 낙안 정도가 전부다. 친일인사 박중양도 대구 군수로 있을 때 나라의 허락도 받지 않은 채 대구 읍성을 허물었다. 당연히 국법으로 다스려야 할 엄중한 사안이었다. 그러나 그는 처벌은커녕 중앙의 요직으로 승진하였다. 이미 친일파들이 조정을 장악했기 때문이다. 이후 승승장구 중추원 고문까지 올랐던 대표적인 친일인사다.

이런 일이 과거에만 국한될까? 기소독점권을 가진 검사는 자신이 기소한 사건의 결과에 따라 평가를 받는다. 무죄 평결이 난 건에 대해서는 감점을 받는다. 그것은 기소독점권에 대한 최소한의 견제장치다. 사안이 심중하거나 그런 기소 건이 누적되면 인사상 불이익을 받는다. 그러나 시국사건 등 무리한 법 적용으로 기소하여 권력자의 비위를 맞추는 경우에는 무죄가 선고되어도 견책은커녕 오히려 출세가도를 달린다. 기소해서 그 사건을 큰 관심거리로 만들어준 것만으로도 이미 그는 권력자의 입맛을 맞췄으니 그에 대한 보상이 따른다. 그걸 믿고 기소독점권을 남용하는 경우가 비일비재하다. 판단 편향이나 인지 부조화가 난무할 뿐이다. 그런데도 권력자의 욕구를 만족시키기만 하면 승진한다. 후배 검사들은 그대로 보고 배운다. 박중양의 경우와 크게 다르지 않다. 이것이 지금 대한민국 최고의 엘리트라고 자부하는 검찰의 민낯이다. 그러니 견찰(犬察)이니 '개검'이니 하는 소리 들어도 그들은 할 말이 없다.

강기훈은 복역 후 만기 출소했다. 그는 최후진술에서 이렇게 밝혔다.

"재판 내내 저를 비롯한 모든 증인들이 거짓말을 하고 있으며 같은 패거리라고 광기에 가까운 태도를 보였던 신상규 검사. 그에게 비친 저는 뽕쟁이, 분신 배후, 아버지도 청부살인할 수 있는 자이거나 극렬 공산주의자 빨갱이였을 뿐이며, 저를 도와주는 사람들은 증거조작의 가담자이거나 사대주의자(일본인에게 감정을 맡겼다는 이유 하나로)에 불과했습니다. 그후에 신검사는 검사장으로, 검찰총장 후보로, 퇴임한 후에도 여전히 공직에 있습니다.”

강기훈은 “인간적 모멸감과 수모를 적지 않게 겪었다”고 털어놓기도 했다. 그렇게 국가폭력은 죄 없는 한 인간의 삶을 처절하게 짓밟았다. 그리고 아무도 사과하지 않았으며 배상하지 않았고, 가해자는 승승장구했다. 그게 이 사건이 지닌 전부다.

검찰로서는 공안 조작 사건이라는 재심 결과를 받아들이면 그들 조직의 명예가 훼손된다고 여길지 모른다. 그러나 결코 그렇지 않다. 그들은 법의 정신, 즉 정의와 진실을 수호하는 기관이지 정권의 청부업자가 아니기 때문이다. 그들은 에밀 졸라가 국가(군부)의 명예를 훼손했다는 혐의로 기소되어 재판에 회부됐을 때 최후진술에서 이렇게 말했던 것을 기억해야 한다.

“그들 모두가 나에게 반대하는 것 같습니다. 상원과 하원, 민간 권력, 군부, 대규모 부수를 자랑하는 신문들, 이 신문에 중독된 여론 등 모두가. 그러나 나는 진실과 정의라는 이념만을 가지고 있습니다. 지금 여기서 나를 처벌할 수는 있겠지요. 하지만 언젠가 프랑스는 내게 고마워할 것입니다. 프랑스의 명예를 구하는 데 기여한 사람이라고 감사하게 될 것입니다.”

강기훈이 검찰에 던졌던 말도 새겨들어야 한다.

“진정한 용기는 잘못을 고백하는 것입니다!”

사실 이 문제가 다시 되살아난 것은 ‘진실·화해를 위한 과거사 정리위원회(진실화해위)’가 재심을 권고했기 때문이었다. 강기훈 사건은 초기부터 조작 의혹이 제기됐지만, 검찰과 법원은 ‘유서의 필적은 숨진 김씨가 아닌 강씨의 것'이라는 국립과학수사연구원의 필적 감정 결과를 근거로 1991년 강씨의 유죄를 인정하였다. 그로부터 16년 만인 2007년 11월 진실화해위는 "김씨의 필적이 담긴 '전대협 노트'와 '낙서장'을 새로 발견해 국과수 및 7개 사설 감정기관에 필적 감정을 의뢰한 결과, 유서의 필적은 김씨 본인의 것이라는 감정 결과를 통보받았다"며 강씨가 김씨의 유서를 대신 쓰지 않았다고 결론을 내려 법원에 재심을 권고했던 것이다. 그나마 진실화해위가 있었기에 망정이지 그렇지 않았다면 진실은 영원히 묻히고 말았을 것이다.

도처에 잠복해 있는 악의 세력은 언제든지 인간의 존엄성과 민주주의의 가치를 망가뜨릴 것이다. 멀쩡한 사람을 간첩으로 조작하여 정권을 유지하고 공포와 위기감을 조장하려는 짓은 단순히 내가 당하지 않았다고 해서 남의 일이 되는 것이 아니다. 드레퓌스 사건은 그 이유를 분명히 우리에게 보여주었다. 정권의 안위를 위한 온갖 조작과 무리한 기소와 패소에도 불구하고 담당 검사가 책임을 지기는커녕 오히려 그에게 승진의 기회가 주어지는 작금의 현실은 스스로 법질서와 정의를 파괴하는 것과 결코 다르지 않다.

더 나아가 문제의 근원은 외면하고 달달한 자선이나 베푸는 위선적 행위를 가려내고 거부해야 한다. 야비한 위선은 진실을 감출 뿐 아니라 엉뚱한 미담으로 변질되어 존경할 사람으로 포장시킨다. 그런 일이 얼마나 많은가! 그런데도 여전히 거짓 선동과 조작된 언론에 휘말려 본질을 보지 못하는 것은 사회 전체를 망가뜨리는 결과를 초래한다. 브라질의 대주교 동에우데르 페소아 카마라(Dom Hélder Pessoa Câmara,1909~1999)의 말을 기억할 필요가 있다.

"내가 가난한 사람을 도와야 한다고 하면 성자라 하면서, 내가 가난을 낳는 구조를 바꿔야 한다고 말하면 빨갱이라고 한다."

김지하와
박홍에게
묻는다

， 다시 처음 제기했던 문제로 돌아가자. 드레퓌스 사건과
강기훈 사건은 1세기라는 시간적 간격을 두고 있지만 놀라울 정도로 비슷
하다. 다만 그 거짓을 깨뜨리고 진실을 되찾는 방식은 하늘과 땅 차이다.
에밀 졸라는 자신의 모든 것을 걸고 불의에 맞서 싸웠다. 그가 드레퓌스와
친분 관계가 있었던 것도 아니고 그 사건을 통해 이익을 얻을 것도 없었다.
오히려 그는 프랑스 정부의 적이 되어 망명하고 훈장까지 박탈당했으며
재산상으로도 손실을 입었다. 그리고 드레퓌스가 사면을 받아들이자 실망
하고 원망했다. 그러나 그는 끝까지 자신의 태도를 버리지 않았다. 그것은

단순히 한 사람의 문제가 아니라 시민 전체, 나아가 인류 전체의 문제라고 확신했기 때문이었다. 그가 움직이자 많은 지식인들과 시민들이 힘을 모았고, 결국 승리했다.

김지하도 한때 우리나라의 대표적 시인이자 양심수로 박해를 받았으며 민주투사로 칭송받았다. 물론 사람은 살아가면서 생각이 변하고 가치관도 달라질 수 있다. 그러나 그러한 변화와는 무관하게 진실에 대한 태도와 불의에 저항하는 모습은 결코 변하지 않아야 한다. 그는 나름대로 분연히 일어나 큰 목소리로 꾸짖었다 여길지 모르지만, 정작 분명한 불의와 거짓에 대해서는 외치지 않았다.

에밀 졸라는 대통령에게 보내는 서한, 「나는 고발한다!」라는 명문장을 작성했다. 그러나 우리의 시인은 그렇지 않았다. 그리고 그의 발언은 결과적으로 진실을 왜곡하고 은폐하고 조작한 세력에 철저히 이용되었고, 훗날 강기훈에게 아무런 사과도 하지 않았다. 그의 발언은 무책임했지만 그는 이후의 사건에 대해 전혀 반응하지 않았다.

박홍 총장 역시 마찬가지다. 사제라면 불의에 쫓긴 사람을 보호하고 불의에 맞서 싸울 수 있어야 한다. 사제는 체제를 옹호하고 막아주는 홍위병이 아니다. 하물며 불의한 체제와 권력일 때는 말할 필요도 없다. 게다가 그는 대학의 총장이 아닌가. 그렇다면 젊은이들의 고충과 아픔을 먼저 공감했어야 한다. 그러나 그는 "연이은 분신에는 배후세력이 있고 확실한 증거도 갖고 있다"며 검찰의 마녀사냥과 권력의 거짓에 동조했다. 그러면서 그는 어떠한 증거도 제시하지 않았다. 이 사이비 지식인은 마치 자신이 빨갱이의 위협으로부터 나라를 지키는 수호신인 양 떠들어댔고, 그는 쉽게 보수의 슈퍼스타가 되었다. 그러나 그 역시 강기훈 사건에 대해 아무런 사과도 하지 않았고 유감 표명조차 하지 않았다. 두 사람이 양심의 가책이나 받았을까?

그리고 이 두 사람과 비슷한 생각을 가졌던 수구주의자들의 생각을 부풀려 자신들의 이익에 맞춰 기사를 쓴 언론 또한 이 문제에 대한 고뇌와 성찰이 없었다. 물론 그들도 사죄하지 않았다. 만약에 내가 강기훈이라면, 조작된 간첩이라면, 그래서 내 모든 삶이 송두리째 망가졌다면, 과연 나는 이 사회와 국가에 대해 어떤 생각을 하게 될까? 인간의 존엄성이니, 가치니 하는 것이 선언적 의미 이상으로 다가올 수 있을까?

김지하와 박홍에게 에밀 졸라와 같은 선택을 했어야 한다고 요구할 수는 없다. 그러나 사건의 실체를 제대로 파악하지 못하고 한 사람의 삶을 파멸로 이끌게 한 것에 대해서는 결코 용서하거나 잊어서는 안 될 일이다. 그리고 우리 자신도 그 사건을, 그를 잊은 것을 부끄러워해야 할 것이다. 이 사건은 분명 다시 대한민국의 정의를 묻고 있다는 점을 명심해야 한다.

공지영은 『도가니』를 통해 이렇게 말한다.

"우리가 하는 일은 세상을 바꾸기 위한 것이 아니라, 세상이 우리를 바꾸지 못하게 하기 위한 것이다."

그 말을 뱉어야 하는 세상은 암흑이다. 거기에 인간의 존엄성이란 없다.

생각의 융합 _ 4

인문학은
어떻게
콜럼버스와
이순신을
만나게 했을까

호메로스, 제임스 조이스와 만나다

- 신화의 문학적 재생산

신화는
시공을 초월하는
보편적 이야기다

,

　　　　　아직도 신화라고 하면 흔히 허황된 이야기 혹은 멋대로 지어낸 이야기라고 여기는 사람들이 많은 것 같다. 하지만 신화는 결코 거짓으로 지어낸 이야기가 아니다. 예전에는 그렇게 여겼지만 이제는 그렇지 않다. 사실 신화는 인간의 삶을 가장 상징적으로 서술하는 긴 이야기 구조를 갖고 있다. 그것은 교훈이기도 하고, 자연과 우주를 대하는 인간의 태도에 대한 학습이기도 하며, 신과 대면하여 인간 자신의 정체성을 확인하는 틀이기도 하다. 신화나 전설이 허구적인 거짓 이야기라고 폄하된 건 다분히 다윈의 진화론 때문이다.

제국주의 시대에 서구의 종교학자들은 자신들의 종교 체제가 우월하다는 것을 과시하기 위해 종교나 신앙도 진화한다고 주장했다. 그래서 종교는 애니미즘에서 다원신론으로 발전하고 결국에는 유일신 신앙체제로 진화하는 것이라고 설정했다. 자신들은 유일신 종교 체제였으니 당연히 진화의 궁극에 있고 따라서 미개한 종교와 거기에 빠져 있는 사람들을 개화할 필연과 당위가 있다고 주장했다. 사실 그것은 제국주의와 진화론의 확립이 시기적으로 맞아떨어졌을 뿐 다윈의 생각과는 전혀 상관없는 것이었지만, 일단 진화론이 수용되자 거의 모든 영역에 영향을 주었다는 점에서 크게 이상한 것도 아니었다.

문제는 그러한 사고로 인해 모든 설화와 신화, 그리고 전설 따위는 미개한 신앙에서 기인한 저급한 것이라고 여기고 제거해버렸다는 데 있다. 하지만 그 중에서도 예외가 있었으니 바로 그리스 신화였다. 워낙에 유럽의 문화가 거기에 뿌리를 박고 있었던 탓에 아무리 종교가 큰 영향력을 행사하더라도 그것까지 뽑아낼 수는 없었던 것이다.

그렇게 해서 20세기 중엽까지 신화는 지하로 사라졌다. 신화를 되살려낸 것은 문학, 심리학, 그리고 열린 종교 등이었다. 그래서 마침내 신화학이 독립했고 그 씨앗을 틔운 사람이 바로 제임스 프레이저(James George Frazer, 1854~1941)였다. 사회인류학자인 그는 대표작인 『황금가지(The Golden Bough)』전 13권(1890~1937년에 걸쳐 간행됨)을 통해 종교를 신학적 관점이 아닌 문화적 관점에서 접근했다. 프레이저는 미개인의 신앙이나 풍습을 비교 연구하여 인간의 문명이 미신, 주술에서 종교로 그리고 종교에서 과학으로 진행되어왔다고 역설하였다./ 제목인 '황금가지'도 고대 아리아인의 수목숭배 중에서 주술 종교적으로 특히 중요시된 떡갈나무에 기생하는 나뭇가지에서 따온 것이다.

이탈리아의 고대 사제직과 그와 관련된 전설상의 '황금가지' 해석에 중점을 두고, 비교자료로서 주로 유럽의 제전과 민간신앙을 취급하였던 그는 세계 유사자료들에 대한 연구로 점차 그 범위를 확장하면서 종교와 신화에 관한 방대한 자료 분석을 통해 인류의 정신 발전을 기술했다. 이 책을 통해 프레이저는 민족학, 고전문학의 자료를 비교 정리하여 주술과 종교의 기원, 그리고 진화의 과정을 명확히 서술하려고 했다. 프레이저에 의하면 과학은 주술이 진화한 것이다. 프레이저의 이 명제는 매우 의미심장하다.

신화가 이렇게 되살아난 것이 단순히 프레이저 같은 학자들의 연구 때문만은 아니다. 그들은 그 공백기에 잠시 산소호흡기를 댄 구조요원이었을 뿐, 신화 자체가 엄청난 힘을 갖고 있다는 게 더 큰 이유일 것이다. 신화는 한 세기가 채 되지 않아 완전히 부활했을 뿐 아니라 미래에 대한 새로운 깨달음의 창을 제공하고 있다. 그것은 논리적이냐 아니냐의

《1
사회진화론에 의거한 과도한 일반화·단순화, 각 자료 취급의 자의성 등으로 인해 프레이저의 주장은 그후 강한 비판을 받게 되었다. 그렇지만 시대적 한계를 감안한다면, 인간이 세계를 파악하기 위한 사고양식을 전 세계적 규모의 비교에 의해 구조적으로 이해하려 한 그의 업적은 오늘날 많은 교훈을 준다.

문제가 아니다. 이미 신화는 자체로 초자연적이고 초논리적인 본질을 가지고 있기 때문이다.

그래서 이름난 신화학자 조지프 캠벨(Joseph Campbell, 1904~1987)은 "신화는 거짓말이 아니다. 신화는 은유일 뿐이다"라고 말했다. 20세기 최고의 신화학자인 그는 소년 시절 북미대륙 원주민의 신화와 아서왕 전설이 놀라울 정도로 유사하다는 사실을 깨닫고 콜롬비아 대학과 파리 및 뮌헨의 여러 대학에서 세계 전역의 신화를 연구하기 시작했다. 그는 후일 방대한 정리 작업과 연구를 통해 『신의 가면(the Masks of God)』을 펴내고 평생을 신화 해석에 몰두한 사람이다. 시간과 공간의 차이를 떠나 유사성을 갖고 있다는 것은 인간 삶의 본질과 본성, 그리고 세상의 구조가 유사하기 때문이다. 거기에 문학적 상상력과 예술성이 곁들여져 감동적인 이야기, 즉 서사구조를 갖게 되는 것이다.

신화의 사전적 의미는 첫째, 고대인의 사유나 표상이 반영된 '신성한 이야기'로 우주의 기원, 신이나 영웅의 위대함, 민족의 태곳적 역사나 설화다. 예를 들어 단군신화나 그리스 신화 등이 그렇다. 둘째, 신비스러운 이야기다. 기상천외한 행적들이 바로 그런 경우에 해당한다. 때로는 어떤 특정한 인물을 강조하고 그의 뛰어남을 선전하기 위해 만들어진 이야기인 경우도 많다. 셋째, 절대적이고 획기적인 업적을 비유적으로 이르는 말이다. '아무개의 성공 신화'와 같은 표현에서 흔히 사용된다. 우리가 주목해야 할 신화의 정의는 물론 앞의 두 가지, 즉 신성한 이야기와 신비스러운 이야기다.

신성함은 어디에서 오는 것일까? 정말 위대한 업적이 있어야만 그런 신성함을 얻게 되는 걸까? 그러나 뜻밖에도 세계의 여러 신화를 찾아보면 반드시 위대한 업적이나 엄청난 성공의 이야기만 담고 있지 않다는 것을 알 수 있다. 절망과 좌절의 이야기들이 훨씬 더 많다. 그런 신화는 거짓된 서사, 혹은 부작용만 낳게 하는 서사인가? 아니다. 그런 신화를 통해 사람들은 위기가 무엇인지 새삼 확인하게 되고 신화의 주인공이 겪는 고통과 어려움에 대해 일체감을 느낄 뿐 아니라 위기에 대처하고 극복하는 방법과 태도를 나름대로 터득하게 된다. 신화는 언뜻 보기에 비논리적이고 비과학적인 허황된 이야기처럼 보이지만, 앞뒤 맥락을 자세히 살펴보고 당시 상황을 고려해서 읽어보면 엄청난 지혜와 인내를 발견할 수 있다. 신화는 사람들의 공통된 경험을 의미 있는 이야기로 만드는 바탕을 마련해준다. 그것은 인간의 근원적 조건에 대한 이야기이기 때문이다.

신화를 새롭게 건져낸 주역 가운데 하나는 바로 심리학이다. 지그문트 프로이트(Sigmund Freud, 1856~1939)는 의식의 방식으로는 도저히 이해할 수 없는, 그러나 엄연히 인간의 심리와 행동에 작용하는 그 어떤 것을 발견하고 그것의 실마리와 해법을 바로 신화에서 찾았다. 프로이트는 인간의 내면에 의식과는 다른 잠재의식 혹은 무의식이 있음을 발견하였는데, 그는 놀랍게도 그리스 신화에서 그 보편적인 모습을 찾아냈다. 여기서 한 걸음 더 내디딘 사람은 바로 그의 제자이면서 청출어람하며 갈라선 칼 G. 융(Carl Gustav Jung, 1875~1961)이다.

신화는 결국 인간과 삶을 상징적으로 표현한 것이다. 융은 세계 곳곳의 신화, 종교, 민담 등에서 공통적으로 나타나는 관념들에 대해 연구하면서 개인이 아닌 인류에게 보편적인 무의식이 존재한다는 사실을 밝혀냈다. 그것이 바로 '집단 무의식(collective unconsciousness)' 혹은 '보편적 무의식'이다. 융은 무의식의 긍정적이고 창조적인 면을 강조했다. 그에 따르면 집단 무의식은 인류가 공통적으로 지닌, 유전된 무의식으로 작동된다. 세계의 수많은 신화들을 조사한 그는 줄거리나 등장인물에 유사성이 대단히 많다는 것을 발견하고, 그것이 유전적으로 계승되어 인류가 공통적으로 갖게 되는 것으로 보았다.

이러한 입장은 문학을 위시한 다양한 예술에서 사고와 분석을 확장시키는 데 크게 공헌했다. 특히 신화에 관한 그의 해석은 신화를 재조명하는 계기를 마련했다. 조지프 캠벨이 신화의 영웅에 관해 분석하면서 그것이 초인적 영웅 또는 초자연적 위대함을 상징하는 것이 아니라 인간 내면에 보편적으로 존재하는 힘을 주인공을 통해 투사하고 그 힘을 자신에게까지 이어가려는 욕망이 표현된 것이라고 본 것도 이러한 관점에서 비롯되는 것이다. 그래서 '그리스 신화'나 『삼국유사』의 이야기들이 시간과 공간, 그리고 등장인물만 다를 뿐, 이야기의 구조나 상징체계는 상당히 유사함을 발견할 수 있다.

융은 신화에는 인간과 세계의 원형인 아키타이프(archetype)가 담겨 있다는 것을 새삼 확인시켜주었다. 아키타이프란 융이 만들어낸 말로, 모든 시대와 장소에 걸쳐 인간은 근본적으로 비슷한 상상력을 가지고 있으며 그것은 인류에게 하나의 정신적 틀을 마련하는 것이고 세대를 거듭하며 유전하는 본질적이고 원형적인 것이라고 정의했다. 이러한 신화에 대한 재해석은 시간과 공간을 초월한 보편성을 발견할 수 있다는 점에서 많은 사람들의 호응을 얻었다.

이렇게 논리와 사실을 넘어선 신화에 대한 새로운 해석은 현대에 들어서야 제대로 이루어지기 시작했다. 신화는 현대인에게 무한한 상상력을 불어넣었다. 우리가 흠뻑 빠졌던 『반지의 제왕』이나 『해리포터』도 바로 그것의 산물이라고 할 수 있다. 옥스퍼드 대학교의 영문과 교수였던 J. R. R. 톨킨(John Ronald Reuel Tolkien, 1892~1973)은 바이킹 신화를 비롯한 북유럽의 신화들에서 인간의 거대한 로망을 찾아냈다. 그것을 찾아내는 순간, 그는 이것이 '이성과 논리'라는 서양 문화의 한계를 벗어날 수 있는 탈출구라고 생각했다. 과학과 환상이 묶어낸 '부자연스러운 조화'는 바로 이러한 신화의 재발견에서 시작되었다.

이렇듯 신화는 허위와 모순이 아니라 인간의 원초적이며 생물학적인 욕구를 충족하고, 자아를 실현하며, 나아가 죽음을 넘어서 초월성을 추구하게 한다는 데서 현대인에게 매력적으로 다가온 것이다. 대부분의 신화는 '낯익은 기이함'을 통해 인간의 '공통적 경험'을 드러낸다. 각 사회의 형태는 다양하지만 인간의 행동과 사고에는 어떤 공통점이 있기 때문이다.

삶의 여정을
매력적으로 그려낸
호메로스의 『오디세이아』

●
'
유럽의 모든 신화의 뿌리이자 중심은 그리스 신화다. 그리스 신화를 모르고서 서양의 문화를 이해한다는 것은 상상할 수도 없다. 그 가운데 최고의 작품을 뽑으라면 호메로스의 두 작품, 『일리아스』와 『오디세이아』를 들 수 있다. 이 위대한 두 작품에 대해서는 따로 할 말이 없을 정도다. 그 가운데서도 특히 『오디세이아』는 매력적이다. 삶의 긴 여정을 이보다 더 극적으로 그려낼 수 있을까? 호메로스의 『오디세이아』를 읽다 보면 저절로 그런 생각이 든다. 개인적으로는 『일리아스』보다 훨씬 더 마음에 와닿는다. 아마도 『일리아스』는 신들이 주인공이 되어 제멋대로 농간을 부리는 것에 눈살이 찌푸려지지만,『오디세이아』는 신들이 나오긴 해도 제법 귀엽고 섹시한(?) 여신들이 오디세우스라는 한 인간을 둘러싸고 벌이는 다양한 모험들이 펼쳐지기 때문일 것이다. 그리고 그 신들과 오디세우스의 관계도 질곡과 신난(辛難)이 얽혀 있지만 꽤나 매력적이다.

신화의 상징은 자유로운 상상을 통해 과거와 미래를 연결해주는 중요한 관절이다. 그런 점에서 서양 문학의 뼈대를 마련했을 뿐 아니라 서양 정신의 틀을 제공해주는 그리스 신화는 매우 중요하다.

대개 그리스 신화를 처음 읽을 때 수많은 이름이며 신들의 성격과 특징을 외느라 힘들어한다. 나도 학부 영문과 시절 '영문학 배경'이란 수업에서 성서와 그리스 신화를 배울 때 그 '족보'를 외느라 진땀 흘렸던 기억이 또렷하다. 그래서 따로 족보를 만들어 확인하며 읽었다.[2] 그러니 그냥 읽는 입장에서 그 이름들(게다가 '그리스-로마 신화' 때문에 그리스 식 이름과 로마 식 이름이 다르니 둘을 확실히 구분해서 읽어야 하는 번거로움까지 있다)이 헷갈리는 건 당연한 일이다. 물론 그리스어 의미를 새겨가며 읽으면 그 이름 자체가 성격과 특징을 함축하고 있기 때문에 자연스럽게 연상되겠지만, 그것은 전

이보다 더 괴로운 건 아마도 러시아 문학일 것이다. 이름이 하도 복잡하여 한참을 읽다가도 두 인물이 동일인인지조차 헷갈리는 경우가 허다하다. 그러나 그 이름의 풀 네임과 별명, 애칭 등을 따로 적어두면 도움이 된다. 무엇보다 한국인으로서는 공감하기 쉬운 면이 있는데, 그 이름의 다름에 따라 극중에서 다른 인물들과의 관계가 잘 드러나기 때문이다. 예를 들어 옛 선조들의 경우 자(字), 호(號), 아명, 이름, 관직, 시호 등에 따라 그의 관계성과 위계를 파악할 수 있는 것처럼, 러시아인들의 경우 어떠한 이름으로 부르느냐에 따라 그의 관계를 명확하게 인식할 수 있기 때문이다.

≪2

공자나 그리스어를 잘 알고 있는 사람들에게나 해당되는 얘기지 일반 독자에게는 해당되지 않는다. 그래도 일단 이 난관만 넘어가면 무궁무진한 이야기가 끝없이 펼쳐진다. 그러니 조금만 참을 일이다. 게다가 이 신화가 그리스만의, 그리고 서구인만의 이야기 구조가 아니라, 인간 보편의 의미와 삶의 가치라는 점을 염두에 두고 읽어보면 대단한 서사구조임을 깨닫게 될 것이다. 그 수고로움은 충분히 보상받고도 남는다.

그리스 신화에 따르면 인간은 신들과 마찬가지로 가이아에서 태어났기 때문에 신들과 동족이라고 한다.[3] 즉 인류는 대지에서 자연히 생겨났다는 생각이다. 그것은 인간의 근원에 신적 위대함의 가능성이 내재되었다는 것을 상징한다. 다만 신은 불멸이지만 인간은 죽게 될 운명이라는 것이 다를 뿐이다.[4] 그러므로 그리스의 신들이 인간의 성정과 거의 비슷한 것은 신들이 지질해서가 아니라 그만큼 인간이 신과 같은 성격을 지녔기 때문이라고 보는 것이 옳다. 그것이 그리스인들이 생각했던 인간의 위대함 혹은 우월성의 근거였다.

그리스 신화는 단순히 신들의 계보나 영웅들의

3»
이런 신인동형설 혹은 신적 탄생 설화들은 수많은 신화와 전설의 기본적 모티프다.

4»
그 까닭은 신들은 넥타와 암브로시아를 먹기 때문이고 인간은 빵과 포도주를 먹기 때문이라고 한다. 사는 곳 또한 다르다. 신들은 올림푸스(중심 혹은 배꼽이라는 뜻에서 기인함)에 살고 인간은 집에 살고 있기 때문이다.

공적만을 전하는 것이 아니다. 거기에는 후세 사람들이 바꾸고 채색하거나 윤색하여 설명하는 등 끊임없이 수정을 가한 흔적을 찾아볼 수 있다. 예를 들어 계절에 대해 설명할 때도 죽음과 지하 세계의 왕 하데스가 페르세포네를 유괴하자, 그녀의 어머니인 대지의 여신 데메테르가 비탄에 잠기는 동안은 작물이 자라지 않았다고 설명한다. 두 신의 갈등은 자칫 지구 전체를 멸망에 빠질 수 있게 하기 때문에 신들은 중지를 모아 1년 중 어느 기간은 페르세포네를 어머니 품으로 돌려주도록 조처함으로써 계절의 변화를 설명한다. 그런데 이것은 단순히 계절의 변화를 만든 신의 결정만 설명하는 것이 아니라 하데스의 지나친 욕망이 초래하는 불행을 보여줌으로써 그 신화를 따르는 사람들로 하여금 자연스럽게 절제와 균형의 의미와 가치에 대해 다짐하도록 하는 효과도 있었다.

그리스 신화가 전부 신에 관한 이야기로만 구성된 것도 아니다. 인간을 다룬 신화로는 오이디푸스의 전설이나 트로이의 전설처럼 복잡한 인간의 심리나 행동을 설명하는 것도 있고 어느 정도 역사적 사실을 바탕으로 한 것도 있다. 그뿐 아니라 각 지방마다 말로 전해지면서 덧붙여진 해석, 새로운 자료를 첨가한 창작 등이 다양한 지층으로 쌓인 것이다. 이렇게 하나하나의 이야기가 차차 확장되고 발전하여 커다란 체계를 형성하게 되면서 다양한 인간상, 사회상 등이 자연스럽게 투사되었다. 심지어는 원래의 신화와 완전히 동떨어지거나 상관 없는 일화가 마치 야사처럼 끼어들어 한자리를 차지하는 경우도 있다. 그렇게 해서 2,500여 년 동안 인류의 상상력을 자극하는 하나의 위대한 문학 유산이 되었다.

그리스 신화는 시대와 인종을 초월한 인간 심리의 비밀을 지니고 있기 때문에 오늘에 이르기까지 문학과 미술 등 문화의 각 분야에서 생명력을 유지하고 있다. 그리고 그 동력을 제공한 것이 바로 호메로스의 작품들이었다.

신들의
불공평은
모순이 아니다

호메로스(Homeros, BC 800?~BC 700)는 트
로이 전쟁의 신화를 바탕으로 인류 최고의 작품을
만들어냈다.[5] 그는 또한 위대한 '음유시인'답게 이
위대한 서사를 방대한 6운각 시구(hexameter)로 표현
했다. 운문의 규칙적인 리듬은 기억과 구술 낭독에
알맞은 이야기 방식이다. 무엇보다 운을 가지고 있
으면 암송하기에 매우 편리하다. 우리 시나 노래가
사의 상당수가 '4·3조' 운율로 이뤄져 있고 성서의

《5
흔히 그가 시각장애인이었
다고 하는데, 이 이야기는
그것의 진위 여부를 떠나 시
각장애인은 앞을 보지 못하
는 대신 기억력이 더욱 비상
해진다고 여겼던 당시 사람
들의 생각이 반영된 것이다.

기원전 8세기 말에 활동한
고대 그리스 문학가 호메로스…▶

'시편'이 노래의 운율로 짜인 것과 마찬가지다. 그것은 구전문학의 중요한
요소들이다.(번역된 글에서는 그런 맛이 사라지는 것이 안타깝지만 어쩔 수 없는 일이다.)

　『일리아스』와 『오디세이아』의 배경은 트로이 전쟁이다. 그것은 얼핏 보
면 신들 사이의 불필요한 갈등 때문에 생겨난 전쟁이다. 그 갈등의 실마리
는 의외로 사소(?)했다. 바다의 여신 테티스의 결혼식이 열렸고 당연히 많은
신들이 초대받았다. 그러나 에리스는 초대받지 못했다. 에리스가 불화의
여신으로 결혼식에 적합하지 않은 손님이었기 때문이지만, 모욕이라 여긴
에리스로서는 분노하지 않을 수 없었다. 그래서 만들어낸 것이 바로 '문제
의 그 사과'였다. 사과가 세 여신(아테나, 헤라, 아프로디테)에게 던져졌고, 서로 자기
가 차지하겠다고 싸우자, 제우스는 '공정성'을 위해 트로이에서 인질로 온
왕자 파리스에게 판결을 맡겼다. 세 여신은 각자 파리스가 간절하게 원할

것 같은 조건을 제시했고 그는 최고의 미녀를 제시한 아프로디테에게 그 사과를 바쳤다. 사실 이 사건 자체가 보편적 진리를 상징한다. 아직 삶의 여정을 많이 겪지 않은 청년의 눈에는 세 여신들이 제시한 '아름다움, 지혜, 그리고 운명'의 가치 가운데 아름다움이 먼저 들어올 수밖에 없었을 것이다.

아마도 이런 과정들은 호메로스의 창작이라기보다는 당대인들이(심지어 현대인들까지도) 품고 있던 삶의 과정에 대한 표현이라고 봐야 할 것이다. 이로 인해 일어난 사건이 바로 트로이 전쟁이다. 신들은 때론 이해관계로, 때론 정실로 얽히고설켜 패를 가르고 인간들이 그 전쟁을 대리한다. 신들은 자신들의 입장에 따라 전쟁의 과정을 왜곡하거나 간섭한다. 그것은 매우 불공정하고 불공평한 전쟁이다. 그렇게 보일 수밖에 없다. 삶의 모든 과정 가운데 매순간 불공정하고 불공평하게 여겨지는 것들이 얼마나 많은가! 그러니 이것조차 보편적 삶을 표상하고 있는 셈이다.

두 이야기에서 가장 위대한 '인간'이 바로 오디세우스다. 그리고 그의 삶의 여정, 특히 전쟁 이후 귀환하는 모험담을 그려낸 이야기가 바로 『오디세이아』다. 오디세우스의 라틴어 이름은 울릭세스(Ulyxes) 또는 울리세스(Ulysses)[6]인데 지혜와 용기로 그리스에서 명망이 높았다. 그는 이오니아 해에 있는 이타케 섬의 영주였고 아내 페넬로페이아는 미모로 유명했다. 평화롭던 곳에 전쟁이 터졌다. 트로이 전쟁이었다. 미케네의 왕이자 군의 총지휘관인 아가멤논은 당연히 그에게 참전을 요구했다. 오디세우스는 그 요구를 거절했다. 영리한 오디세우스는 전쟁을 피하고 자신의 가정을 지키고 싶었다. 심지어 그는 미친 시늉까지 해서 당나귀와 말을 한 쟁기에 매어 밭을 갈며 씨앗 대신 소금을 뿌리기까지 했다.[7] 그런데 팔마메데스가 그를 시험하려고 그의 어린 아들 텔레마코스를 쟁기 앞에 데려다놓는 바람에 오디세우스는 어쩔 수 없이 그 아들을 지키고, 그들을 따라갈 수밖에 없었다.

다른 영주들은 앞뒤 재지 않고 무작정 전쟁에 뛰어들었다. 그러나 오디세우스는 달랐다. 신중했다. 처음에는 회피하려 했다. 그러나 참전이 불가피하자 그는 용맹하게 싸웠다. 그는 뛰어난 장수였고, 그리스군의 패주를 막은 것도 그였다. 무엇보다 유명한 '트로이의 목마'를 고안해냄으로써 길고 지루했던 트로이 전쟁을 끝내게 한 것도 오디세우스였다. 그 전략으로 그는 트로이를 무너뜨리고 헬레네를 구출했다. 그러나 그의 귀향길은 개선길이 아니라 10년 동안 이어진 험난한 모험의 길이었다. 그 모험을 담은 대서사시는 이렇게 시작된다.

"말해주오, 뮤즈 여신이여. 무수히 많은 곳을 돌아다닌 한 사나이의 행적을. 그 사내는 트로이를 함락시킨 후 너무 멀리까지 헤매었고, 수많은 인간들의 도시를 보았으며 풍속을 익혔다오."

열두 척의 배(마치 백의종군 후 복귀한 이순신에게 명량해전을 앞두고

제임스 조이스의 『율리시스』는 바로 이 이름에서 따왔다.

≪6

7≫
아킬레우스가 죽은 후 그가 쓰던 무구(武具)를 차지하기 위해 오디세우스와 아이아스가 설전을 벌일 때, 아이아스는 오디세우스가 비겁하게 전쟁을 피했다며 거짓으로 미친 사람 행세를 했던 사실을 들춰낸다. 그것으로 보아 그의 행동은 전쟁에 나선 장수로서 콤플렉스로 작용했던 것이 분명하다.

12척의 배만 남겨진 것처럼!)를 타고 외눈박이 거인족이 사는 섬에 들어서게 된 오디세우스는 키클롭스(거인족)의 두목 폴리페모스의 잡아먹겠다는 으름장에 직면한다. 10년에 걸친 길고 지루한 전쟁에서 가까스로 살아남아 집으로 돌아가는 그에게는 처음부터 너무 힘든 고난의 연속이었다.

오디세우스는 키클롭스의 눈을 멀게 만들어 도망에 성공하지만, 폴리페모스의 아버지인 바다의 신 포세이돈의 분노를 사고 만다. 그래서 오디세우스는 폭풍을 만나 귀향길을 망친다. 신은 마치 소일거리 찾듯 정의가 아니라 자기의 편의와 이해에 따라 마음대로 운명을 조작하는 것처럼 보인다. 그러나 계속되는 고난과 위기 속에서도 오디세우스는 포기하지 않는다. 그것은 바로 가족의 품으로 귀환한다는 궁극적 가치를 지니고 있었기 때문이다.

자신이 품고 있는 궁극적 가치는 심지어 운명의 신조차 막을 수 없다. 간섭하고 개입할 수는 있을지언정 바꿀 수는 없다. 그렇게 때로는 인간의 의지가 신의 불공정성마저 이겨낼 수 있다. 그게 궁극적 정의다. 그리스인들이 믿었던 정의는 바로 그런 것이었다. 오디세우스에게 가족은 자기 존재의 근원이자 미래의 바탕이다. 그러므로 가족은 자신의 삶을 상징한다. 하지만 그곳에 도달하기는 결코 만만치 않다. 오디세우스의 여정은 바로 그러한 상징들이다. 칼 융 식으로 말한다면 모든 인간 삶의 원형성, 혹은 보편적 무의식이고, 조지프 캠벨 식으로 말한다면 인간의 무의식이 투사된 영웅신화, 인간의 집단이 그려낸 영웅 신화로서 그것은 거의 일정한 형태를 취하고 있고 우리 삶의 투사 방식이다. 그러나 분명 그것은 위대한 한 영웅의 모험담이다.

신화,
인간의 이상적 가치를
실현하는 과정

●

'   신이 늘 불공정한 것은 아니다. 때론 심술과 농간을 부리지만 인간의 심지가 곧고 강하면 감화되어 인간을 돕기도 한다. 이 점은 분명 『일리아스』에서 보였던 심술궂고 자기 편의적이며 이해관계와 정실로 합종연횡하는 신의 모습이 아니다. 그래서 『오디세이아』에서의 신들은 현실 삶의 상징적 요소들을 그대로 보여준다고 할 수 있다. 그 대표적 사례가 키르케다. 키르케는 태양의 신 헬리오스와 바다의 요정 페르세의 딸로 외모가 뛰어났고 아이아이아라는 섬에 살았다. 그녀는 마법을 지녔다고 전해지며 많은 그림의 소재로 등장하기도 했다. 키르케는 '독수리'를 의미한다.

그녀는 마법을 부려 인간을 동물로 변화시킬 수 있었다. 오디세우스는 부하들과 함께 귀국 도중 이 섬에 배를 대었는데 부하들이 키르케의 마법 때문에 돼지로 변하고 만다. 하지만 도중에 제우스의 아들 헤르메스를 만나 모리라는 약을 얻은 오디세우스는 그녀의 저택에서 마법의 술을 얻어 마시고도 동물이 되지 않는다. 자신의 마법이 통하지 않는다는 사실을 알고 당황한 키르케에게 오디세우스는 칼을 들이대며 멧돼지가 된 대원들을 다시 인간으로 돌려놓으라고 위협한다.

하지만 키르케가 오디세우스의 제안을 거부하자 오디세우스는 부하들을 살려내기 위해(이미 오디세우스도 키르케의 미모에 반했고 키르케도 오디세우스의 매력에 끌렸다) 마법을 풀더라도 이 섬에 남아 있겠다고 말한다. 그 말에 키르케가 부하들에게 걸었던 마법을 모두 풀어주었다.

이 일을 계기로 1년간 그와 부하들은 섬에 머물게 되었으며, 키르케와 오디세우스는 서로 사랑하는 사이가 되어 둘 사이에서 텔레고노스가 태어났다. 그러나 그런 키르케도 오디세우스의 염원까지 막을 수는 없었다. 유혹은 강하다. 그러나 그것보다 더 강한 것은 자기 삶에 대한 신념과 가치관이며 철학이다. 키르케가 오디세우스를 풀어주는 것은 그런 인간에 대해 공감하고 이해하며 더 나아가 그에게 도움을 주는 지지자가 될 수 있다는 은유이기도 하다. 그래서 키르케는 오디세우스를 고향으로 돌려보낼 때 바다 요정 세이렌으로부터 안전하게 피해가는 방법을 일러주어 무사히 귀향할 수 있도록 하였다.

이런 모습은 그의 귀환 여정 내내 반복된다. 그것은 결국 우리 삶의 모습

폴리페모스에 대한 오디세
우스의 처신은 자만과 오만
에서 기인한 것이었다. 결국
오디세우스는 포세이돈의
분노를 사 그 대가를 치르게
된다. 그러나 그런 허물을
털어냈을 때 어려움을 이겨
낼 계기를 얻게 된다.

이기도 하다. 오디세우스의 귀향길은 모험과 위험
의 연속이었다. 폴리페모스[8], 키르케, 세이렌이 그랬
고 심지어 아름다운 요정 칼립소는 오디세우스를
수년 동안 놓아주지 않았다. 물론 그에게는 늘 포세
이돈의 심술이 따랐다. 그래서 난파와 표류가 다반
사였지만 마침내 그는 고향 아티카로 돌아갔다. 그
가 트로이로 떠나는 여정이나 지루한 전쟁을 겪은
과정은 물론 힘들었지만(이 과정은 『일리아스』에 자세히 묘사되었
다) 고향으로 돌아가는 길은 더 맵고 힘들었다. 하지
만 끝내 포기하지 않은 오디세우스는 자신이 그토
록 바라던 가정으로 돌아갈 수 있었다. 그것은 바로
우리 삶의 여정을 상징하기도 한다. 아무리 힘들고
어려워도 포기하지 않고 싸우면 이겨낼 수 있음을
사람들은 『오디세이아』를 통해 확인한다.

　『일리아스』와 『오디세이아』는 한 쌍의 작품처럼
여겨지며 실제로 그렇기는 하지만, 성격은 매우 다
르다. 가장 큰 차이는 전자가 신들을, 후자가 인간을
중심으로 전개된다는 점이다. 물론 『오디세이아』에
도 여러 신들이 출현한다. 그러나 『일리아스』처럼
늘 존재하는 건 아니다. 이런 특징의 차이는 인간의
운명은 신들조차 어쩌지 못한다는, 즉 자신이 운명

의 주인공이라는 점을 강조하려 했기 때문일 것이다. 흥미로운 것은『일리아스』에 나오는 신들은 제멋대로이며 때론 폭력적이기까지 하지만,『오디세이아』에 나오는 인간들의 모습은 이성적이고 용감하며 의지가 강하고 인내심이 뛰어나다는 점이다. 즉 신은 비이성적일 수 있어도 인간은 이성적이며 이성적이어야 한다는 점을 바탕에 깔고 있다고 볼 수 있다. 그래서 『오디세이아』가 더 매력적으로 느껴지고, 읽을 때 훨씬 더 몰입되는 것이 아닐까 싶다. 어쨌거나 호메로스의 이 두 이야기는 2,500년 동안 유럽 문화의 중요한 정신적 자산이 되었다.

신화는
삶의 지혜가 담긴
보고

●
’　　　　　　오디세우스에게 시련은 귀향으로 끝나지 않았다. 그의 왕
궁은 아내 페넬로페이아에게 구혼하려는 사내들로 들끓었다. 그 이유는 사
내들이 그녀의 미모와 명성에 반했기 때문이기도 하지만 사실은 왕궁을 차
지하려는 속셈이 있었기 때문이었다. 그렇게 삶은 아무리 자신을 지키려
애써도 온갖 농간과 모략으로 방해를 받는 것이다. 페넬로페이아는 수많
은 기지를 발휘하여 남편이 돌아올 때까지 버텼지만 10년의 시간을 버티
기란 여간 어려운 게 아니었다. 결국 오디세우스의 활로 시합하여 오디세
우스의 후계자를 정하기로 했다. 그녀는 오디세우스의 활을 다룰 수 있는

남자는 없을 것이라는 막연한 기대를 품고 있었다.

고향으로 돌아온 오디세우스는 기가 막혔다. 예전 같으면 근처에 얼씬도 못할 온갖 잡배들이 자신의 왕궁에서 무위도식하며 재산을 축낼 뿐 아니라 무엇보다 자신의 아내를 능멸하고 있지 않은가! 하지만 그는 자신도 스무 해 가까이 집을 비웠다는 점은 고려하지 않았다. 오직 자신의 위엄과 자산(가정과 왕궁)만 고려사항일 뿐이었다. 그런 점에서 자기중심적이고 남성중심적이라는 비판의 여지가 분명히 있지만, 그 당시의 사고로는 그럴 수 있다고 치고 일단 넘어가자.

어쨌거나 분노에 찬 그는 아무도 모르게 왕궁에 들어가 아들 텔레마코스[9]와 함께 구혼자들을 물리칠 계획을 세웠다. 거지로 변장해서 시합에 출전한 오디세우스는 아들의 도움을 받아 구혼자들을 살육했다. 그런데 문제는 그들이 모두 그 나라의 귀족 가문 출신이었으므로 또다시 폭동이 일어날 수밖에 없었다는 데 있다. 여신 아테나가 중재하지 않았다면 피비린내 나는 무한 복수전이 전개되었을 것이다.

여기서 우리가 주목할 것은 무모한 복수의 무한소급을 끊는 것이 갖는 의미다. 인간은 욕망의 존재

오디세우스가 트로이 전쟁에 나가면서 그의 친구인 멘토에게 아들 텔레마코스의 교육을 맡겼고 오디세우스가 전쟁에서 돌아올 때까지 멘토는 왕자 텔레마코스를 돌봐주었다. 멘토는 그의 스승으로, 때론 친구와 상담자로, 때론 아버지로 그를 돌봐주었고 이후 멘토라는 이름은 지혜와 신뢰로 한 사람의 인생을 이끌어주는 지도자와 동의어로 사용되었다.

≪9

이기도 하지만 합리적 이성을 지닌 존재이기도 하다. 끝없는 복수의 연속은 결국 모두를 파멸시킬 뿐이다. 스무 해 남짓 만에 돌아온 오디세우스의 분노를 이해하고 공감할 수는 있지만 중요한 것은 그 뒤에 벌어질 일에 대해 고민하는 것이다. 여신 아테나는 바로 그런 고민과 번뇌를 풀어줄 이성의 힘을 상징한다. 전쟁을 야기하고 죽음으로 몰아넣은 신들의 무책임과 불공정성조차 이겨낼 수 있는 것이 바로 인간의 합리적 이성이다. 그러므로 무참한 살육과 끊임없는 복수로 이어질 뻔한 위험을 스스로 제어할 수 있다는 것이 바로 이 이야기의 결말에 숨어 있는 깊은 뜻이다.

우리는 영웅의 위대한 서사에 빠져들면서 영웅과 자신을 동일시하는 경향이 있다. 심리학에서는 이것을 투사(projection)라고 한다. 물론 조지프 캠벨식으로 말하자면 그것은 단순한 투사가 아니라 대행(代行)의 상징이며 그런 서사를 통해 자신에게 잠재된 위대한 힘을 인식하고 이끌어낼 수 있다는 점에서 긍정적이기도 하다. 하지만 그저 그 주인공의 영웅담에만 빠져 다른 것들을 무시하거나 가볍게 여기면 안 된다. 이 이야기의 끝 부분이 비록 오디세우스의 진지한 반성이 아니라 아테나 여신의 중재를 통해 문제를 해결하는 한계를 지니고 있지만 그것을 받아들일 줄 아는 아량이야말로 이성에 근거한 것임을 명심해야 한다.

엄밀히 말하자면 오디세우스의 모험은 스스로 자초한 면이 없지 않다. 포세이돈의 아들 폴리페모스를 조롱한 것은 바로 그 자신이었고, 그로 인해 고난이 시작되었다. 심지어 그는 모험을 자초하기도 한다. 그것은 알량한 영웅심리의 발로이기도 하다. 그러나 그의 영웅심리 때문에 애꿎은 부하들만 모두 죽게 된다. 치명적 유혹을 이겨내지 못한 오디세우스는 그런 점에서 우리 모습의 원형성을 지니고 있다. 다만 그는 신화 속 주인공답게 이것들을 이겨냈다. 그가 10년에 걸쳐 귀향길에 올랐지만 실제로는 키르케와 1년을 지냈고, 칼립소와는 무려 7년을 함께했다. 이러한 결점들도 객관적으로 바라볼 수 있어야 한다. 오디세우스의 모험은 우리 삶의 상징이기도 하다는 점에서 이 대서사시는 많은 것을 생각해보게 한다.

우리는 왜
『해리포터』에
열광할까

,

대부분의 신화는 '낯익은 기이함'을 통해 인간의 공통적 경험을 드러낸다. 각 사회의 형태는 다양하지만 인간의 행동과 사고에는 어떤 공통점이 있기 때문이다. 예를 들어보자. 조앤 롤링의 '해리포터' 시리즈를 읽으면서 그 이야기가 실제로 일어날 법한 일이라고 생각하는 사람들은 별로 없다. 하지만 사람들은 그 소설에 열광한다. 물론 내용이 워낙 재미있다는 건 누구나 동의한다. 하지만 논리적이고 과학적인 사고를 강조하던 사람들조차 이 말도 안 되는 마법사 이야기에 흠뻑 빠져드는 것은 무엇 때문일까? 예전에는 왜 그런 이야기들을 외면했던 것일까?

아마도 환경과 상황이 바뀌었기 때문일 것이다. 특히 가상현실에 익숙해지면서 시간과 공간에 대한 개념과 느낌이 달라졌다. 이전에는 시간과 장소가 일대일로 작용했다. 이곳에 있으면서 동시에 저곳에, 지금이면서 동시에 과거 혹은 미래일 수는 없었다. 그러나 디지털 세계에서는 일대다(多)의 작동구조가 가능해졌다. 물론 엄밀하게 말하자면 그것 역시 일대일 대응구조이긴 하지만 컴퓨터의 속도가 엄청나게 빨라지면서 그 대응과 반응의 속도도 빨라졌기 때문에 마치 동시에 일어나는 것처럼 보이고 느껴지는 것이다. 그래서 기존의 틀을 벗어나 하늘을 날 수도 있고 사람이 벽을 허물지 않은 채 그대로 통과할 수도 있다는 현상에 대해 특별한 거부감을 갖지 않게 된 것이다. '해리포터' 속 판타지들이 아무렇지 않게 받아들여지는 건 그런 조건을 공유하고 있기 때문이다.

그렇다면 우리는 왜 '해리포터' 시리즈에 열광할까? 같은 한국인도 아니고 시대도 모호할 뿐 아니라 고아 소년 해리포터가 사실은 마법사인데 그 사실을 모르고 온갖 멸시와 모욕을 견디며 살아야 한다는 것도 익숙한 이야기가 아니다. 호그와트라는 마법학교는 진짜 있는 걸까? 아무리 봐도 현실성이 없거나 실제처럼 느껴지는 게 별로 없다. 그런데도 사람들은 그 이야기에 빨려든다.

사실 이 이야기는 픽션의 가장 전형적인 소재인 '한 소년의 통과의례'를 다루고 있으며, 그 고전적 틀을 충실히 따르고 있다. 인간이면 누구나 태어나서 죽을 때까지 새로운 지위, 신분, 상태를 통과하면서 다양한 형태로 의례를 치르게 된다. '해리포터' 이야기는 이러한 통과의례를 통해 악에 대한 선의 승리, 인간관계에서의 우정과 신뢰, 사랑의 영원함, 다양성의 수용, 편견이나 선입견과의 싸움 등 우리가 성장하면서 겪는 다양한 일들을 극적으로 전개하고 표현함으로써 우리의 기본욕구를 채워준다. 그러므로 이 이야기는 신화의 틀과 매우 비슷하다고 볼 수 있다.

우리는 신화를 통해 문화와 인간이 갖고 있는 보편성을 공감하고 체화하기 때문에 그것에 관심을 갖는다. 이성의 시대에 잠시 신화가 찬밥 신세였을 뿐 언제나 우리는 신화 속에서 살고 있었다. 신화는 그냥 먼 옛날의 이야기가 아니라, 배경과 주인공만 다를 뿐 현재 우리 삶의 모습과 놀랄 만큼 닮았음을 깨닫는다. 그런 신화들을 통해 우리 삶에 대한 의미를 다양하게 공감하고 체득한다. 따라서 신화는 결코 그저 허황된 이야기라고만 할 수 없다.

여러 신화들을 보면서 주목해야 할 한 가지는 주인공인 신들과 영웅들이 초월적 힘이나 뛰어난 능력을 갖고 있지만 매우 치명적인 약점이 있다는 사실이다. 그건 바로 우리 인간이 지닌 보편적 약점이고 그것이 빚어내는 여러 사건들은 우리 일상에서 드러나는 현실이다. 그래서 우리 자신이 신화의 주인공이고 또한 위대한 영웅이 된다. 그게 바로 신화의 힘이다. 만약 주인공들이 완전한 존재라면 신화는 '나의 이야기'가 아니라 '남의 이야기'일 뿐이다.

신화는 낯설고 기이하면서도 '권위 있는' 이야기다. 하지만 신화가 그냥 옛날의 기록으로만 닫혀 있으면 우리에게 재생되지 않는다. 신화의 권위는 특정한 공동체에서 끊임없이 반복되어 이야기되고 신화의 이야기를 통해 사람들이 자신의 삶을 정리하려는 태도를 지닐 때에만 살아나게 된다.

고려 후기 충렬왕 때 승려 일연이 편찬한 역사서 『삼국유사』의 「기이(紀異)권」은 신화적 내용으로 가득하다. 당시 사람들의 눈에 뭔가 다르고 이상하게 보이는 것들을 기록해놓은 부분이기 때문이다. 그러나 마냥 낯선 것은 아니다. 자세히 들여다보면 우리의 삶과 놀랍게도 맞닿아 있음을 알 수 있다. 이야기가 조금 낯설기도 하고 일상적 시간과 공간에서 벗어나 있는 듯 보이지만 그런 색다름과 변화가 사실은 우리 일상이 갖고 있는 익숙함이기 때문이다. 그러니 『삼국유사』의 나머지 부분은 더 말할 것도 없다. 그 안에 담긴 수많은 이야기들을 통해 우리는 민족의 정체성뿐 아니라 인간의 보편적 가치를 만난다. 그것들이 다양한 상징들로 나타나 있다. 캠벨이 '은유'라고 했던 바로 그것이다.

이런 이야기들을 통해 우리는 세상이 어떻게 존재하는지, 인간과 우리 주변의 동식물과 사물들이 어떻게 관계를 맺고 있는지 등을 깨닫는다. 또한 끊임없이 현재를 느끼고 더 나아가 미래에 대해서도 생각하게 된다. 신화는 '다른' 세상의 모습을 말하면서 동시에 지금 우리 삶의 세계와 그것을 연관시키기 때문이다. 이처럼 신화는 단순히 과거에 머물러 있는 이야기가 아니라 지금 우리에게 늘 일어나는 이야기다.

신화의 논리는
역사의 구조를
따른다

●
，　　　　　　신화는 현실의 측면에서 보면 논리적으로 맞지 않는 것
들을 분명히 지니고 있다. 하지만 신화는 비유와 상징으로, 그리고 심리적
통일성과 정체성의 근원으로 이해할 때 비로소 제대로 의미를 파악할 수
있다. 그래서 신화는 한 개인의 삶에 국한되지 않고 한 부족 혹은 한 민족
의 정체성과 문화적·심리적 뿌리로 작용하는 근거가 되기도 한다. 신화가
고대에만 만들어진 것은 아니다.

　『삼국유사』가 그렇듯이 『니벨룽의 노래』 혹은 『니벨룽의 반지』 신화는
13세기 독일의 대표적 서사시이고 기사문학의 최대 걸작으로 평가되는

데, 19세기에 게르만의 세계관을 찾으려는 욕망이 반영되어 독일의 영웅 서사시로 재평가 받았을 뿐 아니라 여러 제후국으로 갈라져 있던 독일이 다시 강대한 제국으로 복귀하려는 염원을 이끌어내는 바탕이 되기도 했다.

이처럼 서사시는 일반적인 호소력이 있어서 거의 변하지 않고 종교·문화·민족의 경계를 가로지르는 것처럼 보일 때가 많다. 실제로 리하르트 바그너는 이것을 소재로 하여 『니벨룽의 반지』라는 오페라를 작곡했다. 훗날 독일 제3제국을 세우고 전 유럽을 수렁에 빠뜨리며 게르만 민족의 우월성을 주창했던 히틀러가 바그너의 그 오페라를 좋아했던 건 결코 우연이 아니다.

모든 영웅설화처럼 이 서사시도 역사적 사실에 근거하고 있다. 437년 훈족[10]이 지금의 독일 중부 라인 지방 부르군트 왕국을 멸망시켰다. 그리고 453년 훈족의 왕 아틸라가 갑자기 침실에서 피를 토하고 죽었다. 당시 곁에 있던 왕비가 바로 게르만 혈통이었다. 사람들은 어떻게 생각했을까? 진실 여부를 떠나 사람들은 왕비가 게르만 민족의 복수를 위해 왕을 독살시킨 것으로 이야기를 만들어 후대

훈족에 대한 명확한 설은 없다. 한나라에 쫓긴 흉노의 일부가 훈족이라는 설도 있지만 근거가 희박하다. 그것은 아마도 훈족이 기마유목민이기 때문에 정주하지도 않았고 그들이 남긴 문서도 많지 않기 때문일 것이다. 중앙아시아에 거주했던 투르크 계통의 유목기마민족으로 추측할 뿐이다. 이들은 4세기경 유럽으로 이동하였는데, 동고트족을 무찌르고 흑해 북쪽 해안의 동고트족들의 영토를 차지했다. 이들은 점차 확장하여 서고트족을 압박했고 다뉴브강 하류에 살던 서고트족의 일부가 동로마로 이주했다. 이것이 게르만족의 대이동의 발단이었다. 이런 까닭에 훈족에 대한 유럽인들의 인식은 잔혹함과 공포로 각인되었다.

《10

에 전승했다. 부르군트 민족의 멸망의 노래도 바로 여기에서 비롯된 것이다. 이런 것들이 『니벨룽의 노래』 속에 통합되었던 것이다. 이는 설화와 문학이 결합된 대표적인 사례다. 독일인들에게 이 서사시가 단순한 문학작품에 그치지 않았을 것임은 짐작이 가고도 남는다.

신화는 바로 우리 자신의 삶을 가장 극적으로 표현한 이야기인 동시에 우리가 살아가면서 만나게 될 무수히 많은 사건들을 상징한다. 어려운 일을 만났을 때 그 해결책을 자연스럽게 떠올리게 하는 힘을 지녔다. 따라서 신화는 바로 내 삶에서 살아 있는 이야기이며 미래의 삶에 대한 열쇠를 건네주는 보물창고인 셈이다.

그리스 신화의 파에톤 신화가 그런 경우다. 그리스어로 '빛나는' '눈부신'이라는 뜻의 파에톤은 태양신인 헬리오스(다른 곳에서는 아폴론으로 부르기도 한다)와 요정 사이에 태어난 청년이다. 파에톤은 제우스와 이오의 아들인 에파포스에게 자신이 태양신의 아들이라고 했다가 거짓말쟁이라고 모욕을 당한다. 그 뒤 파에톤은 자신의 말이 진실임을 증명하기 위해 헬리오스를 찾아간다. 헬리오스는 성장하여 찾아온 아들에게 자신이 아버지라는 것을 인정하고 미안한 마음에 어떤 소원이든 들어주겠다고 약속한다. 그러자 파에톤은 태양마차를 몰게 해달라고 말한다. 뜻밖의 요구에 난감했지만 태양신이 약속한 것을 뒤집을 수도 없어 어쩔 수 없이 그 요청을 들어주었다. 파에톤은 얼마나 의기양양했을까? 자신을 거짓말쟁이라고 비난한 친구에게 보란 듯 자랑하고 싶었을 것이다.

태양마차는 헬리오스가 이른 아침마다 몰고 다니며 동쪽 끝에서 세상에

빛을 뿌리는 도구였다. 만약 조금이라도 잘못 모는 날에는 세상의 낮과 밤이 뒤죽박죽될 수도 있다. 그런데 그걸 파에톤이 몰게 된 것이다. 이 대목은 아들에 대한 아버지의 사랑이 때로는 무모한 부탁마저 들어주는 모습으로 묘사된다. 이런 경우는 지금도 허다하지 않은가?

제우스조차 마음대로 할 수 없는 태양마차를 타게 된 파에톤은 그야말로 제 세상 만난 듯 신나게 몰았다. 게다가 마차를 몰던 네 마리 말은 헬리오스보다 훨씬 가벼운 파에톤이 타자 평소보다 더 속도를 내며 달렸다. 하지만 마차를 타는 데만 정신이 팔렸던 파에톤은 말을 다루는 법, 특히 말을 멈추게 하는 법을 제대로 듣지 않았다. 말은 정신없이 달리며 제멋대로 날뛰었다. 그 바람에 강과 바다가 말라버렸다. 리비아에 사막이 생긴 것도, 에티오피아인들의 피부가 검게 탄 것도 바로 그 때문이라고 한다. 아버지의 아들에 대한 사랑도, 멸시받는 파에톤의 반감과 그에 대한 보상심리도 이해할 수 있지만, 이건 단순히 부자간의 문제가 아니다. 그래서 제우스는 더 이상의 피해를 막기 위해 번개를 던져 파에톤을 죽게 만들었다.

이 신화는 그저 어떻게 사막이 만들어지고 어떤 나무가 왜 생겼는지 등에 대한 그렇고 그런 비논리적인 이야기가 아니라 부자간의 도를 넘는 애정이 어떤 결과를 불러올 수 있는지, 젊은이의 지나친 욕망이 어떤 위험을 초래할 수 있는지를 깨닫게 해준다. 파에톤의 피해의식과 자랑하고 싶은 욕망은 사람이라면 누구에게나 있다. 그리고 그 욕망을 채워줄 수 있는 기회가 있을 때 앞뒤 안 가리고 마음껏 누리려 한다. 누구에게나 그런 기회가 주어질 수 있다. 그러나 그것을 스스로 통제하는 법을 먼저 배우지 않으면 결국 파멸에 이를 뿐이다. 이 신화를 통해 사람들은 자연스럽게 절제에 대한 교훈을 깨닫게 된다. 이 점이 바로 신화가 갖는 중요한 가치다. 어떤 젊은이든 그런 상황에 맞닥뜨릴 가능성이 있다. 따라서 그리스 신화의 거죽을 한 꺼풀 벗겨내 읽어보면 그것은 결국 우리 삶의 모든 것들이 다 들어 있음을 알 수 있다. 그러니 어찌 삶과 따로 떨어져 있는 허황된 이야기라 할 수 있겠는가?

『칼레발라』도 마찬가지다. 아마 이 이름을 들어본 독자들은 그리 많지 않을 텐데, 핀란드의 영웅들을 노래한 서사시다. '칼레발라'는 '영웅들의 나라'라는 뜻이다. 19세기 핀란드는 러시아의 지배를 받고 있었다. 당연히 핀란드 사람들은 고통 받고 절망을 겪었다. 의사이며 핀란드 전통시의 발견자인 엘리아스 뢴로트(Elias Lönnrot, 1802~1884)는 자기 민족의 설화들을 모으고 또한 쓰기도 했다. 『칼레발라』는 일반적인 서사영웅 신화들과는 달리 서정적인 연작시들과 작은 사건들로 구성되어 있다. 그 안에는 핀란드 사람들의 생활과 일상이 세밀하게 묘사되었다.

그가 찾아낸 『칼레발라』는 핀란드에 민족주의와 애국주의를 불러일으켰고 핀란드 고유의 예술문화의 바탕을 마련해주었다. 화가는 그림으로, 음악가는 작곡으로 표현했다. 핀란드의 민족작곡가 시벨리우스의 〈핀란디아〉 등이 바로 그 대표적 사례다. 실제로 시벨리우스는 여러 교향시와 관현악곡으로 바로 이 『칼레발라』를 재현하였고 사람들이 그의 음악 속에서 힘을 얻었다. 그리고 이 작품은 핀란드 사람들뿐 아니라 옥스퍼드 대학교 영문학 교수로 고대 언어를 연구하며 특히 바이킹 언어에 관심이 많았

던 톨킨의 작품에 많은 소재와 아이디어를 제공했
다. 그는 연구를 통해 자연스럽게 이러한 신화를 만
나게 되었고 『반지의 제왕』에 영향을 주었다. 톨킨
의 『반지의 제왕』은 우리 인간의 마음속 깊이 간직
해오던 신화의 새로운 변형이었다.

성배란 '고귀한 술잔'이라는 뜻이다. 성서에는 직접 언급되지 않지만 예수가 최후의 만찬에서 사용한 잔이라고 전해졌다. 포도주가 예수의 피로 변할 정도라면 성배는 엄청난 힘을 가졌다고 믿어졌다. 그런 성배가 다른 사람의 손에 넘어가면서 마법의 힘을 가지게 되었다는 소문이 퍼졌다. 성배 전설의 첫 버전은 12세기 크레티엥 드 트루아가 지은 『성배 이야기』였다. 바그너의 「파르지팔」도 그 성배 전설을 토대로 한다. 영화 「인디애나 존스와 최후의 십자군」도 성배 전설을 바탕으로 깔고 있다. 또 성배의 전설이 아서왕의 전설에서 유래했다는 이야기도 있다. 이는 그리스도교 사상과 켈트의 민간전승이 결합된 것으로 추측된다.

11 ≫

판타지,
신화의
새로운 진화

。
，   대부분의 신화는 비범한(나와는 상관없는 초월자로서의 비범한 존재가 아
닌) 주인공이 온갖 시련과 위험을 만나 그것을 이겨내고 마침내 위대한 승
리를 쟁취하는 이야기로 구성되어 있다. 유럽인들은 그리스도교가 전해진
이후 그런 신화들에 그리스도교의 이념이 결합된 방식의 신화들을 만들어
냈다. 그 대표적인 예가 바로 성배// 신화다. 성배를 차지하면 세상을 지배
할 수 있는 엄청난 힘을 얻을 수 있다는 꿈을 표현한 신화다. 사람들은 누
구나 죽음이라는 한계를 인식한다. 유한한 존재로서 피할 수 없는 죽음에
대한 공포는 동시에 그것을 극복하고 싶은 욕망을 낳는다. 진시황제가 불

로초를 구해오라고 사람들을 사방에 보낸 것도 그런 욕망 때문이다. 성배 신화는 바로 이런 무한한 힘에 대한 갈망의 산물이기도 했다.

톨킨은 영어의 어원을 연구하다가 영어에 영향을 미친 바이킹의 언어를 탐구하게 되었고 그 과정에서 자연스럽게 스칸디나비아의 설화들을 만났다. 대부분의 유럽 신화들이 그리스도교적인 요소들과 결합된 반면, 그리스도교가 상대적으로 늦게 전파된 북유럽에는 또 다른 형태의 원초적인 신화와 전설들이 있었다. 그게 바로 반지의 전설이다.

반지, 즉 원은 직선과 달리 시작과 끝이 없어서 영원을 상징한다. 결혼식에서 신랑과 신부가 반지를 교환하는 것도 그 때문이다. 톨킨은 그러한 반지를 힘의 원천으로 삼았다. 그게 바로 유럽에서 성행한 성배 신화와 다른 점이다. 『반지의 제왕』이 주는 신선함은 바로 거기에 있다.

그 이야기의 주인공은 그리스 신화에서 만나는 거인족인 타이탄[12]과는 정반대로 우리보다 작은 종족인 호빗이다. 신화의 주인공이 위대한 사람이 아니라 오히려 우리보다 작은 사람이라는 것은 그 자체로 신선한 방식이다.

올림포스 신족이 등장하기 이전에 세계를 지배하던 거인족으로 가이아의 권고에 따라 우라노스로부터 지배권을 빼앗아 막내아들인 크로노스를 지배자로 삼았다. 올림포스의 주신(主神) 제우스는 타이탄인 크로노스의 아들이다.
≪12

옥스퍼드의 영국 도서관에 세워진
J. R. R. 톨킨의 흉상 ⋯▸

반지를 찾아가는 여정 또한 결코 쉽지 않다. 온갖 시련과 위험을 겪어야
했다. 게다가 늘 따라다니는 골룸도 있지 않은가? 물론 건달프의 도움도
받는다. 골룸은 사실 다름 아닌 나의 모습으로 나의 분신이라 할 수 있다.
내 속에는 선한 존재로서의 나와, 욕망과 탐욕의 존재로서의 내가 공존한
다. 골룸은 바로 욕망과 탐욕의 존재로서의 나의 모습이다. 그렇게 본다면
건달프 또한 강한 힘과 지혜를 가진 또 다른 나의 모습이다.

어렵게 얻은 반지는 끝내 주인공의 손에 쥐어지지 못했다. 그것은 바로
그 순간 반지의 힘에 대한 욕망이 생겼기 때문이다. 우리의 삶도 그렇지 않
은가? 결국 우리는 끝까지 자신의 탐욕과 싸워야 하는 운명을 지니고 있는
셈이다. 그러니까 반지는 사실 나의 밖에 혹은 외계에 존재하는 것이 아니

라 바로 나 자신 안에 있는 것이다.

톨킨은 여러 신화와 전설을 다양한 고전문학을 통해 발견하고 그것을 새롭게 재창조했다. 그것이 바로 판타지의 형태로 나타난 것이고 세계적인 열풍을 일으켰던 조앤 롤링의 '해리포터' 시리즈도 그런 맥락에서 이해할 수 있다.

그러나 톨킨 이전에 신화를 새로운 문학의 형태로 전환시킨 작가가 있었으니 그가 바로 제임스 조이스(James Joyce, 1882~1941)다.

20세기의 『오디세이아』, 제임스 조이스의 『율리시스』

『오디세이아』는 유럽인들에게 많은 영향을 미쳤다. 특히 그것은 신화와 소설(사람의 이야기란 점에서)의 두 가지 요소를 가장 극적으로 담아냈을 뿐 아니라 삶의 깊은 층위를 상징적으로 담고 있다는 점에서 더욱 그렇다. 이것에 영감을 얻은 작품이 바로 20세기 최고의 소설로 평가받는 제임스 조이스의 『율리시스』다.

배경은 20세기 더블린이고 10년의 시간이 아니라 단 하루 동안의 사건을 다루고 있지만, 이야기의 흐름은 호메로스의 『오디세이아』를 무색하게 할 만큼 복잡한 구조를 지니고 있다. 단 하루뿐이지만 제임스 조이스는 능란하게 '의식의 흐름(the stream of consciousness)' 기법을 이용해 그런 시간적 제약을 마음껏 벗어난다. 실제로 조이스의 이러한 방식은 '하루'라는 시간적 조건으로 그려진 많은 소설들의 전범이 되기도 했다. 어쨌거나 조이스는 현대적 '오디세이아'를 써냈다. 그는 『오디세이아』에 따라 역할을 나누고 에피소드들도 그 원형에 맞춰 꾸렸다. 『율리시스』의 블룸은 오디세우스이고, 그의 아내 몰리는 페넬로페이아이며 스티븐은 텔레마코스다. 그 밖에도 대다수의 에피소드들이 『오디세이아』를 기본 틀로 삼고 있다. 그것을 감안해 두 이야기를 비교해가며 읽어보는 것도 매우 흥미로울 것이다.

솔직히 나는 제임스 조이스를 가장 좋아하는 작가로 꼽으면서도 그의 작품을 온전히 다 이해하지는 못한다. 특히 『피네간의 경야(Finnegans Wake)』[13]는 도저히 끝까지 읽어내지도 못했고, 읽은 부분조차 제대로 이해하지 못했다. 사실 이 책은 『율리시스』와 짝을 이루는 것이어서[14] 꼭 읽어야 하지만 너무 난해하여 도저히 완독이 불가능했다. 동음이의어뿐 아니라 무수한 조어(造語)들이 어떤 문법이나 해석도 없이 난무하는데다 수많은 언어들이 엉켜 있고, 어

경야(經夜)라는 말은 거의 쓰이지 않는 용어로 '밤을 새움'이라는 뜻이다. 예전에는 '장례식 전날의 밤샘'을 의미하는 말로 쓰였다. 이 소설의 시간적 배경이 하룻밤 사이이기 때문에 그렇게 번역한 것인데, 이 말 속에는 출생·결혼·죽음과 부활에 관한 모든 것이 함축적으로 표현되고 있다.
≪13

『율리시스』는 더블린의 낮을 다룬다면, 즉 깨어 있는 시간을, 『피네간의 경야』는 더블린의 밤을 다루고 있기 때문이다. 이 두 소설은 모두 의식의 흐름을 통해 자유롭게 시간을 넘나들고 있다.
≪14

15»
김종건 교수가 이 책을 번역
했다는 사실 자체만으로도
존경할 일이다.

떤 언어는 중첩되어 있으며 음속을 다루는 언어도 있는 등 언어 자체의 해독조차 어려웠기 때문이다. 더욱이 함축과 꿈과 사건과 의식이 마구 뒤엉킨 까닭에 한참을 읽다보면 이게 누구의 의식인지조차 가늠하기 어려웠다.[15] 완성하기까지 무려 17년이나 걸렸다는 이 작품은 조이스의 난해함과 천재성을 동시에 드러내는 책이다. 마치 마르셀 프루스트가 『잃어버린 시간을 찾아서』를 10년 동안 매달려 썼듯이. (하지만 나는 결국 이 책도 완독하지 못했다. 내가 이 작품을 좋아하는데 끝내지 못했다는 말에 한 지인이 6권짜리 영어본 The Modern Library판을 선물했는데, 결국 3권까지만 읽다가 중단했다.)

실제로 이 세 작품에서는 같
은 등장인물이 나오고 같은
장면이 계속되기도 한다. 특
히 스티븐 디덜러스(『젊은 예
술가의 초상』의 주인공)가 『율
리시스』에서 레오폴드 블룸
을 만나는 과정과 겹치는데
이 지점이 바로 『율리시스』의
중심 에피소드이기도 하다.
16»

사실 조이스가 『율리시스』를 쓴 과정을 보면 오디세우스가 출전한 후 귀환하기까지의 긴 여정에 버금가는 것임을 알 수 있다. 그는 엄청난 시간을 작품에 쏟았다. 게다가 이 작품은 따로 읽히는 것이 아니라 『더블린 사람들』『젊은 예술가의 초상』『율리시스』로 이어지는, 즉 흔히 '더블린 3부작'이라고 부르는 일련의 과정의 대미를 장식하는 작품이다.[16] 조이스의 『율리시스』는 호메로스의 작품과 달리 단 하루, 즉 더블린의 세 사람이 보낸 1904년 6월 16일 하루의 이야기다. 그러나 그 하루 안에는 오디세우스의 여정만큼이나 길고 복잡다단한 이야기들이 펼쳐진다. 그리고 그 시간의 속박은 이미 언급한 것처럼 '의식의 흐름' 속에서 마음대로 초월되는 까닭에 사실 별 의미가 없다.

『율리시스』에서 주인공인 세 사람, 즉 젊은 지식인인 스티븐 디덜러스, 신문광고 모집인 레오폴드 블룸, 그리고 레오폴드의 아내 몰리의 내면과 무의식의 흐름은 자유자재로 전개된다. 그것은 아주 짧은 시간으로 분절되어 있다. 분명히 사건의 흐름은 각 순서에 따라 시간 단위로 전개되지만 그 시간 안에 갇히지 않고 아주 자유롭고 다양하게 시간과 공간을 뛰어넘는다. 그것은 의식의 흐름이라는 기법 때문에 가능한 것인데, 이렇게 조이스의 작품은 호메로스의 작품이 철저하게 시간과 사건에 따라서 전개되는 것과는 완전히 다르다. 다만 공통점이 있다면 호메로스의『오디세이아』의 형식을 따라 18가지의 이야기로 배열, 구성된다는 점이다.

소설은 오전 8시에 시작된다. 더블린 근처의 한 해변에서 헤인즈와 멀리건이 함께 아침식사를 하고 있다. 그들은 특별한 의미 없는 잡담을 늘어놓는다. 그렇게 소소한 대화가 오가면서 의식의 흐름은 자유롭게 옛날 해변에서 있었던 일들을 수시로 꺼내온다. 하나의 공간에서 여러 시간들이 오가면서 대화는 엉키는 듯하지만 그것들은 교묘하게 직조되는 씨줄과 날줄로 작용한다. 바로 이 장면도『오디세이아』에서 차용한 것으로, 오디세우스의 궁전에서 행패를 부리며 페넬로페이아를 괴롭히는 침입자들의 장면을 연상시킨다. 물론 영웅과 소시민의 차이는 있지만, 그 내용과 구조가 유사하다. 이렇게 신화의 줄거리를 차용하면서 그저 그런, 아무도 주목하지 않은 개인의 일상사를 신화의 구조로 펼쳐낸다.

그 이후의 장에서도 같은 구조와 방식은 반복된다. 특히 2장과 3장에서 역사교사인 스티븐이 수업 중에 자신의 의식은 따로 놀면서 삶의 다양한 국면들을 되돌아보는 장면이 나오는데, 그것은 자신의 옛 시절을 지금 가르치는 학생들의 시간과 오버랩시키는 방식이다. 전개는 산만해 보이지만, 교묘하게도 이 안에 삶의 모든 문제가 담겨 있다. 소설의 순서도 순차적이지 않다. 4장으로 넘어가면 시간이 다시 처음의 오전 8시로 돌아갔다가 10시로, 그리고 새벽 2시로 오간다. 그렇게 자유롭게 넘나드는 시간 속에서 더블린의 여러 공간을 통해 과거와 현재가 현란하지만 담백하게 펼쳐진다. 조이스는 이렇게 의식의 흐름이라는 기법을 마음껏 사용함으로써 시간의 제약을 간단히 뛰어넘는다.

개인적으로는 18장이 매력적으로 느껴진다. 새벽 2시, 침실에 부부가 누워 있다. 몰리는 남편 옆에 누워서 과거를 떠올리는데 독백 형식이어서 그의 시선을 따라가게 됨으로써 감정이 이입된다. 이 부부에게는 불륜의 간극이 존재해서 늘 갈등의 요소였다. 몰리는 보일란과 자기가 불륜을 저지른 책임이 남편인 블룸에게 있다고 여긴다. 그런데 흥미롭게도 그런 남편에게 율리시스다운 존재가 될 수 있는 기회를 주어야 한다고 결심한다. 그것은 함께 사는 자신조차 남편의 영웅성(물론 여기에서 말하는 영웅이라는 것은 신화에서의 영웅과는 전혀 다른 의미다)을 인식하지 못했고 무시했다는 의미이기도 하며, 그 결심은 곧 그가 영웅성을 내재하고 있다는 함축이기도 하다.

조이스의 『율리시스』는 호메로스의 『오디세이아』 같은 위대한 영웅이 아니다. 그는 그저 지극히 평범한 더블린의 한 시민일 뿐이다. 그의 삶은 단조롭고, 그의 생각은 심오하지 않으며, 그의 태도도 모범적이지 않다. 영웅과는 거리가 한참 멀다. 그러나 누구에게나 삶은 위대하다. 조이스의 탁월성은 이 부분을 거창한 묘사나 산파조의 표현을 쓰지 않으면서도 섬세하게 그려내고 있다는 점에서 발견된다. 어쩌면 그렇게 여성의 심리를 탁월하게 묘사할 수 있는지, 혹시 그가 전생에 여자였던 건 아닐까 싶을 정도다.

우리 모두가
오디세우스다

,

조이스가 보는 영웅은 거창하고 위대한 인물이 아니다. 일상을 살아가는 우리 모두가 영웅이다. 『율리시스』에서는 영웅적 인간은 하나도 없는데 모두가 주인공이고 모두가 조연이며 그 모두가 자기 삶의 영웅이다. '초라한 영웅'에게도 삶은 똑같이 진지하고, 때론 가벼우며, 똑같이 능히 헤쳐갈 수 있고, 때론 버겁다.

조이스는 탁월한 언어 감각을 지닌 작가였다. 그는 수많은 언어를 연구했고 자신의 소설에서 교묘한 조어(造語)를 만들어냈다. 심지어 그 조어에 대한 사전이 따로 생겼을 정도다. 그의 언어유희는 현란할 지경이지만 하나하나의 낱말들이 교묘하게 호응하면서 삶의 속살들을 고스란히 파헤친다. 삶이라는 게 그리 대단한 것도 아니다. 그러나 그것을 시적 추상으로 표현하면 영롱하고 진지해진다. 그것은 모순처럼 보이지만 진실이라는 묵직한 울림을 지닌다. 조이스의 소설들이 담고 있는 핵심은 삶도 사람도 복합적 모습의 총체라는 은유다. 물론 그 안에서 쉴 새 없이 가로지르는 수많은 의미와 상징이 꼬이고 꼬여서 수수께끼처럼 작용하지만, 그것은 어떠한 삶도 종결되거나 하나의 단순한 의미로 마감되는 것이 아님을 뜻한다. 그저 시간의 축에 상관없이 흘러가고 있을 뿐이다.

이러한 방식의 묘사를 통해 조이스가 말하고자 하는 주제는 무엇일까? 그것은 삶은 영원히 풀리지 않는 명제이고, 모든 사람은 그 명제의 주인공이라는 울림이다. 그것이 바로 현대 문명의 총체적 모습이다. 그 모습을 외면하고 타자, 특히 거대한 영웅담에 투사하는 것이야말로 그릇된 시선이다. 조이스는 단 하루의 시간 안에 이런 모든 것들을 축약함으로써 그 하루가 곧 삶의 단층이며 더 나아가 인류의 역사와 동일하다는 대담한 상징을 보여주고 있는 것이다.

등장인물 역시 그렇다. 박학다식하고 다정다감한 중년의 신사 블룸은 소심한 보통 사람이다. 그가 지닌 성적 취향은 지금 보면 그리 대단한 것도 아니지만 당시로서는 대단히 파격적이어서 블룸의 비밀스러우면서도 관음증적인 성욕이 다양하게 묘사된 부분 때문에 소설이 발표된 당시에는 음란 출판물로 판정받기도 했다. 사실 그런 성향도 누구에게나 있는 것으로 그렇게 보면 블룸은 일반적 유형의 인물이다. 그러나 그에게도 다양한 삶의 층위와 의미가 겹겹이 쌓여 있다. 어느 하나 하찮은 것이 없다.

　이렇게 호메로스는 조이스를 통해서, 오디세우스는 율리시스를 통해서 재해석되고 재창조되지만 결국 그것은 궁극적인 점에서 다르지 않고, 따라서 우리 모두가 오디세우스가 된다. 제임스 조이스의 『율리시스』의 매력은 바로 여기에 있다.

신화,
끊임없이
재생산되다

,

제임스 조이스가 하루의 시간이라는 환경을 설정한 이후, 수많은 작가들이 그런 플롯을 따랐다. 그것은 물론 모방이겠지만, 모방 또한 끝없이 이어지는 문화적 재생산이며 그런 점에서 볼 때 문학은 새로운 신화를 끊임없이 재창조하고 재생산하는 방식이다.

우리 문학에서도 이러한 구성방식이 차용되었다. 바로 박태원의 소설 『소설가 구보 씨의 일일』이 그것이다. 1934년 〈조선중앙일보〉에 8월 1일부터 9월 19일까지 연재된 중편소설인데 박태원은 이 작품에서 뛰어난 소설적 기교를 발휘하며 모더니스트 소설가로서의 면모를 과시했다.

'일일 소설'이 대부분 그렇듯, 이 소설 역시 이야기의 구조는 매우 단순하다. 특히 소설의 중요한 요소인 플롯이나 이야기 흐름에서 나타나는 여러 극적 요소들은 찾아보기 어렵다. 하루라는 시간의 제약을 의식의 흐름으로 벗어난다고 해도 갈등이나 위기, 그리고 대단원 등 소설의 극적 요소들은 자연스럽게 배제되거나 희석되기 때문이다. 젊은 소설가 구보의 삶도 이 소설에서는 예외가 아니다. 그는 젊지만 직업이 없고 무기력한 총각이다. 나이는 스물여섯. 그러니 늙은 어머니의 근심거리일 수밖에 없다. 직장이 없으니 딱히 업무를 위해 나갈 일이 없다. 소설은 그가 어느 날 집을 나서 서울의 거리를 배회하는 동선으로 제한된다. 무료하고 건조하다. 분명히 서사성은 떨어진다. 그러나 그것을 상쇄하는 것이 바로 그의 의식의 흐름이다. 그것을 통해 단순하지만 그의 삶 전체가 드러나는 소소한 일상들이 씨줄과 날줄로 얽혀 묘한 느낌을 준다.

　이 소설은 지금 출간되었어도 현대적이라는 평가를 받았을 것으로 짐작되는데, 그만큼 당시로서는 아주 보기 드문 방식이었다. 단조로운 이야기에 담긴 내면세계의 유동성이 얼마나 자유로울 수 있는지 실험적으로 보여준 탁월한 작품이다. 곳곳에 박힌 몽타주 기법 등은 지금 봐도 치밀한 실험 방식이다. 현재와 과거, 현실과 환상을 의식의 흐름을 통해 넘나드는 이 소설은 주인공의 복합적 내면의식을 표출할 뿐 아니라, 그것을 통해 새로운 현실과 인간관을 모색한다는 점에서 높은 평가를 받을 만한 작품이다. 지금 읽어도 매우 모던하다.

　구보는 자신의 한심한 처지는 아랑곳하지 않고 세상이 물질만 추구하는 황금광 시대로 내몰리고 있음을 개탄한다. 하지만 정작 자신은 무능하고 게으른 지식인에 불과할 뿐이다. 게다가 그는 늘 혼자다. 누가 봐도 그 삶은 실패자, 낙오자의 삶이다. 졸부가 된 친구를 빈정대고(물론 속으로만) 자존심에 상처를 받지만 그가 할 수 있는 건 없다. 돌아오는 길에 전화로 불러낸, 그러나 구보 씨의 존재를 상징하듯 늦게 나타난 신문사 기자인 친구가 제임스 조이스의 『율리시스』에 대해 말한다. 액자소설이 아님에도 그런 방식을 통해 이 소설이 조이스의 『율리시스』처럼 의식의 흐름이라는 기법과 방식을 차용하고 있음을 교묘하게 드러낸다. 동시에 자신을 조이스와 어깨를 견줄 작가라고 슬그머니 이야기하는 대목이기도 하다. 대화는 계속되지만 밖에서 들리는 아이의 울음소리에 귀가 쏠리고 의식이 따라가면서 자연스럽게 다른 친구가 남긴 사생아에 대한 기억으로 이어진다. 그 친구도 사생아도 등장하지 않지만 소설은 자유롭게 시공간의 제약에서 벗어난다. 그것은 구보 씨의 세계가 자유롭다는 암시이기도 하다.

　박태원은 소설가를 주인공으로 세움으로써 자신의 자의식을 반영하여 글쓰기에 대한 관점을 드러낸다. 그런 방식을 통해 그가 살고 있던 시대의 정치와 문화적 풍토에 대한 반성적 태도를 드러내고 문제를 추적하되 해법의 모색으로 봉합하지 않는다. 그것은 끝나지 않은, 끝나지 않을 이야기이기 때문일 것이다. 의식의 흐름을 따라서 그가 인물의 의식 속에서 소설가의 내면을 보여줌으로써 외부적 현실을 반영하는 이중복합 구조를 표현하는 이러한 방식은 분명 제임스 조이스에게서 영향을 받았을 것이다. 작품 속에서 이미 고백했던 것처럼.

박태원은 1930년대 식민지하의 소외된 지식인의 눈을 통해 기형적으로 급격하게 도시화를 이끌어낸 당시의 모습을 풍경과 오버랩시켜 그려내고 있다. 그가 그려낸 주인공이 절망과 체념으로 얼룩진 식민지 조선의 지식인 청년이기에 조이스의 『율리시스』보다 더 우울할 수도 있지만 그 또한 일상적 영웅의 모습을 함축하고 있다. 그것은 바로 박태원이 그려낸 나름의 신화다.

하루의 시간 제약뿐 아니라 주인공의 이름까지 그대로 차용한 소설이 최인훈에 의해 발표되었다. 제목까지 『소설가 구보 씨의 일일』로 똑같다. 이 작품은 1970년대 초 발표된 연작소설인데 그 네 번째 작품이다. 박태원의 작품보다 실험적 서사성은 더 풍부하고 관념적 사유도 깊어졌다. 그러나 제목에서만 하루일 뿐 실제로 하루 동안의 이야기는 아니다. 명망은 있지만 여전히 변방인인 소설가 구보가 살아가는 3년가량의 이야기다. 따라서 자연스럽게 당시의 사건들, 즉 무장공비 사건, 3선 개헌, 7·4 남북공동성명 등과 같은 굵직한 사건들이 등장하면서 당시 지식인의 일상사를 세밀하게 그려낸다. 그런 점에서 최인훈의 작품은 『율리시스』보다는 『젊은 예술가의 초상』에 더 가깝다고 볼 수도 있을 것이다.

그런가 하면 주인석은 다시 똑같은 제목으로 아예 연작 소설을 썼다. 물론 세 소설은 모두 공통적으로 '소설가 소설'의 양식인데, 박태원이 1930년대를, 최인훈이 1960~70년대를 그렸다면, 주인석은 1980년대의 절망과 좌절 속에서 내적 고민에 빠진 지식인을 그려내고 있다. 물신주의와 배금주의, 성장의 이념은 당대의 거센 변혁 이념조차 무력화시켰는데, 그 모습을 고스란히 감내해야 하는 소설을 쓴다는 것, 소설가로 살아간다는 것이 얼마나 힘든 것인지 신랄하게 토로한다.

여기까지 오면 과연 호메로스, 조이스를 거쳐 박태원, 주인석에 이르기까지 신화의 모습은 전혀 다르게 나타난다(주인석이 자신의 작품을 '신화'의 테두리에 일시적으로나마 편입시키는 것에 동의할지는 의문이지만). 그러나 우리는 여전히 끊임없이 그 시대의 삶과 사람들을 그려내고 있으며 그 문제의식을 새롭게 생산해내고 있다는 점에서는 어느 정도 일관성을 갖고 있다고 볼 수 있다. 그것은 바로 영원히 그치지 않는 '네버엔딩 스토리'다.

신화의
주인공은
바로 '나'다

, 　　　　　인간의 삶이 그러한 신화의 결을 따라가는 것임은 분명
하다. 앞서 말한 것처럼 신화를 미신적 이야기라는 낮은 수준의 개념으로
설정한 것은 근대화 및 산업화 과정과 맞물려 있다. 그리고 19세기 말 영
국의 사회학자와 인류학자를 중심으로 진화론적 종교 연구가 제국주의,
식민주의와 더불어 진행되면서 신화를 격하시켰다. 그것은 식민지 문화를
하위문화 혹은 수준 낮은 문명의 틀 속에 가두고 유럽 종교문화의 우월성
을 강조하기 위한 방편이기도 했다. 그래서 서구 유럽인들은 자신들의 종
교만이 합리적이고 보편적이라고 주장했다. 다른 지역의 종교는 미신일 뿐

이고 신화적 허구이기 때문에 비합리적이고 보편적일 수 없다고 재단한 것이다. 실제 우리나라도 1960~70년대를 거쳐오는 동안 조국 근대화니 산업화니 떠들면서 기존의 민속신앙이나 설화를 단순히 미신이고, 심지어 근대화의 걸림돌이라며 억압하고 그 뿌리까지 뽑아버리려 했다. 그 결과 우리는 과거의 신화와 강제로 작별했으며 그 부피만큼 삶의 깊이와 인간의 가치를 상실했다.

비단 산업화 과정에서만 그랬던 것은 아니다. 우리 민족은 이미 일제강점기부터 그런 과정을 겪어왔다. 일본인들은 한국의 혼을 없애버리기 위해 우리의 민속과 신화를 깎아내리고 억압하려고 무진 애를 썼다. 그건 우리의 민족혼을 제거하는 것과 직접 관련되는 일이었다. 조지프 캠벨이나 미르치아 엘리아데(Mircea Eliade, 1907~1986)는 신화들이 우리가 일상적으로 사는 세계와 분리되어 모험과 시련을 통해 영웅적 실현을 이뤄낸다고 규정했고 그것이 다시 일상으로의 복귀라는 일정한 구조를 지녔다는 것도 찾아냈다.

엘리아데는 원초적일 때 일어났던 수많은 사건들이 창조의 신화와 관련되는 것이라고 설명하면서 그런 창조적 사건을 회상하는 신화가 인간행위의 모델을 제시하고 살아갈 의미와 가치를 부여하는 성스러운 이야기 구조를 갖고 있다고 파악했다. 그것을 통해 유한성과 유일회성이라는 시간의 공포를 제거하고 인간이 진정으로 의미 있게 살아갈 수 있는 영역을 만들어낸 것이 바로 신화의 진정한 힘이라는 것이다. 따라서 자기실현을 상징하는 원형으로서의 신화는 개인의 인격을 성숙시키고 완성하는 데 필수적인 것이다. 그리고 그것을 제임스 조이스는 현대인의 일상적 삶 안에서 새롭게 해석했다.

조지프 캠벨이 지적한 것처럼 신화의 주인공은 바로 나 자신의 모습이다. 무엇보다 내 삶은 나의 역사이고 당연히 그 신화의 주인공이기 때문이다. 따라서 나의 삶은 나의 신화이고 나는 그 신화의 주인공이다. 신화가 비논리적이고 초월적인 이야기라고 여기는 한, 더 이상 나의 삶은 내 신화가 아니고 나는 역사가 될 수 없다.

신화나 판타지 소설이 우리를 새로운 매력으로 이끄는 것은 어쩌면 현실의 삶이 너무 기계처럼 촘촘하고 빡빡하게 돌아가서 숨이 막힐 뿐 아니라 낭만적 꿈이 메말라버린 데 대한 반감 때문일지도 모른다. 그것은 어쩌면 우리 현대인이 신화를 바라보는 새로운 해석과 이해방식일 수도 있다. 요컨대 결코 사라지지 않을 신화의 이야기들은 인간의 삶과 개인이 갖는 주체성에 대한 보편적 원형성이 결코 사라지지 않음을 의미한다.

신화의
그릇된 해석은
경계해야 한다

,

국보 1호와 보물 1호가 무엇인지는 대부분 알지만 사적 1호가 무엇인지 아는 사람들은 드물다. 사적 1호는 포석정이다. 왜 포석정일까? 거기에 의문을 제기하는 사람들도 별로 없다. 포석정이라고 하면 우리는 먼저 거기에 얽힌 이야기를 떠올린다. 포석정은 유상 곡수거(曲水渠), 즉 구불구불한 도랑을 원형의 굴곡으로 파서 물이 흐르게 만든 것이다. 지금은 정자가 없지만 예전에는 정자가 있었기에 포석정이라 불렀을 것이나, 지금은 정자가 없으니 포석정 지(址)라 불러야 옳다. 그 옛날 조상들은 포석정 흐르는 물에 잔을 띄워 그 술잔이 자기 앞에 올 때 시를 읊고 술을 마시며 여흥을 즐겼다고 한다. 매우 화려했을 연회의 정취가 물씬 풍긴다. 그러나 그 유적에 대한 우리의 인식은 그다지 아름답지 않다. 『삼국유사』에 따르면 927년 11월 신라의 경애왕이 그곳에서 화려한 연회를 벌이던 중, 후백제 견훤의 침략을 받아 잡혀 죽었다고 한다. 그래서 슬프고 아쉬움이 남는 곳이 되었다.

포석정이 처음으로 기록에 등장하는 것은 880년에 신라 헌강왕이 이곳에서 놀았다는 내용이지만, 실제로는 7세기 이전에 이미 만들어졌던 것으로 추측된다. 그러나 명확한 축조연대는 밝혀지지 않았다. "헌강왕대(875~885)의 태평스러운 시절에 왕이 포석정에 들러 좌우와 함께 술잔을 나누며 흥에 겨워 춤추고 즐겼다"고 『삼국유사』에 기록되어 있다. 그걸 보면 분명 그곳이 연회를 즐겼던 곳이었음을 알 수 있다.

하지만 문제는 경애왕이 그곳에서 연회를 베풀고 무희들을 불러 춤을 추며 흥청망청 놀다가 견훤에게 잡혀 죽었다는 이야기에 있다. 그리고 그것 때문에 사적 1호로 지정되었다는 사실을 읽어내야 한다. 이 이야기는 『삼국유사』뿐만 아니라 『동국통감』에도 기록이 남아 있다. 거기에도 "경애왕 4년(927) 10월에 왕이 신하와 궁녀들과 함께 술을 마시며 즐기다가 견훤군이 입성했다는 말을 듣고 왕비와 함께 황급히 빠져나가 성남의 이궁에 숨었다. 그러나 곧 견훤에게 잡힌 경애왕은 자결을 하여 신라의 패망을 재촉하였다"고 적혀 있다.

서거정 또한 「십이영가(十二詠歌)」에서 다음과 같이 노래하고 있다.

포석정 앞에 말을 세울 때

생각에 잠겨 옛일을 돌이켜보네

유상 곡수하던 터는 아직 남았건만

취한 춤 미친 노래 부르던 일은 이미 옳지 못하네

함부로 음탕하고 어찌 나라가 망하지 않을손가

강개한 심정을 어찌 견딜까

가며가며 오릉의 길 읊조리며 지나노니

금성의 돌무지가 모두 떨어져버렸네.

　거의 모든 기록에서 포석정은 임금의 방탕을 상징하는 곳으로 이미지가 굳어졌다. 정말 그랬을까?『동국통람』에는 '10월'이라고 했지만 그 이야기의 원전이라 할『삼국유사』에는 '11월'로 기록되었다. 견훤의 후백제 군대가 신라를 침공한 것이 9월, 지금의 영천 부근을 점령한 것이 10월, 그리고 경주를 함락시킨 것이 11월이다. 과연 경애왕은 그 상황에서도 놀이를 위해 포석정에 갔을까?

　그 의문을 풀기 위해 우선 두 가지 점에 주목해야 한다. 하나는 궁에서 포석정까지의 거리다. 포석정에 가본 사람은 이미 알겠지만 그곳이 경주 시내에서 가까운 곳에 있지 않다. 지금 유상 곡수거의 유적이 남은 까닭에 그곳이 연회지로 이미지가 굳어져서 그렇지 궁 안이나 근처에 연회를 즐길 곳은 많았을 것이다. 그런데 수도가 함락 직전의 상황에서 왕과 신하들이 그 먼곳까지 가서 놀았을까?

다른 하나는 바로 시간이다. 음력으로 11월은 양력으로 치면 12월이다. 과연 어느 정신 나간 임금이 그 엄동에 그곳까지 가서 춤추고 놀았을까? 그것도 야외에서? 말이 되지 않는다. 『동국통람』에 기록된 10월이라 해도 크게 다르지 않다. 이 대목만 제대로 읽어냈어도 '거짓된 신화(?)'는 만들어지지 않았을 것이다. 그럼 경애왕은 그곳에 가지 않았던 것인가? 갔던 건 분명한 사실인 듯하다. 그러나 놀러간 게 아니라 사당에 참배하러 갔다!

그곳에는 포석정만 있는 것이 아니라 포석사(鮑石祠)도 있었다고 한다. 그곳은 모든 신라의 화랑들로부터 존경과 흠숭을 받던 화랑 문노(文努)를 기린 사당이었다. 경애왕이 아무리 타락하고 유흥을 즐겼다 하더라도 도성이 함락되는 지경에 처했는데 거기까지 가서 놀았을 리 없다. 임금은 바로 그 사당에 갔던 것이다. 문노에게 제를 올리며 무너져가는 신라를 지켜달라고 빌었을 것이다. 물론 그렇게 한다고 해서 죽은 문노가 신라를 지켜줄 리는 만무하다. 따라서 임금이 포석사에 간 것은 모든 신라인들, 특히 경주인들에게 문노의 정신을 계승하고 굳센 화랑 정신으로 무장하여 수도를 지켜내자는 일종의 정치적·종교적 의식을 치렀던 것으로 보는 것이 맞다.

그러나 그는 견훤의 군대를 막지 못했고 결국 죽임을 당했다. 역사는 대부분 승자의 기록물이다. 『삼국유사』는 고려 충렬왕 때 쓰였다. 고려의 입장에서는 후삼국의 통일을 자신들의 정당성에 기인해서 해석할 수밖에 없다. 그래서 야만적인 후백제와 견훤, 무능한 신라와 경애왕, 그에 비해 온후하고 강한 왕건[17]과 고려라는 구도로 기록한 것이다.

문제는 이 유적이 사적 1호로 지정된 이유다. 1933년 일본은 조선의 모든 유적을 조사하여 다음 해에 문화재로 지정했는데 고적 1호[18]가 바로 포석정이었다. 그것은 바로 식민사관과 그릇된 신화의 결합이었다. 즉, 조선인들은 임금이 위기 상황에서도 국가와 백성을 팽개치고 술판을 벌이고 놀았을 정도이니 스스로 다스릴 능력이 없다는 생각을 주입하기 위해 고적 1호로 지정했던 것이다.

더 한심한 것은 해방 이후 이 번호가 그대로 사용되고 있다는 점이다. 사적이라고 이름만 바뀐 채로. 왜 일본제국주의자들이 그렇게 지정했는지 따져보지도 않았고, 『삼국유사』에 기록된 시간도 제대로 읽지 않았기에 그런 결과를 낳았던 것이다. 그리고 그렇게 굳어진 허황된 해석은 지금도 그대로 남아 있고, 포석정에 가는 사람들마다 그 이야기를 떠올리고 있는 것이다.

역사는 객관적 기록일 것 같지만, 거기에도 무수한 신화들이 다양한 방식으로 해석·편집되어 있다. 그러나 역사라는 무게감 때문에 그렇게 해석된 신화는 간과되기 쉽다. 그릇되게 해석한 역사는 당연히 배제되어야 한다. 그러기 위해서는 그릇된 신화부터 제대로 찾아내 발본색원해야 할 것이다.

17
『삼국유사』에는 경순왕이 경주를 방문한 왕건을 맞으면서 견훤이 쳐들어왔을 때는 늑대, 승냥이처럼 야만스러웠는데 왕장군을 맞으니 어버이를 보는 듯하다며 감읍하는 내용이 담겨 있다.

18
사적은 '역사적 유적'이라는 뜻인데 반해 고적은 '오래된 유적'이라는 뜻이니 일제가 왜 그런 명칭으로 썼는지 능히 짐작할 수 있다.

생각의 융합 __

5

인문학은
어떻게
콜럼버스와
이순신을
만나게 했을까

히딩크, 렘브란트와 만나다

― 시대를 극복한 '자유로운 개인'

네덜란드 축구대표팀이
'오렌지 군단'으로
불리는 이유

,

축구만큼 전 세계인을 열광시키는 스포츠도 없을 것이다. 그래서 4년마다 열리는 월드컵의 열기와 관심은 올림픽을 능가할 정도다. 아직 한 번도 월드컵에서 우승한 적은 없지만 언제나 강력한 우승 후보 물망에 오르는 국가가 바로 네덜란드다. 요한 크루이프라는 걸출한 스타가 누비던 네덜란드는 1974년 독일(당시는 서독) 월드컵에서 혁명적이고도 우아한 축구를 선보였다. 이른바 '토털 사커'의 선언이었다. 네덜란드 축구팀은 패스 플레이와 공간 창출 능력을 유감없이 발휘했다.

특히 네덜란드의 첫 골은 가히 충격적이었다. 크루이프의 킥오프로 시작된 결승전은 무려 16차례의 정교한 패스로 이어졌다. 당황한 독일 팀은 페널티 에어리어에서 반칙을 범할 수밖에 없었다. 결국 네이스컨스의 페널티킥으로 전반 시작 2분 만에 첫 골을 얻은 장면은 현대 축구의 교과서라고 불려도 손색이 없는 아름다운 장면이었다. 전반에 두 골을 얻은 독일에게 결국 우승이 돌아갔지만, 요한 크루이프가 이끌던 네덜란드 축구는 전 세계에 강한 인상을 심어주기에 충분했다.

이후에도 네덜란드 축구는 늘 강력한 인상과 뛰어난 결과를 보여주었다. 그리고 거스 히딩크를 통해 우리는 다시 한 번 네덜란드 축구와 매우 친근해졌다. 지금 돌아봐도 감격적인 2002년 월드컵 4강의 신화를 만들어낸 주역 가운데 한 사람인 히딩크는 우리에게 네덜란드 축구와 네덜란드에 대한 새로운 느낌을 갖게 해주었다.

한국 축구하면 국가대표팀과 더불어 '붉은 악마'가 떠오른다. 사실 그건 우리 응원단의 고유한 이름이 아니라 벨기에 축구팀을 상징하는 말이었다. 그 말의 유래는 1983년 박종환 감독이 이끄는 청소년대표팀이 멕시코 세계청소년축구대회에 참가해 4강이라는 뛰어난 성적을 거두자, 해외 언론들이 '붉은 악령(Red Furies)'라고 부르며 감탄한 데서 비롯되었다. 그 말을 우리말로 번역하면서 '붉은 악마'가 되었고 한국 축구팀을 그렇게 부르기 시작했다. 붉은 악마라는 이름 속에는 당시 세계를 놀라게 했던 것처럼 한국 대표팀이 세계 축구 정상의 반열에 오르기를 바라는 뜻이 담겨 있다고 볼 수 있다.

이렇게 각 나라 축구팀마다 고유한 색깔이 있다. 예를 들어 이탈리아 국가대표팀은 '아주리 군단'('아주리azzurri'는 이탈리아어로 푸른색을 지칭한다)으로 불리는데, 과거 이탈리아가 통일되기 전에 강력했던 사보이 왕가를 대표하는 색이 푸른색이었던 데서 연유하는 것이다. 또 프랑스 대표팀은 '뢰블레 군단'으로 불리는데, 프랑스어로 'Les Bleus'가 푸른색을 의미하는데다 아마도 그 색깔은 '자유·평등·박애'를 상징하는 프랑스 국기의 한 색이기 때문일 것이다. 그리고 네덜란드 대표팀은 '오렌지 군단'으로 불린다. 유니폼의 색깔이 오렌지색이기 때문이다. 그런데 '오렌지'라는 말은 본디 오렌지 색깔에서 유래한 것이 아니다. 그것은 네덜란드의 자유와 독립에 공을 세운 어떤 인물의 이름에서 유래한 것이다.

화를 자초한
막강 에스파냐,
그리고 네덜란드의
독립전쟁

16세기에 네덜란드는 에스파냐의 식민통치를 받고 있었다. 이 상황을 이해하기 위해 네덜란드의 역사를 짧게 살펴보자.

10세기경 네덜란드는 보잘것없는 나라였다. 홀란트(Holland) 백작의 통치하에 영토를 확장하였으나 국력은 여전히 미미했다. 그러나 십자군 전쟁을 통해 무역에 뛰어들면서 암스테르담을 비롯해 많은 무역도시가 발달했다. 하지만 1세기도 채 지나지 않아 권력이 분산되었고 북방족 침입까지 줄어들게 되자, 위트레흐트·브라반트·홀란트·젤란트·헬더란트·플란더스 등 다수의 도시들이 자치공화국으로 쪼개져나갔다. 그러다가 14세기에 버건디 공국이 커지면서 그 영향권에 편입되었고, 버건디 왕가는 훗날 합스부르크 왕가에 합병되었다. 그렇게 해서 합스부르크 왕가의 지배를 받고 있었다.

유럽의 왕가들은 씨줄과 날줄처럼 서로 얽혀 있는데 여기에 네덜란드의 운명도 속했다. 1556년 신성로마제국 황제 카를 5세는 동생인 페르디난드 1세에게 오스트리아를, 아들 펠리페에게는 에스파냐와 네덜란드를 맡겨서 통치하도록 했다. 황제 카를 5세의 외할머니는 다름 아닌 카스티야 왕국의 이사벨여왕이었다. 그녀는 아라곤 왕국의 페르난도 2세와 결혼하여 에스파냐를 통일하고 마침내 1492년 이슬람제국의 최후의 거점인 그라나다를 정복함으로써 국토회복, 즉 레콩키스타(reconquista)를 완성했다. 그녀는 에스파냐를 강력한 정치적, 종교적 통일국가로 만들기를 꿈꿨다. 그 결과 엄청난 종교재판이 이뤄지고[1] 20여만 명의 유대인들이 학살되었으며, 살아남은 유대인들과 비가톨릭교도들은 네덜란드로 이주했다.[2] 자연히 네덜란드는 에스파냐와 가톨릭교회에 대한 반감을 갖고 있었다.

에스파냐는 콜럼버스의 항해 이후 아메리카 대륙

도스토예프스키의 『카라마조프가의 형제들』에 나오는 〈대심문관〉편의 종교재판은 이때의 이야기를 중심으로 서술된 것들이다.
≪1

이때 에스파냐를 떠난 사람들 가운데 자본과 지식을 가진 유대인들이 많았는데, 결과적으로 그것은 에스파냐를 정체시킨 원인이 되기도 했다. 배타적 절대주의가 얼마나 위험한 것인지 이 사건을 통해 알 수 있다. 그런데 21세기에도 여러 이유로 배타적이고 국수적인 태도를 취하는 국가와 민족들이 여전히 많다. 이런 현상은 반성적 자세로 살펴볼 필요가 있다. 그리고 그런 태도는 비단 약소국뿐 아니라 강대국의 경우도 자신들이 위축될 때마다 빈번하게 사용하는 카드라는 점도 간과해서는 안 된다.
≪2

에서 엄청난 금과 은을 약탈함으로써 국부를 쌓았고 강대국으로 부상했다. 게다가 당시 최강이던 무적함대까지 보유한, 그야말로 절대적 힘을 과시하는 국가가 되었다. 하지만 그게 독이었다. 에스파냐는 국토를 회복하는 데 그치지 않고 가톨릭 절대왕국으로 회귀하면서 수많은 학자와 자본가들을 추방함으로써 지적 유연성과 자본의 합리성을 스스로 상실하게 되었던 것이다. 그 결과 자본과 군사력에 취해 문제의 본질을 읽어내지 못했을 뿐 아니라 스스로의 힘에 도취되었다.

에스파냐와 네덜란드를 맡은 펠리페 2세는 종교전쟁에 개입했다. 그는

서머셋 하우스에서 진행된
잉글랜드와 에스파냐 외교관들의 회담 장면

아버지의 외할머니인 이사벨 여왕처럼 강력한 가톨릭국가를 원했고 자신이 가톨릭교회의 수호자임을 자처했다. 그래서 끊임없이 신교도 국가와 전쟁을 일삼았다. 이 전쟁들로 인해 엄청나게 국고를 탕진했다. 다행히 아메리카 대륙에서 약탈한 금과 은으로 그 손실을 충당했다. 그런 실패를 거듭하고도 그는 다시 전쟁을 일으켰다.

이번에는 영국과의 전쟁이었다. 이미 레판토 해전에서 승리해 키프로스를 점령하고 포르투갈까지 정복할 만큼 막강한 위세를 떨쳤던 펠리페 2세는 자신들의 힘을 과신했다. 게다가 자신들이 아메리카 대륙에서 가져오는 보물들을 영국이 약탈하니 묵과할 수 없다고 판단했다. 당시 에스파냐는 무적함대라는 막강한 해군력을 지니고 있어서 당연히 승리할 것이라고 여겼던 것이다.

그러나 결과는 그의 예상과는 너무나 달랐다. 사실 무적함대도 이름만 거창할 뿐 알고 보면 허술하기 짝이 없었다. 그동안 소규모 상대와 싸워 이겼기 때문에 그런 이름이 붙었을 뿐 사실은 전문 함대가 아니라 무역선을 개조해 전쟁에 투입했던 것이다. 전투 방식 또한 함포전 위주가 아니라 상대 배에 다

3»
영국은 포격 후에 반동을 흡수할 수 있는 바퀴가 있는 대포 지지대를 개발했다. 당시에는 철을 다루는 기술이 부족해서 청동대포가 주력이었는데 영국 해군은 나무 받침대 대신 바퀴를 달아서 발포 후 자동 반동으로 뒤로 밀리게 했고 그때 포탄을 재장착해서 금세 다시 쏠 수 있었다. 그래서 발사 속도가 에스파냐에 비해 월등히 빨랐다.

4»
패배에도 불구하고 여전히 에스파냐는 막강했다. 그래서 영국은 승전 후 자신감을 갖고 에스파냐를 침공했지만 실패했다. 이에 고무된 펠리페 2세는 다시 전열을 가다듬어 영국을 침공했지만 이 또한 실패했다. 이렇게 그릇된 자신감이 전쟁을 반복하게 만들었다.

가가 백병전으로 싸우는 방식이었다. 만약 영국 전함이 바다로 나와서 싸웠다면 무적함대가 승리했을지도 모른다. 하지만 영국은 바다로 나오지 않고 육지에 대포를 설치해 방어하는 방식을 택했다. 게다가 영국의 포는 에스파냐의 포보다 성능이 뛰어났다.

영국은 언젠가 에스파냐와의 결전이 불가피하다고 판단했고 해전으로는 불리하다고 여겨 대포 개발에 전력을 다했다.[3] 이미 헨리 8세부터 그런 판단으로 포를 개발했는데 엘리자베스 여왕에 이르러서는 전쟁이 당면한 문제였기에 더욱 박차를 가하고 있었다. 그러니 에스파냐의 무적함대라 해도 속수무책으로 당할 수밖에 없었다. 당연히 에스파냐는 패전했고[4] 이것을 계기로 막강한 왕국 에스파냐의 몰락이 시작되었다.

물론 그 한판의 승전으로 영국이 곧바로 모든 제해권을 장악한 것은 아니었다. 그도 그럴 것이 전함이 아니라 대포를 중심으로 해서 승리한 전쟁이었기 때문이다. 영국이 배의 건조보다 포 제작에 몰두하는 사이 네덜란드는 꾸준히 바다로 진출해서 제해권을 장악하고 있었다. 네덜란드로서는 그것만이 살 길이었기 때문에 결사적이었다.

네덜란드의 토지는 척박했고 자연환경은 열악해서[5] 농사를 짓기 힘들었다. 다행히 바다를 접하고 있어서 그들은 바다에서 살 길을 찾았고 자연스럽게 무역업이 발달하게 되었다. 네덜란드가 변방의 약소국에서 강력한 해양 강국으로 부상하기 시작한 것이다. 이렇게 해양무역에 주력한 네덜란드는 당시 국제정세를 최대한 활용했다. 에스파냐와 포르투갈이 약해지면서 그들이 지배하던 지역에 진출한 것이다. 예전 같으면 강력한 두 나라의 눈치를 보느라 엄두도 내지 못했겠지만, 네덜란드는 이 기회를 놓치지 않고 인도와 중국뿐 아니라 동남아시아까지 진출하여 무역했고 막대한 부를 축적했다. 그리고 그 돈으로 다시 더 큰 배를 건조해서[6] 강력한 해상권을 장악할 수 있었다.

이렇게 혜성처럼 나타난 네덜란드는 영국이 본격적으로 제해권을 행사하기 전까지 마음껏 인도양과 동인도제도의 모든 섬과 항구를 장악했다. 그들은 마침내 포르투갈을 몰아내고 동방상권을 장악했다. 그 핵심에 동인도회사가 있었다. 동인도회사는 1602년에 설립된 최초의 주식회사로 바타비아(지금의 자카르타)에 전진기지를 세우고 동인도제도를 완전히 지배하면서 막대한 부를 쌓았다. 그들은 특산품을 재배하고 현지인으로부터 땅을 강제로 매입하여 초기 단계의 플랜테이션을 실시하였으며 무역도 독점했다. 또한 승무원 수를 줄이는 등의 방식으로 여러 섬을 빠르게 이동하면서 현지에 맞는 전략으로 해상을 장악해나갔다. 요즘으로 본다면 뛰어난 경영전략을 수립하고 시행한 것이다. 그렇게 네덜란드는 포르투갈과 에스파냐가 누리던 이익을 차지하며 해양강국으로 자리 잡았다.

네덜란드는 에스파냐의 식민지로서 충성을 다했다. 하지만 네덜란드의 자유는 종교적 관용으로 이어졌고 그에 따라 신교도가 급증해 급기야 반란이 일어나게 되었다. 가뜩이나 타 종교에 배타적이고 자신의 종교에 대한 신념이 강했던 에스파냐는 네덜란드에서 전쟁을 치르게 되었는데, 그것이 결국 네덜란드의 독립을 촉발시켰다. 그것이 바로 네덜란드 독립전쟁이었다. 그 전쟁의 결과 에스파냐의 속령인 네덜란드의 홀란트, 위트레흐트 등 북부 7주가 1572~1609년에 본국과의 항쟁에서 독립을 쟁취했다. 그 전쟁을 이끈 핵심 인물이 바로 네덜란드의 초대 총독을 지낸 오라녜 공 빌렘 1세(Prins van Oranje Willem I, 1533~1584)였다.[7]

네덜란드어 오라녜(Oranje)의 영어 발음이 '오렌지'이기 때문에 이후 네덜란드를 상징하는 색이 오렌지색이 되었다고 한다.

7 »

오라녜 공,
네덜란드의
자유와 독립을 위해
싸우다

9

　　　　　네덜란드는 해양강국으로 부상하면서 부강해졌다. 이미 중세 이후 모직물 공업과 중계무역을 통해 번영하기 시작한 네덜란드의 여러 도시들은 자치권을 갖고 있었으며, 다른 유럽의 나라들에 비해 상대적으로 훨씬 자유로웠다. 그리고 종교개혁 이후에는 북부 여러 주에 신교도들의 유입이 급증했다. 아니, 종교개혁 이전에도 종교의 편견이나 탄압이 없었던 까닭에 네덜란드는 종교적 이유로 탄압받던 이들에게 좋은 도피처였다. 네덜란드에 종교적 이유로 이주가 급증한 것은 1492년 에스파냐 통일 이후 이사벨 여왕의 가혹한 종교 박해 때문으로 이때 다수의 유대인들과 비가톨릭교도들이 네덜란드로 이주해왔다.

그후 1556년 에스파냐의 왕이 된 펠리페 2세는 가톨릭교회의 수호자를 자처하며 네덜란드로 피신한 신교도들에 대해서도 가혹한 탄압을 시작했다. 동시에 네덜란드의 도시들에 세금을 무겁게 부과할 뿐 아니라 상업 행위까지 제한했다. 물론 그런 제한은 에스파냐의 경제적 이익과 재정수입의 증가를 목적으로 한 것이었지만 그 명분은 교회의 수호였다. 결정적인 것은 도시의 자치권을 빼앗은 것이다.

오랫동안 자치를 누렸던 네덜란드의 도시들은 발끈했다. 무엇보다 무역 중심의 상업도시가 주를 이루는 네덜란드로서는 상업의 제한이라는 조치

아드리안 토마스 키의 1580년 작
〈오라녜공 빌렘의 초상화〉 ⋯▶

를 도저히 받아들일 수 없었다. 이것은 생존의 문제였다. 결국 네덜란드 시민들은 이러한 폭정에 대항해 저항운동을 일으켰다. 처음에는 북부에서 일어났으나 점차 남부까지 확산되었고, 심지어 가톨릭교도들까지 저항에 참여했다. 생존권이 위협받자 네덜란드인들은 너나없이 필사적으로 저항할 수밖에 없었다. 1566년 시작된 이 저항은 당시 봉건 대귀족이던 에흐몬트 백작과 호른 백작 등에 의해 주도되었다.

충돌은 조절되지 않았고 오히려 더 강한 대립이 이어졌다. 1567년 네덜란드 총독으로 알바공이 부임하면서 정예군 1만 명을 이끌고 왔다. 독자적으로 군사행동을 해도 좋다는 위임을 받은 그는 무자비하게 신교도들과 저항시민들을 탄압했다. 그는 에스파냐에서처럼 악명 높은 종교재판을 열었고 에흐몬트, 호른을 비롯한 지도자는 물론이고 무려 8천 명 이상의 시민을 처형했다. 그는 공포정치로 다스리면서 부유한 시민계급은 물론, 귀족들의 재산을 몰수했다. 더 나아가 모든 상행위와 무역에 중과세를 부과해 상업활동 자체를 거의 마비 상태로 몰아갔다. 이런 탄압을 견디지 못한 시민 10여만 명은 독일이나 영국 등으로 망명했다.

그러나 네덜란드인들은 결코 포기하지 않았다. 1568년 오라녜공 빌렘 1세가 주도하여 저항에 나섰다. 우리는 이 인물에 주목해야 한다! 그는 다름 아닌 네덜란드 초대 총독이었다. 오라녜공 빌렘 1세는 가톨릭교도였지만 펠리페 2세에게 종교의 자유를 청원했었다. 그러나 묵살당하고 말았다. 에스파냐는 줄곧 네덜란드의 신교도들을 탄압했다. 신성로마제국의 카를 5세인 에스파냐의 카를로스 1세는 네덜란드에 대한 통치를 강화하면서 노골적으로 박해하여 가톨릭국가 군주로서의 위엄을 높이려 했다. 빌렘 1세는 자신이 원하는 것은 에스파냐의 왕에 반기를 드는 것이 아니라 브뤼셀의 알바공, 즉 정예군을 끌고 와 네덜란드를 초토화시킨 그 인물을 퇴진시키는 것이라고 밝혔지만 묵살되었고 오히려 종교재판으로 신교도들 1,000여 명이 처형되었다. 오라네공 빌렘 1세는 더 이상 참을 수가 없었다.

그렇게 해서 오라네공은 저항운동의 지도자로 나서게 된 것이다. 이것이 바로 네덜란드 독립운동의 시작이었다. 에스파냐는 막강한 군사력으로 제압했다. 특히 육지에서의 전투는 일방적이었다. 그러나 바다에서는 상황이 달랐다. 해상무역으로 다져진 네덜란드의 해전 능력은 에스파냐를 제압했다. 가장 극적인 장면은 1574년 레이던시(市) 전투였다. 한 해 전부터 에스파냐 군대는 네덜란드의 남부 도시 레이던을 공략했지만 시민들의 필사적 저항으로 함락되지 않았다. 하지만 길고 긴 지구전 끝에 함락될 상황에 처하고 말았다. 레이던 시민들은 고민했다. 그리고 마침내 바닷물을 막고 있던 제방을 무너뜨려 수로를 열었다. 그것은 도시의 생사가 달린 문제였다. 그러나 그들은 자유를 선택했다. 네덜란드 함대가 들어와 도시를 지켜낼 수 있었다.[9]

이런 장면은 다른 나라에서 흔히 볼 수 있는 모습이 아니다. 그 이유는 네덜란드가 귀족이나 왕이 다스리던 절대왕조 국가가 아니었다는 점에서 찾아야 할 것이다. 물론 당시 네덜란드도 귀족과 왕족 지배자들은 있었다. 그러나 시민들의 지지가 없으면 알맹이가 없는 권력이었기에 시민의 힘이 강한 편이었다. 그렇게 시민세력의 힘이 독립에 대한 강한 의지를 불태우게 된 것이다. 거기에 오라녜 공은 자신이 총독 출신의 대귀족이었음에도 불구하고 시민들 편에 서서 독립전쟁을 주도했다.

물론 네덜란드 독립전쟁과 독립은 쉽게 끝나지 않았다. 지루한 공방전이 이어지면서 1579년에는 내분이 일어났다. 지금의 벨기에인 남부 주는 가톨릭 귀족들이 이끌고 있었는데 신교도들의 반란에 불만을 품고 에스파냐 쪽으로 전향했고, 신교도 중심의 북부 주는 위트레흐트 동맹[10]을 결성했다. 이들은 레이던시에서의 옥쇄전략보다 더 가혹한 선택까지 주저하지 않았다. 저항하다 도저히 막지 못하게 되자 아예 제방을 무너뜨렸다. 그것은 어렵게 마련한 토지를 완전히 포기한 최후의 선택이었다. 목숨을 바쳐 선택한 땅이었지만 자유가 더 소중했기 때문에 그런 선택을 내릴 수 있었다. 그 결과 에스파냐 군대는 퇴각했다. 이 얼마나 질긴 자유에 대한 열망인가!

마침내 먼저 북부의 주들이 에스파냐에 대해 독립을 선포했다. 1581년 7월 26일의 일이었다. 초대 총독으로 오라녜공 빌렘 1세를 선출하여 네덜란드

ᛉ9
이때 독립군은 사람들에게 흰 빵과 청어를 나누어줬고 500년이 지난 지금도 그 음식을 먹는 풍습이 네덜란드의 전통으로 남아 있다.

≪10
위트레흐트 동맹 선언문에는 종교의 자유가 적혀 있다.

연방공화국을 세운 것이다. 오라녜공은 3년 뒤 가톨릭교도에게 암살되었지만 항전을 멈추지 않았다. 그 상황에서 네덜란드로서는 호재가 발생했다. 1588년 무적함대가 격파된 것이다. 에스파냐의 국제적 지위는 급락하고 재정은 바닥났다. 네덜란드에 한눈 팔 틈이 없었다. 게다가 때맞춰(?) 다음 해에 펠리페 2세가 사망했다. 에스파냐로서는 더 이상 이 전쟁을 지속할 이유가 없었다. 펠리페 3세가 즉위한 뒤 에스파냐와 네덜란드는 마침내 1609년 휴전에 합의하게 되었다.

40년 가까이 치러진 참으로 길고 지루한 전쟁이었다. 네덜란드는 막강한 에스파냐에 굴복하지 않았고 끝내 자신들의 자유를 지켜냈다. 휴전 이후에도 몇 차례 국지전이 있기는 했지만 1648년 베스트팔렌조약에서 독립국가로서 국제적 승인을 얻게 되었다. 마침내 자유 네덜란드가 독립한 것이다. 어느 나라든 자신의 독립은 목숨을 바쳐 쟁취하려 한다. 네덜란드도 시민들과 귀족들이 한마음으로 뭉쳐 자신들의 자유와 독립을 쟁취하기위해 위험한 상황들을 이겨내며 끝내 목적을 달성했다는 점에서 특별한역사를 지니게 되었다.

이렇게 얻어낸 자유와 독립이니만큼 네덜란드인들에게 자유에 대한 갈망과 자부심은 무엇과도 바꿀 수 없는 소중한 유산이 되었다. 이런 자유는다양한 분야에서 그대로 나타났다. 종교의 자유뿐 아니라 학문의 자유도철저히 보장해서 데카르트(그는 프랑스인이었지만 학문적 자유를 위해 네덜란드에서 활동했다), 스피노자 등 유명한 철학자를 배출했다. 17세기 네덜란드는 자유의 갈망과관용이 만든 나라였다. 네덜란드의 헌법 제1조에는 모든 국민은 평등한 환경에서 평등한 대우를 받아야 한다고 적혀 있다.

네덜란드 독립전쟁은 단순히 네덜란드의 자유와 독립으로 국한하지 않는다. 그것은 근대혁명을 새롭게 열게 된 위대한 승리였다. 그것은 영국의 청교도혁명, 미국의 독립전쟁, 프랑스의 대혁명보다 훨씬 앞서 일어난 일이었다. 네덜란드를 제외하고 그 어떤 나라도 그런 위대한 업적을 얻은 나라는 없었다. 그리고 이후의 다른 혁명에 비해서도 '자유로운 개인'이라는 근대적 가치를 구현하는 데 가장 가까이 접근한 혁명이었다.

바로 그 오라녜를 기억하고 그가 싸운 자유의 가치를 상징하는 것이 바로 '오렌지 군단'의 색깔이다. 따라서 우리가 네덜란드의 오렌지 색깔을 볼 때 진정 읽어내야 하는 가치는 바로 자유라는 가장 소중한 자산이다.//

네덜란드의 여러 대학들 이름에 유독 '자유'라는 단어가 많이 들어 있는 것도 바로 이런 신념에서 기인한 것이라 할 수 있다.

≪//

네덜란드의 개방성은
유연성에서
비롯되었다

●
, 　　　　　히딩크는 한국 축구에서 아주 오래 기억될 인물임에 틀림없다. 월드컵에서 단 한 차례도 16강에 오르지 못한 한국 축구팀을 4강까지 오르게 한 신화의 중심인물이 바로 그였고, 박지성과 이영표를 비롯한 많은 선수들이 유럽 클럽 팀으로 진출하여 한국 축구를 더 성장시킨 장본인이었으니 그럴 만도 하다.

그는 네덜란드 사람이다. 네덜란드에는 네덜란드어가 있다. 그러나 네덜란드에서만 통용된다. 히딩크는 영어로 소통했다. 네덜란드의 학교에서는 영어와 독일어를 함께 배우기 때문에 자연스럽게 영어를 습득했을 것이고, 그가 유럽의 여러 클럽 팀을 지휘하기 위해서도 영어의 소통이 필수적이었을 것이다.

많은 사람들이 네덜란드인들이 영어를 잘하는 까닭은 강대국 사이에 끼어 있어서 여러 언어를 배워야만 했기 때문이고 근대에 강력한 무역 강국으로 부상했기 때문이라고 하지만 꼭 그렇지만은 않은 것 같다. 우선 그들이 식민지를 확장하고 대외 무역에 영어로 소통해야만 했던 건 아니었기 때문이다. 그리고 강대국 사이에 끼었다고 해서 모든 사람들이 주변국의 언어를 배우는 것도 아니거니와 네덜란드가 영어 사용 국가 사이에 낀 것도 아니기 때문이다.

나는 네덜란드가 17세기 유럽의 인쇄 중심지였으며, 그것은 바로 관용적 태도에서 비롯된 것이라고 생각한다. 15세기 유럽에서 가장 많은 책을 인쇄한 곳은 베네치아였다. 약 200만 권의 책을 인쇄했고 16세기에는 무려 500여 개의 인쇄소가 있었으며 대략 1,800만 권의 책을 찍어냈다. 16세기에 이탈리아 도시국가 가운데 베네치아가 가장 번성했던 것도 그런 인쇄술의 발달과 무관하지 않다. 인쇄술의 발달은 엄청난 지식과 정보를 축적하고 습득할 수 있는 기회를 제공한다. 실제로 베네치아는 언제 어디서 어떤 견본시가 열리는지, 어떤 상선이 무엇을 싣고 언제 도착하는지 등의 정보는 물론 각종 상품의 가격 동향까지 알 수 있었다고 한다. 거기에는 그들의 정보 수집 능력과 더불어 인쇄술의 발달이 한몫을 했다.

그런데 17세기에 들어서자 유럽 인쇄의 중심지가 베네치아에서 암스테르담으로 이동했다. 그것은 탈지중해 시대에 강력한 지식 드라이브 정책

덕택이었다. 네덜란드는 유럽에서 종교적으로 가장 관대한 국가 중 하나였다. 종교적 다양성이 인정되는 관용의 땅이었다. 자연히 다양한 사람들이 모여들었고 다양한 지식과 정보가 따라왔다. 네덜란드는 라틴어, 프랑스어, 독일어, 영어를 비롯한 다양한 언어로 책들을 찍어냈다. 왜 네덜란드가 외국어로 된 책들을 엄청나게 인쇄하게 되었을까?

다른 유럽 국가들은 검열이 심했다. 인쇄술의 발달은 지식과 정보가 확산되는 결과를 초래했기 때문에 지배층은 늘 긴장할 수밖에 없었다. 교회 또한 마찬가지였다. 이전처럼 지식과 정보를 독점하지 못한다는 것은 권력을 독점하지 못하는 결과를 초래한다고 믿었기 때문이다. 르네상스, 특히 이탈리아 이북의 르네상스는 인쇄술의 세례와 혜택으로 성장했고, 에라스뮈스나 토머스 모어 등을 통해 그 파급효과가 얼마나 큰지 현실로 보여주었다. 그러니 그들로서는 인쇄되는 모든 것들을 최대한 검열하지 않을 수 없었다. 그러나 네덜란드는 상대적으로 열린 정보체계를 갖추고 있었다. 그래서 유럽의 많은 지식인들은 자국의 검열을 피해 암스테르담에서 출판하는 일이 비일비재했다.

게다가 네덜란드는 일찍이 동인도회사를 통해 외국의 문물과 정보에 대해 강한 욕구를 느끼고 있었다. 동인도회사는 현실적인 필요에 의해 아주 사소한 지식과 정보까지 수집했다. 실제로 지도와 여행기, 항해기 들을 부지런히 인쇄했다. 인쇄물의 증가는 자연히 인쇄술의 발달과 생산 원가의 절감으로 이어져서 나중에는 검열이 아니더라도 저렴한 인쇄 가격 때문에 유럽의 여러 국가들에서 네덜란드에 인쇄물을 주문하는 일이 많아졌다. 실제로 암스테르담은 런던보다 훨씬 싼 값에 영어 성경을 찍어서 영국에 수출하기도 했다. 이런 점을 고려할 때 네덜란드인들이 다른 나라들에 비해 외국어를 접할 기회가 훨씬 많았고 그 필요성도 더 크게 느꼈을 것은 당연하다.

한때 강소국을 배우자는 열풍이 거셌다. 네덜란드가 그 대표적 모델이었고, 여러 기업에서 네덜란드 공부에 열중하기도 했다. 히딩크를 통해 네덜란드가 마치 유럽의 대한민국 동맹국쯤 되는 것으로 느끼게 된 친근감도 한몫을 했을 것이다. 하지만 기왕 배우려면 지금의 현실과 현상만 볼 게 아니라 과거 역사 속에서 그들이 어떻게 살아왔는지, 그 힘이 어디에서 연유하는지 깊이 통찰할 필요가 있다.

관용과
억압의
차이

,

         네덜란드에서 우리가 특별히 주목해야 할 것은 바로 관용의 힘이다. 네덜란드는 그들의 자유와 독립을 위해 목숨을 걸고 싸웠고, 피보다 더 아끼는 국토를 스스로 파괴하면서까지 지켜냈다. 그러나 그들은 자신들의 자유가 소중한 만큼 다른 이들의 자유도 존중할 줄 알았고 공존의 지혜를 모색했다. 네덜란드의 힘은 바로 거기에서 성장했다.

    그러나 우리는 관용을 자칫 추상적 개념으로 이해하거나 심지어 왜곡하고 외면하기도 한다. 그 대표적 사례가 이슬람에 대한 것이 아닐까? 우리는 흔히 이슬람교에 대해서 잔혹하고 일방적이라고 여기는 경향이 있지만 그건 서구인들이 지어낸 거짓과 편견의 소산일 뿐이다. 과연 우리가 이슬람교에 대해 얼마나 제대로 알고 있을까? 아무래도 이슬람교를 직접 접하고 체험하거나 간접적으로 경험할 기회가 매우 드물기 때문에 관심과 지식도 부족한 것이 사실이다. 그래서인지 이슬람 하면 호전성을 가장 먼저 떠올린다. 그도 그럴 것이 현대사에서 지하드(성전)를 내세우며 테러를 일삼는 이슬람 원리주의자들을 자주 봐왔기 때문이다. 그 대표적인 경우가 9·11 테러일 것이다. 그들에게 때론 과도하게 보일 만큼 호전적이고 폭력적이며 비인간적인 부분도 있다. 하지만 어느 문화엔들 그런 면이 없겠는가? 그런데도 왜 유독 이슬람에 대해서만 그런 면을 강조하는가?

정작 사람들은 무슬림들이 왜 그래야만 했는지에 대해서는 깊이 따지지 않는다. 일찍이 에드워드 사이드(Edward Said, 1935~2003)가 지적한 것처럼, 거기에는 오리엔탈리즘이 짙게 깔려 있다. 사실 우리가 영화 〈아라비아의 로렌스〉를 통해 알게 된 영국군 장교 토머스 에드워드 로렌스도 서구인의 시각에서 바라본 영웅의 모습이다. 제1차 세계대전 당시 아랍 민족의 독립에 적극 참여했고, 터키인과 맞서 싸웠던 그는 분명 위대한 휴머니스트였다. 그러나 그는 아랍인이 아닌 영국 제국주의의 군인이었고 그가 이끌어낸 아랍 민족의 터키에 대한 반란과 독립은 결국 영국과 프랑스의 제국주의의 제물이 되는 결과를 초래했을 뿐이다.

물론 아랍의 독립에 대한 로렌스의 열정이 제국주의적 전략에서 기인하는 것은 아니다. 그는 훗날까지 일관되게 아랍의 일은 세계 어느 나라도 간섭하지 말자고 주장했다. 그는 분명 아랍에 대한 특별한 사랑과 열정을 지닌 인물이었다. 그러나 그의 주장은 개인의 차원이고 영국과 프랑스의 제국주의적 욕망은 그런 그에게 눈길도 주지 않았다.[12]

사실 그에게 서구인으로서의 오만이 전혀 없다고 보기 어렵다는 점에서 사이드 식의 비판은 여전히 유효하다. 그의 순수한 열정의 발로라 해도 서양인인 자신이 아랍인들의 문제를 해결해줄 수 있다고 생각한 건 분명 오만이었다. 이 문제에 대해 에드워드 사이드는 냉정하게 분석했다. 그의 분석에 따르면 굳이 영국과 프랑스가 개입하지 않았어도 아랍은 터키로부터 독립할 수 있었다. 또한 제국주의의 개입은 반드시 어떤 이권이 달려 있다는 것을 의미한다고 지적했다. 그 이후의 역사를 봐도 사이드의 분석은 맞다. 왜냐하면 아랍은 터키의 지배에서는 벗어났지만 결국 영국과 프랑스의 지배를 받지 않았던가. 그런 점에서 로렌스는 그저 조역에 불과한 인물이었다.

여기에서 이 영화와 로렌스라는 인물에 대해 장황하게 얘기한 것은 우리가 바라보는 아랍의 세계, 그리고 이슬람이라는 종교에 대한 시각은 서구 중심주의 혹은 제국주의적 관점을 통해 해석된 것들이 많다는 것을 지적하기 위해서다.

우리는 사이드의 비판을 냉정하고 객관적으로 바라볼 수 있어야 한다. 왜냐하면 알게 모르게 우리의 의식 안에 서구는 옳고 정의로우며 민주적이라는 고정관념이 있기 때문이다. 특히 우리나라는 미국 일변도의 친서방적 태도가 농후해서 더더욱 조심해야 한다. 사이드는 오리엔탈리즘을 동양과 서양이라는 인식론적 구별에 근거한 사고방식이자 동양을 지배하고 재구성하며 억압하기 위한 제도라고 정의한다. 그런 사고방식은 서구와 비서구를 이분법적으로 나누어 비서구 세계는 비합리적이고 열등하며 도덕적으로 타락했을 뿐 아니라 이상하기까지 하다고 인식하게 만든다. 반면에 서구 세계는 합리적이고 도덕적이며 성숙하고 정상적이라고 인식하게 만든다. 안타깝게도 이러한 시각은 현재에도 여전히 지속되고 있다.

이러한 태도는 이슬람교에 대해서도 그대로 드러난다. 우리가 바라보는 이슬람교 또한 객관적이라기보다는 그런 서구 오리엔탈리즘을 통해 윤색된 것이고, 특히 한국 근본주의 개신교들의 이슬람에 대한 노골적인 반감은 이슬람 원리주의자들의 다른 종교에 대한 태도보다 더하면 더했지 결코 덜하지 않다.

하지만 이슬람교가 과연 그럴까? 세계의 4대 유일신 종교[13] 가운데 가장 나중(610년)에 생긴 것이 이슬람교라는 점에서 가장 현대적(?)이라고 할 수 있다. 종교의 내용을 떠나 시기적으로 그렇다는 뜻이지만, 실제로 가장 나중에 생긴 까닭에 다른 유일신 종교의 문제점들을 나름대로 극복할 대안을 마련할 수 있었다는 점은 간과할 수 없다. 물론 모든 종교는 어느 정도

배타적이다. 특히 유일신 종교의 경우는 그 정도가 더 심하다. 그 가운데 이슬람교는 상대적으로 꽤 관용적인 편이다.[14] 나는 여기서 종교의 교리나 신학, 그리고 교계제도 등에 대해 다루고 싶은 생각은 없다. 다만 우리가 왜곡되게 알고 있는 이슬람교에 대한 오해는 바로잡아야 한다고 생각하며, 또한 이 장에서 다루는 주제와 밀접한 관계가 있다고 믿기 때문에 그 범위 내에서 접근하려 한다.

먼저 "한 손에는 칼, 한 손에는 쿠란"이라는 말이 지나친 호전성만을 의미하는 것으로 여겨지고 있다는 점이다. 이슬람교를 받아들이지 않으면 목숨을 내놓으라는 협박으로 이해된 이 문장은 오랫동안 이슬람교에 대한 오해를 야기했다. 그러나 그건 개종을 강요하는 것이 아니라 오히려 목숨 걸고 쿠란의 가르침을 지키고 따르겠다는 의지의 표현이라고 보는 것이 옳다.

둘째, 일부다처제 등의 반 여성성과 비 근대성이다. 현대적 관점에서 볼 때 일부다처제는 바람직하지 않다. 그러나 경제활동을 통해 가족을 부양해야 할 남자의 수가 여러 가지 이유로 부족한 현실에서, 약자의 생계를 해결해줘야 할 일종의 사회적 구제

유대교, 조로아스터교, 그리스도교, 이슬람교는 모두 메소포타미아 지역을 중심으로 기원한다. 이것은 무엇을 의미하는 것일까? 나는 그 지역이 지형적으로 아주 단순해서(사막-오아시스) 하나의 신이면 충분하다는(?) 것과 일찍이 문명이 발달하면서 정치적 힘이 체계화되는 과정에서 자연스럽게 하나의 종교로, 특히 유일신 종교를 선택하게 되었다는 사실이 크게 작용했다고 본다. ≪13

14≫ 물론 이런 견해에 대해 이슬람 문화권이 서구의 침탈을 받았던 것에 대한 반작용으로 그 관용성이 지나치게 부각되었다고 비난하는 입장도 있겠지만, 그런 주장의 바탕에는 여전히 기독교 우월주의가 깔려 있는 것도 사실이다.

방식으로서의 다처제가 당시로서는 불가피했거나 오히려 일종의 사회안전망 역할을 했다는 점을 간과해서는 안 된다. 물론 지금도 그런 율법을 고수하거나 묵인하는 현실은 이슬람교 스스로 극복해야 할 과제임은 분명하다.

사실 종교를 바탕으로 한 전쟁만큼 비열하고 사악한 것은 없다. 무한복수와 목숨을 건 투쟁이 끊임없이 이어지는 비인격적인 상황의 예를 종교적 이유가 아닌 경우에서 찾기란 어렵다. 기껏해야 한 세기 동안 단속적으로 되풀이된 백년전쟁 정도다. 종교를 내세운 전쟁은 도대체 그 끝을 알기 어려울 지경이다. 21세기에도 여전히 종교 갈등으로 야기된 전쟁이 도처에서 일어나고 있는 것만 봐도 알 수 있다.

그런데 이슬람교는 이슬람 근본주의자들과 호전적 원리주의자[5]들이 보여주는 모습과는 달리 공존과 관용의 태도를 갖고 있다. 무엇보다 그들은 개종을 강요하지 않았다. 물론 다른 종교에 대해 차등적 대우를 했던 건 사실이다. 예를 들어, 공직 진출을 막는다거나 세금을 더 물게 하는 것이다. 누구나 자신의 종교적 신념을 고수하고 싶어한다. 특히 패자의 경우 그것이 자신의 유일한 자존감의 근거가 되

사실 이들이 호전성을 드러내는 이유는 서구 제국주의의 침탈과, 현재에도 여전히 계속되는 새로운 형태의 제국주의적 농간으로 고통 받고 있기 때문이라는 점도 고려해야 한다.

≪15

16≫
사라센(Saracen)이라는 말은 사실 공정한 용어가 아니다. 왜냐하면 그것은 이슬람교도들이 스스로 부른 이름이 아니라 유럽인들의 시각에서 의도적으로 왜곡해 부른 명칭이기 때문이다. 사라센은 중세에 유럽인들이 서아시아의 이슬람교도를 부르던 호칭인데, 그 뜻은 그리스어로 '천막에서 사는 자들' 혹은 '유목민'이다. 자신들은 정주하며 세련된 주택에서 사는 반면 이슬람교도들은 허술하게 천막이나 치고 사는 자들이라는 폄하의 의미가 담긴 것이기 때문에, 이렇게 부르는 것은 객관적이지도 않고 공정하지도 않다. 이런 명칭 자체가 의도했건 아니건 간에 무의식적으로 오리엔탈리즘 시각에서 비롯된 것이라는 점을 유의해야 할 것이다.

기 때문에 그것마저 포기할 수는 없다. 그래서 기꺼이 불이익을 감수하고서라도 자신의 종교적 신념을 고수한다. 그러나 2, 3대 이어지게 되면 저절로 개종을 택하게 된다. 이슬람교는 이렇게 기다림으로써 그들이 자신의 종교에 편입되는 방식을 택했다. 그런 점에서 이슬람교는 다른 종교에 비해 관용적이라고 할 수 있을 것이다.

관용적 태도가 가장 잘 드러난 것이 바로 이베리아 반도를 지배하던 사라센[16] 국가들이었다. 7세기 후반부터 빠르게 확장한 이슬람세력은 북아프리카를 거쳐 711년 아랍과 베르베르 족의 이베리아 반도 침공으로 이어졌다. 지브롤터 해협을 건너 이베리아 반도를 정복한 이슬람 세력은 무려 800년에 가까운 시간을 지배했다. 북아프리카 출신의 무슬림을 무어인이라고 하는데 셰익스피어의 희곡 주인공 오셀로가 바로 그 무어인이다. 이들이 1492년 그라나다의 나사리 왕국이 완전히 축출될 때까지 이베리아 반도를 지배할 수 있었던 진정한 힘은 어디에 있을까? 그것은 바로 그들의 관용적 태도에 있었다.

이러한 관용적 태도는 학문에도 그대로 나타났고 그 영향으로 문화도 융성했다. 당시 코르도바는 인구 50만 명의 엄청난 규모로 이슬람 세계 일류의 도시였을 뿐 아니라 서유럽에서 가장 큰 도시였으며, 모스크들뿐 아니라 수많은 화려한 건축물들이 즐비하게 서 있었다. 샤를마뉴 궁전이 있던 아헨(벨기에-네덜란드와 인접한 독일의 도시)은 거기에 비하면 시골 성곽에 불과했다. 당시 코르도바의 도서관에는 수만 권의 책이 소장되어 있었는데 당시 유럽에서 내로라하는 궁정의 도서관에도 고작해야 수백 권 남짓한 책이

꽂혀 있을 뿐이었으니 그 규모가 어느 정도인지 짐작할 만하다. 이것은 그들이 중국인들로부터 배운 제지술 덕분이었다. 오죽하면 당시 이베리아 반도의 이슬람 국가들과 프랑크 왕국을 비교해보면 문명 수준이 무려 400년쯤 차이가 났다고 평가하는 역사가도 있었을까!

이베리아 반도를 지배하던 이슬람 세력은 다른 종교를 노골적으로 박해하지 않았다(물론 전혀 그러지 않았다는 뜻이 아니라 다른 종교에 비해 상대적으로 그랬다는 뜻이다). 심지어 유대인들조차 수용했을 뿐 아니라 그들을 요직에 등용하기까지 했다.[17] 실제로 토마스 아퀴나스가 중세 후반 아리스토텔레스 사상을 재해석하여 스콜라 철학을 완성시킬 수 있었던 것도 이들 덕분이었다.

이슬람의 철학 발전기 때 종교적 관용과 문화적 절충주의가 낳은 최후의 지식인인 이븐 루슈드(Ibn Rushd, 1126~1198)는 이성을 통해 신을 이해할 수 있고, 이성과 신앙이 공존할 수 있다고 대담하게 주장했다.[18] 이처럼 이슬람 문화는 유럽에서 배척된 아리스토텔레스[19]를 수용했고, 뛰어난 아리스토텔레스 철학자들을 양성했다. 만약 그런 태도가 없었다면 토마스 아퀴나스가 아리스토텔레스를 알기 어려웠

≪17
흥미로운 사실은 집시들까지 다른 곳에 비해 크게 박해하지 않아 많은 집시들이 거주했다는 점이다. 지금도 에스파냐 문화의 큰 자산인 플라멩고춤을 비롯한 집시 문화가 살아 있는 것은 그러한 이유 때문이다. 유럽에서 유대인과 집시에 대해 박해가 심했던 것은 그들이 자신의 문화에 동화되지 않았기 때문일 것이다. 게다가 유대인은 지식 수준도 높고 고리대금업('성서'의 가르침에 따라 고리대금업을 할 수 없었기 때문에 유럽인들이 유대인들에게 그 역할을 맡긴 것이다.) 등으로 축재하는 것이 못마땅했기 때문에 더 박해를 받았고, 집시들은 자기들의 문화를 고수하며 떠돌아다니기 때문에 불결하고 미천하다는 이유로 박해받았다. 사실 집시의 기원은 인도에서 유래하지만, 이집트에서 왔을 것이라는 추측 때문에 그런 이름이 붙었다. 이 또한 일종의 오리엔탈리즘의 발로라 할 수 있다.

실제로 토마스 아퀴나스는 루슈드의 주장에 대해 아리스토텔레스 철학에 대한 이슬람식 해석이라고 비판하면서도 그를 존경해서 여러 차례 언급했다. 그는 루슈드의 이름을 라틴어로 '아베로에스'라고 적었다.

«18

아리스토텔레스가 배척된 것은 전적으로 그리스도교 문화 때문이다. 다신교의 유럽인들에게 일신교인 그리스도교를 신학적으로 이론화하는 데 플라톤의 이데아론이 최적이라고 여겼다. 따라서 그에 대치하는 아리스토텔레스 철학은 배척되었다.

«19

20»
모든 아리스토텔레스의 저작은 금서였다. 움베르토 에코의 소설 『장미의 이름』을 보면 그런 현실이 잘 나타난다.

21»
하지만 그리스 저작들을 아랍어로 옮길 때와 다른 것은 위대한 무슬림 학자들이 개정하고 주석을 단 저작들을 번역함으로써 내용이 더 풍부해졌다는 것이다.

을 것이고[20] 유럽의 근대는 그만큼 더 늦게 개화되었을 것이다.

이베리아 반도를 지배했던 무슬림 칼리프들은 철학, 의학, 그리고 여러 과학 필사본들을 아랍어로 번역하는 사업을 적극적으로 지원했다. 거기에는 무슬림뿐 아니라 그리스도교도, 유대교도들까지 참여하여 국제적·범종교적 양상을 띠게 되었는데, 이런 사례는 역사적으로 비슷한 예를 찾기 어렵다. 그들은 아랍어 번역에 그치지 않고 라틴어 번역으로까지 그 범위를 확대했다.[21]

그래서 플라톤, 아리스토텔레스, 유클리드, 히포크라테스, 프톨레마이오스, 갈레노스 등 다양한 그리스 학자들의 업적이 이슬람 문화권에 전파되었을 뿐 아니라 유럽에도 영향을 주었다. 실제로 이런 번역 사업을 통해 유럽인들은 풍부해진 고전 지식을 습득할 수 있었고, 이후 그 번역서들이 유럽의 수도원과 다른 학문 중심지의 도서관에 제공됨으로써 사상과 과학 발전에 원동력이 되었다. 그 결과 유럽이 르네상스 이후 세계의 패권을 장악하는 데 결정적 도움을 주었다고 해도 과언이 아니다.

이베리아 반도에서 이슬람 국가들이 관용적 정책

을 펼친 것은 여러 요인이 있는 까닭에 이들을 통해 이슬람교가 관용적이라고 단정짓는 것은 자칫 일반화의 오류에 빠질 우려가 있지만, 어쨌거나 당시의 종교적 태도와 상황에 비춰볼 때 관용적이었던 것은 사실이다. 그리고 이러한 관용성이 이베리아 반도의 문화 전체를 향상시켰을 뿐 아니라 후대의 번성에도 영향을 끼쳤다는 점을 간과할 수는 없다.

가톨릭 세력은 잃어버린 고토를 회복하기 위해 무려 약 800년 간 투쟁하며 노력했다. '국토회복'이라는 뜻의 '레콩키스타'가 바로 그것인데, 이슬람 세력을 몰아내고 국토를 회복하려는 전쟁을 벌였던 것이다. 사실 이 기간 동안 계속해서 싸움만 한 것은 아니었다. 서로 뚜렷한 국경도 없이 때론 싸우고 때론 화해하며 지혜와 문화를 교환하기도 했다. 에스파냐는 끝까지 이교도들을 몰아낼 꿈을 포기하지 않았다. 실제로 에스파냐는 십자군 전쟁에 참여하지 않은 유럽의 유일한 국가였다. 그만큼 레콩키스타에 집중했기 때문이다.

마침내 1492년 이베리아 반도에서 이슬람 세력은 완전히 축출되고 통일된 에스파냐 왕국이 세워졌다. 감격적이었을 것이다. 그러나 민족이 다르고 800여 년 동안 외세의 지배를 받으면서 이해관계가 엇갈리는 일이 많았기에 통일 왕국으로서의 체제를 구축하기 위해서는 구심점이 필요했다. 물론 여기에는 지배자의 종교적 열정도 한몫을 했다.

에스파냐는 가톨릭교회의 완전한 회복을 위해 잔혹한 종교재판을 여러 차례 열었고 수많은 사람들을 처형하고 추방했다. 이전의 관용은 사라졌다. 유대인들이 떠났다. 더불어 지식과 자본도 빠져나갔다. 그러나 앞서 말

한 것처럼 아메리카 대륙에서 약탈한 금은으로 그 손실을 메울 수 있었기에 크게 개의치 않았다. 문제는 지식도 함께 유출되었다는 점이다.

　교회개혁(흔히 종교개혁이라 부르는) 이후에는 신교도들을 억압했고, 그들의 식민지였던 네덜란드에서 신교도들을 가혹하게 처벌했다. 그러면서 다양성과 관용이 사라졌고, 억압과 감시로 인해 지식의 발달도 멈췄다. 국토를 회복한 자신감, 새로운 식민지에서 유입되는 막강한 부로 유럽의 강호로 부상하면서 진짜 중요한 가치를 상실했다. 그리고 그 결과 에스파냐는 유럽의 변방으로 밀리게 되었던 것이다.

이 점이 바로 에스파냐가 네덜란드와 확연하게 대조되는 대목이다. 강력한 힘으로 누르고 일사분란하게 통치하는 것이 얼핏 효율적으로 보일지 모르지만 그것은 스스로를 무너뜨리는 요인이 된다. 이런 현상은 현대에도 크게 다르지 않으며, 그것이 바로 우리가 네덜란드를 바라볼 때 놓쳐서는 안 되는 점이다.

일본이 서구문물의
창구로 네덜란드를
선택한 이유

,

　　　　　　난학은 일본에서 연구되었던 네덜란드에 대한 학문을 뜻
한다. 일본은 17세기 에도 시대에 네덜란드에서 전래된 지식을 연구함으
로써 본격적이고 체계적으로 서양의 학문을 학습했다. 특히 서양의 의학
과 과학지식에 반한 일본인들은 그것을 하나의 학문 영역으로 다루고 체
계화시켰다. 서양의 지식체계를 전해준 것이 네덜란드였고, 실제로 네덜
란드어로 배웠기 때문에 난학이라 불렀다. '난(蘭)'은 네덜란드에 대한 일본
어 발음으로 '오란다'인 아란타(阿蘭陀)라는 말에서 따온 말인데 때론 화란(和
蘭)이라고 부르기도 했다. 난학이 그 언어를 알고 있던 통역관 겸 상무관 집

단에서 시작된 것은 어쩌면 당연한 일이다.

네덜란드어를 알고 있던 '오란다 통사(阿蘭陀通詞)'들이 네덜란드 의사들에게 의학과 과학 지식을 전해 받았는데 이들은 주로 히라도와 나가사키에 거주했다. 물론 초기에는 단순히 모방하고 설명을 듣고 지식을 쌓는 수준에 그쳤지만 점차 적극적으로 전개되면서 본격적인 하나의 학파를 구성할 정도가 되었다. 물론 그 중심지는 수도였던 에도였다.

당시는 한학과 유학만을 학문으로 알았던 시절이었다. 그러던 차에 접한 서양 학문은 그야말로 경이로운 신세계였다. 난학의 중심은 그때까지 일본에서는 전혀 볼 수 없었던 서구 의학이나 과학이었다. 도쿠가와 막부는 초기에 서양에 대해 개방정책을 폈으나 그리스도교가 확산되자 통상수교거부정책으로 전환하며 일련의 쇄국정책을 전개했다. 서양의 학문 유입을 경계해서 수입된 서적은 정부에 고용된 난학자가 읽고 부분이나 전체를 번역했다. 일종의 검열이었던 셈인데, 특히 종교적 문제를 담고 있는 것은 엄격히 통제했다.[22] 그래서 자연스럽게 과학, 의학, 천문학 등에 관한 책을 주로 번역하고 전파했는데 결과적으로 이것은 근대 초기 일본이 서

초기에는 종교에 대해 관용적이었지만 그리스도교 신자가 70만 명에 이르자, 막부는 이 종교의 인간평등사상과, 부유한 다이묘의 등장에 대해 위협을 느끼게 되었다. «22

양의 실용적 학문을 수용하는 토대를 마련했다. 그래서 난학은 이후 1868년 근대화의 시발점이 되는 메이지 유신과 그에 따른 문명 개화에 유용한 기초가 되었던 것이다.

일본 근대화의 각성이 난학자들에 의해 싹트기 시작한 것은 또 다른 의미를 갖는다. 그것은 일본의 근대화가 새로운 세력으로 부상한 상인층, 의사, 통역관들을 통해 이루어짐으로써 향후 일본에 신진 세력의 형성을 가져왔다는 사실이다. 이들이 훗날 메이지 유신의 중심이 된 것은 당연한 결과였다.[23]

이종찬 교수가 쓴 『난학의 세계사』에 따르면 학문으로서 난학이 시작된 것은 스기타 겐파쿠(杉田玄白)가 1774년 일본 최초 번역 의학서 『가이타이신쇼(解体新書)』를 출판한 데서 비롯된다. 난학을 연구한 이종찬 교수는 자신의 저서 『일본 난학의 개척자, 스기타 겐파쿠』에서, 스기타 겐파쿠가 남긴 『해체신서(解體新書)』와 말년에 쓴 『난학사시(蘭學事始)』 두 권의 책이 일본 역사에서 매우 중요한 역할을 했다고 분석한다. 오늘날 우리가 일반적으로 사용하는 '신경' '연골' '동맥' 같은 번역어가 이 책에서 처음 선을 보였다.[24] 난학이 다루는 연구의 범위는 폭넓고 다양했다. 네

막부는 한때 난학을 탄압한 적도 있었지만 일부에서는 실용성 있는 난학을 장려하기도 하여 난학의 전통은 메이지 유신 때까지 계승되었다.

23 »

뉴턴의 '만유인력의 법칙'도 이때 일본에 알려졌는데, 학문 분야를 나타내는 의학, 물리학, 화학 등이나 구체적인 과학 용어인 인력, 중력, 분자, 속력, 진공 등의 용어가 번역되었고 현재까지 사용되는 경우가 많다. 난학자들은 중국식이 아닌 일본식 한자를 창조해 번역함으로써 중화적 세계에서 벗어났다는 평가를 받는다.

24 »

데키쥬쿠(適塾) 전경. 데키쥬쿠는 에도 시대 말기 난학의 학자이자 의사,
교육자였던 오가타 코안(1810-1863)이 설립한 난학을 연구하던 학교로,
나중에 오사카 대학과 게이오 대학에 흡수되었다.

덜란드어 습득을 통해 자연스럽게 어학이 발달했고, 의학·천문학·물리
학·화학 등의 자연과학이 주를 이루었으며, 그 지식들을 기반으로 측량술
·포술·제철 등의 실용적 과학기술이 축적되었다. 뿐만 아니라 서양사, 세
계지리 등의 인문과학도 각광을 받았다. 난학은 주로 실용적 영역에서 발
달했다. 처음부터 실용적 목적으로 접근했기 때문인데, 이런 목적성은 훗
날 19세기에 서구 열강들에 대항하기 위한 기술과 지식의 실용적 필요성
으로 이어져 난학은 더욱 적극적으로 수용되었다.

일본에서 난학이 기술과 실용의 학문으로 입지를 굳히게 된 결정적 계
기는 중국의 아편전쟁[25]과 1853년 미국의 페리 제독이 흑선을 이끌고 와

강제로 개항한 사건이었다. 폐쇄적 정책을 포기할 수밖에 없었던 일본은 개방과 서양문물 수용에 적극적으로 나서게 되었는데 그 바탕에 난학의 기반이 깔려 있었던 것이다.

이종찬 교수는 좀 더 넓은 의미에서 난학을 분석하면서 일본이 중화적 질서를 넘어 전 지구적 네트워크 속으로 나아가는 계기와 발판이 되었다고 해석한다. 『난학의 세계사』에서 이 교수는 난학의 본질을 새롭게 해석했는데, 단순히 일본과 네덜란드의 교류로 국한하지 않고 '일본-열대 동남아시아-유럽'이라는 글로벌 네트워크 속에서 조명하는 독특한 시각을 제시한다. 아마도 그가 최초로 '열대학연구소'를 대학에 세운 학자라는 점도 그의 시각에 일정한 영향을 미쳤을 것이다. 물론 전적으로 동의하기는 어렵지만 그의 해석은 주목할 만하며, 충분히 가능한 추론이다. 물론 이것은 그가 열대 동남아를 일본과 유럽이 접속한 지리적 공간으로 보기 때문에 그런 해석이 가능하다고 여겨진다.[26]

난학이 근현대 일본의 이념적 토대가 됐다는 사실만 알려져 있을 뿐 본격적인 소개나 연구가 거의 이루어지지 않은 상황에서 열대 동남아를 일본과

그후 난학은 1840년경을 경계로 성격이 변한다. 아편전쟁(1839~1842)에서 중국이 영국에게 패하자 일본인들은 크게 충격을 받았다. 이에 일본의 정치가들은 군비개혁이 필요하다고 생각했고, 따라서 난학도 점차 의학에서 군사과학으로 그 중심이 옮겨졌다.

≪25

저자는 의학사를 전공한 의대 교수인데 특이하게도 열대학에 관심이 높아서 아주대학교에 열대학연구소를 설립했다. 그가 바라보는 열대학은 서구중심주의 세계관을 극복하기 위해 새롭게 만들어가는 융합적 학문 체계다. 어쨌거나 그의 독창적 이력이 그를 이러한 해석으로 이끈 것이 아닌가 짐작된다.

26≫

유럽이 접속한 지리적 공간으로 보는 것은 대담하면서도 매우 흥미로운 해석이다.[27] 난학은 메이지 시대에 후쿠자와 유키치[28]에 의해 '아시아를 벗어나 서구를 지향한다'는 탈아입구(脫亞入歐)의 이론적, 역사적 정당성의 근거가 되고 결과적으로 일본 제국주의적 팽창의 핵심 원리로 재발견·재해석되었다는 점도 주목할 만한 지적이다.

여기서 우리가 관심을 가져야 할 것은 우리의 실학은 좌초하고 일본의 난학은 개방 이후까지 전개되어 근현대화로 이어졌다는 해석의 문제가 아니다. 일본이 어째서 포르투갈이 아닌 네덜란드를 서양 문물의 수입 창구로 택했느냐 하는 점이다. 그것은 바로 포르투갈이나 에스파냐는 선교사를 대동하면서 선교와 무역을 동시에 해결하려 했지만, 네덜란드는 오로지 무역을 목적으로 일본과 교류했기 때문이다. 일본의 입장에서 보면 문화와 체제를 혼란시킬 수 있는 종교 같은 위험요소를 갖고 있지 않은 네덜란드와의 교역은, 서양 문화를 이해하는 통로로서의 가치가 확실했다. 그래서 다른 유럽 국가들과 달리, 나가사키[29]를 통한 교역이 허용되었던 것이다. 초기에는 서양에 대해 개방정책을 폈으나

≪27
일본은 16~17세기에 이미 동남아 각지에 일본인 거주지와 정착촌까지 두고 활발하게 열대무역을 했다. 여기에 네덜란드가 들어와 동인도회사를 세우고 식민 지배를 시작하면서 일본과 유럽 간에 문화접변이 일어났다고 해석한다.

≪28
후쿠자와는 메이지 정부가 내세운 문명개화, 부국강병, 식산흥업의 사상적 토대를 정립한 인물이다.

지금도 나가사키에 하우스텐보스(Huis Ten Bosch)라는 '네덜란드 마을'을 조성해 관광객들을 부르고 있다.
≪29

그리스도교가 확산되자 쇄국정책으로 전환했던 막부의 입장에서 보면 네덜란드 외에는 선택의 여지가 없었다고 할 수 있다.

물론 여기에는 영국과 네덜란드의 공작도 한몫했다. 그들은 에스파냐와 포르투갈이 영토 확장의 야심을 갖고 있다고 막부에 알렸던 것이다. 그래서 막부는 이베리아 반도의 두 나라를 단속해서 아예 에스파냐의 내항조차 금지시켰다. 실제로 그리스도교들을 중심으로 일어났던 시마바라[島原]의 반란 때문에 곤욕을 치렀던 막부는 아예 모든 사람들을 절의 신자로 등록하게 하는 제도를 만들 정도였다. 이 반란은 왜 일본이 네덜란드를 제외한 다른 유럽국가들을 거부했는지 알 수 있는 중요한 사례였다. 일본이 쇄국정책을 펼치면서 통교했던 나라는 명, 조선, 네덜란드뿐이었다. 일본은 1년에 한 번씩 내항하는 네덜란드 상선이 제출한 보고서를 통해 외국의 동향을 짐작할 수 있었기 때문에 네덜란드에 대해서는 특별한 대우를 제공했다.

네덜란드는 에스파냐와의 독립전쟁을 통해 종교적 관용을 체득했고, 무역만이 자신들의 살 길이라는 것을 절감하고 있었기 때문에 오로지 경제활동에만 집중했다. 에스파냐의 영향력이 강한 네덜란드 남부를 떠나 북부의 암스테르담으로 모인 네덜란드 상인들은 저렴한 중형 선박 플류트선을 만들어 조선업을 발전시키고 운임도 3분의 1로 인하하여 해운업으로 이익을 거뒀다.

특히 포르투갈의 리스본에서 쫓겨나 암스테르담으로 온 유대인들은 인도에서 채굴해온 다이아몬드를 보석으로 만들어 유통하였는데 이들이 대

부업에도 나서서 금융업까지 발전시켰다. 네덜란드
는 유대인들에 대해서도 차별하지 않는 관용적 태
도를 보여, 유대인들과 그들의 자금을 확보할 수 있
었다. 그렇게 해서 아시아 무역을 위해 동인도 회사
가 만들어졌던 것이다. 에스파냐가 16세기의 교훈
을 거의 받아들이지 않은 것에 비해, 네덜란드는 종
교전쟁과 독립전쟁을 함께 겪으면서 실질적인 이익
에만 전념할 수 있었던 것이다.[30] 동방무역이 엄청
난 경제적 이득을 가져다준다는 것을 정확하게 인
식한 네덜란드가 이처럼 경제 활동에만 전념하고,
실제로 일본에서 독점적 지위를 얻게 된 것은 현실
주의적 태도와 관용적 전통에서 비롯된 것임을 직
시해야 한다.

그러나 적대국인 영국과 에
스파냐, 포르투갈 등과는 전
투를 마다하지 않았다.
≪30

안 반 에이크가 과연 진정한
유화 창시자인가에 대해서
는 반론이나 이론이 없지 않
다. 실제로 11~12세기 독일의
수도사 테오피루스의 기록
이나 14세기 이탈리아의 화
가 첸니노 첸니니의 그림기
법 책에도 유화기법에 대해
서술되어 있기 때문이다. 그
런 점에서 유화물감의 사용
은 상당히 오래 전부터 있어
온 것으로 여겨진다. 그러나
이탈리아를 비롯한 서구 각
지에 전파되어 그때까지 성
행했던 템페라화(tempera畫)
를 대신하게 된 것은 묘화용
재료로서 대폭적인 기술개
량이 이루어져 에이크 형제
가 높은 예술적 수준을 실현
한 15세기 이후의 일이다.

31/≫

네덜란드,
화폭에 현실을 담고
자신들을 말하다

15세기 이전까지 서양미술사에서 네덜란드의 회화 영향력은 미미했다. 물론 중세 9세기까지 거슬러올라갈 수 있지만 대부분 수도원에서 만든 그림들이며 그나마 유명한 것은 13세기에 그려진 니콜라 성당의 벽화 정도에 불과하다. 흥미로운 것은 15세기에 활약한 네덜란드의 얀 반 에이크(Jan van Eyck, 1395?~1441)가 유화를 발명함으로써 네덜란드 화가였던 그들 형제가 색채 가루(안료)를 최초로 기름에 섞어서 사용한 이들이 된 것이다.[3] 당시 화가들은 광물이나 식물 등에서 색체를 발견하고 이를 가공하여 안료를 직접 마련하였으며 그것을 주로 계란에 섞어 사용하였지만, 계란에 섞은 물감은 빨리 마르는 단점이 있었다. 에이크 형제는 기름을 사용하여 이 문제를 해결하였다.

새로운 기법인 유화의 도입은 서양 회화사에 획기적 변화를 가져왔다. 이전의 프레스코화는 소석회에 모래를 섞은 모르타르를 벽에 바르고 마르기 전에 채색해야 하는 제약이 있었지만, 유화는 작품을 제작하는 동안 색채의 변화가 없었고 제작도 용이했다. 더 나아가 색깔도 자유롭게 만들 수 있었고 농담의 표현도 자유로웠다. 그뿐 아니라 광택·무광택, 투명·반투명 등 자유자재로 표현할 수 있었기 때문에 화가들로서는 주저하지 않고 유화를 따르게 되었다. 이처럼 유화는 다양한 질감의 표현과 시간의 자유 때문에 화가들에게 한 작품에 오랫동안 집중해서 최상의 표현을 할 수 있는 길을 열어주었다.

가장 유명한 네덜란드의 화가를 꼽으라면 렘브란트(Rembrandt Harmenszoon van Rijn, 1606~1669)[32]를 들 수 있다. 그는 역사화, 초상화, 풍경화 등 다양한 주제와 소재를 다루었고 유화, 판화, 드로잉을 가로지르며 회화의 거의 모든 매체를 사용하였다. 뿐만 아니라 '렘브란트의 빛'으로 불릴 만큼 뛰어난 광학적 지식과 관

그의 본명은 Rem'brandt Har'mensz(Har'menszoon) van Rijn(Ryn)으로 나중에 부친의 이름을 나타내는 '하르멘스존'과 라인 강변의 집안 제분소를 의미하는 '판 레인'을 빼고 그냥 렘브란트로만 자신을 칭했다. 렘브란트는 그의 세례명인데, 이런 이름을 스스로 선택한 것은 레오나르도, 미켈란젤로, 라파엘로 등이 세례명이었기 때문에 자신도 그 대열에 끼려는 의도에서였다고 한다. «32

찰력을 지녔던 빛 표현의 대가였다. 특히 렘브란트의 탁월함은 귀족들뿐 아니라 길드의 상인과 거리의 행인 같은 이전 화가들이 다루지 않았던 인물들을 그림에 담았다는 점, 그리고 수많은 자화상을 남겼다는 점에서 드러난다. 그것은 네덜란드의 현실이 반영된 결과였다.

네덜란드는 에스파냐와 싸워 독립하였고, 강력한 왕정보다는 상인 등을 중심으로 한 시민세력이 일찍부터 발전했기 때문에 독립심과 자부심이 강했다. 실제로 자유로운 개인이라는 가치를 다른 곳보다 훨씬 더 먼저, 그리고 구체적으로 실현했다. 그래서 일찌감치 보통 사람들의 초상이 그려졌고, 자의식의 발로인 자화상이 많이 그려졌다. 당시 유럽의 그림 주문자들이 주로 왕족, 귀족, 교회였음을 감안한다면 네덜란드의 환경이 다른 유럽

렘브란트의 〈자화상〉(1661),
캔버스에 유채 ···▶

국가들과 매우 달랐음을 알 수 있다. 중세와 달리 근대에 들어와 자화상이 많아진 것은 근대 정신의 핵심인 자의식이 강하고 중요하게 여겨졌기 때문이다.

화가 자신이 스스로의 모습을 그릴 수 있었다는 건 그만큼 자신의 사회적 역할 등에 대한 성찰이 깊어졌다는 것이고, '자유로운 개인'으로서 주체성을 자각하기 시작했음을 상징하는 것이기에 매우 중요한 의미를 갖는다. 렘브란트가 네덜란드인이었다는 점 또한 무시할 수 없는데, 이미 여러 차례 언급한 것처럼 유럽의 어떤 나라보다 '자유로운 개인'의 활동이 활발히 이루어졌기 때문이다. 그런 인식이 없었다면 그 많은 자화상을 그렸을 리 없었을 것이다. 르네상스 시대에도 자화상이 전혀 없지는 않았지만 네덜란드에서만큼 흔치는 않았다.

나는 네덜란드 회화에서 또 하나의 특별한 모습을 발견한다. 서양미술사에서 본격적인 정물화나 풍경화는 인상주의 미술에서 출현한다. 그것은 왕족, 교회, 귀족들이 주로 자신들의 가계를 과시하거나 역사적 사건을 미화하는 그림, 그리고 성화를 주문했기 때문이다. 그들은 정물화나 풍경화를 요구하지 않았다. 굳이 풍경화라 할 수 있는 것도 사실은 자기 도시의 번성을 자랑하기 위해 주문한 것들이 대부분이었다. 그런데 네덜란드에서는 특이하게도 17세기에 이미 정물화와 풍경화가 많이 그려졌다. 그것은 무엇을 의미하는가? 일반인들이 자신의 일상이나 동인도회사처럼 자기 회사가 자리잡은 지역과 진출한 곳의 풍경을 그려달라고 요구했기 때문일 것이다. 그것은 시민계급의 새로운 요구였고, 네덜란드가 자유로운 개인으로서의 예술적 정체성을 인식한 곳이었기 때문이다.

인상주의 미술의 출현이 프랑스 혁명에서 발아된 정치적 개인의 발견과 산업혁명을 통한 새로운 경제 주체의 실현 덕분에 가능했다는 사실에 비춰볼 때, 네덜란드는 이미 정치적으로나 경제적으로 다른 유럽 국가들보다 훨씬 일찍 현실에 눈 뜬 나라였다. 따라서 네덜란드에서는 일찌감치 정물화와 풍경화뿐 아니라 풍속화까지 등장했다.

16세기 중반의 플랑드르 화가인 브뤼헬은 최초의 농민 화가로 잘 알려져 있는데 그의 화풍은 당시 플랑드르 지역의 서민들의 삶을 많이 담고 있다. 물론 당시 농민들은 여전히 삶의 힘겨움에 찌들고 거칠고 빈곤하게 생활했지만, 브뤼헬은 그런 현실에서도 강인하고 씩씩하게 살아가는 농민의 모습을 생동감 있고 유머 넘치게 그려내고 있다. 이런 그림을 주문한 것은 결코 이전의 왕족, 교회, 귀족이 아닐 것이다.

네덜란드의 화풍을 이해하려면 네덜란드의 독특한 역사를 짚어봐야 한다. 네덜란드는 일찍이 해상무역과 중계무역을 통해 부를 축적하여 자치 도시가 발달했고 그 중심에는 시민들이 있었다. 17세기에는 다양한 부유한 시민 계층이 형성되었는데, 이들이 바로 새로운 미술 작품 구매자로 떠올랐다. 그래서 이전처럼 특정한 미술가를 후원하는 방식이 아니라 구매자가 각자 취향과 요구에 맞는 작품들을 구입했던 것이다. 이들은 그림을 통해 자신의 지위와 부를 과시했는데 가정집은 물론이고 가게와 정육점에도 그림을 걸어놓을 정도였다. 미술의 시장구조가 바뀐 것이다! 새로운 수요가 생기게 되니 공급자도 변화할 수밖에 없었다. 그래서 화가들은 각자 자신 있는 분야를 정해 그런 작품들을 집중적으로 그렸고 자연스럽게 전문적 영역이 형성되었다. 이것은 당시 다른 나라에서 보기 드문 특이한 경향이었다.

특이한 점은 그 크기에서도 나타났다는 사실이다. 이 점은 매우 흥미로운데, 그림을 구매하는 시민 계층들은 그림을 걸어둘 공간이 매우 좁았다. 일반 가정의 침실, 거실, 식당 등에 그림을 걸었으니 그럴 수밖에 없었다. 그래서 큰 그림보다는 작은 그림, 그리고 사적으로 감상하는 그림이 선호되었다. 시민 계층의 구매 취향은 귀족들의 그것과 확실히 달랐다. 그림의 크기도 거의 높이 1미터 이하짜리가 대부분이었다. 그 시대의 대표적 작품인 요하네스 베르메르의 〈레이스 뜨는 여인〉은 가로 세로 각 20센티미

요하네스 베르메르의
〈레이스 뜨는 여인〉(17세기경),
유화 ···›

터에 불과한 아주 작은 작품이다. 이처럼 네덜란드 미술은 서민의 일상생활 속에 녹아들었다.

당시 네덜란드 회화에서 또 하나 특이한 것은 '바니타스 정물화(Vanitas Still Life)'라는 매우 독특한 영역이 발전했다는 점이다.

바니타스란 라틴어로 헛수고, 거짓, 쓸모없음, 허풍 등을 뜻하는 말이다. 이런 바니타스 정물화는 주로 삶에 대한 진지한 성찰과 교훈을 담고 있는 그림들이다. 그 그림의 소재로 자주 등장한 것이 해골, 유리잔[33], 책[34], 깃털, 촛불 등으로, 이것들은 세속적인 삶이 짧고 덧없음을 상징한다. 독일 태생의 네덜란드 화가인 피테르 클라스(Pieter Claesz, 1597~1660)는 정물화의 대가였고 바니타스 정물화와 아침식사 그림을 전문적으로 그렸다. 그는 그런 그림들을 통해 인간의 허영심 때문에 악이 생기는 것이니 그것을 경계해야 한다는 의미를 표현했다.

왜 이런 그림들이 그려졌을까? 두 가지 이유를 찾을 수 있을 것이다. 하나는 근대 초기에 발아된 이성만능주의와 세속적 삶의 맹목성과 허영을 멀리하라고 경계하는 프로테스탄트적 태도이고, 다른 하나는 이성의 주체인 개인에 대한 신념과 과학적 지식

그것도 주로 엎어진 형태로 그려졌다. 그것은 삶이란 물질적이고 가시적인 것으로, 채워지는 것이 아니면 결국 삶은 공허하다는 것을 상징한다.

[33]»

[34]»
책은 무지한 종교적 신념이 아니라 이성의 능력을 상징하는 것이고, 그것은 맹신을 배격하는 동시에 스스로 자신의 삶을 성찰하는 주체적 존재라는 것을 상징하는 것이기도 하다.

피테르 클라스의 〈바니타스 정물〉(1630), 목판에 유채.

이 가져온 새로운 세계관에 대한 인식이다. 또한 그것은 중세의 '메멘토 모리(Memento Mori: 죽음을 기억하라)'에 대한 도덕적 각성을 상기시키는 것이기도 하다. 그리스도교가 여전히 사람들의 전반적인 의식을 지배한 만큼 죄의 값은 죽음이고 죽으면 썩는다는 뜻으로, 곧 신 앞에 자기가 죄인임을 겸허하게 고백하는 의미였던 것이다.

인간 이성과 과학을 위주로 한 철학적 태도는 데카르트의 합리론에 영향을 받았는데 '내가 무엇을 알고 있는가'에 대한 반성과 회의를 함축한다. '자유로운 개인'이라는 인식을 일찍이 체감한 네덜란드인들에게는 '자아'라는 근대적 개념을 제시한 데카르트의 철학이 다른 어느 나라 사람들보다 훨씬 더 실감나게 다가왔을 것이다.

네덜란드의 대표적 철학자로 스피노자가 있다. 유대인(나중에 그는 유대공동체를 스스로 탈퇴했다)이었던 그는 데카르트, 라이프니츠와 함께 합리론을 대표하는 철학자로 신의 무한한 계속성, 일종의 범신론적 태도(신은 그 자체로 자존하는 실체일 뿐 아니라 자연으로도 해석된다는 태도)로 신을 바라보는 철학적 바탕을 마련한 철학자 였다. 스피노자는 인간은 그 정신에 감정과 지성을 동시에 갖고 있으며, 그 근원이 바로 자기보존에 대한 욕구라고 보았다. 따라서 감각적 인식을 제 거하고 이성적이고 직관적인 인식을 토대로 진실의 존재방식을 받아들여 야만 비로소 진정 참된 인간의 삶을 실현할 수 있다는 독특한 합리론을 구 축하였다. 이성의 주체로서의 인간은 단순히 인식론적 차원에 그치지 않는 다. 그런 과정을 통해 개인의 독립성과 자유, 그리고 주체성이라는 근대적 자아 개념이 발아하는 것이기 때문이다. 또한 스피노자가 생계의 방편으로 렌즈 가공 일을 했다는 것은 이미 광학이 받아들여졌다는 방증이기도 하 다. 과학은 인간에게 합리적 법칙과 질서에 대해 생각하게 한다. 스피노자 에게 그것은 자연이기도 하고, 신이기도 했다. 그렇다면 그것을 이성을 통 해 생각하는 인간은 또 얼마나 위대한 존재이며 주체적 존재여야 하는가!

앞서 말한 바니타스 정물화가 네덜란드에서 출현하게 된 데는 이러한 독 특한 사유방식에서 이성의 힘을 강조하는 철학적 태도가 발전했기 때문이 라고 볼 수 있다. 즉 보편적 질서와 합리성에 대한 성찰이 자연스럽게 삶에 대한 반성적 태도로 나타났고, 죽음의 불가피성을 통해 프로테스탄트적 가치관이 욕망의 허무함에 대해 늘 경계하도록 했던 것이다. 자연히 화가 들도 죽음에 대해 성찰해야 했고 그런 죽음을 전제로 한 삶에 대한 태도가 그림으로 표상되었다. 시민계급은 불굴의 투지와 자유사상을 지녔으면서도 종교적 겸손과 욕망에 대한 절제로 스스로를 다스렸다. 이러한 태도는 과거를 버리고 새로운 시각을 갖게 했다는 점에서 바니타스 정물화는 매우 독특한 의미를 갖는다고 할 수 있고, 이것은 단순히 네덜란드의 미술적 특성에 그치지 않고 사회적 양상으로 그대로 반영되었다.

네덜란드 미술은 분명 다른 유럽 국가들에 비해 독특한 지형을 갖고 있었다. 하지만 17세기 후반에 접어들면 더 이상의 변화나 발전이 보이지 않는데, 그것은 새로운 변화의 태도에 대한 갈증이 사위었기 때문이다. 그래서 19세기에 들어서면 자국의 독특한 미술 세계는 희석되고 프랑스 미술의 영향을 크게 받기 시작한다. 그것은 아마도 근대 후기에 들어서면 '자유로운 개인'이라는 인식이 유럽의 보편적 사상이 되었던 것과 무관하지 않을 것이다. 즉, 네덜란드의 '자유로운 개인'이라는 이념이 유럽에서 일반화되면서 그것이 더 이상 네덜란드만의 고유하고 특별한 가치가 아니게 되었고, 그에 따라 네덜란드 문화도 자연스럽게 유럽의 중심적 흐름에 동화되었던 것이다.

네덜란드 미술이 갖는 이러한 특징은 분명 네덜란드의 역사를 통해 형성된 독특한 환경과 인자 때문이다. 이미 다른 장에서 언급했던 것처럼 예술에는 그 시대와 공간의 영향이 드러난다. 그런 점에서 네덜란드 미술이 갖는 이러한 독특성을 통해 네덜란드인들의 삶과 사상을 읽어낼 수 있을 것이다. '히딩크-오렌지군단-오라녜-자유로운 개인-네덜란드 미술'이라는 고리는 그런 점에서 네덜란드 문화와 역사의 유전자를 상징적으로 보여주는 것이라고 할 수 있다.

강소국
네덜란드의 힘,
자유로운 개인

,

얼마 전 강소국을 배우자는 열풍이 대한민국을 휩쓸었을
때 그 모델이 되는 네덜란드에 대해 우리가 과연 어떻게, 그리고 무엇을 배
웠는지 돌아볼 필요가 있다. 근대 일본이 네덜란드에 대해 체계적이고 적
극적으로 연구했던 것과 비교해보는 작업도 필요하다. 일본이 개방 이후
서구를 모방하여 강대국을 꿈꾸면서 독일을 모델로 삼은 것도 난학을 통
해 서양의 학문을 연마했던 데서 연유했을 것이다. 그에 비해 우리는 네덜
란드가 지금 경제적으로 강고한 부국이라는 것에만 초점을 맞춰 접근한
것은 아니었는지 되짚어보아야 할 것이다.

우리는 그동안 어른 아이 가릴 것 없이 '글로벌'을 외쳐왔다. 그런데 우리의 글로벌리즘은 제대로 세계를 읽고 흐름을 파악하는 것이 아니라 오로지 영어 잘하는 것에 국한된 것이었다는 게 나의 판단이다. 외국어는 다른 문화와 소통하고 지식과 정보를 교환하는 커뮤니케이션 수단이지 그 언어를 습득하는 것 자체가 궁극적 목적이 아니다. 세계화를 떠들면서도 정작 세계사를 가르치지도 배우지도 않는 교육 현실을 보면 암담하기까지 하다.

강소국 네덜란드 배우기의 진면목은 그들의 역사와 문화를 깊이 그리고 다양한 맥락과 연결하여 이해하는 것에서 시작되어야 한다. 그 과정을 통해 우리가 진짜 배우고 따라야 할 것을 가려낼 수 있다. 그런 점에서 진정 우리가 네덜란드를 통해 배워야 하는 것은 그 힘의 바탕에 '자유로운 개인'이라는 보편적이면서도 필수적인 가치가 어떻게 실현되었으며 그 힘이 어떻게 발휘되고 있는지, 그리고 그 중심에 있는 민주주의와 자유에 대한 확고한 신념과 존중이 어떻게 구현되고 있는지를 살펴보는 것이다.

21세기 우리의 미래에 더 많은 부가가치를 창출하려면 상상력과 창의력이 담보되어야 한다. 속도와 효율만 강조되던 지난 세기 후반의 '패스트무빙(fast moving)'이라는 틀로 인해 대한민국 사회에서 자유로운 개인의 가치가 압살된 게 사실이다. 물질적 풍요가 그러한 비민주성과 비인격성을 덮어버린 시기였다. 그러나 더 이상 그 틀은 유효하지도 바람직하지도 않거니와 이미 그것을 뛰어넘어 창조와 융합의 시대, 즉 '퍼스트무빙(first moving)'의 틀로 들어섰다. 그런데도 여전히 과거의 틀 속에 갇혀 있다.

우리가 네덜란드에서 배워야 할 것은, 민주주의와 자유의 가치가 실현될 때에야 비로소 자유로운 개인이라는 신념이 확립될 수 있고, 그것을 바탕으로 상상력과 창의력이 발휘될 수 있으며, 그래야 우리가 꿈꾸는 바람직한 미래가 가능해진다는 점이다.

강소국 네덜란드의 진짜 힘, 그것은 바로 '자유로운 개인'에 대한 신념이며, 그것이 보편적이고 당위적인 가치로 실현되는 데 있다. 지금이라도 그것을 직시해야 한다. '붉은 악마'의 빨강이 정열과 확장의 의미인 것처럼, 오렌지 군단의 주황색도 오라녜 공의 자유에 대한 신념, 그리고 '자유로운 개인'의 공동체에 대한 강한 꿈이라는 것을 읽어내지 못하면 그저 멋진 토털 사커의 면목만 보게 될 뿐이다. 그것은 달은 보지 못하고 가리키는 손가락만 보는 것과 다르지 않다.

생각의 융합 __ **6**

인문학은
어떻게
콜럼버스와
이순신을
만나게 했을까

나이팅게일, 코코 샤넬과 푸틴을 만나다

– 전쟁과 여성해방

크림반도,
아름다운
화약고

,

        우크라이나 남쪽에 있는 크림반도는 흑해 쪽으로 불쑥 튀어나온 반도로 크림공화국이 차지하고 있다. 1921년 구 소비에트연방(소련)에 편입되어 크림 소비에트 사회주의 자치공화국이 되었다가 1954년 소련의 우크라이나 자치공화국에 편입되었는데, 그후 1991년 소련이 해체되면서 독립해서 우크라이나에 속한 크림자치공화국이 되었다. 그리고 2014년 3월 우크라이나에서 독립하여 크림공화국을 선포한 뒤 러시아와 합병 조약에 서명했다.

  이처럼 굴곡 많은 역사를 지닌 크림반도가 뜨겁다. 그런데 정작 그곳에 대한 우리의 눈길은 미지근하거나 아예 관심조차 없는 상황이다. 그러면서도 여전히 말로는 세계화와 글로벌리즘을 운운한다. 그저 국내 문제에만 지나치게 관심이 많을 뿐 세계 문제에는 무관심한 것이 우리의 모습이다. 수출 위주 산업 체계였던 예전에는 주로 보세가공업이 주를 이뤘고 줄곧 대미수출 일변도 방식이었으니 그럴 수 있었다 해도 이제는 그 단계를 벗어나지 않았는가? 게다가 OECD 가입국이기도 한데 여전히 우리는 세계 문제에 대해 무관심하다. 그게 당장 밥이 되고 떡이 되는 것이 아니라고 여기는 짧은 생각 때문이다.

러시아와 우크라이나의 갈등은 지난 2014년 2월말 러시아가 크림반도를 침공하면서 표면화되었다. 그렇다면 러시아는 왜 크림반도를 침공했을까? 물론 1980년대 구 소련의 아프가니스탄 침공처럼 일방적인 것은 아니다. 적어도 형식적으로는 크림자치공화국 사람들이 투표를 해서 스스로 결정한 것이다. 그러나 그 배후에 러시아가 버티고 조종하고 있다는 건 세상이 다 아는 사실이다. 흑해와 크림반도는 부동항에 대한 절박한 필요성을 느끼고 자국의 영토 확장에 몰두했던 러시아에게 늘 초미의 관심사였다. 동시에 유럽 전체의 관심 무대이기도 했다. 그래서 흑해와 크림반도의 아름다움보다는 늘 전쟁과 긴장이라는 이미지로 먼저 각인되어 있다.

흑해를 놓치면 지중해로 나아갈 수가 없는 러시아로서는 크림반도를 차지하는 방법밖에 없는데 그곳이 우크라이나 영토이기 때문에 손쓸 도리가 없었다. 예전 소비에트연방 시절에는 자국의 영토였으나 연방이 해체된 뒤로는 러시아가 아닌 남의 영토가 되었기 때문이다.

그러던 차에 크림자치공화국에서 주민투표로 자신들은 러시아로 귀속하겠다고 했으니 러시아로서는 마다할 이유가 없었다. 사실 다수를 차지하는 친 러시아 주민들을 움직인 것은 러시아임이 분명하다. 어쨌든 그런 과정을 거쳐 러시아가 크림반도를 차지했다.

그런데 왜 다른 유럽 국가들은 꿀먹은 벙어리처럼 수수방관하며 달랑 비난 성명 하나 내고 말았을까? 19세기에는 러시아의 남진을 막기 위해 크림전쟁까지 벌였고, 구 소련이 아프가니스탄을 침공했던 1980년에는 그것에 대한 항의 표시로 모스크바 올림픽을 보이콧했던 나라들이 말이다. 더욱이 아프가니스탄은 유럽 대륙이 아님에도 러시아와 크림공화국의 합병을 격렬하게 반대하고 나섰다. 그런데 정작 유럽에서는 자신들의 턱밑에 있는 요충지 크림반도가 러시아의 수중에 들어갔는데도 바라만 보고 있다는 것이 이상하지 않은가? 주민투표라는 합법적 과정을 통해 이루어졌기 때문일까? 크림반도의 문제를 알려면 최소한 이 물음에서 시작해야 한다.

문제는 가스에서 기인한다. 유럽은 러시아로부터 파이프라인을 통해 가스를 공급받는다. 그러니 만약 러시아가 가스 공급을 중단하면 유럽은 공황 상태에 빠지게 된다. 유럽 각국은 편의와 경제적 이유 때문에 러시아에 의존할 수밖에 없는 자신들의 처지가 답답했을 것이다. 그러니 러시아가 크림반도를 차지한 것을 대놓고 따지지도 못했고, 또한 적어도 절차상으로는 하자가 없었으니 아무 말도 못하고 발만 동동 굴렀던 것이다.

실제로 러시아는 크림반도를 접수한 뒤에 우크라이나에 대해 가스 공급가를 두 배쯤 인상했다. 그것은 우크라이나를 길들이기 위한 것이기도 했지만, 사실은 유럽에 대해 간접 경고를 보낸 것이나 다름없다. 지금 당장 크림반도가 화약고가 될 확률은 그리 높아 보이지 않는다. 그러나 언제든 터질 수 있는 화약고인 것만은 분명하다. 그게 그저 남의 나라 문제로 끝날까? 결코 그럴 수 없다, 특히 현대 세계에서는. 그런데도 우리는 여전히 별 무관심이다. 도대체 신문조차 읽지 않고 있는 것인가?

세계
에너지 판도의
새로운 변화

'

우리는 최근에 크림반도에서 푸틴의 야망을 보았다. 그
는 왜 크림반도를 차지하려 했을까? 예전 러시아나 구 소련이 그랬던 것처
럼 그에게도 여전히 부동항에 대한 욕망이 내재되어 있었기 때문일까? 그
해답을 알아내려면 최근의 에너지 동향을 살펴볼 필요가 있다.

화석에너지는 20세기에 인류가 마음껏 쓰면서 엄청난 발전의 원동력이
되었다. 그러나 그 매장량이 무한할 수는 없고 그동안 워낙 많이 써서 이제
는 고갈을 염려할 정도가 되었다. 한때 석유의 힘은 세계 정치에서 변방이
던 중동을 일약 세계의 중심으로 끌어올렸다.

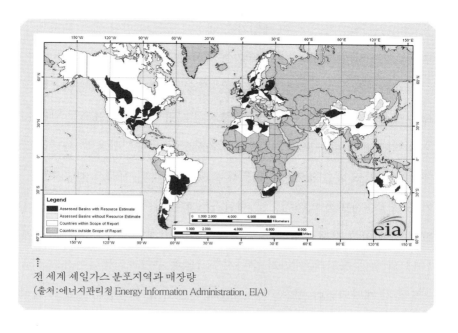

전 세계 셰일가스 분포지역과 매장량
(출처:에너지관리청 Energy Information Administration, EIA)

그러나 최근 세계 화석연료 에너지의 판도가 변하고 있다. 화석연료 에너지의 매장, 생산, 수출 모든 면에서 이들 중동 국가들의 순위가 떨어지고 있다. 그에 반해 미국, 러시아, 캐나다, 그리고 중국과 유럽 국가들은 상승하고 있다. 그 중심축이 옮겨가는 양상이 갈수록 또렷해지고 있는 것이다. 이라크전쟁이 한창일 때는 유가가 천정부지로 오르면서 그 대안 모색에 열중했고 에너지 효율화에 대한 연구도 활발했다. 그런데 최근 시리아와 리비아에서 내전이 계속되고 있고 이라크와 우크라이나 사태로 여전히 긴장 상태인데도 유가는 계속 폭락을 거듭하고 있다. 그 까닭은 무엇일까? 세계 경기의 정체 때문이기도 하지만 또 다른 이유는 바로 셰일가스 때문이다. 셰일가스는 해저 진흙이 퇴적해서 굳어진 암석층(이게 바로 셰일이다)에 매장되어 있는 천연가스다. 이 셰일가스 때문에 중동의 힘이 예전 같지 않고 무소불위에 가깝던 OPEC(석유수출기구)의 영향력도 시들해지고 있는 것이다.

그 셰일가스가 요즘 부상하는 이유는 무엇일까? 이전에는 왜 문제가 되지 않았을까? 셰일가스는 한곳에 집중되어 대량 매장된 석유와는 달리 넓은 지역에 퍼져 있는데다 얇게 깔려서 채산성이 맞지 않았을 뿐 아니라 그것을 캐내기도 기술적으로 어려웠다. 하지만 미국의 이라크 침공으로 유가가 급상승하면서 역설적으로 셰일가스 채굴이 경제성을 갖게 되었다. 2003년 이라크 전쟁 무렵만 해도 배럴당 20달러대였던 원유 가격은 이후 10년 새 크게 올랐다. 게다가 수평시추기술과 수압파쇄공법이라는 채굴 기술까지 개발되었다. 물론 이런 기술의 개발도 유가 상승과 기존의 화석 연료 고갈 우려가 만들어낸 결과물이라 할 수 있다.

수평시추기술은 수직 시추하는 석유와 달리 셰일층에 수평으로 시추관을 집어넣은 뒤 물과 모래, 화학약품이 혼합된 것을 고압으로 뿜어서 암석을 깨뜨린 뒤 가스를 추출하는 기술이다. 1998년에는 모래와 화학 첨가물이 섞인 물로 높은 압력을 뿜어 바위를 뚫고 천연가스를 추출하는 수압파쇄공법이 미국에서 개발되었다. 이렇게 새로운 기술들이 속속 개발되면서 셰일가스 추출에 대한 기술적 대안들이 마련되었던 것이다.

이러한 조건이 셰일가스의 새로운 시대를 열어주었다. 최근에 미국은 상징적인 수준에 불과하기는 하지만 오랫동안 금지했던 원유 수출까지 재개하고 있는 형편이다. 그것은 전적으로 미국의 산유량이 사우디아라비아를 추월하게 만들어준 셰일가스 혁명 덕분이다. 이미 그 혁명은 시작되었고, 그 파장이 크림반도에까지 미치고 있는 실정이다.

　현재 세계에서 셰일가스를 가장 많이 생산하는 국가는 미국이다. 그리고 저장량으로 따지면 중국이 최대다. 그러므로 향후 에너지 판도가 어떻게 변할지 충분히 가늠할 수 있다. 셰일가스는 미국의 패권시대를 1세기가량 더 지속시킬지도 모른다. 미국은 지금까지 에너지원을 확보하기 위해 산유국들에게 공을 들였고 비용도 상당히 지불했다. 그러나 앞으로는 그럴 필요가 없어져 세계 에너지 판도의 주도권을 갖게 될 것이다. 당연히 미국은 기존의 영향권에 에너지 파워까지 갖추어 절대 강국으로 부상할 것이 분명하다.

　최대 매장량을 가진 중국의 영향력도 증가할 것이다. 중국은 이미 12차 5개년(2011~2015) 경제개발계획을 수립하면서 셰일가스 개발계획을 포함시켰다. 셰일가스 개발을 통해 에너지 강국으로의 부상을 염두에 두고 있는 것이다. 아직은 기술이 부족해서 어렵겠지만 중국의 과학기술이 그 문제에 집중되고 정부의 투자가 확장되면 그리 어려운 일도 아닐 것이다. 중국은 국내 석유 부존량이 적어서 수입할 수밖에 없는 처지인데다 무엇보다 중국이 가장 고심하고 있는 지속발전 가능성의 문제가 달려 있기 때문에 셰일가스 개발에 집중할 수밖에 없을 것이다. 중국이 중대 사안에 대해서는 국가적인 사활을 걸고 상상불허의 속도와 규모로 추진한다는 점도 고려해야 할 것이다.

　자, 이런 사안들이 우리와 상관 없는 문제인가? 세계화 시대는 바로 이러한 환경들이 고려되어야 하는 대전제를 안고 있다. 그런데도 신문조차 제대로 읽지 않는다면 심각한 문제가 아닐 수 없다. 필요한 지식과 정보를 얻을 수 없을 뿐 아니라, 지금처럼 편협한 시각에 머물게 되기 때문이다.

우크라이나와 크림반도 사태는 어쩌면 우리가 세계를 바라보는 중요한 가늠자의 역할을 하는 것인지도 모른다. 실제로 크림반도 사태의 이면에는 러시아에 대한 가스 수입 의존도를 낮추고 그 대안으로 우크라이나에서 가스를 채굴하여 공급받으려는 유럽 국가들의 의도가 숨어 있다. 러시아로서는 그런 상황을 속수무책 방관할 수 없을 것이다. 유럽으로 보내는 가스관은 단순히 러시아의 재정뿐만 아니라 정치력에도 직결되는 문제이기 때문이다. 러시아가 마음만 먹으면 언제든 우크라이나를 위협할 수 있다는 것을 과시하는 것 또한 크림공화국 합병이 가져다줄 효과이기 때문에 러시아로서는 머뭇거릴 문제가 아니다.

우리의 운명은 우리의 뜻에 따라 결정되지 않는다. 그래서 세계를 알아야 한다. 그런데도 여전히 우리는 문제의 심각성을 모른 채 우물 안 개구리 신세를 면치 못하고 있다. 안타까운 현실이다.

크림반도에 대한 푸틴의 집착은 한 가지 측면으로만 이해할 수 없는 중요한 문제다. '강력한 러시아'라는 비전에 갇힌 푸틴으로서는 무엇보다 세계 에너지 구도에서 미국과 중국으로 쏠리게 될 힘의 변이에 대해 민감할 수밖에 없었다. 그런 상황에서 러시아가 에너지 판도에 영향력을 행사할 수 있는 대 유럽 파이프라인이 우크라이나로 바뀐다면 그들에게는 심각한 문제가 아닐 수 없었던 것이다. 서방의 자금이 우크라이나의 채굴에 흘러 들어가게 되고 그것을 그대로 유럽으로 공급하게 된다면 적어도 에너지 문제에서 러시아의 위상은 대폭 축소된다. 러시아는 크림반도를 접수하여 우크라이나를 자신들의 영향권에서 벗어나지 못하게 만들고 유럽 국가들도 계속해서 러시아의 가스 공급에 의존하게 해야 하는 절박한 상황에 처해 있었던 것이다.

그러나 구 소련이 아프가니스탄을 점령했던 것처럼 무력으로 침탈하는 건 엄청난 저항을 불러올 것이 뻔하고, 그렇게 되면 혹 떼려다 오히려 혹 붙이는 꼴이 될 수도 있으니 친러시아 세력을 움직여 합법적인 주민투표 방식을 취했던 것이다. 실제로 유럽 국가들은 크림반도의 러시아 귀속에 속수무책으로 당한 셈이다. 푸틴의 크림반도 도박은 그렇게 성공했다.

최근에 미국의 다국적 농업기업으로 유전자변형작물 및 종자개발에 종사하는 몬산토가 세계 최대의 민간 용병회사인 블랙워터를 인수한 것도 우크라이나 사태와 관련해 살펴볼 요소들을 많이 담고 있다. 그러나 과연 우리가 이런 문제들에 대해 깊은 관심을 갖고 현실적인 미래의 대안을 마련하고 있는지 우려스럽다.

다양한 맥락을
읽지 못하면
죽는다

,

다음의 그림과 도표를 보자. 〈그림 1〉은 에너지원별 발전량 비중의 변화를 1980년과 2009년을 기준으로 비교한 것이고, 〈표 1〉은 2009년의 에너지원별 발전 단가 및 발전원별 이산화탄소 배출계수를 나타낸 것이다. 〈그림 1〉은 다이어그램 방식이다. 다이어그램은 기호, 선, 점 등을 사용해 각종 현상의 상호관계나 과정, 구조 등을 이해시키는 시각 언어로 다이어그램의 기능과 목적은 강력한 전달력을 활용한 계몽적 측면과 의미를 빠르고 정확하게 알려야 하는 고지적 측면을 갖는다. 즉 한눈에 핵심을 빨리 파악할 수 있는 장점이 있다. 그러나 그렇게 효율과 속도만 따지

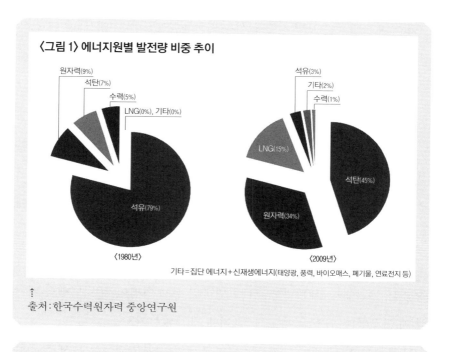

〈그림 1〉 에너지원별 발전량 비중 추이

원자력(9%)
석탄(7%)
수력(5%)
LNG(0%), 기타(0%)

석유(79%)

〈1980년〉

석유(3%)
기타(2%)
수력(1%)

LNG(15%)

석탄(45%)

원자력(34%)

〈2009년〉

기타 = 집단 에너지 + 신재생에너지(태양광, 풍력, 바이오매스, 폐기물, 연료전지 등)

출처 : 한국수력원자력 중앙연구원

〈표 1〉 에너지원별 발전단가 및 발전원별 이산화탄소 배출계수

2009년 에너지원별 발전단가 (단위 : 원/kWh)

석탄	석유	LNG	수력	신재생에너지	원자력
60.3	145.6	153.1	109.4	104.4	35.6

발전원별 이산화탄소(CO_2) 배출계수 (단위 : kgCO₂/kWh)

석탄	석유	LNG	수력	풍력	태양광	바이오매스	원자력
0.860	0.689	0.460	0.016	0.011	0.030	0.037	0.009

출처 : 한국수력원자력 중앙연구원

면 다양하면서도 본질적인 맥락을 놓치기 쉽다는 맹점이 있다. 이 점을 간
과해선 안 된다.

이 그림과 도표를 보면 갈수록 석유 의존율이 낮아지고 대기오염과 같은 환경 문제에 신경 쓰고 있음을 쉽게 알 수 있다. 구체적으로 보면 1980년에는 전체의 4분의 3에 가깝던 석유 발전량이 2009년에는 3%로 줄었다. 그것은 유가 급등이 큰 원인이지만 원자력 등 다른 에너지원이 증가했고, 예전에 공단이나 도시 근처에 세워졌던 화력발전소 시설이 급격히 감소한 것도 원인으로 작용했기 때문이다. 또 도시의 대기오염 등이 새로운 문제로 떠오른 것도 중요한 이유다. 장기적으로 볼 때 화석연료는 고갈되기 때문에 그것에 대한 의존율이 높은 것은 바람직하지 않다.

그렇다면 석탄의 비중이 9배로 늘어난 것은 어떻게 설명할 것인가? 그리고 1980년대는 2009년보다 대한민국의 경제 형편이 덜 넉넉했을 때인데 왜 더 싼 석탄의 비율이 고작 7%밖에 되지 않는가?

이 문제는 이 두 개의 도표로는 설명되지 않는다. 거기에는 우선 주거 환경의 변화가 고려되어야 한다. 1980년만 해도 연탄으로 취사와 난방을 해결하는 가구가 많았다. 연탄으로 써야 할 석탄을 발전소에 쏟아붓는다는 건 상상할 수 없는 일이었다. 그래서 7%에 머물렀던 것이다. 물론 화력발전소에 공급되는 석탄은 우리가 일반적으로 알고 있는 연탄의 원료라기보다는 품질이 낮은 석탄과 수입한 역청탄이라는 점도 고려해야 하겠지만 분명한 것은 석탄의 비중을 늘리기에는 국민들의 연탄에 대한 수요가 높았다는 점을 배제할 수 없다.

주거환경 변화의 예로 우리가 자랑스러워하는 산림녹화의 경우를 참고해볼 수 있다. 지금의 울창한 산림을 갖게 된 것은 물론 정책적인 녹화사업과 강력한 법률적 제재 덕이기도 하지만, 가장 큰 이유는 나무를 때는 아궁이가 연탄아궁이로 바뀐 주거환경 덕분이다. 그게 가장 핵심적인 원인이다. 그러므로 이 도표들에서 나타나는 에너지원의 차이들은 때론 도표에 주어진 정보 밖에서 찾아야 한다.

그렇게 본다면 2009년에 석탄의 비중이 급증한 원인도 주거환경의 변화에서 찾을 수 있다. 즉 에너지 소비 형태가 연탄아궁이에서 다시 가스레인지와 가스난방으로 바뀌었기 때문에 연탄의 수요가 급감했고 그것이 발전소에 투입되는 양이 증가한 원인이 된 것이다. 물론 여전히 여기서의 석탄은 수입 역청탄 비율이 훨씬 높겠지만, 아직도 채굴되는 석탄의 대부분은 발전소에서 소비되고 있다.

이번에는 원자력으로 눈을 돌려보자. 원자력발전소를 짓기 위해서는 최소한 두 가지, 즉 막대한 자금과 상당한 기술력이 필요하다. 〈표 1〉에 따르면 분명히 원자력은 발전 단가나 이산화탄소 배출계수의 관점에서 보면 최상의 선택이다. 그러나 괄목할 만큼 급증하지는 않았다. 1980년에 원자력의 비중이 작은 것은, 당시로서는 원자력발전소를 많이 지을 수 없었기 때문이다. 게다가 원자력에 대한 공포로 인해 입지를 마련하는 데 어려움이 있었다는 점도 고려해야 한다. 당시에는 지역 주민들의 저항이 거세어서 부지를 선정하기가 무척 어려웠다.

특이한 것은 LNG다. LNG는 석유보다 비싸지만 이산화탄소 배출계수는 석탄이나 석유보다 훨씬 낮다. 이제는 환경 문제를 심각하게 고려해야 할 때고, 경제력도 높아져 그 정도의 지출은 충분히 부담할 수 있기 때문에

LNG 비중이 높아졌을 것이다. 그러나 아무리 그렇다 하더라도 어떻게 1980년에는 0%에 불과했을까? 이건 이 도표들만 봐서는 그 이유를 결코 찾을 수 없다. 그 해답은 의외로 간단하다. 우리나라에서 LNG 수송선을 만들어 진수한 것이 1984년이다. 따라서 아무리 그것이 좋다고 해도 운반할 수단이 없으니 0%일 수밖에 없었던 것이다.

이렇게 다양한 맥락을 짚어내지 못하면 핵심적인 문제를 파악하지 못하거니와 그렇게 되면 향후의 전략을 제대로 마련하기도 어렵다. 또한 이렇게 단순한 도표가 주어지더라도 그 이면과 맥락을 읽어낼 수 있는 안목과 능력이 필요하다.

여기에서 우리는 또 한 가지 사실에 주목해야 한다. 그것은 바로 신재생에너지 분야가 크게 늘지 않았다는 점이다. 분명 화석에너지원이 고갈될 것이라는 부정적 전망이 유력한데도 왜 생각보다 재생에너지가 신장되지 않았을까? 우선 아직은 에너지 추출 능력에 한계가 있기 때문이다. 그리고 새로운 기술과 장비, 인력 투입 등 투자에 비해 당장 얻어낼 수 있는 이익이 작아 적극적으로 투자하지 못했기 때문이다. 아직은 효율이 낮고 기술 장벽은 높으며 전문가도 부족하고 상용화하기에는 미흡한 까닭에 답보 상태를 벗어나지 못한 것이다. 그리고 국민의 인식도 '당장 먹기에는 곶감'이라고, 발등의 불에만 우선 관심이 쏠리는 까닭에 큰 주목을 받지 못했던 게 사실이다. 거기에다 미래 에너지 산업에 대한 정부의 법률적 지원 방식이나 구시대적 규제 조항 등도 영향을 미쳤을 것이다.

우리가 크림반도에 대해, 그리고 셰일가스에 대해 관심을 가져야 하는 지점도 이것과 무관하지 않다. 지금까지는 석유가 언젠가 고갈될 것이기 때문에 대체에너지 개발에 힘을 쏟았지만, 매장량이 풍부한 셰일가스의 발견과 새로운 기술의 개발이 석유와 기존의 천연가스를 대체할 전망이 확산되는 지금으로선 대체에너지 개발에 주춤할 수밖에 없다. 가뜩이나 그다지 풍족하지도 않고 만족스러운 수준도 아닌 국내의 대체에너지 연구와 개발은 다시 침체 상태에 빠질 우려가 있다. 그렇게 되면 지금까지 쌓은 거의 모든 연구 개발의 재료와 노하우들은 무용지물이 될 것이고, 더 이상의 투자를 꺼릴 것이다. 미국은 그런 것들을 아주 헐값에 사들이게 될 것이고, 결국 머지않아 대체에너지 개발을 위한 세계의 거의 모든 기술과 특허 등을 미국이 독점하는 시대가 올 것이다.

아무리 새로운 화석연료의 매장량이 풍부하다 해도 화석연료의 시한에 대한 두려움은 사라지지 않을 것이고 언젠가 대체에너지가 큰 비중을 차지하게 될 텐데, 그때 가서 무엇을 어떻게 할 수 있겠는가? 거의 모든 지식과 기술을 미국이 독점한 상황에서 말이다. 결국 우리가 개발한 기술조차 미국에게 로열티를 지불하며 역으로 도입해야 하는 상황이 도래할지 모른다.

구 소련의 아프가니스탄 침공 때 펄펄 뛰던 서방 국가들이 크림공화국의 러시아 합병에 대해 큰소리를 내지 못하고 오히려 러시아의 눈치를 살피게 된 것은 에너지원에 대한 공포 때문이었다. 160여 년 전 유럽의 여러 나라가 동맹을 맺고, 때론 기존의 동맹까지 파기하면서 러시아에 맞서 크림전쟁을 벌였던 것과 비교해보면 이 문제가 지금 우리에게 어떤 의미로 다가올지 자연스럽게 알 수 있을 것이다.

크림전쟁,
러시아의 근대화와
여성 참전을 마련하다

,

나폴레옹은 러시아 침공에서 끝내 실패했다.[1] 그리고 실
각했다. 나폴레옹이 퇴장한 후 유럽의 국가들은 나폴레옹 전쟁과 이후의
상황을 수습하기 위해 빈회의(1804~1815)를 개최했다. 전쟁의 폐해가 가장 컸
던 러시아는 남하정책을 기본 대외정책으로 분명하게 천명했다. 그것은
결국 투르크 침공을 의미하는 것이었다. 물론 그렇다고 당장 전쟁이 터질
것 같지는 않았다. 긁어 부스럼이 될 여지가 많았고, 현실적으로도 서로 만
만한 상대가 아니어서 서로 눈치만 보는 상황이었다.

하지만 그 어색한 긴장은 오래 가지 않았고 엉뚱한 데서 일이 터졌다. 프

나폴레옹 군대의 침공에 충격을 받은 러시아는 나중에 철도를 부설할 때 표준궤 철도가 아닌 광궤를 가설했다. 그것은 만약 다시 유럽의 강국이 자신들을 침공한다면 기차를 타고 대규모로 쳐들어올 텐데 그것을 막기 위해 다른 궤도를 깔아야 한다고 판단했기 때문이다. 그만큼 러시아의 트라우마는 엄청났다. 최근 뉴라이트 계열의 역사학자들이 일본은 자국에 협궤를 가설했으면서도 (신칸센만 표준궤를 쓴다) 조선에는 표준궤 철도를 부설했다며 매우 객관적인 듯 보이지만 자칫 일본의 침략사관을 대변하는 듯한 서술을 하는 것은 매우 위험한 행동이다. 일본이 조선에 표준궤도를 깐 것은 수탈을 더 효율적으로, 대량으로 하기 위해서였다. 이것은 영국이 인도의 일부 지역에 광궤도를 깐 이유가 수탈의 양을 극대화하기 위해서였던 것과 비슷하다.

랑스에서는 왕정복고가 일어났고 나폴레옹 3세는 왕정복고를 지지한 보수세력 가톨릭의 지지를 얻기 위해 고심하던 차에 예루살렘 카드를 꺼냈다. 그는 예루살렘 성지 관리권을 가톨릭교도들에게 넘길 뿐 아니라 특권까지 부여하라고 투르크에게 요구했다. 동로마 이후 이 지역을 장악해오던 그리스 정교회가 가만있을 리 없었다. 거기에 남하정책을 염두에 두던 러시아의 니콜라이 1세가 가세했다. 문제가 복잡하게 꼬이기 시작했다.

그런데 니콜라이 황제에게는 문제가 있었는데 바로 자국 군사력에 대한 과대평가였다. 그는 투르크를 회생불능 환자의 상태라고 판단했다. 그래서 문제가 발생할 수 있으니 그 위험을 예방하기 위해 유럽의 여러 나라들이 투르크를 분할 지배해야 한다고 제의했다. 물론 그 실질적 상대는 바로 영국이었다. 하지만 영국은 니콜라이의 이 제안을 묵살했다. 만약 그 제안을 받아들이게 되면 지리적 여건 때문에 실질적 지배권은 러시아 차지가 될 것이 뻔하다고 판단했기 때문이다.

니콜라이는 그렇다고 해서 물러설 마음이 없었다. 결국 그는 1844년에 직접 영국을 방문했다. 애버딘 외상과 회담한 후 양국은 투르크를 최대한 오래 존속시켜야 한다고 합의했다. 여기까지는 외교적 언사였다. 실질적 내용은 그 다음에 담겼다. 만약 투르크가 아주 빠르게 붕괴할 경우에는 양국이 영토를 분할하기로 합의했고 다른 여러 문제에 대해 약정까지 맺기로 했다.

이런 상황에서 나폴레옹 3세가 성지 관리권 문제를 들고나온 것이다. 프랑스와 투르크는 영국과 러시아의 야욕을 예방하기 위해 가톨릭에 성지 관리권을 인정했다. 이건 그야말로 엉뚱한 문제였다. 하지만 겉으로만 그렇게 보일 뿐 실제로는 당시 각국의 전략이 내재된 문제였다. 갈등은 필연이었다.

투르크에 눈독 들이던 니콜라이로서는 뒤통수를 맞은 격이었고 격분한 그는 1853년 1월 투르크에 최후통첩을 보냈다. 그는 그리스 정교회를 끌어들였다. 팔레스타인 분쟁은 정교도들의 주장대로 해결되어야 한다고 훈수를 뒀다. 그가 진짜 하고 싶은 말은 그 다음 말이었다. 투르크 영내 1,200만 그리스 정교도들의 보호권은 러시아에 있음을 인정하라는 것이다. 투르크는 러시아와 싸우는 것이 부담스러워 그 요구를 들어줄 수밖에 없었다. 그러나 러시아의 그리스 정교도 보호권 문제는 국가의 자존심이 걸린 사안일 뿐 아니라 자주권을 심각하게 침해하는 문제라서 결코 수용할 수 없었다. 결국 양국은 충돌할 수밖에 없었다. 이것이 바로 크림전쟁의 발단이었다.

러시아가 먼저 손을 썼다. 흑해를 반드시 손에 넣어야 하는 러시아로서는 이 기회를 놓칠 수 없었다. 니콜라이는 오래 전 조약을 꺼냈다. 1774년 러시아-투르크 조약이었는데, 그 내용은 바로 그리스 정교도 보호권을 인정하는 내용이었다. 니콜라이는 그것으로 출병의 정당성을 내세웠다. 러시아 군대가 몰도바와 왈라키아로 출병했다. 그 지역들은 당시 투르크가 지배하고 있었고, 무력 충돌이 불가피했다. 그런데 이렇게 쉽게 출병을 결정한 니콜라이는 이 문제에 영국이나 프랑스가 개입하지 않을 것이라고 판단했다. 특히 영국과는 이미 협약을 맺었으니 더더욱 그럴 것이라 여겼다. 하지만 그것은 너무 성급한 오판이었다. 러시아의 남하정책에 대해 신경을 곤두세우던 두 나라가 이 문제를 좌시할 것이라고 판단한 건 도저히 말도 안 되는 어리석고 경솔한 짓이었다.

니콜라이는 몰도바와 왈라키아를 무력으로 점령했다. 1853년 7월의 일이었다. 국제사회에는 영원한 적도 동지도 없다. 그것은 철칙이다. 공동의 적이 생기면 원수들끼리도 악수하는 법이다. 러시아의 남진을 저지해야 하는 입장인 서유럽 열강들이 한목소리로 투르크를 지지했다. 이런 지지에 고무된 투르크는 러시아에 선전포고를 했다. 결국 전쟁이 터진 것이다! 투르크는 영국, 프랑스, 프로이센, 사르데냐[2] 등 서유럽 강대국들과 연합해 러시아에 맞섰다. 3년간의 지루하고 비참한 전쟁이 시작되었다.

샤르데냐는 1855년 초에 연합국에 가세했다. 11월에는 스웨덴이 연합국에 가담했다.

2 »

초기에는 선제공격한 러시아가 우위를 점했다. 무엇보다 지정학적으로 유리했다. 나히모프 제독이 이끄는 러시아 흑해 함대는 1853년 11월에 시노페만에서 투르크 함대를 전멸시켰다. 그러자 영국과 프랑스가 해협으로 함대를 출동시켰다. 투르크는 이들의 지원을 업고 다뉴브 강을 건너 공격했다. 전쟁은 본격화되기 시작했다.

크림전쟁은 본질적으로 근동과 발칸 지역의 패권을 두고 러시아와 유럽 열강들이 충돌한 싸움이다. 그 바탕에는 러시아의 남진정책이 깔려 있었다. 영국과 프랑스는 투르크와 연합하여 발칸 반도, 흑해 북부 연안, 그리고 카프카스 등 세 방면으로 러시아군을 압박해 들어왔다. 상황은 확전으로 내달렸다. 아직 합스부르크의 힘이 남아 있던 오스트리아도 뛰어들어 러시아에 최후 통첩을 보냈고 러시아가 점령한 몰도바와 왈라키아를 포기하라고 요구했다. 그러고는 잽싸게 두 곳을 점령해버렸다. 니콜라이는 오스트리아를 우방국으로 믿고 있었다. 그래서 자신들을 지지하지는 않더라도 묵인하거나 방관할 것이라 판단했는데 결과적으로 이것도 오판이었다. 그는 충격을 받았다. 오스트리아의 개입과 점령은 묘하게도 러시아와 투르크 사이에 완충지대를 형성한 꼴이 되었다.

앞서 말했듯이 니콜라이 1세가 '유럽의 헌병'을 자처하며 노골적으로 야욕을 드러낸 것도, 내정에서 독재한 것도 자국의 군사력이 막강하다는 오판 때문이었다. 그러나 막상 전쟁이 벌어지자 러시아 군대는 초기에만 일시적으로 승리한 것으로 보였을 뿐 금세 실상이 드러났고, 전반적으로 유럽에 크게 뒤져 있음이 밝혀졌다. 결국 러시아는 변변히 싸워보지도 못했다. 영국과 프랑스 연합군은 전쟁에 개입하자마자 곧 바다를 장악했다. 흑해뿐 아니라 발트해, 백해, 베링해에 이르기까지 모든 러시아 해안의 함대와 요새를 공격했다. 러시아의 허세는 오판이었고 객관적 판단은 결여되어 있었다. 러시아 군대는 그저 수적 우세에 불과했을 뿐이다.

게다가 러시아 해군의 배는 목제 범선이었기 때문에 연합군의 증기선에 도저히 적수가 되지 못했다. 러시아는 막대한 타격을 입었다. 이렇게 러시아 외곽까지 타격한 연합군은 마침내 크림반도에 집중했다. 크림반도 남서해안의 흑해 함대 사령부 세바스토폴 요새가 타깃이었다. 1854년 9월 6만의 연합군은 크림반도에 상륙했고 러시아군은 유리한 지형을 차지하고 있었음에도 불구하고 수천 명의 전사자를 내고 퇴각했다. 그리고 이어서 세바스토폴을 포위했다. 이에 대해 열세를 인식한 러시아는 세바스토폴만에 자국 함정을 침몰시켜 항구를 폐쇄하는 옥쇄전략으로 맞섰다. 그러나 그건 헛된 저항이었다.

참혹한 전쟁의 상황이 이어졌다. 결국 연합군의 포격을 견디지 못한 요새는 폐허로 변했고 매일 수백 명이 죽어 나뒹굴었다. 이런 상황이 무려 349일 동안 지속되었으니 그 참혹상은 짐작하기 어렵지 않았다.[3] 모든 게 열세였던 러시아는 더 이상 버틸 수 없었다.[4] 1855년 8월 말 세바스토폴의 남쪽이 점령되었다.

요새 함락 직전인 1855년 2월 니콜라이가 사망했다. 뒤를 이은 알렉산드르 2세는 재빨리 파리에서 강화조약을 체결했다. 이에 따라 러시아는 몰도바에 다뉴브 하구와 베사라비아 일부를 양도하고 흑해에 함대를 배치

할 권리마저 상실했다. 1856년 3월의 일이었다. 러시아는 투르크를 점령하고 흑해를 온전히 차지하기는커녕 오히려 더 이상 흑해 함대를 보유하지도 못하는 처지로 전락했다. 오판의 결과는 가혹했다.

이런 현실을 목도한 알렉산드르 2세는 개혁의 필요성을 느꼈다. 그러나 이미 상황은 끝난 뒤였다. 흑해는 결국 중립 지역이 되어 양쪽의 해협에는 상선이 마음대로 항해할 수 있었지만, 군함의 통과는 일체 금지되었다. 물론 투르크의 정교도들에 대한 보호권 주장도 철회해야 했다. 러시아는 나폴레옹 전쟁 이후 잠깐 누렸던 당당한 위세를 잃고 처참하게 굴욕을 당했다.

크림전쟁은 나폴레옹 이후 유럽 국가들끼리 처음 벌인 전쟁으로 이 전쟁에서 패배한 이후 러시아는 본격적으로 근대화 추진에 매진하게 되었다. 그런 의미에서 보자면 크림전쟁은 러시아로 하여금 착각과 미망, 그리고 봉건적 시스템과 결별하는 실마리를 제공하는 역할을 했다.

그럼에도 불구하고 러시아는 부분적 근대화에만 몰두했을 뿐 전제적인 통치 방식은 거의 변하지 않았다. 그런 체제에 대한 분노와 절망은 훗날 볼셰비

⋏3
포병 장교로 이 전투에 직접 참가했던 톨스토이는 『세바스토폴 이야기』에서 이 상황을 잘 묘사했다.

⋏4
러시아군은 영국과 프랑스의 성능 좋은 대포와 소총에 계속 밀렸다. 철도도 없고 도로망도 부실하여 식량도 증원군도 제때에 도착하지 못했다. 그리고 농노들이 주축을 이루는 러시아군의 사기는 날로 떨어져갔다. 그런데도 전비 조달을 위한 가혹한 징세와 지폐 남발로 인플레가 격화되고 국민들 사이에 불만이 높아갔다. 러시아는 안팎으로 도저히 전쟁을 수행할 수 없는 처지에 빠졌다.

5≫
그리고 또 하나 특별한 점은 각국의 통신원들이 시시각각 달라지는 전황을 본국에 전보로 알렸다는 점이다. 크림전쟁은 전투 진행상황이 참전국의 국민들에게 곧바로 전해진 최초의 전쟁이었고, 이후 종군기자라는 새로운 직종이 생겼다. 21세기에 미국이 이라크를 침공할 때는 아예 CNN 등의 TV로 직접 중계하기에 이른다.

키혁명의 씨앗으로 자라게 되었다. 물론 영토에 대한 집착은 여전해서 크림전쟁 이후에도 러시아는 흑해에 대한 욕망을 포기하지 않았다. 물론 그러기에는 아직 시간이 많이 필요했지만. 그리고 다시 소비에트연방의 해체 이후 호시탐탐 흑해 회복을 갈망하던 푸틴의 러시아는 2014년 크림반도를 다시 손에 넣었다.

우리가 이 전쟁을 특별히 기억하는 또 다른 이유는 바로 '백의의 천사' 플로렌스 나이팅게일(Florence Nightingale, 1820~1910)이 야전병원에서 활동하여 간호학의 발전을 가져왔으며, 여성들이 전쟁에 참여할 수 있는 장을 열었기 때문이다.[5] 유럽이 근대에서 현대로 넘어가는 전환기에 여성들이 전쟁에 참여해서 중요한 역할을 맡았다는 점은 이후 여성의 지위와 역할에 일대 혁신을 불러오는 디딤돌이 되었다고 해석할 수 있다.

나이팅게일,
여성의 이름으로
휴머니즘을 실현하다

,

크림전쟁은 분명 어처구니없는, 불필요한 전쟁이었고 참
혹한 결과를 드러낸 전쟁이었다. 특히 패배한 러시아에게는 더욱 그러했
다. 현대로 넘어가는 과정에서 벌어졌는데도 제대로 된 전략과 충분한 준
비도 없어 피해를 가중시켰기 때문이다. 러시아는 놀랍게도 겨울 날씨에
제대로 대비하지 않았다. 아마도 크림반도가 러시아보다 따뜻한 곳이라
여겼던데다 단기전으로 상황을 종료시킬 것이라고 오판했기 때문이다. 그
래서 제대로 된 보급과 병참도 준비하지 않았던 탓에 전쟁이 장기화되자
속수무책일 수밖에 없었다. 도무지 승리할 요인이 없었다. 러시아는 그저

초기의 승전에만 취했을 뿐, 제대로 된 전투 지원 체제도 없었다. 최초로 전신이 사용된 전쟁이었지만 그저 군대 조직만 전문적이고 비대했을 뿐이다. 내용을 보면 과연 이걸 전쟁이라 할 수 있을까 싶을 정도였다. 오죽하면 몽고메리가 "이렇게 전쟁을 해서는 안 된다는 것을 보여준 전쟁이다"라고 비판했을까.

이 전쟁에 나이팅게일이 참전하게 된 데는 매우 특별한 이유가 있었다. 바로 전염병의 창궐이었다. 열악한 전쟁은 전염병을 더욱 확산시켰다. 의사이기도 한 예병일 교수의 흥미로운 책 『전쟁의 판도를 바꾼 전염병』은 이 점을 흥미롭고 소상하게 설명하고 있다. 역사가들이 왜 이 전쟁을 '전염병이 전쟁의 판도를 바꾼 전쟁'이라고 평가하는지 알 수 있다.

전염병은 전쟁의 또 다른 엄청난 군대였다. 그런데 그 군대는 아군과 적군의 구별이 없는 가혹한 부대였다. 전염병의 시발은 인도였지만 빠르게 확산되어 크림전쟁도 거기에 휘말렸고, 프랑스군의 출병을 늦춘 것도 바로 콜레라 때문이었다. 당시는 위생과 의료 사정이 좋지 않았고 본국에서 멀리 떨어진 전쟁터인 까닭에 보급도 열악해 영양 상태는 형편없었다. 창궐한 전염병은 다른 전염병까지 초대했다. 자료에 따르면 1854~1855년 사이 겨울에만 영국군 330명이 괴혈병, 이질, 장티푸스 등으로 죽었다고 한다. 더 큰 문제는 2차 감염이었다.

예 교수의 책에 따르면 전쟁이 3년이나 지속된 것도 전염병 때문이라고 한다. 사실은 빨리 끝낼 수 있는 전쟁이었다. 각국의 군대는 전투보다 질병으로 죽는 사망자가 더 많을 정도였다. 심지어 영국의 경우는 병사자가 전사자의 열 배에 이르렀다.[6] 말하자면 이 전쟁은 질병이라는 새로운 적과 싸워야 하는 이중의 전쟁이었던 셈이다. 이런 전쟁의 상황과 참혹상을 본국의 시민들에게 알리고 그래서 최초의 근대적 간호부대가 창설되는 계기를 만든 것은 바로 참전 기자들의 활약과 전신 체제 덕분이었다. 크림전쟁은 간호부대뿐 아니라 참전 기자들이 제대로 활약한 최초의 전쟁이기도 했다.

조국을 위해 위대하게 전투하는 줄 알았던 젊은 이들이 전쟁은 해보지도 못한 채 엉뚱하게 질병으로 죽어가고 있다는 소식을 접한 가족들과 시민들은 분노했다. 이런 반응에 화들짝 놀란 영국 정부는 나이팅게일에게 간호사 38명을 이끌고 전쟁터로 가도록 했다. 최초의 간호부대였다.

처음에는 여자가 전쟁터에 가는 것은 말이 안 된다며 반대하는 여론도 만만치 않았다. 그러나 간호부대가 파견된 이후 사망자가 급감하자 호의적으로 바뀌었다. 나이팅게일의 간호부대는 직접적인 치료에만 힘쓴 게 아니라 더러운 옷과 의료 기구를 세탁하는 등 환경을 개선하여 2차 감염을 막았고, 환자들에게는 제때 식사와 의약품을 지급해 질병을 감

《6
아이러니하게도 이러한 막대한 피해가 의료제도와 의학의 발전, 군진의학을 혁신하는 계기가 되었다.

7》
나이팅게일의 손길이 미치지 않은 프랑스군에서는 1855년 여름부터 전염병이 한층 더 기세를 떨치고 있었을 뿐 아니라 1855년과 1856년 겨울에는 발진티푸스가 돌아 수천 명의 목숨을 앗아갔다. 그러나 종전 후 프랑스군은 질병이 사라질 때까지 고향으로 돌아가는 것이 금지되어 프랑스 본국에서 전염병이 전파되지는 않았다. 그러나 영국에서는 군인들이 귀향함에 따라 여기저기서 발진티푸스가 나타나기도 했다.

8》
플로렌스라는 이름은 피렌체의 영어식 발음이다. 그녀의 출생지가 이탈리아였기 때문에 속지주의를 택하는 서구인들의 습관에 따라 이탈리아계라고 기술되기도 하지만 그곳에서 국적은 취득했을지 몰라도 이탈리아계는 아니다.

소시켰다. 특히 영국군에는 괴혈병이 번졌는데 음식과 병원 환경의 개선으로 괴혈병이 금세 사라졌다. 반면 간호부대가 파견되지 않은 프랑스군의 사망률은 전쟁 내내 높았다.[7]

상황의 호전은 간호부대의 필요성에 대한 여론의 반응을 바꿔놓았다. 당시 간호사를 하층 계급의 직업이라 여기던 인식도 호의적으로 바뀌었다.

여기서 잠깐 문제를 다른 관점에서 바라볼 필요가 있다. 나이팅게일의 간호부대가 단순히 크림전쟁의 참전에 그치지 않고 이후 병원 위생과 경영에 거대한 개혁을 일으켰으며 간호사들의 위상을 바꿔놓았다는 점이다. 더 나아가 이것은 여성해방운동에도 영향을 끼쳤다. 따라서 나이팅게일의 간호부대는 여성이 전쟁에 참전한 것 이상의 의미를 지니고 있다는 사실에 주목해야 한다.

나이팅게일의 부모는 부유하고 진보적인 사람들이었다고 한다. 그녀는 부모의 이탈리아 여행 중 피렌체에서 태어났다.[8] 어린 시절부터 여러 외국어를 익혔는데 영국의 일간지 〈타임스〉에서 전쟁의 참상에 대한 기사를 읽고 독일에서 간호사 수업을 받겠다고 하자 부모는 적극 반대했다. 그도 그럴 것이 당시 간호사에 대한 부정적 인식과 고된 작업은 부유한 가정에서 자란 딸에게는 적합하지 않다고 여겼기 때문이다. 하지만 그녀의 결심이 더 강했다. 결국 그녀는 간호사 교육을 받았고 이후 의료 시설에 대한 관심으로 이어져 유럽뿐 아니라 이집트 등 여러 나라를 견학하고 돌아와 런던 숙녀병원의 간호부장이 되었다.

그즈음에 크림전쟁이 발발했고 전쟁의 참상, 특히 환자 1만 3,000명 중

52%가 사망했다는 〈타임스〉 통신원의 보도에 충격을 받은 그녀는 영국 정부가 간호사들[9]을 파견하기로 결정하자 주저하지 않고 자원하여 전쟁터로 갔다.[10] 그리고 앞서 말한 것처럼 그녀가 부임한 수개월 뒤 영국군의 사망률은 현저하게 줄었다. 부상병들은 그녀를 '전쟁터의 천사'라고 불렀다.

그녀의 활약은 전쟁이 끝난 뒤에도 계속되었다. 종전 후 나이팅게일은 빅토리아 여왕을 알현하여 군병원의 개혁을 비롯한 병원 개혁안을 제안하고 1860년에는 '나이팅게일 간호사 양성소(Nightingale Home)'를 설립하여[11] 간호사를 양성하는 일에 힘썼다. 뿐만 아니라 의료구호제도에 대해서도 관심을 갖고 연구하여[12] 영국 육군을 비롯한 정부의 다양한 자문을 통해 의료 혁신에 기여했다.[13] 간호사를 천대받는 직업에서 존경과 사랑 받는 전문 직업으로 발전시킨 인물이 바로 나이팅게일이었다.

간호부대를 이끌고 전쟁에 참전해
인간애를 실천한 나이팅케일 …▷

당시 그녀와 함께 떠난 38명의 간호사들은 성공회 수녀들이었다.

≪9

≪10
당시 육군 장관인 허버트 (Sidney Herbert, 1st Baron 1810~1861)는 나이팅게일의 어릴 적 친구였기에 그의 위촉을 받았을 때 더 기꺼이 받아들였을 것이다.

≪11
각처에서 나이팅게일의 활약에 감동하여 사례금을 보내왔는데, 그녀는 그것을 학교 설립에 사용했다.

≪12
나이팅게일이 저술한 『병원에 관한 노트』, 『간호노트』 등은 각국어로 번역되어 간호사 양성의 기초가 되었다.

≪13
나이팅게일은 남북전쟁 (1861~1865)과 보불전쟁 (1870~1871) 때 외국 정부의 고문으로 활약했다.

영국에서 간호부대가 파견될 수 있었던 것은 산업혁명의 영향이 어느 정도 작용했기 때문이라고 생각한다. 남성에 비해 근육이 왜소한 여성은 신체 조건상 전쟁이나 강도 높은 노동을 수행하기에 적합하지 않다. 그래서 그런 일들은 남성들의 전유물이 되었는데, 군사력과 경제력을 독점한 남성들이 그것을 바탕으로 여성을 억압하고 지배한 것이 사실이다. 모계사회의 경우도 노동력을 생산하고 길러내는 주체로서의 여성, 특히 어머니의 역할이 강조된다는 점에서는 크게 다르지 않다. 그래서 오랫동안 여성은 육아와 가사의 역할만 전담해야 했다.

하지만 산업혁명은 그런 환경을 일시에 바꿔놓았다. 기계를 이용한 동력장치들은 이전과 같은 강인한 근육을 요구하지 않았고, 공장에서도 다양한 허드렛일이 많았으며 그런 일들은 상대적으로 임금이 싼 여성을 고용하는 경우가 잦았다. 즉 여성이 임금노동자가 된 것이다. 육아와 가사가 매우 힘든 일이기는 하지만 임금을 지불하지는 않는다. 그런 점에서 산업혁명을 통한 생산방식의 변화가 초래한 여성의 임금노동자화는 당시로서는 매우 파격적인 변화였다. 노동의 대가를 직접 화폐로 지불받는 방식은 여성의 경제적 독립과 정체성 확립에 기여했다.

이러한 변화가 남성의 전유물이던 전쟁에까지 영향을 미쳤다. 물론 간호사 파견이 전쟁에 대한 부정적 여론을 의식한 당시 영국 정부가 선택한 해결책이었지만 결과적으로는 역사를 바꿔놓은 디딤돌이 되었다. 다른 나라들은 똑같이 전염병과 부상병 등으로 고통을 겪으면서도 간호사들을 파견하지 않은 반면, 영국 정부만 유일하게 간호사를 파견한 것은 단순히 여론 때문만은 아니었을 것이다. 프랑스도 종군기자들의 보도가 있었고 여론이 악화된 것은 마찬가지였다. 다만 영국에서는 이미 산업혁명을 통해 여성의 사회 참여가 이루어지고 있는 상황이었기에 그런 해결책이 가능했던 것이다. 모든 역사적 사실과 사건들은 다양한 방식으로 이어지고 관계를 맺는다는 점에서 볼 때 이러한 짐작이 크게 어긋난 것은 아닐 것이다.

이미 나이팅게일의 삶이 그랬다. 그녀는 전쟁에 참여하여 인간애를 실현하는 데 그치지 않고 이후에 의료 환경을 개선하는 등 적극적인 사회 활동을 통해 여성의 역할 증대를 몸소 보여주었다. 예전 같으면 여성의 사회 활동에 대해 곱지 않은 시선으로 바라봤을 텐데 그녀의 영웅적인 실천은 그런 인식을 크게 바꿔놓았다. 그런 점에서 나이팅게일을 단순히 '백의의 천사'로만 기억하는 것은 그녀의 역할을 좁은 범위로 한정짓는 것이다.

나이팅게일은 평생을 헌신적으로 살다 1910년 세상을 떠나 이스트웰로에 매장되었는데, 화려한 장례를 치르지 말라는 유언에 따라 묘비도 간소하게 만들었다. 나이팅게일에게 감동을 받아 앙리 뒤낭이 설립한 국제적십자에서는 '나이팅게일상(賞)'을 마련하여 매년 세계 각국의 우수한 간호사를 선발, 표창하고 있다.

참고로 '나이팅게일 선서'는 간호사의 좌우명으로 유명하다. 이 선서문을 만든 사람은 나이팅게일이 아니라 미국의 간호교육자 리스트라 E. 글레터(Lystra E. Gretter, 1858~1951)다. 1893년 초안을 작성하여 1935년에 다시 수정된 것이 오늘에 이른다. 간호사의 책임을 가장 잘 명시한 뛰어난 문장이라고 평가받는 이 선서문이 갖는 의미는 이전에 각기 다른 선언을 하나로 통일하여 간호계를 대표하는 공식적 선서문으로 만들었다는 점이다.[14] 또한 간호사들의 동질감을 강화하고 간호사의 직무와 의무가 명시됨으로써 간호의 일이 전문직이라는 것을 천명한 점이다.

일반적으로 간호대학을 졸업한 뒤 간호사로 임용되면서 선서하는 것으로 알고 있지만 그렇지 않다. 간호학과에서 2학년을 마치고 3학년이 되면 본격적인 임상실습에 들어가게 되는데, 이때 선서식을 하게 된다. 간호사의 상징인 너스캡(nurse cap)을 쓰게 되는 것도 이때다.

14》
우리나라가 나이팅게일 선서문을 공식적으로 받아들인 것은 1988년이다(이전에는 나이팅게일 선서를 하지 않았다는 뜻이 아니라, 공식 문안으로 채택했다는 의미다).

나이팅게일,
코코 샤넬을
만나다

,

      나이팅게일의 크림전쟁 참가와 눈부신 활약은 분명 여성의 역할을 증대시키고 여성을 새로운 시선으로 바라보게 만들었지만, 실질적으로 큰 변화는 없었다. 여전히 남성의 권력과 경제력 독점은 견고했다.

    나이팅케일이 참전했던 크림전쟁이 시작된 지 거의 100년이 지난 1954년 2월 5일 오후 프랑스 파리 뤼 캉봉 31에 있는 살롱에서 기념비적인 패션쇼가 열렸다. 바로 제2차 세계대전 종전 후 열린 코코 샤넬(Gabrielle 'CoCo' Chanel, 1883~1971)의 첫 패션쇼였다. 이미 칠순을 넘긴 샤넬의 이날 패션쇼는 실망스러웠다. 1947년 이후는 크리스티앙 디오르(Christian Dior, 1905~1957)의 '뉴룩' 시대였다. 여성의 몸매를 아름답게 과시하는 그의 패션은 전후 여성들에게 인기를 끌었다. 그런 상황에서 샤넬의 패션은 진부하게 느껴졌다. 그러나 그녀는 굴하지 않고 복귀 이후에도 여전히 '샤넬 스타일'을 고수했다. "내가 곧 스타일이다"라는 당당함이 평생 그녀의 삶을 지배했다.

오늘날 샤넬은 고가의 명품으로 인식되고 있지만 샤넬의 패션 철학은 "여성의 몸을 자유롭게 하라!"는 일관성을 유지해왔다. 몸을 꽉 조여 억압했던 코르셋과 허리받이인 버슬(bustle)로부터 여성을 해방시키고 활동의 자유와 선택의 자유를 여성들에게 선물한 사람이 바로 샤넬이었다. 무릎 높이로 짧아진 치마와 활동이 자유로운 바지를 만들었을 때 사람들은 경악했다. 여성의 의상이 우아하고 화려해야 한다는 통념을 깨뜨렸기 때문이다.

그녀의 자유에 대한 철학은 옷에서 그치지 않았다. 손가방에 끈을 달아 어깨에 멜 수 있는 숄더백을 만든 장본인도 바로 그녀였다. 활동성을 높인 의상이나 한 손을 자유롭게 쓸 수 있도록 한 가방은 혁명이고 여성의 해방이었다. 여성의 사회활동이 확대되는 시대에 그녀의 의상 철학은 딱 맞아떨어졌다. 단순하고 편하며 실용적인, 그러면서도 우아하고 기품 있는 스타일이 바로 그녀 의상의 핵심적 가치였다.

샤넬의 어린 시절은 불우했다. 열두 살 때 어머니가 세상을 떠났고 아버지는 세 자매를 수녀들이 운영하는 고아원에 맡겼다. 그렇게 성장한 샤넬은 낮에는 보조양재사로 일하면서 밤에는 캬바레에서 노래를 불렀다.[15] 그러다 연인의 도움으로 옷 만드는 재능을 살려 1913년에 휴양지 도빌에 첫 부티크를 열었다. 도빌은 휴양지라서 해변에서 한가롭게 즐기는 사람들이 많았다. 휴양지에서 정장이나 화려한 의상을 입을 까닭이 없다. 그저 편하고 실용적이면 그만이었다.[16] 그녀의 아이디어는 아마도 그런 주변 환경에서 나왔을 것이다. "패션은 복장에만 있는 그 무엇이 아니다. 패션은 하늘에도 거리에도 있으며, 우리가 살아가는 방식 그 자체이자 늘 새롭게 일어나는 그 무엇이다"라는 그녀의 의상 철학은 그렇게 시작되었다.

그러나 정작 그러한 흐름의 시작은 전쟁에서 기인한 것이라고 보는 것이 옳다. 전쟁은 철저하게 실용성을 추구한다. 가장 실용적인 의상은 바로 군복이다. 게다가 나이팅게일 이후 여성들도 전쟁에 참여하게 됨으로써 여성들이 군복을 입는 경우도 늘었다. 바로 그 점이 샤넬에게 영감을 주었을 것이다.

도빌에서 만든 의상, 즉 도빌룩은 단순히 스타일의 변화만 추구한 게 아니었다. 원단도 파격적이었다. 그녀는 남성들의 전유물이었던 운동복용 옷감 저지(jersey)를 이용해 여성복을 디자인하여 활동성과 우아함을 동시에 지닌 의상들을 처음으로 선보였다. 간단하고 입기 편한 옷을 모토로 하는 디자인 활동의 시작을 알리는 옷이었다. 얼마 뒤 선보인 전설

⋏15
그녀는 캬바레에서 '코코가 트로카데로에서 누구를 만났던가?'라는 노래로 인기를 끌었다. 손님들은 "코코! 코코!"를 외쳤고, 이때부터 '코코'가 그의 이름처럼 불렸다(그녀 자신은 사실상 이름이 되어버린 이 별명을 별로 내켜 하지 않았다고 한다). 코코 샤넬이란 이름은 그렇게 붙여진 것이다.

≪16
샤넬은 1913년 그녀의 두 번째 애인인 영국인 사업가 카펠(Arthur Capel)의 도움으로 프랑스의 휴양지인 도빌(Deauville)에 모자와 함께 단순한 스포츠웨어를 취급하는 상점을 열고 스웨터나 세일러 블라우스와 같은 편안한 의상을 디자인하기 시작하였다. 당시 스웨터는 남성들이 스포츠웨어로 착용하던 것이다. 여성복에 이를 도입한 신선한 시도는 스포츠광이었던 카펠의 영향에 의한 것으로 추정되기도 하는데, 무엇보다 스포츠의 활동성에 눈을 뜬 중요한 전환점이 되었을 것이다. 세일러 블라우스는 어부들이 착용했던 작업복이 여성 의상으로 재탄생한 결과물이었다.

적인 블랙 디자인도 마찬가지였다. 여성의 풍만한 라인을 강조하는 것에서 벗어나 남성복 요소들을 도입, 단순한 편리성을 강조한 샤넬 정장은 이미 그 자체로 하나의 혁명이었다.[17]

여성은 오로지 남성의 장식에 불과하고, 여성의 복장은 남성의 눈을 만족시키기 위해 화려함과 우아함을 갖춰야 한다는 강박은 여성을 옷의 감옥에 가뒀지만 샤넬은 그것을 거부했다. 샤넬의 원류는 일종의 '톰보이(tomboy) 스타일'이었다.

프랑스어 가르손느(garçonne)[18]를 따서 '가르손느 룩'이라고 불리기도 했던 그녀의 스타일은 여성의 자유와 능력을 예언한 거침없는 시대정신의 표상이었다. 처음에는 파격과 당혹으로 다가왔지만 금세 사람들은 그녀의 옷에 매료되었다. 그녀의 옷은 지금도 그렇지만 이미 당시에도 럭셔리 대접을 받았다. 그러나 아무리 럭셔리로 인식되어도 샤넬의 철학은 바뀌지 않았다. "진정으로 럭셔리한 스타일이라면 편해야 한다. 편하지 않다면 럭셔리한 것이 아니다"라는 샤넬의 정신에는 변함이 없었다. 억압에 대한 저항과 도전, 그러면서도 자신의 정체성을 상실하지 않고 오히려 넓혀가는 샤넬의 정신은 옷을

17»
여성의 손을 자유롭게 한 샤넬 의상의 패치 포켓(patch pocket)은 남성 노동자들의 복식에서 아이디어를 얻은 것이었다.

18»
가르손느는 일반적으로는 남성풍의 여성, 직업여성, 웨이트리스 등의 뜻이지만 의상에서는 보이시 스타일의 패션을 뜻한다. 특히 제1차 세계대전 중 사회에 진출한 많은 여성들의 새로운 생활습관을 배경으로 등장하였으며, 전후 종래와는 다른 신선한 매력으로 인기를 얻으면서 유행했다.

통해 여성해방의 가치와 휴머니즘의 정신을 구현한 것이라고 할 수 있다.

그녀는 불우한 성장과정을 딛고 관습에 도전하는 원동력을 얻었으며 여성의 전쟁 참가와 나이팅게일의 역할을 통해 제고된, 그리고 세계대전이라는 전쟁을 통해 변화한 시대정신을 명확하게 구현했다.

남성의 전유물에서 벗어나 여성에게도 역할이 주어진 최초의 전쟁이었던 크림전쟁. 이 전쟁은 나이팅게일을 낳았고, 세계대전은 억압된 의상을 벗고 자유로운 행동을 가능하게 한 샤넬을 낳았다. 그러나 여전히 우리는 간호사는 여성이 해야 하는 일이라는 고정관념에서 크게 벗어나지 못했다는 점에서(최근 남성 간호사가 출현하기는 했지만, 성의 역할에 대한 관념은 크게 바뀌지 않았다) 나이팅게일이 가져다준 19세기의 변화와 그녀의 위대한 업적에 대한 기억이 희미해지지는 않았는지 점검해보아야 한다. 또한 여성은 장식적 의상을 통해 제한적으로 자신을 표현할 뿐이라는 인식이 여전하다는 점에서 샤넬이 보여준 저항과 자유의 가치가 잊혔거나 심지어 왜곡되지는 않았는지 돌아볼 일이다.

전쟁의 역설 :
전쟁은
자유를 낳는다

전쟁은 끔찍하다. 상상만 해도 몸서리쳐지는 게 전쟁이다. 굳이 전쟁을 몸소 겪지 않더라도 전쟁의 참상은 다 알 수 있다. 그러니 전쟁은 최대한 억제해야 한다. 그러나 세상에서 전쟁의 공포가 완전히 사라지는 건 거의 불가능에 가깝다. 인간의 탐욕과 무지는 늘 전쟁을 낳기 때문이다. 전쟁은 거창한 명분이나 실리 때문에 발생하는 것은 아니다. 뜻밖에 아주 사소한 이유로 전쟁이 터지는 경우도 많다.

그러나 전쟁은 역설적으로 인간의 자유와 해방을 낳는다. 크림전쟁이 유럽에서는 여성의 자유와 해방의 실마리가 되었고, 러시아에서는 근대화로 전환할 수밖에 없는 결과를 낳았던 것처럼 전쟁은 끔찍하지만 그 과정에서 억압과 왜곡의 사슬이 풀리는 경우가 많다.

미국에서는 링컨의 노예해방 이후에도 여전히 흑인들이 철저하게 억압받고 차별 당했다. 그러나 두 차례의 세계대전은 흑인들의 참전을 요구하게 되었고, 그것은 그에 상응하는 보상을 낳았다. 물론 그 전쟁들에 많은 흑인들이 참전했지만 곧바로 차별 해소로 이어지지는 않았다. 그러나 1960년대 베트남 전쟁이 끝나자 흑인들은 더 이상 국가에 충성만 하고 대가는 받지 못하는 현실을 묵인하지 않았다. 1960년대의 흑인해방 운동은 몽고메리 버스 보이콧의 발단이 된 로자 파크스(Rosa Parks)의 흑인민권운동이나 마틴 루서 킹 주니어의 비폭력 흑인민권운동에 의해서만 이루어진 것이 아니다. 1968년 멕시코 올림픽에서 흑인 선수들이 가죽 장갑을 끼고 시상대에서 주먹을 치켜올리며 고개를 숙이는 것으로 저항한 것도 그런 상황과 무관하지 않다.

전쟁은 생사의 갈림길에서 가장 통제되고 억압된 형태로 진행되지만, 오히려 그런 과정을 통해 억압과 통제의 두려움에 대한 저항을 이끌어낸다. 전쟁을 수행한 지도자와 정부에 대해 회의와 분노를 느낀 사람들은 삶의 본질에 대해 생각하게 되고 이전의 두려움을 떨쳐낼 수 있는 힘을 얻기도 한다. 역사에서 모든 전쟁이 다 자유를 낳지는 않았지만 상당히 많은 전쟁은 자유와 해방을 낳았다.

우리나라의 경우도 임진년 조일전쟁(임진왜란)을 겪으면서 기존의 질서와 제도에 대한 깊은 회의를 느끼게 되었고, 여전히 체제와 계급제도는 견고

했지만 이전의 복종적 태도는 누그러졌다. 문학에서도 그런 경향이 나타나서 사설시조가 출현하여 기존의 체제와 계급제도 등을 풍자하고 저항했다. 그러나 전쟁의 후유증을 수습한 이후에는 다시 통제와 억압으로 돌아갔고 사설시조도 사라졌다. 해방 이후 치러진 한국전쟁도 그때까지 남아 있던 반상(班常)의 계급제도를 급속하게 무너뜨렸다.

　대부분의 전쟁은 이렇게 양면성을 띤다. 그것을 읽어내는 것과 읽어내지 못하는 것은 엄청나게 다르다. 전쟁의 양면성을 읽어내지 못하면 오로지 전쟁의 공포만을 강조해 사람들을 통제하고 독재를 합리화하며 비인격적이고 불의한 체제를 유지하는 데 사용되는 경우도 많다. 사태를 제대로 보지 못하면 과다한 전쟁의 공포에만 휘둘려 부정하고 불의한 세력을 무비판적으로 추종하게 된다. 그런 현상은 과거에만 국한되지 않는다. 지금도 여전히 재현되고 있지 않은가? 그것이 바로 시대착오다.

인문정신은
세계와 나의 관계에 대한
진지한 고민에서 나온다

당장 눈앞에서 벌어지지 않고 자신에게 직접적인 영향을 미치지 않는다는 이유로 세상 여러 곳에서 일어나는 일에 무관심하면 머지않아 그 값을 치러야 하는 때가 온다. 우리가 세상을 올바로 바라봐야 하고, 세계화에 눈을 돌려야 하는 이유가 바로 거기에 있다. 그런데도 여전히 편협한 시선으로 해석된 지식과 정보에만 의존하거나 아예 외면하면 스스로의 불행을 자초할 수밖에 없다.

특히 우리는 강대국이 아니기에 늘 바깥 정세를 면밀하게 관찰할 필요가 있다. 강대국 사이에 끼어 있는 탓에 때로는 국내 문제나 남북 문제조차 열강의 눈치를 봐야 하고 그들에 의해 의사가 결정되는 답답한 경우도 있지만, 역으로 그것을 잘만 이용하면 오히려 다양한 지식과 정보를 얻을 수 있고, 그래야만 자주적으로 살아갈 수 있다. 강대국은 오직 자국의 이익만 추구하는 경향이 강하다. 그러나 러시아의 크림반도 접수에서 보듯, 어느 누구도 결코 제 뜻대로 살아갈 수만은 없다. 오로지 자신의 입장만 생각하는 강대국은 결코 오래 지속되지 못한다는 것을 역사는 생생하게 보여준다.

신문의 위력이 갈수록 위축되는 현 상황에서 해외 특파원이나 통신원을 증원하는 것이 어려운 것은 사실이다. 그러나 세계의 문제가 우리의 문제와 직결된다는 것을 감안하면 지금 우리의 언론에서는 국제면을 훨씬 더 증대시켜야 하고, 시민들 또한 그런 정보에 보다 적극적으로 접속해야 한다. 말로만 OECD 가입국이라며 뿌듯해할 것이 아니라 그에 걸맞은 지적 성장을 실현해야 한다. 그것만이 살 길이다. 공공도서관 등에 뉴스룸을 만들어 퇴직 기자들에게 뉴스 브리핑과 해설을 할 수 있는 공간과 시간을 제공하고 다양하게 토론할 수 있는 기회를 마련하자고 제안하는 것도 그런 이유에서다.

인문정신을 갖추는 것이 그저 고전 강독이나 품위 있는 교양의 습득만을 의미하지는 않는다. 그것이 전부가 아니다. 내가 어떤 세상에 살고 있는지, 어떤 세상에서 살아야 하는지 진지하게 고민하고 실천방안을 모색하는 것, 그것이 제대로 된 진짜 인문정신을 갖추는 것이다.

더 이상
신문을 읽지 않는
세대

,

　　　　　　자칫 이야기가 샛길로 장황하게 빠질 염려가 있지만, 말
이 나온 김에 신문과 우리의 태도에 대해 짚어보고 넘어가자. 한국광고주
협회가 실시한 '2010년 미디어 리서치'에 따르면 18세 이상의 신문 구독
률은 2001년 51.3%, 2006년 34.8%, 2009년 31.5%로 지속적으로 하락
하고 있다고 분석되었다. 2012년 〈이대학보〉에 따르면 이화여자대학교
의 학생들 가운데 인터넷과 모바일로 뉴스를 보는 경우가 많은 것으로 나
타났다.[19]

　　또한 종이 신문의 경우도 거의 무가지다. 지하철 등에서 쉽게 구할 수 있

는 무가지뿐 아니라 대학교 내에 10여 개의 신문과 잡지가 비치되거나 배포대가 설치되어 있으며, 전국의 대학교에 무료로 배포되는 〈대학 내일〉의 경우 그 내용은 대학생들을 대상으로 하는 기사와 더불어 대부분 각종 공모전과 기업 광고 등으로 채워져 있다. 심지어 패션 관련 무가지들도 캠퍼스 내에서 배포되는데, 주로 대학생들의 패션과 화장법 등을 소개하고 있다. 대학생들이 직접 제작하는 대학신문의 경우도 갈수록 위축되고 있는 실정이다. 실제로 한국리서치에서 2010년에 발표한 대학생정기조사에 따르면, 학내 매체로 무가지를 이용하는 학생이 78%였고 학보를 이용하는 학생은 22%에 그쳤다.

그러나 실제로는 이 수치보다 더 적은 인원이 신문을 읽을 것이다. 내가 대학에 있을 때 학생들에게 신문을 읽는지 물어보면 해마다 그 수가 줄어들어서 2011년인가는 40명 가운데 단 한 명만 무가지가 아닌 정식 신문을 읽는다고 대답해서 아연케 했다. 갈수록 신문을 읽지 않는다. 물론 청년들의 경우, 인터넷이나 모바일로 실시간 정보를 접속할 수 있으니 신문의 느린 속도에 끌리지 않을 것이다.

인터넷 62.1%, 모바일 46%(복수응답 가능)로 뉴스를 보는 반면 종이 신문으로 정보를 얻는다고 답한 응답자는 25%에 불과했다. 그러나 그 종이신문에는 학보가 포함되어 있어 실제로 종이 신문을 읽는 경우는 그보다 더 적을 것이라고 추측된다.

≪19

그러나 문제는 두 시간쯤 정보 탐색을 하면서도 정작 자신의 관심사만 찾아볼 뿐 다른 정보에는 무관심해 심각한 정보 편식 현상이 나타나고 있다는 점이다. 예를 들어 류현진의 야구 소식에 관심이 있는 경우, 거의 두 시간 동안 그것에 관한 소식만 찾을 뿐 다른 다양한 정보에는 접근하지 않는다. 이런 형태의 습관은 결국 자신을 고치 속에 가둬버리게 하는 악영향을 낳는다. 그에 비해 종이 신문을 읽을 때는 설령 자신이 관심 있는 분야를 찾더라도 최소한 신문을 넘기면서 전체적인 흐름과 윤곽을 읽을 수밖에 없게 된다. 그것은 큰 차이를 낳는다. 전체적으로 균형 있는 시각은 굳이 세계화 시대가 아니더라도 현대인으로서 필수적인 정보 습득의 방식이다.

부모가 신문을 구독한 가정에서 자란 성인이 결혼해 가정을 꾸릴 경우 신문구독률이 2000년대 직전에는 절반가량, 이후에는 30%로 줄더니 최근에는 5%대로 떨어졌다는 보고가 있었다. 종이 신문을 제작하는 언론사 입장에서는 발등에 불이 떨어진 셈이다. 그러니 몇몇 대형 언론사들로서는 종이가 아니라 영상 매체로 새로운 시장을 만들어야 한다는 절박감을 가질 수밖에 없었을 것이고, 그것이 바로 이명박 정부 때 종합편성방송, 즉 종편이라는 기형아를 낳게 만들었다. 종이 신문의 설 자리가 크게 줄어들고 있는 것은 부인할 수도 막을 수도 없는 현실이다. 그러나 과연 신문사들은 그것을 깨뜨릴 방법을 제대로 구사했던 적이 있는가?

물론 나름대로 고민했고 여러 방도를 모색해봤을 것이다. 그러나 신문 좀 읽으라고 통사정하거나 자전거나 상품권 등 경품을 얹어주면서 구독률을 높이는 데만 신경 썼지 본질적인 문제에 접근한 적은 별로 없었다.

신문을 읽는 것이 왜 필요한지, 그것이 얼마나 유용하며 경쟁력 있는지를 시민들 스스로 알고 체감하여 판단할 수 있게 하는 방법은 의외로 간단하다. 예를 들어 신문을 읽는 집단과 읽지 않는 집단을 뽑아 연령과 직업별로 나누어 5~10년 정도 추적조사를 해보는 것이다. 그리고 매년 그 변화추이를 조사해 일정 시간이 지났을 때 신문을 읽는 집단이 훨씬 더 뛰어난 성장을 한다는 것을 객관적 수치와 명백한 결과로 보여주면 되는 것이다. 그보다 더 효과적인 방법이 있을까?

그러나 나는 신문사나 언론협회 등에서 그런 프로젝트를 실시했다는 얘기를 들어보지 못했다. 내가 과문한 탓일지 모르지만 적어도 나로서는 그렇게 느꼈다. 그건 설령 그런 캠페인이나 프로젝트를 시행했더라도 일반 시민들에게는 그 정보가 차단되어 '자기들만의 리그' 안에서 떠들어댔을 뿐이다. 신문을 읽으면 종합적 사고, 폭넓은 인식을 바탕으로 한 유연한 판단력, 다양한 정보를 통한 균형감 등을 습득할 수 있다. 그런 결과들을 강조하면서 기업들에게도 널리 알리면 신문 읽는 일이 입사뿐 아니라 살아가는 데 얼마나 중요한 것인지 사람들이 저절로 알게 되었을 것이고, 신문 구독률이 크게 떨어지지도 않았을 것이다. 또 굳이 종편에 매달려 자칫 적자를 떠안으며 울며 겨자 먹기로 진퇴양난에 빠지지 않았을 것이고, 쓰레기 같은 언론 형태로 시민들을 농락하는 일도 벌어지지 않았을 것이다.

대학도서관이나 공공도서관에도 퇴직한 기자들을 중심으로 뉴스룸을 만들어 뉴스를 분석하고 토론하는 프로그램을 마련한다면 우수하고 질적으로 뛰어난 퇴직 기자들에게는 보람있는 일자리가 생기는 셈이고 시민들에게는 뉴스에 대한 심층적 판단력을 기를 수 있는 기회가 될 것이다. 각 신문사에서 과감히 이런 시도를 해본다면 길거리나 아파트 단지에서 공짜로 1년 구독권을 주겠다거나 사은품으로 상품권 주겠다며 독자들을 꾀는 일은 자연히 사라질 것이다. 이미 늦었지만 지금이라도 진지하게 고민해볼 만한 대목이 아닌가?

특히 청년들은 신문을 읽어야 한다. 그건 당위가 아니라 자발적 선택이고 분명 득이 될 것이다. 단순한 시사가 아니라 문화와 역사, 배경과 맥락을 정확히 짚어내고 분석할 수 있는 능력을 길러야 21세기 창조와 융합의 시대에서 살아남을 수 있다는 점을 명심해야 한다. 이런 능력은 인터넷이나 모바일로 얻어지는 게 아니다. 인터넷이나 모바일로 접속하는 경우에도 다양한 정보와 지식, 특히 외신에 대해 더 많은 관심을 가져야 한다.

나는 인터넷에서 하루에 한 번은 꼭 〈뉴욕타임스〉를 검색한다. 오해하지 마시기를! 잘난 척하는 게 아니다. 내가 그걸 세밀하게 읽는 것도 아니다. 주로 관심 분야사인 책과 공연 등의 분야를 찾아서 읽을 뿐이다. 그때마다 첫 화면에 헤드라인을 보게 된다. 그것만 봐도 지금 세계에 무슨 일이 일어나고 있는지, 최대의 관심사가 무엇인지 대충 알 수 있다. 물론 미국의 시각에서 보는 것이기에 미국 중심적 사고라는 한계는 있지만, 적어도 〈뉴욕타임스〉는 객관적이고 균형적인 시각을 갖고 있는 대표적 언론이니 어느 정도는 도움이 된다.

내가 셰일가스에 관심을 갖게 된 것도 그렇게 〈뉴욕타임스〉를 구독한 덕분이었다. 크림자치공화국이 러시아에 귀속되기 전부터 여러 차례 헤짜

라인에 오른 게 바로 셰일가스에 관한 문제였다. 솔직히 나는 셰일가스가 무엇인지도 몰랐고 관심도 없었다. 그런데 한두 번이 아니라 여러 차례 이 문제가 부각되자 도대체 무슨 내용인지 궁금해서 기사를 자세히 읽어보게 되었다. 생각보다 복잡한 역학관계로 얽혀 있었고 무엇보다 미래의 에너지 문제에 대한 새로운 화두라는 것만은 분명하게 알 수 있었다. 신문만 제대로 읽어도, 그리고 잡지만 읽어도 내가 살아가고 있는 세상, 더구나 예전과는 달리 하나의 네트워크 속에서 빠르고 긴밀하게 접속되고 영향을 주고받는 세상을 알 수 있다. 눈을 돌려 두루 살펴야 한다. 세상을 읽어야 한다. 그래야 우리가 제대로 살아갈 수 있다.

생각의 융합 __

7

인문학은
어떻게
콜럼버스와
이순신을
만나게 했을까

두보, 정약용과 김수영을 만나다

– 역사를 가로지르는 시(詩)적 감흥

누구의
시선으로
본 것인가

,

　　　우리는 천고마비(天高馬肥)라고 하면 자동적으로 가을을 떠올린다. 계절을 지칭하는 의미로만 본다면 그런 연결이 맞다. 가을은 풍성한 수확의 계절이고 봄과 여름 동안 길고 매운 노동의 결실을 거두어 보람을 얻고 비로소 조금 숨을 돌릴 수 있는 여유롭고 따사로운 계절이다. 그래서 천고마비라는 말을 접하면 왠지 너그럽고 풍요로움을 느낀다. 그러나 사실 이 말의 속뜻은 그런 게 아니다. 굳이 찾으라면 유비무환(有備無患)에 가깝다고 할 것이다.

　　천고마비에 등장하는 말은 바로 흉노족의 말을 가리킨다. 그들은 은(殷)

나라 때부터 거의 2천 년 동안 중국인들에게 공포와 증오의 대상이었다. 흉노족은 기마민족이다. 척박한 초원에서 유목생활을 하는 그들에게 기병은 기본이었으며 당연히 기동력이 뛰어났기 때문에 약탈 행위를 하기에는 적격이었다. 중국인들은 이들 북방민족의 침략에 대한 트라우마를 가질 정도로 그들을 두려워했다. 오죽하면 만리장성을 쌓는 무모한 일을 감행했겠는가! 기세등등했던 한 무제도 흉노의 침략을 늘 두려워해서 딸을 흉노의 선우(왕)에게 시집보냈고, 그도 모자라 매년 엄청난 물량을 바쳤다.[1] 조공이나 진상의 이름은 아니었지만 내용으로 보면 더하면 더했지 결코 덜하지 않았다.

『한서(漢書)』 「흉노전(匈奴傳)」에 등장하는 '천고마비'라는 말은 중국 북방에서 일어난 유목민족 흉노가 활동하기 가장 좋은 계절이라는 뜻을 가지고 있다. 그들은 해마다 가을철에 중국 북방 변경의 농경지대를 약탈하여 기나긴 겨울 동안의 양식을 마련했으므로, 북방 변경의 중국인들은 '하늘이 높고 말이 살찌는' 가을만 되면 언제 흉노의 침입이 있을지 몰라 전전긍긍했다고 한다.

기본적으로 고대 역사를 보면 농번기에는 전쟁을

1》
사실 황실의 공주를 선우에게 시집보낸 것은 무제가 처음은 아니다. 한(漢)나라를 세운 고조 유방(劉邦)은 북진하여 흉노를 요격하였으나, 다퉁[大同] 부근에서 포위되어 간신히 탈출한 다음, 황실의 딸을 선우에게 주어 처를 삼게 하고, 매년 많은 견직물·술·쌀 등을 흉노에게 보낼 것을 조건으로 화의(和議)를 맺었다(BC 198).

하지 않았다. 전쟁이라는 것이 정치적이고 경제적인 최후 수단이기 때문이다. 농번기에 전쟁을 일으키면 인심을 잃게 될 게 뻔하고 농사를 짓지 못하면 뺏어갈 물자도 없어지는 것이니 어쩌면 당연한 일이다. 게다가 척박한 초원에서 방목과 유목으로 사는 부족들에게 겨울은 어떻게 해서든 식량을 마련해야 하는 계절이기에 목숨을 걸고 남쪽의 따뜻한 곳에서 수확된 곡식을 노릴 수밖에 없다. 막는 입장도 침략하는 입장도 생사가 걸린 문제였다. 그래서 고대 중국의 군왕들에게는 흉노의 침입에 효과적으로 대처하는 것이 외치(外治)의 가장 큰 과제였다. 중국인들의 입장에서 보면 흉노의 침략은 반드시 저지해야 하는 절대적인 사안이었다.

'하늘이 높다'는 것은 가을이 되었다는 뜻이고, 가을은 추수를 하는 계절이다. 농번기도 지났고 수확도 끝났으니 그것은 곧 북방의 흉노족이 기마병 위주의 속전속결 전략으로 침략해올 것이라는 의미다. 흉노는 귀신보다 더 무서운 존재였다. 그러니까 하늘은 높아 푸르고 말이 살찔 때는 고대 중국인들에게는 풍요와 수확의 계절인 동시에 언제 흉노족이 쳐들어올지 모르는 두려운 시기다. 그 방비를 제대로 마련해야 한다. 그러니 이 말은 유비무환의 의미를 상기하자는 뜻으로 해석되는 것이다.

이 말의 본디 근원은 천고마비가 아니라 '추고새마비(秋高塞馬肥)'다. 이는 당나라 때 국자감 주부, 수문관직학사의 벼슬에까지 올랐던 두심언(杜審言)의 시 「증소미도(贈蘇味道)」에서 나온 말이다. 그는 당나라 때의 시성(詩聖) 두보(杜甫, 712~770)의 할아버지이자 진(晉)나라의 명장이며, 학자였던 두예(杜預)의 후손이다. 두심언은 젊었을 때부터 문장으로 이름을 날렸는데, '문장사우(文章

2»
문장가 중 네 붕우. 즉 두심언, 소미도, 이교(李嶠), 최융(崔融)을 이르는 당대의 별명이었다.

四友)'²로 함께 불렸던 친구 소미도(蘇味道)가 참군으로 북쪽에 가 있을 때 속히 수도 장안으로 돌아오기를 바라면서 이 시를 지었다.

雲淨妖星落

秋高塞馬肥

馬鞍雄劍動

搖筆羽書飛

구름이 깨끗하니 요사스런 별은 떨어지고

가을 하늘 높으니 변방의 말이 살찌는구나

말안장에 앉아 영웅이 칼을 휘두르고

붓을 날리니 격문이 날아오는구나.

그런데 여기서 잠깐 살펴볼 게 있다. 사실 이 시는 당나라의 승리를 찬양하는 내용이다. 여기서 격문[羽書]은 승전보를 의미한다. 구름이 맑다는 것은 정세가 조용해졌다는 뜻이다. 그리고 요성은 전란이 있을 때면 나타난다는 혜성을 말한다. 그 별이 사라졌다는 것은 이제 변방이 조용해질 것이란 뜻이다. 요사스러운 별이 떨어진 것은 적군을 물리쳤다는, 혹은 적장을 베었다는 뜻이 아닌가. 그리고 깃을 꽂은 글, 즉 우서(羽書)는 전쟁의 승리를 알리거나 격문을 보낼 때 빨리 날아가라는 뜻으로 닭의 깃을 꽂아 보내는 데서 생긴 말이다.

요약하면 소미도가 어서 개선(凱旋)해 돌아오기를 염원하는 뜻을 담은 시다. 전쟁에서 승리했으니 마음 깊이 사귀었던 귀한 벗이 곧 돌아올 거라 여기지 않으면 이런 시를 쓸 수 없다. 그러니까 여기서의 '추고새마비'는 당나라 군대의 승리를 가을날에 비유한 것이다. 이 말이 변해서 천고마비가 되었다고 주장하는 이들도 있으니 그렇다면 유비무환이나 두려움을 지닌 말이 아니라고 할 수도 있겠다. 그러나 실제로 가을이 오면 흉노족이 쳐들어올 거라는 두려움이 담긴 의미로 많이 쓰인 것만은 분명한 것 같다.

우리나라도 북방 민족들에게 시달림을 당했다. 여진족, 거란족과는 다반사로 싸웠고, 몽골족에게는 국토가 유린되기도 했다. 그러나 중국인들만큼 두려운 것은 아니었다. 그러니 우리에게는 흉노가 쳐들어오는 두려움으로서의 천고마비가 아니라 그냥 가을이라는 계절을 뜻하는 천고마비로만 다가왔을 것이다. 과정과 맥락, 그리고 환경과 처지가 바뀌면 내용도 바뀔 수 있다.

앞서 훈족에 대해 언급했을 때도 그랬던 것처럼, 흉노에 대한 정확한 서술도 정설로 굳어진 게 없다. 이들에 관한 기록도 주로 중국의 입장에서 서술된 것이기 때문에 일관성이 없다. 어쨌건 흉노는 기원전 3세기말부터 기원후 1세기 말까지 몽골고원과 북부 만리장성 지대를 중심으로 활약했던 유목기마 민족을 지칭하기도 하고 그들이 형성했던 북몽골과 중앙아시아 일대의 국가를 일컫는 말로 쓰이기도 한다. 즉 민족이기도 하고 국가이기도 한 이름이다. 인종적 관점에서 흉노는 서너 가지 설이 있는데 일반적으로는 투르크계설이 유력한 편이다. 최근의 연구 발표에 따르면 흉노가 예니세이강 유역에 모여 살던 고대 민족과 깊은 연관이 있다는 설이 제기되기도 했지만, 이것 역시 불확실한 것이어서 학계에서 인정을 유보하고 있다고 한다.

흉노의 특징은 유목기마 민족이라는 점이다. 그들은 중국 본토를 잽싸게 습격해서 필요한 물품을 약탈하고는 곧바로 초원지대로 퇴각하는 전략을 택했는데, 그것은 전적으로 기병 위주로 짜였기 때문에 가능한 일이었다. 농사와 농산품이 제약된 흉노는 끊임없이 중국을 괴롭히며 전쟁과 평화를 반복했는데, 이런 과정을 통해 보상금이나 교역량을 늘려나갔다. 그러나 그들은 결코 중국 본토를 점령하지 않았다. 수적 열세를 충분히 알고 있었기 때문이다. 아마도 중국의 여러 왕조가 이들 북방 민족의 침략에 골머리를 앓았으면서도 정벌을 위한 공격보다는 성벽을 쌓아 방어하는 데 치중한 것도 북방 민족이 중원 정복을 시도하지 않았기 때문이었을 것이다. 뿐만 아니라 공세적인 군사전략은 불가피하게 무관들의 득세를 부추기고 상인들이 이익을 얻을 수 있는 기회를 늘리기 때문에 문관들의 반대도 한몫을 했다. 실제로 기세등등했던 진시황과 한 무제도 북방 민족들을 평정하지 못했고, 이런 전례는 두고두고 이 전쟁의 확대를 반대하는 세력의 현실적 근거가 되었다. 그래서 조공을 비롯한 여러 유화정책을 통해 평화와 안정을 꾀했다. 그러나 그런 방식은 끊임없이 이들의 침략을 연례행사처럼 견뎌야 하는 빌미를 제공한 측면도 없지 않다.

왕소군에게
봄은
어떤 의미인가

,

　　흔히 봄이 되었는데도 포근하지 않고 여전히 쌀쌀하거나 매운 바람이 불 때 '춘래불사춘(春來不似春)'이라고 한다. '봄은 봄이되 봄 같지 않다'는 뜻으로 쓴다. 그러나 이것 또한 그냥 차가운 봄 날씨를 말하는 게 아니다. 이것 역시 흉노와 뗄 수 없는 역사의 한 조각이다.

　　이 말은 당나라 시인 동방규(東方虯)가 왕소군(王昭君)을 두고 지은 시의 한 구절이다.[3] 그녀는 전한(前漢) 원제(元帝)의 궁녀[4]로 이름은 장(嬙)이고 소군은 자(字)다. 명문가의 딸이었던 그녀는 흉노와 화친정책을 펴야 했던 한나라를 위해 흉노의 선우에게 시집가야 했던 불우한 여인이다. 원제는 흉노의 실제로 왕소군이 지은 시의 한 구절인데 그것을 동방규가 인용하며 다시 썼다는 주장도 있다.
《3

궁녀가 아니라 후궁이라는 주장도 있다.
《4

그래서 만들어진 말이 '낙안(落雁)'이다. 중국의 4대 미인 중에 역사서에 나오는 미인으로는 춘추시대 서시(침어), 한나라의 왕소군(낙안), 삼국시대의 초선(폐월), 당나라의 양귀비(수화)를 꼽는다. 그렇게 해서 '침어낙안(侵魚落雁: 고기가 헤엄치는 것을 잊고 가라앉고, 기러기가 날갯짓을 잊고 떨어진다), 폐월수화(閉月羞花, 달빛이 부끄러워 모습을 감추며 꽃이 시들어 떨어진다)라는 성어가 생겼다.
5》

선우 호한야(呼韓邪)가 한나라 공주를 달라고 하자 선우를 무마하기 위해 울며 겨자 먹기로 자신의 딸 대신 왕소군을 보내 정략적으로 혼인시켰다.

전해지는 이야기로는 원제가 화공 모연수에게 후궁들을 그려 화첩으로 바치도록 시켰는데 대부분의 후궁들이 자신을 돋보이게 해서 황제의 눈에 들기 위해 모연수에게 뇌물을 바쳤지만 미모에 자신있던 왕소군은 그렇게 하지 않았다고 한다. 화공 모연수가 그런 그녀를 괘씸히 여겨 뺨에 검은 점을 그렸던 모양이다. 나중에 원제는 흉노의 선우 호한야에게 그 화첩을 주며 고르라 했는데 선우가 왕소군을 골랐고, 그녀의 실물을 본 황제가 깜짝 놀라 내막을 조사한 뒤 모연수를 참수했다고 한다.

흉노의 땅으로 혼인하러 가는 그녀의 심정이 어땠을까? 그녀는 서글픈 심정을 금(琴)에 담아 연주했는데 구슬픈 금의 선율과 왕소군의 청아한 목소리, 그리고 처연한 아름다움에 날아가던 기러기가 날갯짓하는 것을 잊어버려 떨어질 정도였다고 한다.[5]

후세 중국의 많은 시인들이 왕소군이 오랑캐의 땅으로 출발할 때 가련함과 슬픔, 변방에 끌려가 지내는 외로움, 고향에 대한 애끓는 마음 등을 노래했는데 특히 동방규가 〈소군의 원망「昭君怨」〉이란 시에서 왕소군의 슬픈 심정을 대변하는 시를 지었다.

胡地無花草
春來不似春

오랑캐 땅에는 꽃도 풀도 없으니
봄이 와도 봄 같지 않구나.

마음에도 없는 곳에 시집가 슬픔에 잠겨 살다 35세에 아까운 삶을 마감한 왕소군의 심정을 헤아리며 척박한 모래땅에 화초와 풀이 없을 테니 봄이 와도 봄을 느끼지 못했을 것이라고 안타까워한 것이다. 오랑캐 땅에서 봄을 느낄 수조차 없는 자신의 처지를 비관하고 있는 왕소군의 심정을 감안하면 동방규가 단순히 봄이라는 계절을, 그리고 꽃샘추위 같은 기상이변을 노래한 것이 아님을 알 수 있다. 따라서 우리가 흔히 언급하는 '춘래불사춘'은 계절이 아니라 마음의 상태를 노래한 것이다.

왕소군 이야기는 오래도록 가슴 아픈 비련의 설화로 남아 이백(李白, 701~762), 두보, 백거이(白居易, 772~846) 등 기라성 같은 시인들에 의해 무려 700여 편의 시로 다루어졌고 40여 종의 소설로 쓰였다. 그 밖에도 수많은 작가들이 왕소군을 소재로 한 작품을 썼다. 고대에만 그런 게 아니라 근현대에도 여전히 그녀는 신화의 주인공이 되어 곽말약, 조우 등이 왕소군에 대한 글을 남겼다.

하지만 여기서 간과해서는 안 될 사실이 또 하나 있다. 그것은 바로 실제로 왕소군은 한나라를 그리워하며 시름에 시달리다 짧은 삶을 마감한 것이 아니라 흉노에 정착해서 50여 년을 살다가 죽었다는 사실이다. 선우와의 사이에서 아들을 낳았고, 그 아들이 훗날 우일축왕(右日逐王)이 되었다. 그리고 호안야 선우가 죽자 흉노의 관습에 따라 선우와 정실부인 사이에서 난 맏아들 조도막고(雕陶莫皋)의 처가 되어 딸 둘을 낳았다.

그렇다면 왕소군은 왜 '춘래불사춘'의 주인공이 되었을까? 그것은 왕소군의 실체와는 전혀 다른 것이었다. 물론 그녀가 처음 시집갔을 때는 그런 서글픈 감정을 가졌을 것이다. 그러나 이 문학적 이야기는 사실 흉노에 대한 원한이 빚어낸 소설이었다. 특히 남편이 죽으면 그 맏이와 결혼하는 흉노의 풍습에 기겁하고 비난하는 중국인들이 한족인 왕소군이 그런 상황을 겪어야 했던 것을 비극으로 여겼기 때문에 그녀를 서른다섯에 비운의 삶을 마치는 비극의 주인공으로 만들었던 것이다. 자신들이 겪어야 했던 아픔을 야만적인 북방 오랑캐의 악습에 대한 비난으로 눙치려 했던 것이다.[6]

그래서 현대에도 왕소군의 이야기는 영화나 드라마의 좋은 소재로 쓰인다. 1967년에 홍콩에서 만들어진 영화 〈왕소군〉도 그랬고 2006년과 2007년에는 각각 49편과 30편으로 이루어진 TV연속극이 제작되기도 했다. 특히 〈왕소군〉이라는 제목의 바이올린 협주곡도 있다.

6 »

원명 교체기 때 학자이며 시인인 조개(趙介)는 왕소군 덕에 한족과 흉노족의 갈등이 반세기 정도 사위었다며 그 공로가 한나라의 명장 곽거병에 못지않다고 높이 평가했다. 그리고 흉노가 비록 한나라를 침입하며 괴롭히긴 하였지만 문화적으로는 한족의 문화를 동경했기 때문에 한나라에서 시집온 그녀에게 특별대우를 했다는 설명도 있다. 물론 그녀의 미모도 한몫했을 것이다. 그런 점에서 흉노 땅에 잡힌 듯, 팔린 듯 시집간 왕소군은 높은 지위를 누리며 행복하게 살았을 것이라는 것이 현대 중국학자 바이양(柏楊)의 해석이다.

'전설'이 되면 진실이 감춰지거나 심지어 내막을 알면서도 외면하게 되는 경우가 비일비재하다. 알면서도 외면하는 것은 그것이 담고 있는 목적이 자신의 이해와 맞닿아 있다고 느끼기 때문이다. 그것은 또 하나의 왜곡을 가중시키는 일이다. 모르면서 그렇게 쓰는 것이야 탓할 일이 아니지만 알고도 일부러 외면하는 것은 왜곡과 크게 다르지 않다. 지식인의 변절은 대의명분과 이해 득실 때문이 아니라 이렇게 사소한 것에서 비롯되는 경우가 많기 때문에 더욱 조심해야 한다. 왕소군의 전설이 여러 사람들의 변절 때문이라는 뜻은 아니다. 다만, 그것을 알고 있는 사람들조차 그 전설의 한 귀퉁이를 떠받들고 있으니 그 점을 경계해야 한다는 뜻이다.

불우한 환경에서도
삶에 대한 성찰과 관조를
잃지 않았던 시인

’

岱宗夫如何

齊魯靑未了

造化鐘神秀

陰陽割昏曉

盪胸生層雲

決眥入歸鳥

會當凌絕頂

一覽衆山小

태산의 줄기 어찌 저러한가

제와 노에 걸쳐 푸르기 끝없구나

천지의 조화 신묘한 것 모두 모아

산의 남북이 아침과 저녁을 가르는구나

층층 구름은 가슴을 뛰게 하며

눈 크게 뜨고 날아가는 새를 보누나

이다음 반드시 정상에 올라

주위의 산들 작음을 굽어보리라.

시성 두보의 「망악(望嶽)」이다. 제목 그대로 '산을 바라보며'라는 뜻이다. 두보가 스물여덟 살에 부친이 부임하고 있던 곳으로 유람하러 갔을 때 태산을 보고 지은 시라고 한다. 혈기왕성 득의만만한 나이에 지은 시답게 당당하고 기개가 넘친다. 「망악」은 두보의 현존 시 가운데 가장 초기 작품이다. 젊은 나이에 걸맞은 호기와 배포가 잘 드러난다. 태산의 웅대함과 자신의 큰 뜻을 하나로 묶어 투사하고 있을 뿐 아니라 적절한 시어의 선택으로 높이 평가받는 작품이다.

이 시는 두보의 시 자체로도 유명하지만 중국의 한시(漢詩) 외교를 통해 전 세계적으로 알려졌다는 점에서도 돋보였다. 바로 마지막 행이었다.

"반드시 산꼭대기에 올라 뭇 산의 작음을 굽어보리라."

내막은 이렇다. 중국 후진타오 국가주석이 2006년 4월 20일 미국 워싱턴을 방문했다. 중국은 국빈방문을 요구했지만 미국은 공식방문으로 한 단계 격을 낮췄다. 심지어 백악관 환영 행사장엔 중국 국가가 아니라 대만 국가가 연주됐다. 게다가 부시 대통령은 중국 인권유린을 대놓고 비난했다. 연설이 끝난 다음 후진타오 주석은 연단에서 다른 방향으로 내려가려 했다. 부시 대통령은 그의 양복 팔뚝을 잡아끌어 방향을 틀었다.

후진타오는 조지 부시 대통령 주최 오찬에서 건배 답사를 하며 두보의 시 「망악」의 마지막 이 소절을 읊조렸다. 이 의미심장한 구절은 그가 공식 행사에서 자신에게 치욕을 안긴 미국에게 우회적으로 불만을 표시한 것으로 받아들여졌다. 때로는 직접적으로 화를 내는 것보다 은유적으로 표현하는 것이 상대를 더 아프게 하는 법이다. 강대국 미국을 넘어서겠다는 굴기의 기세가 담긴 건배사였다. 오찬을 주재했던 조지 W. 부시 대통령은 어리둥절했다.

후진타오는 그에 앞서 먼저 중국 상공인들과의 오찬 모임에서 이백의 유명한 시 「행로난(行路難)」을 인용했다.

"큰 바람 타고 파도를 넘는 날 반드시 있으리니 / 높은 돛 곧게 달고 푸른 바다 건너리라."

경제에 대한 중국의 기대와 낙관이 배어 있는 구절이었다. 후진타오 주석은 2011년 초 미국을 국빈방문, 백악관 올드패밀리다이닝룸에서 오바마 대통령의 '사적(私的) 만찬'까지 이끌어냈다.

두보의 「망악」은 다시 2008년 러시아의 드미트리 메드베데프 대통령을 맞을 때 등장했다. 두 대통령은 대형 「망악」 액자를 가운데 두고 회담했다. 무언의 메시지였다.

중국은 이렇듯 예민한 문제에 대해 한시를 통해 은연중 메시지를 전하는 외교 방식으로 신선한 충격을 주었다. 이런 일이 가능한 것은 중국이 초등학교 때부터 교과서에 이백, 두보 등의 시를 실어 필수적으로 외우도록 하고 중·고등학교 시절 『논어』 등을 가르쳐 고등학교를 졸업한 보통사람이면 일상 대화에서도 고전 시나 『논어』의 한 대목을 쉽게 인용할 수 있도록 교육시켰기 때문이다. 중국에서는 고등학교를 졸업하면 당시(唐詩) 300수와 『논어』 암기는 기본이라고 한다. 초등학교 졸업 때까지 고문 작품 70편은 기본적으로 암기해야 하고, 중학교 3학년까지 외는 고전 작품이 120편이 된다고 한다. 개방 이후 중국에서 한시는 더욱 중요한 비중을 차지해서 우리가 구구단을 외듯 한시를 암송한다.[7]

의무 교육과정이 이런 정도니 중국의 외교관이라면 상당한 수준의 고전 지식을 쌓게 되는 것이 당연하다. 특히 중국인들은 전통 문화와 고전을 자랑스러워하기 때문에 평소에도 시를 자주 인용하는 습관이 몸에 배어 있고 그것이 자연스럽게 외교에도 나타난다. 그리고 그런 외교 수단을 매우 자랑스럽게 여긴다. 자국 문화에 대한 사랑과 자신감은 그들

≪7
일례로 2010년 중국의 한 신문에는 당시를 못 외워 엄마에게 맞아 죽은 5살 아이의 기사가 실렸을 정도다. 매우 극단적인 예이지만 그만큼 중국이 한시 암송에 대한 열정이 대단한 것으로 해석될 수 있다.

의 외교적 능력에도 그대로 이어진다는 점은 눈여겨볼 만한 대목이다. 이제는 미국 정부도 그런 중국의 흐름에 맞춰 먼저 중국 고전 한시의 구절을 준비해서 사용함으로써 중국의 환심을 사려는 외교를 펼칠 정도다.

그런데 더욱 흥미로운 것은 이런 흐름들이 단순히 고전 한시에 대한 관심으로 그치지 않는다는 점이다. 고전 한시를 공부하다 보면 자연스럽게 고전 지식도 상당히 향상된다. 이런 고전 지식은 그들의 외교관 교육과정에도 활용된다. 예를 들어 한국과 중국의 관계를 다룰 경우 최근의 관계뿐만 아니라 역사적으로 위로는 삼국시대부터 가까이는 근현대사까지 모든 협상문을 복기하고 의미와 배경까지 학습하게 한다고 한다. 고려시대 거란이 침략했을 때 서희 장군이 소손녕과 담판을 벌인 조약 내용도 읽어본다니 과연 한중 외교의 성패가 어떻게 될지 짐작하기 어렵지 않다.

우리 외교가 중국에 올인하다시피 하면서도 정작 중국을 전문적으로 연구한 외교관보다는 비전문 외교관들이 주름잡는 경우가 허다하다고 한다. 심지어 중국어 한마디도 못하면서 중국 공관에 파견되는 일도 있다니 무슨 외교가 되겠는가.

岱宗(대종)은 엇제라

齊(제)와 魯(노)ㅅ 따해 프른 비치 맛디 아니하엿나니오.

造化(조화) 神秀(신수)호믈 뫼혯고,

陰(음)과 陽(양)괘 어드우며 발고믈 난홧도다.

層層(층층)히 나난 구루메 가사말 훤히 하고,

눈 시우를 쬐여디게 떠 가난 새게 드리 바라노라.

모로매 노판 그테 올아,

묽 뫼히 져고말 한번 보리라.

이제는 고어를 별로 읽을 일 없어 조금 낯설지 모르지만 위에 소개한 글은 예전 국어교과서에 실렸던 '두시언해(杜詩諺解)'(원명은 〈分類杜工部詩諺解〉)의 「망악」이다. 교과서에 실릴 정도라면 두보의 시는 단순히 고시 혹은 한시를 소개하는 정도의 범위를 넘어선다. 두보의 시는 일찍이 시 전체가 우리말로 번역된 최초의, 그리고 유일한 것이었다. 그만큼 두보의 시가 우리의 정서나 심성에 맞았기 때문이었을 것이다. 옛 선조들은 이미 고려 시대부터 이제현, 이색 등을 통해 두보의 시를 귀하게 여기는 태도를 이어받았다.

중국인 채몽필(蔡夢弼)의 작품 『두공부초당시전(杜工部草堂詩箋)』이나, 황학(黃鶴) 보주(補註)의 『두공부시보유(杜工部詩補遺)』 등이 다시 간행될 정도로 두보의 시는 많은 사랑을 받았다. 조선시대에는 더 적극적이었는데 그의 작품이 더 높이 평가되었기 때문이다. 오죽하면 『찬주분류두시(纂註分類杜詩)』 같은 책은 다섯 차례나 간행되었을까! 성종 때는 유윤겸 등이 왕명을 받아 두보의 시를 한글로 번역한 『분류두공부시언해(分類杜工部詩諺解)』를 간행했다. 그게 바로 우리가 흔히 '두시언해'라고 부르는 책이다. 이식(李植)은 두보의 시가 한국에 들어온 이후 유일한 전서(專書)인 『찬주두시택풍당비해(纂註杜詩澤風堂批解)』 26권을 썼다.

현대에 들어서도 두보의 시는 여전히 사랑받았다. 이병주(李丙疇)는 『두시언해비주(杜詩諺解批註)』(1958)를, 양상경(梁相卿)은 『두시선(杜詩選)』(1973)을 썼다. 그 만큼 두보의 시는 애정과 존경과 흠숭을 듬뿍 받았다.

그런데도 지금 우리는 두보의 시 한 편 제대로 암송하거나 읽어본 적이 없다. 두보의 시는 고사하고 우리 시라도 한 편 제대로 읽지 않는다. 외교 관들이 셰익스피어의 소네트나 이백·두보의 시 몇 편을 외고 적재적소에 인용하면 어떠한 외교적 수사나 제스처보다 더 큰 효과를 발휘할 수도 있을 것이다. 그게 어디 외교에만 해당될까? 비즈니스 파트너도 시, 소설, 음악 등을 좋아할 수 있고 그것을 소재로 깊은 이야기가 오간다면 사업 외적으로 긴밀한 관계를 맺을 수도 있다.

이때 우리 시인들의 좋은 작품 가운데 뛰어난 시구나 표현을 상대 언어로 설명할 수 있는 몇 개의 포인트를 비장의 카드로 쓸 수 있다면 금상첨화다. 상대 국가의 위대한 시인의 시를 인용하며 지식과 정서를 공유하면 서로에게 호의를 가질 수 있다. 그러나 여기서 더 나아가 내 나라 시인의 절창(絶唱)을 들려주면 나에게, 그리고 우리 문화에 대해 존경심을 가질 수 있다. 이것은 작은 차이가 아니다.

한시를 연구하는 사람들은 중국의 옛 시를 읽기 위해서는 먼저 그 역사적 흐름을 알아야 한다고 말한다. 중국의 시는 큰 흐름과 그 속성이 있기 때문이다. 따라서 그런 흐름에 비춰 읽어야만 제대로 시를 파악할 수 있다고 한다. 중국 시의 역사적 뿌리를 기원전 6세기 『시경(詩經)』에 두는 데는 아무런 이견이 없다. 그리고 시의 절정기가 당나라 시기라는 데도 일치한다. 흥미로운 것은 한(漢)나라 말엽까지는 시가 백성들의 공통적인 감정을 노래한 민가로서의 성격이 강했지만, 이후에는 시인의 개인적 감정을 표현하는 수단으로 성격이 변화했다는 점이다. 당나라 때는 모든 사람들이 시를 좋아하고 시인을 특별하게 칭송하는 사회적 분위기가 만들어졌다. 자연히 시인이 증가했고 시는 사회 진출을 위한 제도적 기능과 역할까지 맡게 되었다. 이 시기에 스타일이 완성되고 내용도 성숙해졌을 뿐 아니라, 기법과 시어도 다양하게 발전하여 아주 미묘한 감정까지 표현할 수 있는 수준이 되었다. '당시(唐詩)'는 이러한 환경에서 완성되었고 그런 시대적 배경에서 이백, 두보, 백거이 같은 출중한 시인들이 등장해 당시의 완성을 이끌었다.

우리나라와 중국의 옛 사람들은 시를 무척이나 사랑했다. 시를 짓지 못하면 지식인 대접을 받지 못했고 관직에 나갈 수도 없었다. 그러나 시를 그런 실용적 목적으로 배우고 가르친 것은 결코 아니다. 중국인들은 자신의 의사를 전달할 때 『시경』의 한 구절을 읊어서 넌지시 그것을 전달하는 관행이 있다고 한다. 바로 '부시언지(賦詩言志)', 즉 '시를 건네 마음의 뜻을 전하다'라는 말이다. 이러한 문화 전통은 어느 날 갑자기 이루어지는 것이 아니다. 유구한 문화와 역사 속에서 자연스레 학습되고 사용되면서 형성되는 것이다. 이러한 문화 전통을 이끈 것은 시를 지을 능력이 있어야 과거시험을 치를 수 있었던 환경이다. 이런 분위기에서 관리나 지식인들은 자연스럽게 시를 교양을 쌓는 수준을 넘어 통치의 보조수단으로까지 활용했던 것이다. 과연 우리에게는 이러한 전통이 이어지고 있는가?

자, 다시 두보의 시로 돌아가자. 두보의 시 「망악」은 확실히 호연지기가 엿보인다. 그것은 그가 시를 지을 때가 그런 기개를 느낄 나이였고, 그걸 누릴 환경이었기 때문에 가능한 일이기도 했다. 현직 관리인 부친과 자랑스러운 가계도, 그리고 깊은 지식 등을 두루 갖췄으니 두보가 자부심과 포부를 드러낼 만도 했다.

초기에는 할아버지와 아버지 덕택에 궁핍하게 생활하지 않았고 20~28세 이전에는 강소 일대와 산동 및 하남 일대를 호방한 기개로 여행하기도 하였다. 그 시대에 쓴 시「망악」은 그래서 호기롭다.

여기서 두보가 어떤 삶을 살았는지 잠시 살펴볼 필요가 있다. 두보는 진(晉)나라 명장인 두예의 13대 손이었으며 당나라 초기 문장으로 풍미한 두심언의 손자였지만, 자신은 정작 출사 한 번 제대로 하지 못한 몰락한 세족 출신이었다. 물론 조상에 대한 자부심은 강했고 자신도 언젠가 출사하여 높은 관직에서 정치적 이상을 실현할 것이라 꿈꿨다. 그는 과거에 두 차례나 낙방했지만 별로 상심하지 않았다. 젊은 시절 전국을 주유하며 유명 인사들과 시문을 논하고, 담론을 나누며 반고(班固)와 양웅(揚雄)의 반열에 오를 수 있다고 자부했다. 그런 점은 그의 초기 시에 고스란히 드러난다.「망악」은 그 시기의 대표적 시로, 그 시에서 그는 자신의 포부를 유감없이 밝히고 있다. 그만큼 그는 당당한 정치적 포부를 갖고 있던 젊은이였다.

하지만 현실은 매웠고 그는 외면당했다. 그래도 포기하지 않고 꾸준히 시를 지었다. 그것은 분명 입신출세에 대한 미련을 담고 있는 시였다. 생계가 어려워지자 약초를 재배해 팔면서도 자신의 시를 유력자들에게 보여주고, 때론 조정에 직접 문장을 지어올리기도 했다. 하지만 조정에서는 아무런 반응도 없었고 그의 삶은 궁핍해질 뿐이었다. 자연히 그는 이상과 현실 사이에서 방황했고, 아버지가 세상을 떠난 후에는 더더욱 그랬다.

두보의 삶은 그 기개와 달리 맵고 시렸다. 마침내 44세에 간신히 관직을 얻었는데, 고작 무기를 관리하는 낮은 관직이었다. 두보는 절망했지만 그나마도 팽개칠 수 없었다. 생활이 궁핍하여 아들이 굶어 죽는 판이니 이것저것 따질 형편이 아니었다.

설상가상으로 그 변변치 않은 자리조차 잃게 되었다. 바로 755년 일어난 안녹산의 난 때문이었다. 안녹산의 난은 당나라의 역사도 바꿨지만 두보의 삶도 바꿔놓았다. 반군에게 잡혔던 두보는 가까스로 탈출하였고 전란 중에 새롭게 황제가 된 숙종에 의해 다행히 좌습유(左拾遺)의 자리가 주어졌다. 좌습유란 군주에게 직간을 하는 직분이었다. 하지만 그는 모함에 빠진 친구를 옹호하다 황제의 노여움을 사서 좌천되고 말았다. 지지리도 풀리지 않는 관운이었다.

이렇게 절망스러운 상황이 계속되자 그의 시도 달라졌다. 초기의 호기는 사라지고 현실의 부조리와 당시 권력자에 대한 원망이 시에 고스란히 드러났다. 그의 작품 중에 귀족들의 부도덕을 증오하고, 전쟁과 이별에 대한 고통과 번뇌의 시들이 많은 것은 그런 이유 때문이다. 비록 사천 지역에서 잠시 그를 믿는 몇몇 관리와 친구들의 도움으로 전원생활의 유유자적함을 노래한 시가 있기는 하지만, 대부분의 시들은 이러한 비분과 강개를 표현한 것이다. 그의 걸작인 「북정(北征)」과 「등악양루(登岳陽樓)」 등에도 우수와 고통, 비분이 담겨 있는 것은 어쩌면 당연한 일이다.

등악양루

昔聞洞庭水

今上岳陽樓

吳楚東南坼

乾坤日夜浮

親朋無一字

老病有孤舟

戎馬關山北

憑軒涕泗流

예부터 들어온 동정호

이제야 악양루에 올랐네

오나라 초나라는 동남으로 나뉘고

하늘과 땅은 밤낮으로 물 위에 떠있구나

친척과 벗으로부터 편지 한 통 없고

늙고 병든 이 몸 외로운 배 한 척에 기댈 뿐

고향 있는 북녘은 여전히 전쟁통이니

난간에 기대 눈물만 흘릴 뿐이네.

두보가 죽기 1년 반 전인 57세에 쓴 시다. 그는 병이 깊어 제 몸 가누기도 힘든 처지였고 그나마 도움을 주던 관리마저 죽어 그야말로 떠돌이 신세로 지내던 때였다. 가족은 떨어져 있고 생활은 궁핍해 한때 호수의 작은 배에서 살기도 했으니 얼마나 처절한 한탄과 고뇌가 깃들어 있을지 짐작할 수 있다. 그런 심정이 고스란히 드러난 시다.

「망악」과 비교해보면 두보의 심정이 확연히 차이가 난다. 그 당시의 호연지기는 눈을 씻고 봐도 없다. 많은 사람들에게 동정호에 대한 이야기를 들었으니 얼마나 가보고 싶었을까. 그런데 막상 찾아가 오르니 떠오르는 감회라곤 자신의 처지에 대한 한탄뿐이었다. 악양루에 올라 바라본 웅장한 장면조차 그의 마음을 달래주지 못했다. 오히려 더 서글프고 처량해졌다. 가족과 떨어져 있는데 전쟁은 여전하니 왕래는 불가하고 소식을 전해줄 가까운 사람도 없다. 고립무원과 궁핍의 절정이다. 물론 그의 마음속 깊이 자리 잡은 우국충정의 심정도 살짝 담았다. 그러나 그것은 자신의 처지와 국가의 위태로움, 그리고 백성의 고통이 겹치는 것뿐이다. 그런 처지이니 눈물도 절로 났을 것이다. 그럼에도 불구하고 오로지 처량함과 궁상만 보이지 않는 것은 그의 시가 지닌 고귀한 품위가 아름다운 시어와 함께 어우러진 까닭일 것이다.

두보는 이백과 더불어 뛰어난 표현과 깊은 사유를 담은 시를 지었다는 평가를 받는다. 무엇보다 그는 어려운 단어보다 쉽고 간단한 말을 사용하면서도 운과 뜻을 잘 호응시키는 데 뛰어난 재능을 지녔다. 그런 말로 자신의 시상을 거리낌 없이 지을 수 있다는 건 분명 위대한 시적 재능이다. 게다가 그 내용도 진지하고 진심이 드러나며, 고결함을 잃지 않아서 삶의 고

단함과 질곡마저도 이겨내는 품격을 지녔다. 그리고 가족에 대한 애틋함과 안쓰러움(가난 때문에 친척집에 맡긴 아들이 굶어 죽었을 때 그 심정이 어땠을까!) 등이 잘 드러난 애절하면서도 아름다운 두보의 시는 늘 당당하고 호기롭기까지 한 이백의 시와 달리, 읽는 이의 마음을 정화시키고 삶을 성찰하게 하는 힘을 지녔기에 더욱 높은 평가를 받는다. 그가 시성(詩聖)이라 불리는 것도 바로 이런 이유 때문일 것이다.

「등악양루」보다 앞선 시에도 끊임없는 고뇌와 괴로움, 고통이 담겨 있는 것은 그가 겪어야 했던 삶이 시리고 고되었기 때문이다. 진지하고 잔잔한 슬픔과 걱정, 근심 등이 가득 찬 그의 시를 읽다보면 저절로 숙연해진다.

이 시의 첫 행 '나라는 망해도 산천은 그대로이고(國破山河在)'라는 말은 중국의 역사상 외적의 침입이나 어려움이 있을 때마다 등장하는 문장이다. TV 드라마나 소설 그리고 영화에도 여러 번 소개될 정도로 많은 중국인들이 두보의 시 「춘망」은 몰라도 그 첫마디는 대부분 알고 있다고 한다.

8≫

춘망(春望)

國破山河在[8]

城春草木深

感時花濺淚

恨別鳥驚心

烽火連三月

家書抵萬金

白頭搔更短

渾欲不勝簪

나라는 망해도 산천은 그대로이고

봄이 오니 성(장안, 長安) 안에 초목은 무성하네

시절을 생각하니 꽃들 눈물 흘리고

이별은 서러워 새들도 놀라네

전쟁은 연이어 석달이매

가족 소식 담은 편지는 만금만큼이나 얻기 어려워

흰머리는 긁기만 해도 쑥쑥 빠져

비녀조차 꽂을 수 없구나

그저 읽기만 해도 처량하고 서러운 처지가 그대로 전해진다. 이 시는 난을 피해 도망가다 반란군에게 잡혀 장안으로 호송되었다가 가까스로 감옥에서 벗어났을 때 지은 것이기에 그런 느낌이 강하게 표현될 수밖에 없었을 것이다. 그런데 이 시는 단순히 한 개인의 심정뿐 아니라 화려했던 당나라의 수도 장안이 황폐해진 모습이 고스란히 드러난다. 그 세태를 우수와 비통의 눈으로 지켜보는 그의 마음이 그대로 시에 배어 있다.

두보의 시를 읽다보면 확실히 이백과 대비된다. 이백 역시 벼슬에 성공하진 못했다. 그러나 그는 여유롭게 세상을 살았고 시상과 시정신이 자유로우며 시대구분이 없을 만큼 난만하다. 그런 점에서 그의 천재성과 다양성이 돋보인다. 그러나 두보의 시는 관조와 한탄이 씨줄과 날줄로 단단히 조여 있으며 쥐어짠 듯 고뇌의 흔적이 엿보인다. 그럼에도 불구하고 그의 시가 진부하거나 상투적이지 않은 것은 아마도 애국이나 민족, 백성이나 전쟁 등의 대의를 이야기하기보다는 불우한 삶을 살면서도 끊임없이 천착하는 삶에 대한 성찰과 관조가 짙게 배어 있기 때문일 것이다.

인간의 사상과 감정을 간결하고도 인상 깊게 표현할 수 있는 문학 장르가 바로 시라는 사실을 새삼 확인할 수 있다는 점에서 두보의 시는 참으로 매력적이다.

같은 듯 다른 두보와 다산의 삶

，

        두보초당(杜甫草堂)은 시성 두보가 한동안 거주했던 곳이다. 고난과 실의로 점철된 인생을 살았던 두보가 마음의 안정을 얻고 평화로운 시간을 보낸 유일한 장소이기도 했다. 안록산의 난으로 인한 전쟁과 기근의 고통 속에서 유랑하던 48세에 남은 가솔과 함께 청두 남쪽에 있는 완화계반(浣花溪畔)이라는 냇가 언덕에 띠집[茅屋]을 짓고(그래서 완화초당이라고 부른다) 정착했던 곳을 후대에 두보초당이라 부르게 된 것이다.

    흔히 두보가 모처럼 평화롭게 지내며 「춘야희우(春夜喜雨)」 등 240여 편의 시를 지은 곳이라고 생각하는데 사실 그다지 평화롭지는 못했던 것 같다.

두보초당.

어찌 그렇지 않겠는가. 다만 두보초당에 기거하는 서너 해 동안 유랑의 생활이 그쳤으니 상대적으로 그랬다는 뜻일 뿐이다. 50세에 쓴 시 「모옥위추풍소파가(茅屋爲秋風所破歌)」는 말 그대로 '초가집(띠집)이 가을바람에 부서지다'라는 뜻이니 집도 얼마나 옹색했을지 짐작이 간다. '지붕 새어 잠자리 마른 데 하나 없고 / 삼대 같은 빗발은 그칠 줄 모르니 / 난리 겪은 뒤로는 잠이 늘 적지만 / 긴 밤을 흠뻑 젖고서야 무슨 수로 지새울까'라는 대목을 읽다보면 그의 곤궁한 처지가 눈에 선해진다.

그래도 평생 실의와 좌절, 방랑생활을 하던 두보가 이곳에서 759년부터 4년 가까이 기거하면서 비교적 평화로운 삶을 살았기에 주옥같은 시 240여 편이 나오지 않았을까?

춘야희우(春夜喜雨)

好雨知時節

當春乃發生

隨風潛入夜

潤物細無聲

野徑雲俱黑

江船火燭明

曉看紅濕處

9

≪9
금관성(錦官城)은 쓰촨성 청두(成都)의 옛 이름이다. 금관성이란 지방 특산물인 비단을 관리하는 벼슬을 둔 데서 유래된 말로, 줄여서 금성(錦城)이라고도 불린다.

좋은 비 때를 알아

봄이 되니 비 내리네

바람 따라 몰래 밤에 들어와

촉촉이 만물 적시네, 소리도 없이

들길 온통 구름 깔려 어둡고

강물 위 둥실 뜬 배의 불빛만 빛나네

새벽 붉게 젖은 곳 바라보니

금관성엔 꽃들 활짝 피었구나.

'춘야희우'란 '봄밤에 내리는 기쁜 비'라는 뜻이

다. 두보의 시 가운데 매우 여유롭고 따뜻한 편에 속하는 시다. 다른 시와 마찬가지로 그의 삶의 형편과 관계가 있다. 당시 그는 농사를 지으며 조금은 여유롭게 전원생활을 누리고 있었다. 아마 그의 삶에서 그런 시기는 거의 없었을 것이다. 그래서 이 시에는 봄비에 대한 반가운 마음이 정겹게 녹아 있다. 두보의 시에 이렇게 한가로운 면모가 나타나는 경우가 드물기에 그렇게 해석되는 것도 무리가 아니고, 내용 또한 그렇다. 그래서 만물을 윤택하게 하는 봄의 희망을 생동하는 시어에 담아 비 내리는 봄날 밤의 정경을 섬세하게 묘사한 명시로 꼽힌다.

그러나 「춘야희우」를 다르게 해석하는 이들도 있다. 당시 두보는 비참한 농촌 생활을 하고 있었고, 안록산의 난은 여전했으며, 자식이 굶어 죽은 아픔을 겪은 무력한 가장이었다. 백성에게 식량도 제대로 지급하지 않은 관청에 대한 원망이 첫 구절 '호우지시절(好雨知時節)'에 나타나 있다는 것이다. 비도 제때를 알아 때마침 내리는데 사람의 일은 그렇지 못하니 그것을 한탄한 내용이라는 것이다. 그러나 어느 쪽이 올바른 해석이든 이 시는 분명 절창(絕唱)이고 완화초당 시절의 대표작이다.

눈과 마음이 두보의 완화초당에 닿으니 또 다른 초당(草堂)을 만나게 된다. 바로 강진의 다산초당이다. 두 초당의 만남은 나름대로 몇 가지 의미를 지닌다. 첫째, 앞서 말한 것처럼 조선의 시인들과 사대부들에게 두보는 시의 전범이었으니 다산 또한 두보의 시에 대한 공부가 깊었을 것이다. 둘째, 다산이 유배지 강진에서 아들에게 보낸 편지 중에 두보의 시를 열심히 읽으라는 내용이 있음을 미뤄 다산은 두보의 시에 대한 각별한 애정이 있었을 것이다. 셋째, 두보는 짧은 말직의 자리와 긴 유랑으로 곤궁한 몸을 잠시 완화초당에 의탁하면서 주옥같은 시를 지었고 다산은 현직(顯職)에서 유배형을 받은 중죄인으로 급락하여 강진에 내려와서 초당에서 엄청난 저작을 쏟아냈다는 점에서 닮은꼴을 공유한다.

다산초당은 당호로 미뤄 초가집이었겠지만,[10] 지금 우리가 보는 강진의 다산초당은 한참 뒤(1958) 지역민들이 다산유적보존회를 꾸려 무너진 초당을 복건하면서 기와를 올렸기에 초당이라 하기에는 어울리지 않는 듯하다. 그러나 초가집을 기와집으로 만든 것은 본디 형태를 훼절하려 한 것이 아니고(이미 무너진 초당이었으니 더욱 그랬을 터) 다산의 높은 뜻을 기려 마음으로 바치는 뜻으로 그랬을 것이니 탓할 일 또한 아닌 듯싶다. 기와집으로 올렸어도 와당(瓦堂)이라 하지 않고 여전히 초당이라 부를 수 있는 것은 그 집이 번듯한 사대부의 와옥이 아니라 유배객의 처소였음을 잊지 않기 위함이리라.

다산 정약용은 진주목사를 지낸 정재원의 넷째 아들로 태어나 28세에 문과에 급제하여 예문관검열, 병조참지, 형조참의 등을 지냈으며, 정조의 지근

신하로 정조의 개혁정책에서 핵심역할을 했다. 그후 정조가 붕어한 바로 다음해 경상도 장기로 유배되었다가 다시 강진으로 유배되었다. 정약용은 순조 1년(1801)년 11월, 사학(邪學, 천주교)에 물든 죄인으로 몰려 강진에 유배되었다. 정조가 세상을 뜬 바로 다음해였다.

이보다 앞선 그해 봄 정약용은 신유사옥(1801년의 천주교 탄압사건으로, 유명한 황사영 백서사건으로 이어졌다)으로 경상도 장기에 유배되었다. 셋째형 정약종은 처형되고 둘째형 정약전과 정약용은 각각 유배되었던 것이다. 그런데 그해 가을 황사영 백서사건이 일어나자 다시 서울로 불려가 문초를 받았다. 황사영은 정약용의 조카사위였다. 다행히 이 사건에 정약용이 연루된 혐의가 없어서 강진으로 유배된 것이다.

정약용은 강진에 유배되어 처음에는 일정한 거처를 마련하지 못해 동문 밖 주막이나 산방 그리고 제자인 이학래의 집 등을 전전하며 8년을 보냈다. 그러다가 1808년 봄 다산초당으로 거처를 옮기고 거기에서 유배가 풀릴 때까지 머물렀다. 1818년에 해배되었으니 10년을 기거한 셈이다. 그곳에 기거하면서 정약용은 왕성한 저작활동과 제자양성에 진력했다. 『목민심서』 『경세유표』 등 뛰어난 저서 500여 권이 이곳에서 저술되었으니 다산초당은 정약용에게나 후세에게 의미와 가치가 높은 곳이다.

초당의 이름을 '다산초당(茶山草堂)'으로 지었는데 글씨는 김정희가 썼다.// 다산이라는 호는 그가 차를 좋아한 까닭이기도 했지만 강진 귤동 뒷산의 이름이기도 했다. 이전의 호는 사암(俟菴)이었다. 정약용은 해배 뒤에도 다산초당에서의 추억을 잊지 못했음을 그의 독백서를 보면 잘 알 수 있다.

당시 강진 사람들에게 다산은 불편하고 껄끄러운 존재였으리라. 괜히 대역죄를 짓고 내려온 선비와 잘못 얽혔다가 봉변이나 당할 것이라 생각한 사람들은 그를 피하기만 할 뿐 상대해주지 않았다. 다행히 동문 밖 주막집 노파가 방 하나를 내줘서 4년을 머물렀다. 그래도 사의재(四宜齋)라는 당호를 붙인 걸 보면 선비의 기상을 잃지 않았음을 짐작할 수 있다. 사의란 생각, 용모, 언어, 동작의 네 가지를 의로써 규제하여 마땅하게 지키는 것이니 바로 선비의 도리를 의미한다. 그곳에서 다산은 특히 상례에 대해 연구했다.

정약용은 이후에도 고성암 보은산방에 머물면서 주역을 연구하고 이청(학래가 그의 호다)의 집에 기거했다. 그의 주변에 강진의 제자들이 모여들었고 정약용은 전력으로 그들을 가르쳤다. 뛰어난 학자였던 그에게 제자를 가르치는 일은 보람을 느낄 수 있는 적절한 소일거리였을 것이다.

그 제자 가운데 윤단의 아들 윤문거 세 형제가 있었다. 그가 다산초당으로 옮긴 건 가계(家系)의 연 때문이기도 했다. 다산초당은 해남윤씨 집안의 귤림처사 윤단의 산정이었는데, 바로 다산의 외가 쪽 가문이었다. 다산의 모친이 바로 조선의 3재중 한 사람인 공재 윤두서의 손녀였다. 그러니까 고산 윤선도의 증손녀가 되는 셈이다. 그 윤단의 아들들이 다산의 제자였으니 자연스럽게 초당으로 다산을 초대했다. 그런 연유로 마침내 정약용은 다산초당에 기거하게 된 것이다.

그는 마재에 살고 있는 가족들에게 편지를 썼고 흑산도에 유배된 형 약전에게 안부를 묻는 편지를 쓰며 지냈다. 두 형제 사이에 오간 서간문들에는 서로를 생각하는 애틋함이 절절하게 묻어나 읽는 이로 하여금 감동을 일으킨다. 또한 아들들에게 보낸 편지에는 유배로 인해 곁에 두고 가르치지 못하는 안타까움과 아버지로서의 당부를 잊지 않는 엄격함이 고스란히 드러난다. 그 당부가 애틋하고 한편으로는 애처롭다.

"폐족의 자제로서 학문마저 게을리 한다면 장차 무엇이 되겠느냐. 과거를 볼 수 없는 처지가 되었지만 이는 오히려 참으로 독서할 기회를 얻은 것이라 할 수 있다."

"만일 너희들이 독서하지 않는다면 내 저서들도 쓸모가 없어질 것이고, 내 글이 전해지지 못한다면 후세 사람들이 다만 사헌부의 탄핵문과 재판 기록만으로 나를 평가할 것이다."

다산이 아들에게 보낸 편지 가운데 이 장에서 우리의 흥미를 끄는 대목이 있다. 1809년 아들 학연에게 보낸 편지를 보면 특별히 두보의 시를 배우고 익히라는 구절이 나온다.

"오늘날 시는 마땅히 두보의 시를 모범으로 삼아야 할 것이다. 모든 시인들의 시 중에서 두보의 시가 왕좌를 차지하고 있는 것은 『시경』에 있는 시 300편의 의미를 그대로 이어받고 있기 때문이다. 『시경』에 있는 모든 시는 충신, 효자, 열녀, 진실한 벗들의 간절하고 진실한 마음의 발로로서, 임금을 사랑하고 나라를 근심하는 내용이 아니면 그런 시는 시가 아니며, 시대를 아파하고 세속을 분개하게 하는 내용이 아니면 시가 될 수 없는 것이며, 아름다움을 아름답다 하고 미운 것을 밉다 하며 선을 권장하고 악을 징계하는 뜻이 담겨 있지 않은 시를 시라고 할 수 없는 것이다."

정약용의 가슴에 늘 두보의 시가 자리 잡고 있음을 짐작할 수 있다. 그는 두보의 시에 대해 다른 곳에서도 비슷한 평가를 내린다.

"시는 마땅히 두보를 공자로 삼아야 한다. 그의 시가 백가의 으뜸이 되는 것은 『시경』 300편을 이었기 때문이다. 두보의 시는 고사를 인용함에 있어 흔적이 없어서 언뜻 보면 자작인 것 같지만 자세히 살펴보면 모두 출처가 있다. 바로 두보가 시성이 되는 까닭이다."

앞에서 언급한 것처럼 다산은 중국 한시에 대한 역사를 꿰뚫고 있어서 두보의 시가 담고 있는 세세한 감정과 맥락을 잘 읽어냈을 것이다. 그리고 그가 두보를 흠모하고 있었음을 그렇게 표현한 것이리라.

정약용에게 특별한 습관은 바로 초서(抄書)였는데 마음에 드는 구절을 베껴쓰고 그 구절을 따서 글을 짓곤 했다. 이러한 습관은 훗날 그가 엄청난 분량의 저술을 하는 데 큰 힘이 되었다. 그는 이미 유년기와 청년기에도 두보의 글에 매료되었는데 그것은 두보의 현실 인식과 다산의 그것이 상통했기 때문일 것이다. 두보는 힘없는 백성들의 고단하고 비참한 삶을 애틋하게 노래하고 한심한 현실을 비판한 시를 지었는데, 그런 점이 소수 사대부들이 혜택을 독점하고 혁신을 방해하는 현실에 개탄해했던 정약용의 뜻과 서로 통했던 것이다. 그래서 아들에게도 "뜻이 세워져 있지 못한 데다 학문은 설익고 삶의 태도를 아직 배우지 못하고 임금을 도와 백성에게 혜택을 주려는 마음이 없는 사람은 시를 지을 수 없다"고 단단히 일렀을 것이다. 그것이 바로 아들에게 두보의 시를 권한 가장 큰 이유 가운데 하나였을 것이다.

다산은 긴 유배생활 속에서 관료들의 탐욕과 학정을 목격하며 두보를 떠올렸던 것 같다. 두보의 시가 역사적 사실을 인용한 흔적이 보이지 않아 스스로 지어낸 것 같지만 자세히 살펴보면 다 출처가 있어서 위대하다는 평가를 받는데, 이런 위대함은 두보가 실제로 겪은 일들이 그 바탕에 깔려 있다는 함축이다. 그런 점에서 다산의 시적 영감과 일맥상통했다. 바로 『용산 마을 아전(龍山吏)』이 그것인데, 이 시는 바로 두보의 『석호리』라는 시의 운을 빌려 쓴 작품이라 한다.

> 아전들 용산 마을에 들이닥쳐
> 소를 찾아내 관가로 넘기네
> 소 끌고 멀리멀리 사라지니
> 집집마다 문 밖에 서서 멍하니 바라볼 뿐
> (중략)
> 쌀독은 이미 바닥 드러냈으니
> 저녁밥은 어찌 지을 수 있겠는가
> 살 도리마저 끊어버리니
> 사방 이웃들 함께 울기만 한 뿐
> 그 소 잡아 포를 떠 세도가에 바치니
> 재주와 슬기는 이런 것으로나 드러나는구나.

조선의 선비들은 시를 많이 지었다. 그야말로 밥을 먹듯 지었다. 그러나

다산 정약용(1762~1836) ···▶

군주를 흠모하고 충성을 다짐하거나 안빈낙도의 이상을 읊은 것들이 대부분이다. 그러나 정약용의 시는 현실에 대한 신랄한 비판과 분노가 그대로 드러난다. 그는 어느 누구보다 많은 시를 지었는데 그 바탕에는 관념이나 자기도취가 아니라 생생한 현실 인식이 깔려 있다. 그런 점에서 이 시는 두보의 「석호리」와 그대로 호응된다. 두보는 그 시에서 당시의 사회상을 날카롭게 비판한다. 그 시는 아들 셋이 모두 징병으로 끌려간 아버지에게 징병 관리가 들이닥치는 상황으로 시작된다. 세 아들 중 이미 둘이나 전쟁터에서 죽었는데 이들은 한밤중에 또다시 충병하기 위해 찾아온 것이다. 그러자 늙은 아비는 도망치고 늙은 어미가 자원해서 전쟁터로 밥 지어주러 간다는 내용이다. 백성을 억누르고 약탈을 일삼는 현실이 생생하게 그려졌다. 정약용은 바로 두보의 그 시에 호응하는 시를 지음으로써 두보의 시선으로 당시 조선의 사악한 현실을 날카롭게 비판하는 시를 지었던 것이다.

앞에서 두보가 깊은 의미를 담은 내용을 쉬운 언어로, 그리고 뛰어난 문학적 소양으로 빚어냈다고 말했던 것처럼, 정약용의 시도 쉽고 일상적인 언어로 쓰였다. 구체적인 시어와 표현은 일상적 내용과 호응을 이루고 시 곳곳에는 생활감이 고스란히 묻어나는데, 조선의 시 가운데 정약용의 시만큼 이러한 것들이 다양하게 표현된 예는 찾아보기 어렵다. 그의 시에 미사여구나 추상적 표현은 거의 없고, 두보의 색채가 상당히 강하게 묻어 있음을 느낄 수 있다.

또한 그의 시에는 가족에 대한 그리움, 생활의 불편함과 곤궁함이 민망할 만큼 솔직하고 소상하게 드러나는데 이것 역시 두보의 시심과 가깝다. 그것은 아마 두보의 삶과 정약용의 삶이 많은 부분 비슷했기 때문일 것이다. 하지만 그는 자신이 전문적 시인이 아니라는 한계를 분명히 인식하고 있었다. 그래서 두보를 능가하는 시를 쓰겠다는 열망도 드러내지 않았다. 그에게 진정 중요한 건 바로 저작이었기 때문이었으리라. 그래서 아들에게 보낸 편지에서 이렇게 말한다.

"두보의 시는 너희들과 내가 평생을 걸쳐 힘을 모아 집중하면 그 정도의 시는 쓸 수 있을지 모르나 우리들이 그렇게 하는 것은 정력의 낭비일 뿐이다. 할 일이 많다. 우리는 그 시를 보고 음미할 줄 알면 되는 것이다."

정약용이 두보의 시를 얼마나 높이 평가하고 있는지 잘 보여주는 대목이다. 비단 정약용뿐 아니라 그와 가까이 지내던 사람들도 두보에 대한 높은 경지를 보여준다. 그 대표적 인물이 다산의 강진 유배에서 큰 도움을 주고 교유했던 혜장(惠藏, 1772~1811)이다. 혜장선사는 추사 김정희의 스승인 청나라의 학자 옹방강(翁方綱, 1733~1818)이 '해동의 두보'라고 칭송할 만큼 뛰어난 스님이었고 불가의 학승이면서도 유교의 경전에 관심이 깊었다.[12]

베옷 입고 산문(山門)도 내려가지 않았는데

아직도 도(道)를 이루지 못했으니 부끄럽구나

그 누가 잣나무 공부에 힘을 얻을손가

오직 연화세계(蓮花世界)에 이름 떨치리

시름에 겨우면 미친 듯 노래 부르고

술에 취하면 맑은 눈물이나 흘리지

부들방석에 외로이 앉아 쓴웃음 지으며

하늘 백성 되려 하지 않으리

혜장선사의 이 시는 중국에까지 전해졌고 금석학의 대가였던 옹방강은 이 시를 보고 너무 기쁜 나머지 망형지계(忘形之契), 즉 '나이와 신분에 구애됨이 없는 사이'를 선언할 정도였다. 그래서 옹방강은 자신의 초상화와 시집 등의 선물을 추사 편에 보냈다. 이 일로 추사와 혜장의 만남이 이루어졌다.

그래서 정약용은 1811년에
죽은 혜장선사의 비명을 쓰
면서 "『논어』또는 율려(律
呂), 성리(性理)의 깊은 뜻을
잘 알고 있어 유학의 대가나
다름없었다"고 하였다.
≪12

13≫
혜장은 정약용에게 국법이
허용하는 범위 내에서 다소
나마 편히 지낼 수 있는 곳
을 마련해 동문 밖 한 칸 방
을 떠나 강진읍 뒤 고성사의
암자로 옮기도록 했는데 정
약용은 그 거처를 보은산방
(報恩山房)이라 이름 지었다.

혜장은 또한 초서로 일가를 이룬 명필이었기에 추
사와 더욱 가까워질 수 있었다. 심지어 혜장이 보은
산방[13]에 보내 상주하게 하면서 다산의 차 시중도
들고 잔심부름을 돕게 했던 제자 색성(賾性) 역시 방
대한 화엄경 공부에 도통했을 뿐 아니라 두보의 시
를 통독할 정도였다.

　강진 유배 시절의 제자 황상(黃裳, 1788~1870)의 시에도
다산의 흔적이 묻어난다. 『삶을 바꾼 만남』에서 정민
교수는 이 대목을 이렇게 설명한다.

　"추사 김정희는 제주에서 우연히 시 한 수를 보았
다. 시를 읽자마자 그는 다산 정약용의 고제(高弟, 황상을
뜻함)가 지은 작품임을 한눈에 알아보았다. 추사는 두
수한골(杜髓韓骨)로 그 시의 풍격을 평가했다. 두보의
시를 골수로 삼고, 한유를 근골로 삼아 튼실하고 웅
숭깊은 시라고 칭찬했다. 황상의 시가 추사에게 대
단히 인상적으로 각인되었던 모양이다."

　황상은 변방 강진에 사는 아전의 자제였지만 그
의 실력은 추사 김정희도 "지금 세상에 이러한 작품
이 없다"라고 칭찬할 정도였다. 그가 지은 시 가운데
'두보의 시에 차운하여 동천여관에 받들어 올린다'
는 구절이 있는 걸 봐도 이들이 얼마나 두보의 시에

심취했었는지 짐작할 수 있다. 정약용은 자신의 시에서도 두보를 끌어들인다. 「자신을 비웃음(自笑)」이란 시가 대표적이다. 시 전체는 10수로 된 연작시인데, 여덟 번째 시만 인용해보면 다음과 같다.

不幸窮來莫送窮

固窮眞正是豪雄

成灰孰顧漢安國

臨渡常逢呂馬童

寵辱莊生春夢裡

賢愚杜老醉歌中

불행하게 찾아온 빈궁을 애써 쫓을소냐

그 곤궁이 바로 진정한 호걸 영웅인 바

재가 된 한안국 누가 돌아볼까

강 건널 때 늘 여마동을 만나네

총애 받건 욕을 겪건 살아가며 겪는 봉의 꿈속이니

현자건 어리석은 자건 술 취한 두보의 노래에 다 있거늘

이 시는 짧지만 많은 고사를 담고 있다. 한나라 때 대부 한안국이 어떤 일로 벌을 받게 되자, 일개 옥리가 안국에게 욕을 했다. 한안국이 "죽은 재라 해서 다시 불붙지 말란 법 있다더냐?" 하고 나무라자 옥리는 불이 붙기

만 하면 오줌을 싸 꺼버리겠다 응수했다. 나중에 한안국이 다시 등용되자 옥리는 그를 찾아가 옷을 벗고 사죄했다는 내용이다. 또 항우가 패하여 오강을 건너려 할 때 그의 옛 친구 여마동이 왕예에게 항우임을 알려줘서 목을 베도록 했다는 고사도 담겼다.

그러나 정약용이 늘 그렇게 매서운 비판을 담은 시만 쓴 것은 아니었다. 두보가 초당에 살면서 「춘야희우」라는 절창을 뽑아냈다면 정약용은 「새벽에 홀로 앉아(曉坐)」와 같은 감칠맛 나는 시를 지었다.

缺月生殘夜

清光能幾何

艱難躋小嶂

無力度長河

萬戶方酣睡

孤羈獨浩歌

새벽 조각달 하나 떠오르니

그 빛 기껏 얼마나 갈까

겨우 작은 산은 올랐지만

긴 강 건널 힘은 없네

집집마다 모두 단잠에 빠졌는데

외로운 떠돌이 홀로 노래하누나

세상에 대한 원망도, 자조와 분노도 사위고 가족에 대한 애틋한 그리움, 자기 존재에 대한 회의, 유배지에서의 황량한 감정 등이 그대로 드러나면서도 삶에 대한 통찰이 고스란히 배어 있다. 이 시를 읽다 보면 두보가 초당에서 초극의 심정으로 읊었을 '봄밤에 내리는 기쁜 비'와 겹치고 또한 흩어짐을 느낀다. '그물에 걸린 신세'[14]인 자신을 한탄하면서도 한 인간으로서의 희로애락과 고난을 이겨내고 성숙해가며 통찰력은 깊어졌다. 그런 모습이 그의 시에 그대로 묻어난다.

길고 긴 유배도 정약용을 파멸시킬 수 없었다. 그는 사약의 공포를 견뎌내며 묵묵히 자신의 뜻을 벼렸다. 정민 교수의 표현처럼 "마치 두보가 곤액을 당해 시성이 됐듯 다산도 곤액을 이겨내며 사상가로 우뚝 선 셈이다." 그가 두보와 정약용을 하나로 묶어 거론한 것은 적절한 비유였다.

시 자체도 뛰어나지만 정약용의 진가는 현실 정치와 사회에 대한 날카로운 분석과 대책을 제시한 엄청난 분량의 실학적 저술에서 발견된다. 이런 점에서 그는 이미 두보와는 다른, 아니 두보를 넘어서는 역량을 충분히 보여주고도 남는다. 베트남 혁명

정약용은 유배 다음 해 겨울에 해배 특명을 받았다. 그러나 그가 경기 암행어사로 활약할 때 비리를 적발하여 그 때문에 처분 받았던 서용보가 신유사옥 해배를 가로막았고, 그 때문에 16년을 더 유배지에서 보내야 했다. 그뿐 아니라 1817년 해배 후 출사가 열렸을 때도 서용보가 다시 그것을 막았다.
《14

15》
박헌영이 호치민에게 선물했다는 설이 유력하다. 호치민의 책상에는 이 『목민심서』가 항상 놓여 있었다고 한다.

16》
『목민심서』를 다 써갈 무렵인 1818년에 유배가 풀려 책은 고향 마현에서 완성했고, 『흠흠신서』는 그 다음 해에 완성했다.

17》
물질적 경제생활과 정신적 도덕문화의 조화를 강조한 정약용은 그 자신도 채마밭을 가꾸기 좋아했고 해배 후에는 마재에서 인삼밭을 경영했다.

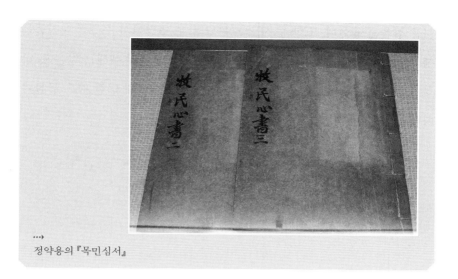

을 이끌었던 호치민이 애독했다[15]는 『목민심서』, 『흠흠신서』[16], 『경세유표』 등 수많은 저작들이 그의 강진 유배 시절에 저술되었다.

정약용만큼 문화적 주체성을 가진 이를 찾기는 쉽지 않다. 뛰어난 저술가에 현실적 개혁을 실천했던 관리였고 창의적인 과학정신까지 겸비한 실학자였던 그는, 독창성과 혁신성에서는 실학의 테두리까지 넘어선다는 평가를 받는 인물이다. 지식과 인품의 조화를 이룬 조선 후기 최고의 지식인으로서 그가 보여준 삶은 감동적이기까지 하다. 특히 그가 유배생활에서 보여준 흔적에는 의연함이 담겨 있다. 학문이 관념과 추상에 머무른 다른 선비들과는 달리, 그는 실제 삶에서 학문을 실천했던(다만, 그가 출사하여 그것을 구현할 수 있는 기회가 끝내 박탈된 것은 안타깝기 그지없지만) 사상가였다.[17]

수많은 시를 썼고, 짧은 관리 생활을 했다는 점에서도 두보와 정약용은 닮은 점을 공유한다. 또한 두 사람 모두 외로운 초당에서 주옥같은 작품을 생산했다는 점도 겹친다. 물론 두보의 유랑과 정약용의 유배는 같은 듯 다르긴 하다. 그러나 그들의 저작 속에 담긴, 세상과 삶에 대한 깊은 통찰과 따뜻한 애정은 다르지 않을 것이다.

어떻게
과거를
읽어낼 것인가

'

　　　　두보와 정약용의 시 세계와 삶을 보면서 이제 우리는 시인 김수영으로 옮겨갈 것인데, 그 전에 잠시 역사를 짚어보는 문제를 생각해보도록 하자. 역사는 실록이나 역사서적을 통해서만 읽어낼 수 있는 것은 아니다. 과거의 유물을 통해서도 읽어낼 수 있다. 예를 들어 고려 상감청자를 보자. 그것을 볼 때마다 신비롭고 아름다운 비취색의 황홀함에 절로 감탄이 나온다. 정말 아름답다. 색깔뿐 아니라 그 모양도 참 멋지고 아름답다. 그러니 분명 우리의 자랑스러운 문화유산임엔 틀림없다. 그런데 그냥 '아, 정말 아름답구나' 하고 뿌듯해 하기만 하면 그것밖에 보이지 않는다. 도자기 하나를 감상하더라도 당시의 상황과 배경을 짚어보면 많은 것들을 배우게 된다. 고려는 왜 그렇게 아름답고 신비한 상감청자를 만들게 되었을까? 이런 물음이 따라와야 한다.

고려가 세상에 혼자 존재했던 것은 아니다. 어느 나라건 이웃나라와 관계를 맺고 서로 영향을 주고받으며 살 수밖에 없다. 중국-한국-일본은 역사적으로 늘 그러한 관계 속에서 살아왔다. 꼭 가까운 이웃나라와만 그랬던 것은 아니다. 예를 들어 신라는 멀리 서역, 그러니까 페르시아와 인도 등의 나라들과도 교역했다. 신라시대의 유리 제품 유물이 그런 증거이고, 괘릉[18]의 무인석[19]이 서역인의 모습을 하고 있는 걸 봐도 알 수 있다. 고려는 벽란도를 통해 수많은 나라들과 무역했다.

고려는 당연히 당시 중국의 송나라와 아주 가까이 지냈다. 따라서 중국의 선진문화를 자연스럽게 받아들였을 것이다. 송나라는 중국의 어느 왕조보다 문(文)을 중시했고 자연스럽게 그러한 문화가 발전했다. 그 대표적 예가 바로 도자기 문화다. 물론 당나라 때도 당삼채(唐三彩)[20]라는 도기 문화가 발달했지만 도자기 문화의 꽃은 바로 송나라 때 활짝 폈

통일신라시대 원성왕의 무덤으로 추정되는 왕릉으로 무덤의 형태와 구조가 통일신라시대의 가장 완벽한 능묘제도를 보여준다.
≪18

≪19
왕이나 왕비의 무덤인 능 앞에 세우는 사람의 형상을 한 입석상으로 석인(石人)이라고도 부르는데 문인과 무인으로 나뉜다. 무인석은 대개 갑옷과 투구로 무장하고 문인석보다 눈매가 매섭고 얼굴은 크고 둥근 편이다. 또한 뺨과 턱과 다리의 굴곡이 대담한 편이다.

중국 당대(618~906)의 도기로 다양한 색채의 유약을 사용해서 화려한 멋을 자랑한다.
≪20

다. 그때 청자가 발달한 것이다. 그러니까 당연히 고려에서도 청자를 수입하고 배우고 제작하기 시작했을 것이다. 사실 고려는 세계에서 두 번째로 청자를 만들었던 나라였다.

문화는 어느 한 곳에 머물러 고정되는 것이 아니고 자연스럽게 다른 곳으로 옮겨간다. 마치 물이 위에서 아래로 흐르듯, 더운 공기와 찬 공기가 대류하듯. 고려 청자의 뛰어난 점은 그저 송나라의 청자를 빼어난 솜씨로 모방하고 재현한 데 있는 것이 아니라 완전히 새로운 기법을 창안해서 예술적으로나 기술적으로 훨씬 더 뛰어난 도자기를 만들었다는 데 있다. 그게 바로 상감(象嵌)이라는 기법이다. 그건 세계 최초의 유일한 기술이었다. 오죽하면 중국인들조차 그것을 천하제일이라고 감탄했겠는가? 그 이전까지는 도자기에 직접 그림을 그렸지만 고려의 장인들은 도자기에 음각과 양각으로 그림을 새기고 거기에 백토나 흑토로 메우고 구워낸 다음 다시 청자유약을 발라 구워내면서 무늬가 유약을 통해 투시되도록 했다. 이것이 상감청자의 기법이다. 물론 상감이라는 기법이 완전히 독창적인 것은 아니고 나전칠기 등에서 사용했던 기법을 응용한 것이다. 이렇게 문화는 모방과 창조를 통해 진화한다.

어째서 고려는 이렇게 대단한 도자기를 만들어냈을까? 물론 예술적 안목과 문화적 잠재력이 중요한 것은 사실이지만 그걸 생산해낼 수 있는 사회적 배경도 무시할 수 없다.

먼저 기술적인 면을 보자. 도자기는 일반 찰흙으로 만드는 도기와 자토로 만드는 자기를 일컫는 말인데, 도기는 섭씨 500~1,100도에서 구워지지만 자기는 1,200도가 넘어야 구워지기 시작해서 1,300도쯤 될 때 최적 상태가 된다고 한다. 그렇게 구워지면 훨씬 가볍고 단단해진다. 금속이 대략 1,000도쯤에서 녹는 것과 비교해보면 엄청난 온도다. 그런 온도를 만들어내려면 가마를 만드는 기술이 뛰어나야 한다. 그리고 그 온도까지 올라가려면 적어도 사흘 내내 장작을 때야 한다. 이러한 기술은 경험과 과학, 그리고 끈질긴 탐구의 결과물인 셈이다.

과연 이런 기술은 어떻게 생겨났을까? 도공이 그냥 심심해서 시도해본 것일까? 결코 그럴 순 없을 것이다. 그 사람들이 먹고사는 건 누군가가 일을 시키고 그에 따른 값을 치를 때 가능하다. 그럼 누가 주문했을까? 당연히 왕족이나 귀족 등 지배계급이었을 것이다. 하지만 아무리 지위가 높은 계급이라 하더라도 경제적으로 풍족하지 못하면 사치스러운 상감청자를 마음껏 누리지 못한다. 아니면 대단히 착취적인 구조가 형성돼 있어야 했을 것이다. 물론 경제적 요인만 있는 것은 아니다. 무엇보다 그 가치를 누릴 수 있는 안목과 식견이 갖춰져야 한다. 따라서 11~12세기 고려는 경제적으로도 풍족했고 지배계급의 문화 수준도 높았을 거라고 짐작할 수 있다. 벽란도를 통한 무역으로 경제적 윤택을 누렸을 수도 있다. 상업은 농업이나 공업보다 더 많은 이익을 더 쉽게 얻을 수 있다.

실제로 12세기 후반에서 13세기로 접어들면 뜻밖에도 고려청자의 수준이 떨어진 것을 확연하게 알 수 있다. 그것은 바로 무신정권의 지배와 원나라의 침입 때문이었다. 사회가 평화롭고 윤택할 때는 문화가 세련되고 성숙해지지만, 불안하고 피폐해지면 먹고사는 문제를 해결하는 수단이 되지 못하는 문화는 퇴보하게 마련이다. 그래서 우리는 지금 잘 살아야만 하는 것이다. 가난하고 불안정한 나라에서 문화가 성장하는 경우는 거의 없다.

고려 말에 이르러 청자의 전성기는 거의 막을 내리고 쇠퇴하다가 조선 시대에 들어오면 그 맥이 완전히 끊어지고 만다. 물론 조선은 유교적 가치를 내세운 왕조로, 사치와 화려함보다는 질박하고 담백한 것을 추구했기 때문이기는 하지만 청자의 맥이 끊어졌던 것은 아쉬운 일이다.

이런 상상도 가능하지 않을까? 일반 서민들의 경우는 어쩌면 청자에 대해서 그리 탐탁지 않게 여겼을지도 모른다. 생각해보라. 청자를 굽기 위해서는 사흘 동안 땔 엄청난 양의 소나무 장작이 필요하다. 생활에 필요한 땔감도 넉넉하지 않은 형편에 그런 엄청난 양의 장작은 서민들에게는 그림의 떡이었을 것이다. 자신들은 구경도 못해볼 그릇 굽는 데 쓰기 위해 숲이 황폐해지고 땔감은 부족하니 얼마나 삶이 곤궁했겠는가. 이렇게 누군가 누리는 행복을 위해서 또 다른 누군가가 불행을 겪어야 한다면 그건 공정하지 않다. 게다가 소수가 행복을 누리기 위해 다수가 불행을 감당해야 한다면 더더욱 그렇다. 아무리 옛날이라고 하더라도 그 판단이 바뀌지는 않는다.

공자와 맹자는 정치란 백성들의 마음을 얻어야 하는 것이라고 가르쳤다. 물론 백성들에게 민폐를 끼치지 않는 범위에서 문화를 누리는 것은 비난할 일이 아니라 칭찬할 일이다. 고려청자가 번창한 것은 어쩌면 경제적으로 풍요롭고 정치적으로도 안정되었기 때문에 가능했을 것이다. 그런 점에서 이 청자는 고려의 경제와 정치를 엿볼 수 있는 창문인 셈이다. 이렇게 도자기 하나를 통해 우리가 살펴보고 생각할 수 있는 갈래들이 뜻밖에 많다는 것을 알 수 있다.

그럼, 이번에는 고려 상감청자 작품 중 하나를 자세히 살펴보면서 예술적으로 감상해보자. 다음 작품은 국보 95호로 지정된 청자투각칠보문향로다. 칠보문이란 일곱 가지 귀한 보물에서 유래한 말인데 나중에 차차 길상(행운) 무늬로 형상화된다. 투각된 뚜껑과 연꽃 문양의 몸체, 그리고 세 마리 토끼가 받치고 있는 판형 받침이 완벽한 조화를 이루어 매우 화려하면

청자투각칠보문향로
(국보 제95호) ⋯▸

서도 안정적인 균형미를 드러내고 있다. 특히 받침대를 등에 지고 있는 각 토끼의 눈에는 검은 철화 점을 찍어 마치 살아있는 느낌이 든다. 화룡점정 (畫龍點睛)이란 말이 있다. 용을 그린 다음에 마지막으로 점을 찍어 눈동자를 그린다는 말로 가장 요긴한 부분을 마쳐서 일을 완벽하게 끝낸다는 뜻이다. 하지만 살짝 붓끝으로 '톡' 쳐서 토끼의 눈동자를 그려낸 솜씨는 그런 거창함보다는 소박함이 느껴진다. 그러면서도 깔끔하고 재치 있고 생동감 넘치는 표현방법에서 저절로 행복한 웃음이 지어진다.

송나라에서 파견된 사신 서긍(徐兢)은 고려의 청자를 보고 깜짝 놀라 높은 평가와 감탄을 멈추지 않았다고 한다. 이런 작품들이 바로 12세기 상감청자 전성기 때 엄청나게 생산되었다는 것은 그만큼 고려의 문화 수준이 대단했다는 증거다. 이처럼 유물 하나를 통해서도 한 시대의 정치, 경제, 사회의 구조를 알 수 있고 당대 문화의 창의력과 예술적 감각 등을 짐작할 수 있다.

시 한 편, 저술 한 권이라도 제대로 읽으려면 시대적 특성을 파악하고 맥락을 더듬어 찾아내야 한다. 두보의 시도, 정약용의 저술도 그 배경을 알아야 맛과 의미, 그리고 가치를 제대로 읽어낼 수 있다. 이 부분이 우리 교육에서 늘 아쉬운 부분이다.

두보의 시를 읽기 위해서는 당나라의 현실, 안록산의 반란, 그리고 당시의 특수한 시대적 상황 등을 파악해야 하고 정약용의 시와 저작을 읽기 위해서는 정조 시대의 상황, 사옥(史獄), 삼정의 문란 등에 대해서도 살펴보아야 한다. 역사의 유산을 이해하려면 그것이 어떤 분야건 반드시 시간과 공간의 맥락과 배경 속에서 분석해야 하고 그것을 현대의 그것들에 비춰 재해석해야 한다. 이러한 태도와 방식은 비단 오래된 과거의 일에만 국한되는 것이 아니다. 현대시를 이해할 때도 그런 태도와 방식이 필요하다. 김수영의 시도 그렇게 이해해야 한다.

시여,
침을 뱉어라!

；

「풀」

풀이 눕는다

비를 몰아오는 동풍에 나부껴

풀은 눕고

드디어 울었다

날이 흐려서 더 울다가

다시 누웠다

풀이 눕는다

바람보다도 더 빨리 눕는다

바람보다도 더 빨리 울고

바람보다 먼저 일어난다

날이 흐리고 풀이 눕는다

발목까지

발밑까지 눕는다

바람보다 늦게 누워도

바람보다 먼저 일어나고

바람보다 늦게 울어도

바람보다 먼저 웃는다

날이 흐리고 풀뿌리가 눕는다

　김수영의 유고시 「풀」이다. 아주 미약하고 주목받지 못하는 풀은 바람에도 견디지 못한다. 그래서 바람보다 먼저 눕는다. 허망하기까지 하다. 권력과 폭력 앞에 무기력한 우리의 모습 또한 그와 다르지 않다. 그러나 바람보다 먼저 일어나고 바람보다 먼저 웃는다. 그것이 민중의 힘이다. 따라서 그의 시는 우리로 하여금 절망을 딛게 하고 타협보다는 저항을, 굴종보다는 당당함을 일깨운다. 어둠이 깊을수록, 권력과 폭력이 거셀수록 그의 시는 더 강한 울림으로 다가온다. 무엇보다 그의 시가 던지는 힘은 그것이 관넘에서 오는 것이 아니라 생생한 삶의 체험에서 오는 것이고 시대와 역사의 통찰에서 비롯된 것이기에 늘 벼리가 퍼렇게 서 있다.

시란 무엇인가? 진정한 시는 굳이 큰 소리로 외치지 않아도 이미 그 자체로 기존의 모순된 현실을 위협할 수 있기 때문에 오히려 순수하게 시적일수록 참여적일 수밖에 없다는 것이 김수영의 시론이다. 김수영의 시론을 이해하려면 격랑의 현대사를 먼저 짚어봐야 한다. 김수영의 시는 정치와 사회 현실에 대한 예리한 언어와 강고한 의식을 고루 갖췄다는 평가를 받는다. 김수영만큼 시인으로서 시론에 대해 뜨겁게 논쟁한 시인을 찾기 어렵다. 특히 모더니즘과 참여에 대한 논쟁은 김수영을 단순히 시인이 아니라 당대의 평론가이며 논객으로 평가할 만큼 뜨거운 것이었다. 그러나 그의 시 세계의 핵심은 20세기 중반을 살아가는 지식인의 고독과 비애에 대한 직설적이면서도 당당한 시 정신에 담겨 있다.

김수영의 시는 이전의 다른 시들과 달리 거칠고 심지어 욕설까지 동원되어 동시대인들로부터 낯설고 때론 불쾌하다는 반응을 불러왔지만, 당당한 시적 정신과 기개에 환호한 독자들도 많았다. 그의 시어가 언어의 연마와 서정적 본질을 거부하는 것은 기존의 부조리한 질서와 관념적이고 봉건적인 체제에 대한 날선 비판에 중점을 두었기 때문이다. 그래서 그의 시는 힘차고 강하다. 그게 바로 김수영 시의 매력이다.

김수영은 굴곡 많은 삶을 겪은 시인이다. 식민지에서 태어났고, 전쟁을 겪었으며 그것도 포로 생활까지 경험했다. 그러나 석방 이후의 삶도 만만치 않았다. 독재와 저항, 쿠데타와 새로운 독재를 겪어야 했던 그의 인생의

궤적을 빼고 그의 시를 이해하는 것은 불가능하다. 그래서 그의 시는 머리로 쓴 게 아니라 온몸으로 쓴 것이라는 평가를 받는다. 그의 모더니즘은 인텔리겐치아의 멋부림이 아니라 체험과 실천의 산물이다. 그의 시가 언어적 감성이 아니라 담대한 윤리적 급진성까지 띠는 것은 그 때문이다.

우리는 김수영이 겪은 포로 생활을 주목할 필요가 있다. 그는 의용군에 지원했던 인민병사였다. 그러나 전쟁을 겪으면서 자신이 꿈꾸던 사회주의 북한의 실체를 파악한 그는 유엔군의 참전으로 퇴각하는 의용군에서 탈출했다. 그러나 결국 경찰에 체포되었고 거제도에 있는 포로수용소에 수감되었다. 수용소 생활이란 어쩌면 감옥보다 더 불안하고 잔혹했을 것이다. 두보가 반군에 잡히고 정약용이 유배지로 쫓겨간 것처럼, 김수영 또한 영어의 몸이었다는 것은 가볍게 볼 우연의 일치가 아니다. 실제로 김수영의 시 세계에 가장 큰 영향을 끼친 것은 바로 그 포로수용소 체험이었다. 그가 부조리한 시대에 대해 사자후를 토해낼 수 있었던 건 바로 이때 겪은 체험에서 나온 것이다.

김수영이 더 날카롭게 현실을 비판하고 시대에 맞서 싸우게 된 것은, 4·19혁명과 5·16쿠데타를 겪으면서 성찰하게 된 실존적 비애를 바탕으로 한다. 자신의 삶과 가치를 스스로 드높이지 못하는 현실, 치열한 경쟁과 협잡의 사회, 일상에 사위는 의지와 노력, 확실성 없는 미래에 대한 무망한 추구 등 그가 고뇌한 모든 것들이 그의 시에 직설적으로 드러난다. 김수영의 시를 읽는 맛은 바로 그 직설성, 직진성에 있을 것이다. 그의 시가 모더니즘 논쟁의 중심에 서게 된 것도 그런 현실 인식과 그것을 바탕으로 한 시의 표현 때문이었을 것이다. 그가 시의 소재로 자주 삼았으며 그를 끝내 분노케 한 것은 바로 쿠데타였다. 쿠데타는 그가 꿈꾸던 혁명을 문학과 문화의 영역으로 몰아넣었고, 그의 시들은 그 안에서 꿈틀거리고 펄떡였다.

어째서 자유에는
피의 냄새가 섞여 있는가를
혁명은
왜 고독한 것인가를

혁명은
왜 고독해야 하는 것인가를

― 「푸른 하늘을」 중에서

김수영의 이 시가 지금의 우리에게도 그대로 살아 있다는 것은 물론 시의 보편성과 초시간적 힘 때문이기도 하겠지만, 지금 우리의 현실이 암울하기 때문이기도 하다. 그가 시에서 욕설이나 상소리까지 걸러내지 않고 그대로 토해내는 것은 시를 거부하거나 파괴하는 것이 아니라 시가 지나치게 점잔빼는 것에 대한 야유요 풍자 그 자체다.

나는 김수영의 시도 좋지만 그의 산문이 지닌 웅변의 울림이야말로 지금 우리에게도 여전히 유효하다는 점에서, 그리고 지금 우리의 결기가 그에 미치지 못한다는 점에서 매력적이라고 생각한다.

그의 산문들은 시에서 미처 다 토해내지 못한 격정을 그대로 드러내어 매우 공격적이다. 그러나 그는 산문에서조차 시에 대한 신념과 애틋함을 털어내지 못한다. 어쩌면 그의 산문은 시에 대한 오마주인지도 모른다. 1968년 4월 부산에서 펜클럽 주체로 개최된 문학 세미나에서 발표한 김수영의 평론 「시여, 침을 뱉어라」[21]는 그 당당한 결기가 퍼렇게 서 있다. 뜻하지 않은 갑작스러운 죽음으로 그의 마지막 강연이 된 이 글의 일부를 옮겨 함께 읽어보는 것도 좋겠다.

(중략)

나는 아까 서두에서 시에 대한 나의 사유가 아직도 명확한 것이 못되고, 그러한 모호성은 무한대의 혼돈에의 접근을 위한 도구로서 유용한 것이기 때문에 조금도 부끄러울 것이 없다는 말을 했다. 그리고 이러한 모호성의 탐색이 급기야는 참여시의 효용성의 주장에까지 다다르고 말았다. 그러나 나는 아직도, 〈여태껏 없었던 세계가 펼쳐지는 충격〉을 못 주고 있다. 이 시론은 아직도 시로서의 충격을 못 주고 있는 것이다.

『시여, 침을 뱉어라』는 그의 평론집인데, 그 안에 담긴 「시여, 침을 뱉어라」라는 강연문을 제목으로 삼았다. 이 책은 1975년에 민음사에서 처음 펴냈고 이태 뒤에 중판까지 나왔다가 절판되었다. 김수영의 시론이 담겨 있는 이 책이 절판된 상태로 지금까지 이어지고 있다는 것은 정말 아쉬운 일이다.

≪21

그 이유는 여태까지의 자유의 서술이 자유의 서술로 그치고 자유의 이행을 하지 못한 데에 있다. 모험은 자유의 서술도 자유의 주장도 아닌 자유의 이행이다. 자유의 이행에는 전후좌우의 설명이 필요 없다. 그것은 원군이다. 원군은 비겁하다. 자유는 고독한 것이다. 그처럼 시는 고독하고 장엄한 것이다. 내가 지금 – 바로 지금 이 순간에– 해야 할 일은 이 지루한 횡설수설을 그치고, 당신의, 당신의 얼굴에 침을 뱉는 일이다. 당신이, 당신이, 당신이 내 얼굴에 침을 뱉기 전에. 자아 보아라, 당신도, 당신도, 당신도, 나도 새로운 문학에의 용기가 없다. 이러고서도 정치적 금기에만 다치지 않는 한 얼마든지 〈새로운〉 문학을 할 수 있다는 말을 할 수 있겠는가.

정치적 자유를 인정하지 않는 사회에서는 개인의 자유도 인정하지 않는다. 〈내용〉을 인정하지 않는 사회에서는 〈형식〉도 인정하지 않는 것이다.

(중략)

그레이브스는 오늘날의 〈서방측의 자유세계〉에 진정한 의미의 자유가 없는 것을 개탄하면서, 계속해서 이렇게 말하고 있다. "그 (서방측 자유세계의) 시민들의 대부분은 군거하고, 인습에 사로잡혀 있고, 순종하고, 그 때문에 자기의 장래에 대해 책임질 것을 싫어하고, 만약에 노예제도가 아직도 성행한다면 기꺼이 노예가 되는 것도 싫어하지 않을 정도다. 하지만 종교적, 정치적, 혹은 지적 일치를 시민들에게 강요하지 않는 의미에서, 이 세계가 자유를 보유하는 한 거기에 따르는 혼란은 허용되어야 한다." 이 인용문에서 우리들이 명심해야 할 점은 〈혼란은 허용되어야 한다〉는 것이다. 나는 자유당 때의 무기력과 무능을 누구보다도 저주한 사람 중의 한 사람이지만, 요즘 가만히 생각해 보면 그 당시에도 자유는 없었지만 〈혼란〉은 지금 처럼 이렇게 철저하게 압제를 받지 않은 것이 신통한 것 같다. 그러고 보면 〈혼란〉이 없는 시멘트 회사나 발전소의 건설은, 시멘트 회사나 발전소가 없는 혼란보다 조금도 나을 게 없다는 것 같은 생각이 든다. 이러한 자유와 사랑의 동의어로서의 〈혼란〉의 향수가 문화의 세계에서 싹트고 있다는 것은, 그것이 아무리 미미한 징조에 불과한 것이라 하더라도 지극히 중대한 일이다. 그리고 이러한 문화의 본질적 근원을 발효시키는 누룩의 역할을 하는 것이 진정한 시의 임무인 것이다.

시는 온몸으로 , 바로 온몸으로 밀고 나가는 것이다. 그것은 그림자를 의식하지 않는다. 그림자조차도 의지하지 않는다. 시의 형식은 내용에 의지하지 않고 그 내용은 형식에 의지하지 않는다. 시는 그림자에조차도 의지하지 않는다. 시는 문화를 염두에 두지 않고, 민족을 염두에 두지 않고, 인류를 염두에 두지 않는다. 그러면서도 그것은 문화와 민족과 인류에 공헌하고 평화에 공헌한다. 바로 그처럼 형식은 내용이 되고 내용은 형식이 된다. 시는 온몸으로, 바로 온몸으로 밀고 나가는 것이다.

(중략)

김수영은 이 세미나를 마친 뒤인 6월 집 앞에 있는 도로에서 버스에 치이는 사고를 당해 생을 마감한다. 그의 나이 48세 때 일이다. 행동이 없는 사상인 '머리'에 생각만 가득하고 그것을 삶으로 밀고나가지 못하는 시를 죽은 시라고 단언하는 그의 결기는 지금 읽어도 서슬이 퍼렇다.

감정은 시인의 '심장'이지만 감정에만 치우쳐 현실을 제대로 보지 못하는 시 또한 죽은 것이나 다름없다. 따라서 김수영에게 시란 온몸으로 모든 것을 한 번에 밀고나가면서 쓰는 것이어야 했다. 힘으로서의 시에 대한 그의 강한 신념은 바로 시대를 읽어내는 시인의 양심과, 그가 겪은 매운 현실에 대한 개탄이다.

그런 점에서 그의 시는 두보와 정약용의 그것과 이어진다. 각 시대 상황에서 가장 빛을 발한 인물이 시인이었다는 사실은 바로 그런 절박한 시대적 요구와 맞닿아 있다. 시가 세상을 때론 감동적으로, 때론 호방하게 그려내는 것도 분명 멋진 일이지만 시대의 아픔을 읽어내고 그것을 시의 언어로 표현하는 것 또한 그에 못지않게 중요하다. 두보-정약용-김수영의 시를 읽고 그들이 살았던 시대를 짚어보면서, 시대의 아픔을 어떻게 제대로 읽어내느냐를 고민하는 것은 지금을 살아가는 우리가 갖춰야 할 태도로 그대로 이어진다.

기꺼이
고독하라!

●
,　　　　현대인은 고독의 기회를 놓치며 살고 있다. 아이고 어른
이고 가릴 것 없이 고독의 가치를 상실하고 있다. 고독을 두려워한다. 그러
나 그건 고립과 엄연히 다르다. 그걸 분별하지 못하니 자꾸만 무의미한 무
리 짓기에 혈안이 되는 것이다. 무리 짓기가 무의미한 게 아니다. 무의미한
무리 짓기가 문제다. 기꺼이 고독해야 한다. 그래야 나를 만나고 성찰하며
나의 삶을 조율할 수 있다. 이외수는 심지어 감옥 같은 절대고독을 위해 자
기 방에 형무소 문짝을 주문해서 걸어 달았다 하지 않는가!

두보, 정약용, 김수영 등에게서 그런 고독의 시간(그걸 진부하게 '시련'이라고 부르지

않겠데!)이 주어지지 않았다면 과연 위대한 그들의 작품이 우리에게 선물로 주어졌을까?

무엇을 소유하느냐가 중요한 게 아니다. 어떻게 사느냐가 중요하다. 그런 당당함이 있어야 삶이 비굴하지 않다. 그런 삶이 창조적이고 도전적인 삶으로 이끈다. 창조적이고 도전적인 삶이 우리의 미래를 가치 있게 할 뿐 아니라 그런 창조와 융합이 미래의 실용을 낳는다. 그러니 그게 미래의 풍요로 가는 지름길이다. 그런데 그걸 놓치고 살면서도 태연하다. 이래서는 안 된다. 학교 교육에서도 '고독의 가치와 힘'을 가르쳐야 한다. 정작 제대로 정의로운 연대조차 못하면서 무의미한 무리 짓기에만 혈안인 사람은 자신(自身)이 없다. 그러니 사는 게 자신(自信)이 없다. 기꺼이 고독하라!

생각의 융합 __ **8**

인문학은
어떻게
콜럼버스와
이순신을
만나게 했을까

인문학은 사람이다

− 인간의 가치를 읽는 방법

김홍도의
〈씨름도〉에서
사람과 삶을
만나다

,

나는 김홍도의 〈씨름도〉를 참 좋아한다. 김홍도의 대담
하고 자유로우면서도 따뜻한 그림 세계를 맛볼 수 있기 때문이다. 최근 여
러 강의에서 이 그림을 거론했고 다른 책에서도 언급했음에도 불구하고
다시 다루려 한다. 옆의 그림은 인문학의 핵심을 이해하는 데 아주 좋은 아
이템이기 때문이다. 그 계기는 이렇다. 중고등학생이나 어른들에게 이 그
림을 보여주면서 뭐가 가장 먼저 머리에 떠오르냐 물으면 비슷한 대답이
나온다. '김홍도, 단원, 씨름, 단오, 생동감, 구도' 등이다. 자신이 이 그림에
대해 알고 있는 일부 텍스트적 지식들이다.

김홍도의 〈씨름도〉(18세기경),
종이에 담채(보물 제527호) ⋯▶

　그런데 이 그림이 정말 김홍도의 그림인가? 'TV 진품명품'에서도 진품
여부의 가장 기본적 단초는 낙관이나 수결(사인)이 아닌가? 그런데 이 그림
에는 그런 게 전혀 없다! 그럼 왜 그리 철석 같이 믿는가? 텍스트 중의 텍
스트인 교과서에서 본 그림이니 아무런 의심도 없고, 다른 건 따져볼 생각
도 하지 않기 때문이다. 그럼 교과서에 나오면 무조건 믿을 수 있는가? 그
건 중세인들이 천동설을 절대 진리로 믿어 의심치 않았던 것과 무엇이 다
른가?

　이 그림에 대한 이야기를 시작하려면 '낙관도 수결도 없는 이 그림이 진
짜 김홍도의 그림인가?'라는 것부터 물어야 한다. 그 까닭은 이렇다. 이 그

림은 정식으로 그린 게 아니라 일종의 스케치다. 대부분 김홍도의 그림은 비단에 채색한 것들이다. 아무리 자기 그림에 자부심이 있는 화가라 해도 스케치한 것마다 일일이 낙관을 찍고 수결을 남기지는 않을 것이다. 그저 앞장에 제목을 적거나 소유자를 나타내는 도장 하나 찍어두면 그만이다. 혹은 뒷장에 그렇게 할 수도 있겠다. 실제로 이 그림의 크기는 고작해야 지금의 8절 스케치북보다 조금 더 작다(가로 22.7cm, 세로 27cm). 게다가 재질도 막종이다(물론 붓이 잘 나가도록 무두질을 해둔 종이였다). 그리고 지금 우리가 보는 그의 이 풍속도들은 사생화집을 낱장으로 해체하여 표구한 것이다.

이 그림은 보물 527호로 지정될 만큼 뛰어난 작품이다. 정형산수나 인물화에서 뛰어난 능력을 보여준 김홍도지만 그의 진가는 사경산수화(寫景山水畫)와 풍속화에서 드러난다. 독창적인 붓놀림, 색채와 조형감은 가히 최고 수준이다.

그가 풍속화에서 재능을 마음껏 발휘할 수 있었던 것은 당시의 시대적 상황 덕분이기도 하다. 비록 반상의 구별이 엄격했고 복종의 의무도 여전했지만, 영정조 때부터 서민의 지위가 예전보다 나아졌고 그에 따라 자연스럽게 서민문화도 발전하게 되었다. 그래서 세속의 주제들을 그린 풍속화가 당당하게 하나의 미술 장르로 자리 잡을 수 있게 된 것이다. 김홍도는 서민들의 삶을 면밀히 관찰하고 그들의 삶이 빚어내는 다양한 모습들을 생동감 넘치고 해학 가득한 묘사를 통해 분방하게 그려냈다.

이제 이 그림에 대해 조금 더 들어가보자. 그림에 대한 분석적 설명과 지식은 분명 그림에 대한 심층적 이해에 도움이 된다. 그러나 때론 그것 때문

〈씨름도〉의 마방진 구도.
씨름꾼들을 중심에 두고 대각선으로
있는 인물들의 합이 같다. ···▶

에 그림의 본질을 놓치거나 정작 중요한 가치를 보지 못하는 방해 요소가
될 수도 있다는 점을 기억해야 한다.

구도상으로 볼 때 이 그림은 크게 원 구도라 할 수 있다. 그래서 구성적
으로 운동감과 안정감을 동시에 제공한다. 또한 삼각형 구도를 가지고 있
어서 그런 안정감을 강화한다. 또 다른 분석에 따르면 이것은 X자 마방진
으로 구성되어 있다. 마방진이란 어느 방향으로 더해도 그 합이 같아지는
구도를 말한다. 주인공인 씨름꾼을 중심에 두고 대각선으로 보면 그 인물
의 합이 동일하다. 오른쪽 위의 구경꾼 다섯과 씨름꾼 둘, 그리고 대각선
맞은편인 왼쪽 아래 구경꾼 다섯을 합치면 모두 열둘이며, 왼쪽 위의 구경
꾼 여덟과 씨름꾼 둘, 그리고 대각선 맞은편인 오른쪽 아래 구경꾼 둘을 합

치면 모두 열둘이 된다. 재미있는 구성이다. 그저 마음대로 배치한 것 같지만 이렇게 절묘한 균형을 담아냈다.

사실 작은 종이에 스물두 명이나 되는 인물을 그려넣으면서도 답답함이 느껴지지 않게 하기는 결코 쉬운 일이 아니다. 그것은 전적으로 씨름꾼과 구경꾼 사이의 공간이 주는 넉넉함에서 기인한다. 그리고 오른쪽 위의 열린 공간과 왼쪽 아래 엿장수 소년 쪽으로 흐르는 곡선은 바람이 흐를 것 같은 시원한 느낌을 준다. 만약 그것을 수평으로 배치했다면 그런 느낌이 전혀 들지 않았을 것이다.

여기에 더해 구심적(求心的) 구성은 밀도를 더해준다. 즉 주인공 씨름꾼에게 향한 시선들은 이 그림에 집중도와 긴장감을 배가시키고 있다(옆의 그림 참조). 그러나 지나친 집중은 시각적 심리적 피로감을 줄 수 있기 때문에 한두 개의 시선을 바꿈으로써 배출구의 역할을 한다. 즉 엿장수의 시선이다. 그러나 억지로 그런 시선을 배치하는 것이 아니라 사실적 묘사에 따른 것이기에 작위적 느낌이 들지 않는다. 엿장수는 엿을 팔아야 하기 때문에 당연히 구경꾼들에게 시선을 둬야 한다. 그에게는 누가 이기느냐는 중요하지 않다. 그리고 씨름꾼이 벗어놓은 신발코의 방향도 밖으로 향하게 함으로써 지나친 집중의 피로감을 상쇄시킨다. 간단한 것 같지만 치밀한 구성의 능력이 놀랍게 발휘되고 있다.

여기에 대해 그저 쓱쓱 그린 듯한 그림 속 인물들의 표정은 생생하게 살아 있다. 그저 붓으로 점 하나 찍은 눈들조차 느낌과 표현이 다 다르다. 대가다운 면모는 곳곳에서 발견되지만 이런 붓 놀림 하나만으로도 그의 능

...▶

주인공 씨름꾼을 향한 시선들이
그림의 집중도와 긴장감을 배가시킨다.

력을 실컷 감상할 수 있다.

이 그림에 대한 쉽고도 독창적이며 날카로운 분석은 오주석의 책에서 즐겁게 만날 수 있다. 『오주석의 한국의 미 특강』은 이 그림을 비롯하여 많은 한국의 전통미술을 어떻게 이해하고 감상해야 하는지에 대한 최고의 길라잡이라 할 수 있다.

그는 이 책에서 매우 특별한 안목을 제시한다. 나 또한 뒤에 가서 결론으로 이 문제를 거론하겠지만 그는 몇 가지 점에서 이 그림에서 매우 특별한 점을 밝혀내고 있다. 뒷사람을 오히려 진하게 그렸다는 점을 지적한 것이다. 앞사람을 진하게, 그리고 뒷사람을 흐리게 그리는 것이 농담의 법칙에 적합하다. 그런데 그림 위쪽에 자리잡은 인물들을 보면 오히려 뒤에 있는 사람이 진하게 그려진 걸 알 수 있다. 특히 맨 위쪽의 어린아이가 제일 진하게 그려졌다. 그것은 뒷사람까지 속속들이 잘 보이게 할 뿐 아니라 인물들의 일체감을 느끼게 해준다. 아마도 김홍도는 그 어린아이가 멀리 있어서 작게 보이는 것도 억울할 텐데 흐리게 하면 더 무시된다고 느낄지 몰라서 일부러 더 진하게 그렸는지도 모른다. 그래서 이것은 작은 존재, 멀리 있는 존재에 대한 배려로 읽힐 수 있는 포인트다.

오주석은 그림 속 인물들에 대해 애정을 느끼게 하는 지점을 잘 포착해낸다. 아마도 그런 점에서 김홍도는 오주석에게 기특하다고 상찬하지 않을까 싶다.

오주석의 예리한 시선은 반상의 엄격한 예절을 허무는, 자유분방한 태도를 드러낸 한 인물에게 꽂힌다. 바로 오른쪽 위에 있는 사람들 가운데 옆으로 비스듬하게 누운 청년의 모습이다. 일찍 장가들어 상투는 틀었지만 수염도 나지 않은 것으로 보아 나이 어린 티가 역력하다. 그런데 양반들까지 함께 있는 자리에서 누워 있다니!

오주석은 그 자세를 보면 씨름 경기가 꽤나 오래 지속되었다는 것을 알 수 있으며,¹ 그가 앞에 놓은

왼쪽 위 부채를 든 양반이 슬그머니 다리를 내뻗고 있는 것도 씨름이 꽤 오래 지속되고 있음을 보여주는 모습이다.

≪1

돼지털을 얽어 만든 모자를 봐도 그의 신분이 낮은 걸 알 수 있다고 지적한다. 그건 아마도 양반과 상민들이 함께 어울려 노는 단오라는 날의 분위기 탓이기도 하지만, 그렇게 해도 나무라지 않는 관대함이 있었다는, 혹은 있어야 한다는 표현일지도 모른다.

두 씨름꾼 중
과연
누가 이길까

,

〈씨름도〉를 보여주고 어떤 것이 떠오르는지 질문하면서 흥미로운 사실을 경험했다. 이 그림을 초등학교 저학년이나 유치원 아이들에게 보여주면 절반 이상이 엉뚱한 질문으로 내 물음에 대해 되물었다. "누가 이겨요?" 처음에는 조금 당황했다. 어른들이나 청소년들에게서는 나오지 않았던 물음이기 때문이다. 그런데 그것은 많은 것을 되짚어보게 했다. 과연 우리는 그런 질문을 해본 적이 있는가? 그저 텍스트의 지식 조각들을 머릿속에 채워넣기 바쁘지 않았는가?

이 아이들이 던진 물음을 우리가 따라가보자. 과연 누가 이길까? 든 사람

…▶
두 씨름꾼 중 상대를
든 사람이 이길까, 아니면 상대에게 들린 사람이 이길까?

이 이길까, 들린 사람이 이길까? 어떤 이들(대부분은 남자들이다)은 들린 사람이 이
길 수도 있다고 대답한다. 아마도 씨름의 기술을 좀 안다고 자부하는 사람
들일 것이다. 되치기 기술이다. 그러나 들린 사람이 이길 확률은 거의 없다.

　이 그림에서 씨름하고 있는 두 사람을 확대해보면 금세 알 수 있다. 우선
들린 사람의 손 위치를 자세히 보라. 왼손은 상대의 겨드랑이에 오른손은
엉덩이에 있다. 상대를 되치기로 쓰러뜨리려면 최소한 상대의 허리를 정
확하게 잡고 있어야 한다. 힘의 중심점을 잡아야 상대를 쓰러뜨릴 수 있다.
그러니까 되치기는 어렵다. 그렇다면 이길 확률은 별로 없다.

　이번에는 든 사람을 보자. 툭 튀어나온 이마와 광대뼈, 날카로운 눈매,

앙다문 입만 봐도 그의 다부진 몸놀림이 짐작된다. 완벽한 들배지기로 상대를 번쩍 든(그것도 덩치가 자기보다 더 커 보이는) 그의 팔뚝에는 근육까지 완벽하다. 당황한 상대방은 눈썹을 찡그리며 난감해하고 있다.

얼굴이나 팔의 모습뿐 아니라 다른 것으로도 추론할 수 있다. 바로 입성이다. 든 사람의 바지는 일하기에 적합한 짧은 소매에 민바지지만, 상대방은 긴 소매에 행전까지 차고 있다. 신분이 다르기 때문이다. 한 사람은 양반이고 다른 한 사람은 평민이다. 그것은 그들이 벗어놓은 신발로도 알 수 있다. 하나는 평민의 짚신이고 다른 하나는 양반의 발막신, 즉 가죽신이다. 평소에 노동으로 다져진 사람과 평생을 거의 근육노동을 하지 않는 사람이 맞붙었으니 씨름에 특별한 재주와 기술이 없는 한 당연히 노동을 했던 이가 이길 확률이 높다. 그러니 이 그림에서는 든 사람이 이길 것이다. 그러나 이것만으로는 아직 충분하지 않다.

이번에는 왼쪽 위의 사람들로 가보자. 맨 앞의 인물은 신발(역시 발막신이다)을 가지런히 벗어놓고 갓²도 벗어 오른쪽 옆으로 포개놓은 는 것으로 보아 다음 선수임에 틀림없다. 그런데 수심 가득한 얼굴이다.

갓 두 개를 포개놓은 것으로 보아 하나는 지금 씨름 중인 선수의 것인지 혹은 다음다음에 나갈 뒷사람의 것인지도 모른다.
≪2

…▶ 왼쪽 위 맨앞의 구경꾼은 자기편이 지는 모습에 심란한 듯
두 무릎을 모은 채 두 손을 깍지 끼고 앉아 있다.

무엇보다 등장인물 가운데 유일하게 그가 무릎을 모은 채 두 손을 깍지 끼
고 있는 모습을 보면 자기편이 지리라는 것을 확신하고 있는 것 같다. 그래
서 심란한 것이고 저절로 무릎이 모아졌을 것이다.

결정적인 힌트는 맨 아래에 있는 사람들의 모습이다. 대부분 사람들의
몸이 앞으로 쏠려 있다. 곧 승부가 결정될 상황이기에 긴박감으로 몸이 저
절로 앞으로 기울어진 것이다. 그러나 오른쪽 아래편에 있는 사람들은 그
와는 정반대로 몸을 뒤로 젖히고 있다. 왜 그럴까? 재미없고 심드렁해서일
까? 아닐 것이다. 들배지기 한 사람이 번쩍 들어 자기네 앉아 있는 쪽으로
상대를 메다꽂을 것이 확실하기 때문에 피하려는 것이다. 그것 말고는 이
그림의 자세를 설명할 근거가 없다. 그러므로 이 씨름 경기에서는 반드시

····▶
구경꾼의 잘못된 손 모양은 작가의 실수일까,
아니면 의도된 장치일까?

든 사람이 이긴다.

"누가 이겨요?"라는 질문은 이렇게 우리의 시선을 그림의 구석구석으로
끌고 가 많은 이야기를 발견하게 해준다. 묻지 않았으면 보이지 않았을 텐
데 물음으로써 보게 되는 것이다.

위의 그림에서 매우 특별한 게 또 있다. 바로 땅을 짚은 한 구경꾼의 손
모양이다. 도저히 그런 손 모양은 나올 수 없다. 그렇다면 왜 그럴까? 특이
하게도 김홍도의 풍속화에서만 이런 모습이 보인다. 도화원의 도화사이기
도 했던 김홍도의 그림 가운데 궁에서 명령을 받아 그린 것은 꼼꼼하고 치
밀하다. 만약 그런 그림에서 이렇게 잘못 그렸다면 곤장을 맞을 수도 있고,
만약 일부러 그렇게 그렸다면 유배형에 처해질지도 모른다. 그런 점을 감

안하면 이런 풍속화에서만 일부러 그렸을 것으로 짐작된다. 오주석의 탁월한 해석은 바로 이 점에서도 돋보인다. 그는 이것을 익살로 해석한다. 보는 사람들에게 재미를 주려고 일부러 장난친 것이라는 얘기다. 나는 이 말에 동의한다. 그러나 나는 다르게 해석할 수도 있다고 본다.

예를 들어 누가 김홍도의 그림을 봤다고 떠벌인다면 그 그림 가운데 어디가 잘못되었느냐고 물을 수 있다. 보지도 않았거나 대충 훑어봤다면 대답하지 못하고 망신만 당할 것이다. 그러므로 김홍도의 풍속화를 감상하는 사람은 그 잘못된 부분을 찾기 위해 꼼꼼하게 봐야 할 것이다. 그러니까 이것은 '내 그림 드문드문 보지 마셔'라는 작가의 은근한 의도가 담긴 장치로 볼 수 있지 않을까? 화가로서의 자존심을 직설적으로 표현하지 않고 그림 속에서 위트 있게 표현한 것일 수도 있다는 말이다. 만약 그렇다면 김홍도의 의도와 그의 풍자 능력은 더욱 돋보인다.

나는 이 그림을 레오나르도 다 빈치나 미켈란젤로의 그림보다 더 뛰어나다고 생각한다. 물론 이 작품이 김홍도의 대표적 걸작은 아니다. 오주석역시 이 그림이 지금은 보물로 지정되어 있지만 김홍도의 그림 가운데 걸작은 아니라고 말한다. 종이만 봐도 그렇다. 당시 일반 서민들이 사서 보라고 손쉽게, 그리고 아주 빨리 그려낸 값싼 그림일 것이다. 그러나 내가 이그림을 레오나르도 다 빈치나 미켈란젤로의 작품들보다 뛰어나다고 하는 이유는 다른 데 있다. 그것은 바로 '위대한 사기'를 아무도 눈치 채지 못할 정도로 완벽하게 구사했다는 데 있다! 이건 또 무슨 소리인가, 사기라니?

우선 결론부터 말하자. 이 그림에는 '논리적 모순'이 숨어 있다. 우리가

그림을 그리거나 볼 때 화가의 시선은 한 곳에 국한
되어야 한다. 소실점은 바로 그런 시선을 추적하는
근거다. 일반적으로 화가들은 원근법[3]에 근거해서
그림을 그린다. 그런데 이 그림은 그렇지 않다. 관점
(觀點)이 여러 개다. 우리가 한 그림에서 두 개 이상의
시선을 발견하게 되면 불편하다. 논리적(물리적, 회화적인
측면에서)으로 모순되기 때문이다. 그런데 이 그림에는
무려 세 개의 시선을 바탕으로 그렸다. 그러니 사기
가 아닌가!

그러나 이건 사기라기보다 위대한 천재성이고,
또한 그런 천재성을 너그럽게 받아들이는 우리의
심성이다. 오주석은 이렇게 말한다.

"이게 바로 서양 사람들은 도저히 생각하지 못하
는, 한국 사람들만의 기발한 재주입니다."

대부분의 그림은 위를 여백으로 남겨둔다. 그건
서양화에서도 마찬가지다. 배경색쯤으로 채운다.
하물며 동양화에서는 '여백의 미'를 위해 거의 그렇
게 한다. 그런데 이 그림은 그와는 반대로 상단부에
사람들이 가장 많이 몰려 있다. 그 점이 매우 특이하
다. 다시 시선의 주제로 돌아가자.

씨름꾼은 한복판에 가장 크게 그렸다. 주인공이

≪3
중세와 르네상스 시기 대다
수의 작품들에는 원근법이
없다. 원근법은 눈에 보이는
사물(3차원)을 평평한 면(2차
원)에 묘사하여 그리는 기법
이다. 원근법이 발명되기 이
전에는 화가와 대상 사이의
공간의 원칙에 따라 묘사된
것이 아니라 인물들의 중요
성에 따라 실제보다 더욱 크
게 또는 작게 묘사되었다.
교회가 주문하는 그림은 대
부분 성서의 사건을 묘사하
는데 주인공은 신이거나 천
사와 성인들이다. 피조물인
인간의 눈으로 그것을 그려
내는 것은 신성을 모독하는
것이기에 허용되지 않았다.
그래서 원근법은 허용되지
못했고 자연히 서양화에서
원근법이 퇴조한 것이다.
1420년경 브루넬레스코가
처음으로 원근법을 근거로
그림을 그렸다.

니 당연하다. 그 시선은 바로 정면에서 같은 높이로 그렸다. 그래서 생생하고 당당하다. 내 눈높이와 동일하니 현장감이 생생하다. 그런데 앞서 말한 상단부의 사람들을 보라. 그들은 바글바글한데도 그리 크게 그려지지 않았다. 거리로 보자면 원근에 따른 것이겠지만 뭔가 이상하지 않은가? 원근의 착시를 역이용한 것이다. 다른 그림들과 달리 위에 사람들이 몰린 것은 구경꾼들의 표정을 통해 씨름판을 묘사하기 위함이다. 정면의 얼굴로 다양한 표정을 그려야 하기 때문이다. 그런데 그 사람들을 씨름꾼과 같은 크기로 그린다면 어찌 되겠는가? 그렇다고 원근에 따라 그렇게 작은 그림이 될 수도 없다. 그런데 자세히 보면 씨름꾼과 달리 위에서 내려다보는 시선이 아닌가! 표정은 그려야 하겠고, 크기는 작아져야 한다. 그렇다면 위에서 내려다보면 된다. 그러면 살짝 찌부러뜨려서 작아 보이게 할 수 있다. 그러면서 슬쩍 원근에 의한 착시인 것처럼 착각하게 만든다. 대단하지 않은가? 이런 것을 부감(俯瞰)이라고 한다. 오늘날에도 영화나 드라마에서 카메라를 위에 두고 찍는 것을 부감법이라고 한다.

그럼, 남은 또 하나의 시선은 무엇인가? 그것은 바로 아래에 있는 사람들을 그려낸 시선이다. 바로 뒤에서 발꿈치를 들고 혹은 작은 의자 위에 올라가서 어깨 위로 살짝 내려다본 모습이다. 이렇게 〈씨름도〉에는 세 개의 시선이 들어 있다. 그런데도 충돌하거나 모순을 느끼지 못한다. 손댈 수 없는 법칙을 아무렇지도 않게 넘나들고 허물면서 그것을 전혀 눈치 채지 못하게 하고 화가가 원한 모든 것을 다 표현할 수 있다는 점에서 김홍도는 분명 레오나르도 다 빈치나 미켈란젤로보다 뛰어나다. 막종이에 공들이지 않고 그렸다고 작품의 가치를 깎아낼 여지가 조금도 없다. 오히려 공들이지 않고도 이 정도로 그렸다는 것 자체가 그의 회화가 얼마나 탁월한지 가늠할 수 있는 척도가 된다.

여기까지는 미술의 영역에서 본 설명이다. 미술도 물론 인문학의 범위에 들어간다. 그러나 인문학이 미술을 끌어안기 위해서는 미술의 지식에만 머물러서는 안 된다. 거기에서 어떻게 삶과 사람을 읽어내느냐 하는 것이 드러나야 한다. 그게 진짜 인문학의 힘이고 매력이다.

이길 것인가,
질 것인가?

'

만약에 여러분이 양반이라고 치고 단옷날마다 씨름 경기에서 번번이 졌다고 생각해보자. 누가 지는 것을 좋아하겠는가? 한 번쯤은 보란 듯 이겨보고 싶다. 그래서 이만기 같은 뛰어난 씨름 대가를 코치로 영입해서 겨울에 제주도쯤 가서 전지훈련을 했다 치자. 그가 가르쳐준 기술을 모두 전수받아 마음껏 발휘할 수준이 되었다. 그래서 실제로 상대와 붙어보니 이번에는 이길 수 있겠다는 확신이 들었다. 아무리 저들이 힘이 좋다 한들 씨름은 기술로 하는 것이지 힘으로 하는 게 아니지 않은가. 자, 그렇다면 이번에는 이길 것인가, 아니면 '그럼에도 불구하고' 질 것인가? 아니, 져줄 것인가?

에둘러 갈 것도 없다. 그래도 져야 한다! 음력 5월 5일[4]은 양력으로 대략 6월 초중순이니 본격적으로 농사일에 들어가기 직전이다. 그래서 농사일로 바빠지기 전에 하루 날을 잡아 마음껏 놀고 거나하게 먹고 마시며 즐기는 축제 날인 셈이다. 그런데 내가 능력이 생겼다고 이겨버리면 내일부터 본격적으로 농사일을 할 사람들의 사기는 어쩔 것인가? 양반들 기분 내는 날이 아니다! 농민들을 위한 날이다. 그런데 그런 사정 가늠하지 않고 이긴다? 그건 바보 같은 짓이다.

또 하나 대강 승부가 정해진 경기이지만, 그래도 명색이 시합이니 상품이 걸렸을 것이다. 그 상품은 누가 내놓는가? 마을 현감이? 아니다. 양반들, 지주들이 내놓는다. 씨름 경기에서 이겨서 그걸 다시 되찾아오면 더 행복할까? 일시적으로 승리의 기쁨은 누릴 수 있을지 모르지만 어리석은 짓이다. 내가 이만기 같은 뛰어난 씨름인에게 기술을 배운 건 박진감과 긴장감을 최고로 고취시키고 싱거운 승리가 아니라 간발의 승리로 상대가 더 짜릿한 기쁨을 얻게 하기 위함이다. 사기충천한 그들이 상품으로 획

≪4
민속학에서 홀수가 겹치는 날은 중일(重日)이라고 한다. 1.1(설날), 3.3(삼짇날), 5.5(단오), 7.7(칠석), 9.9(중양절)이 그것들이다. 홀수는 혼자 존재하는 수, 즉 남성의 수다. 그에 반해 짝수는 혼자 존재하지는 못하고 짝을 이뤄야 존재하는 수, 즉 여성의 수다. 남성 위주의 사회에서 남성의 수가 겹치는 것은 길일이지만 여성의 수가 겹치는 것은 그렇지 않다. 여기에도 남존여비 사상이 숨어 있는 셈이다.

득한 송아지나 돼지 한 마리 몰고 가 동네잔치를 벌이게 해주는 것이 더 탁월한 선택이다. 그것이 함께 사는 이들에 대한 배려이고 연대의 방식이다.

우리가 맨 밑바닥에서 시작해 OECD에 가입한 나라가 된 것은 정말 가상한 일이다. 어떤 나라도 그런 기적을 실현하지 못했다. 그 점에서 우리는 정말 뿌듯하고 자부심을 가질 자격이 있다. 그러나 노동시간은 여전히 최장이고 반면에 행복지수는 형편없이 낮으며 소득 또한 다른 가입국들에 비해 낮은 편이다. 달리 말하면 노동효용성이 떨어진다는 것이다. 우리는 늘 열심히 일하는 법만 강조했지 정작 노동생산성을 높이는 데는 소홀했다. 값싼 노동력을 발판으로(악질적인 자들은 그것조차 착취하면서 제 뱃속만 채웠다) 오래 일하는 데만 집중했는데 그 체질을 바꾸지 못한 까닭이다. 그럼 노동생산성을 높이는 당사자는 누구인가? 사용자인가, 노동자인가?

노동자에게도 약간의 책무는 있겠지만 주 당사자는 사용자다. 그런데 왜 노동생산성이 낮은가? 더 이상 저임금에 기대서는 안 된다. 이제는 우리도 고임금 체제로 바뀌었기 때문에 그건 옛날 말이라고 치부하겠지만 그건 옳은 지적이 아니다. 절대다수의 노동자가 여전히 저임금에 시달린다.

노동시간을 늘려야만 이익이 생기는 구조이니 '저녁이 있는 삶'은 무망하다. 당연히 삶의 질이 떨어진다. 그런데도 시스템을 바꾸지 않는다. 그건 사용자의 몫이다. 시스템을 바꾸기 위해서는 투자가 필요하다. 교육도 지속적으로 실시해야 하고 시설도 바꿔야 하며 경영방식도 쇄신해야 한다. 하지만 그러려면 일단 돈이 든다. 그러니 꺼린다. 쥐어짜면 되니까 노동생산성을 높이는 일에 소홀하다. 하지만 마른수건 짜봐야 더 이상 물 나오지 않는다. 이제 임계점에 달했다. 아니, 이미 임계점을 넘었는데 그걸 미처 깨닫지 못하거나 어설픈 기대 때문에 그 실체를 외면하고 있는 것이다. 나만 배불리 먹고 여가 누릴 게 아니라 함께 먹고 함께 누려야 한다. 그런 시스템이 정착되어야 구조적으로 소비가 단단해지고 지속성을 갖게 되며 시장이 활성화된다. 그러면 자연히 기업도 활기를 띤다.

이런 선순환 구조로 전환해야 한다. 양보가 아니라 상생이고, 일방적 방식이 아니라 연대의 방식으로 시스템을 바꿔 노동생산성을 높여야 한다. 그 대전제는 바로 사람에 대한 예의와 배려다. 그게 바로 인문정신이다. 그리고 그런 인문정신으로 쇄신해야 노동생산성을 높일 수 있다. 노동 시간은 줄이고 이익은 키워야 한다. 그래야 사람답게 살 수 있다. 〈씨름도〉에서 정작 배워야 하는 건 바로 그런 가르침이다.

여행하다가 간혹 오래된 종가를 보게 되는데 그런 경우 내가 유심히 살펴보는 건 그 종가의 논 한복판이나 귀퉁이에 솔숲 같은 아담한 공간이 있는가 하는 점이다. 제대로 된 종가, 기품 있는 종가의 종답에는 그런 공간들이 어김없이 존재한다. 처음에는 무심히 지나쳤다. 그저 보기 좋다는 느낌만 들었다.

그런데 문득 이런 물음이 떠올랐다. '왜 저 나무들이 저 논에 있을까? 보기에는 좋지만 그 나무들을 뽑아 옥답을 만들면 거기서 벼 한 섬은 나올 수 있지 않은가? 지금처럼 쌀이 남아돌 때가 아니고 추수 후 떨어진 이삭까지 긁어모았던 가난한 시절에 저렇게 나무들을 심다니 정말 한심한 일 아닌가?'

산을 깎고 돌을 캐내 전답을 만들어야만 했던 시절을 생각해보라. 나무를 심어 전답을 줄이는 것이 얼마나 낭비였을지 짐작하기 어렵지 않다. 주인이 나무들을 보려고 심었을 것 같지는 않다. 그렇다고 그곳이 가끔 나가 낮잠을 자거나 맑은 술 한 잔 기울일 멋진 곳도 아니다. 그런데도 왜 그 나무들을 뽑지 않았을까?

그건 내 논일 해주는 이들에게 잠깐이나마 쉴 수 있는 공간을 마련해주려는 배려가 아니었을까? 여름 땡볕 뜨거운 논둑에서 새참 먹지 말고 솔밭에서 햇볕 피하며 즐겁게 먹으라고, 한여름 무더위에 무조건 일하지 말고 잠깐 그늘에 들어 짧은 낮잠 한숨 매기라고 배려한 것이었으리라. 가풍 단단한 종가일수록 이런 넉넉한 모습을 볼 수 있다. 그렇게 하는 것이 최소한의 노블레스 오블리주이고 상생의 배려이며 사람에 대한 예의다. 그것이 한 섬의 쌀보다 중요하고 실제로 노동생산성도 높아지며 존경과 충성심도 커진다. 소탐대실하는 것이 아니라 멀리 보고 천천히 가는 마음에서 비롯된다. 그런 집이 진짜 명가다.

천 석 만 석을 자랑할 게 아니다. 창고에 아무리 쌀이 쌓여 있어도 베풀 줄 모르고 소작인 쥐어짜서 제 뱃속만 채우는 건 천박한 일이다. 함께 사회를 살아가는 사람에 대한 예절과 배려, 사랑과 존중. 그것보다 더 중요한 가치는 없다. 그리고 그것이 진짜 노동생산성을 높이는 방법이고 진짜 실용이다.

〈세한도〉의
속살

'

〈세한도(歲寒圖)〉는 김정희가 1844년 제주도 유배 당시 나이 59세 때 그린 대표작이다. 그러나 한동안 개인이 소장하고 있어서 아무 때나 볼 수 없었다. 여러 해 지나야 한 번 볼까 말까 했다. 그래서 〈세한도〉의 전시가 있다는 소식이 전해지면 만사 제치고 길게 줄을 서서라도 보곤 했다. 사실 그 그림을 막상 보면 그리 대단한 작품도 아니라는 느낌이 들수도 있을 것이다. 그래서 조금 허망한 생각이 들 때도 있다.

그러나 자세히 들여다볼수록 그것에 서려 있는 결기와 단호함이 돋보인다. 그림 자체는 단색조의 수묵으로 간결하다 못해 어설퍼 보이지만 일부

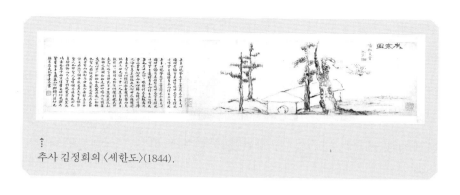

추사 김정희의 〈세한도〉(1844).

러 선택한 듯한 마른 붓질이 빚어내는 단단함은 어느 그림에서도 찾아보기 어렵다. 전체 화면은 가로로 길다. 거기에 집 한 채가 있고 좌우로 소나무와 잣나무가 두 그루씩 서 있다. 누구나 알 듯 그것은 지조와 절개를 상징한다. 굳이 소나무와 잣나무를 그린 것은 발제에서 보이는 '세한'이 담고 있는 사연 때문이다. 이 그림은 김정희가 제주도 대정에 위리안치되었을 때 그린 것으로 그의 뜻과 정신이 잘 배어 있는 문인화의 세계를 상징적으로 보여준다.

이렇게 극도의 생략과 절제는 추사 김정희의 신세인 동시에 그의 결기를 표현한 것이다. 그래서 이 그림을 볼 때마다 숙연하고 처연해진다. 갈필로 형태의 요점만을 간추린 듯 그려내어 한 치의 더함도 덜함도 용서치 않는 까슬까슬한 선비의 정신이 필선에 그대로 드러나 있다.

이 그림은 당시 문인화의 대표적 작품인데 전문적 직업화가들이 지나치게 기교를 부리며 인위적 기술과 허위의식에 빠진 것과 대비된다.[5] 이 그림은 미술의 기교나 재주보다 농축된 내면의 세계를 극도의 절제로 표출한 걸작이다. 이른바 문인화가 지향하는 서화일치와 사의(寫意)의 극치를 보여준다. 유배지에 있지만 끝까지 타협하거나 굴종하지 않은 그의 기개가 드러나 있다. 그런 가치 때문에 국보로 지정되었을 것이다.

제목인 '세한도'는 『논어』「자한편(子罕篇)」에서 따왔다.

"세한연후지송백지후조야(歲寒然後知松柏之後凋也)"'날씨가 차가워져 다른 나무들이 시든 후에야 송백의 푸름을 안다'는 뜻이니 선비의 기개와 의리를 강조한 내용이다. 우리는 이 그림에서 추사 김정희보다 이 그림을 받은 이상적(李尙迪, 1804-1865)이라는 인물에 주목해야 한다. 김정희는 자신이 지위와 권력을 잃어버렸는데도 사제간의 의리를 저버리지 않고 물심양면 지극정성으로 자신을 도와주고 지켜주는 제자이자 역관인 이상적에게 고마움을 표하며 이 그림을 그려줬다.

'정승 집 개가 죽으면 문상 가도, 정승이 죽으면 문상 가지 않는다'는 세태를 비웃듯 이상적은 단 한 번도 스승 김정희에게 소홀하지 않았다. 오히려 이전보다 더 지극히 대했다. 유배지에서 외롭고 쓸쓸하게 지낼 스승에게 수많은 책과 용품들을 꾸준히

※5
자부심이 강했던 김정희는 동시대의 서예가이자 문인이었던 이광사(李匡師, 1705~1777)의 글씨를 보고 기교에 빠졌다며 맹비난했다. 그러나 훗날 그는 그런 자신의 견해가 잘못되었다며 물러서는 성숙함한 면모를 보여주기도 했다.

보냈다. 김정희는 그런 이상적의 인품을 소나무와 잣나무에 비유하여 이 그림을 그려준 것이다.

그림을 자세히 보면 그림의 제목 바로 옆에 '우선시상(藕船是賞)'이라 적혀 있다. '우선(이상적의 호) 보시게나'라는 뜻인데, 여기에는 이상적에 대한 고마움이 그대로 묻어나 있다. 그러므로 이 그림의 주인공은 바로 우선 이상적이라는 인물이다. 추사는 그림을 마치고 인장을 찍었다. '장무상망(長毋相忘)', 오래도록 서로 잊지 말자는 뜻이다. '나는 그대의 그 마음 오래도록 잊지 않겠네, 그대 또한 나를 잊지 말게나. 고맙네, 우선' 그런 뜻이다. 이 그림에서 우리는 바로 그 마음을 읽어내야 한다!

〈세한도〉에서 초라한 판자집은 유배지의 환경을 표현한 것이다. 미술심

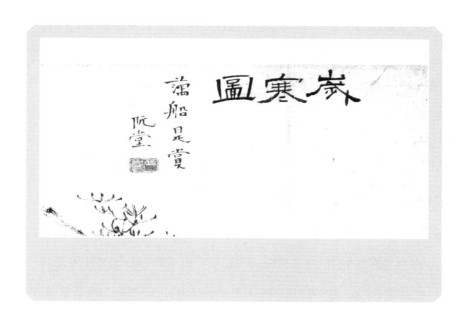

리학자들은 집의 현관에 둥근 문 하나만 그려놓은 것은 김정희의 외로움과 공허한 심리상태를 표상한 것이라고 해석하기도 한다. 옆에 서 있는 소나무와 잣나무는 고목이라 할지라도 사계절 푸른 생명력을 유지한다는 선비의 지조를 표현한 것이다. 말하자면 제자의 은공이 고마워 그를 송죽에 비유한 것이다. 초라한 판자집을 추사 자신이라고 본다면 그 소나무와 잣나무들이 자신을 지켜주고 있음을 표현한 것이다. 그리고 눈이 온 뒤에 더 푸르른 생명력이 돋보인다 하였으니 제자의 고마움에 대한 상찬이 간결하면서도 깊다. 이 그림에는 김정희 자신이 추사체로 쓴 발문이 적혀 있어 그림의 격을 한층 높여준다.

세상 사람들은 권력이 있을 때는 가까이 하다가 권세의 자리에서 물러나면 모른 척하는 것이 보통이다. 김정희가 절해고도(제주도)에서 귀양살이 하는 처량한 신세인데도 이상적이 예나 지금이나 변함없이 이런 귀중한 물건을 사서 부치니 그 마음을 무어라 표현해야 할까? 이상적의 정의야말로 공자가 말한 추운 겨울 소나무와 잣나무의 절조라 느꼈을 것이다. 「세한도발(歲寒圖跋)」을 읽어보면 그 절절한 고마움과 애틋함이 가득하다.

> 또한 세상은 세찬 물결처럼 오직 권세와 이익만 따르는데, 이토록 마음과 힘을 들여 얻은 것을 권세와 이득이 있는 곳에 돌아가 의지하지 않고, 바다 밖 초췌하고 고달픈 이에게 돌아가 의지하기를 세상 사람들이 권세와 이익을 추구하듯 하고 있다. 태사공(太史公)이 말하기를, "권세와 이익을 위해 합친 자는 권세와 이익이 다하면 성글어진다"라고 했다. 그대 또한 세

상 속의 한 사람인데 권세와 이익 밖에 홀로 초연히 벗어나 있으니, 권세와 이익을 가지고 나를 보지 않은 것인가? 태사공의 말이 잘못된 것인가? 공자가 말씀하시기를, "추운 겨울이 온 뒤에 소나무와 잣나무가 시들지 않는 것을 알 수 있다"라고 하였다. 소나무와 잣나무는 사계절 내내 시들지 않아서 추운 겨울 이전에도 소나무 잣나무이고 추운 겨울 이후에도 소나무 잣나무일 뿐인데, 성인(聖人)이 특별히 추운 겨울 이후의 모습만을 칭찬하였다. 지금 그대 역시 내게 이전에도 더함이 없고 이후에도 덜함이 없다. 그러나 이전의 그대는 칭찬할 게 없어도 이후의 그대는 성인의 칭찬을 받을 수 있을 것이다. 성인이 특별이 칭찬한 것은 한낱 추운 겨울이 되어서도 시들지 않는 곧은 지조와 굳센 절개뿐만 아니라, 추운 겨울이라는 계절에 느끼는 바가 있었기 때문이다.

그 가운데 압권은 바로 다음 구절이다.

> 今君之於我由前而無可焉. 由後而無損焉.
> 然由前之 君無可稱 由後之君 亦可見稱於聖人也耶.

지금 그대 역시 내게 이전에도 더함이 없고 이후에도 덜함이 없다. 그러나 이전의 그대는 칭찬할 게 없어도 이후의 그대는 성인의 칭찬을 받을 수 있을 것이다.

김정희가 〈세한도〉에 이런 글을 따로 쓸 정도니 이상적이 김정희를 어떻게 대했는지 미루어 짐작할 수 있다. 제주도에서 귀양살이를 하던 스승 추사가 진심 어린 마음으로 그려 보낸 선물을 받은 제자의 마음은 어떠했을까?

그림과 함께 적어놓은 글을 받아본 이상적은 수도 없이 읽고 또 읽었을 것이다. 가슴으로 준 스승의 선물을 받은 제자는 벅차오르는 감정을 주체하지 못했을 것이다. 이상적은 이 그림을 받고 감격하여 스승의 발문 뒤에 자신의 심정을 글로 적었다. 사실 김정희는 제자 이상적에게 이 그림을 그려주면서 또 다른 의도를 갖고 있었다. 자신의 처지를 중국의 지인들에게 알려 자신을 구명해줄 힘이 되기를 은근히 바랐던 것이다. 이상적은 스승의 숨은 뜻까지 읽어냈다.

이상적은 제주에 귀양간 김정희와 청나라 지식인을 이어준 교량 역할을 담당했다. 스승에게 〈세한도〉를 받은 이상적은 동지사 이정응을 수행해 연경에 가서 이듬해 정월에 중국인 친구들을 만났다. 중국인 친구 오찬(吳贊)이 멀리서 온 친구와 다시 만난 것을 축하하며 베푼 잔치에서 이상적은 이 그림을 참석한 청나라 명사들에게 보여주었다. 그들은 그림과 글을 보고 감탄했다. 이미 옹방정과 완원(阮元, 1764~1849)[6]을 통해 김정희의 인물됨과 학문, 서예의 경지를 알고 그를 흠모하던 사람들이었기에 기쁨과 감탄은 대단했다. 그래서 16명의 참석자들이 제발을 적었다. 그리고 이상적은 현지에서 이것을 한 축의 두루마리로 표구해서 가져왔다.

아마도 그 명사들은 이 그림을 보면서 비단 김정희만 생각하지는 않았

완원은 조정의 요직을 역임했을 뿐만 아니라 금석문의 대가이자 고증학의 대표적인 인물이었다. 그는 곳곳에 학교를 세워 수많은 인재를 키웠다. 추사의 천재성을 익히 들어 알고 있던 완원은 자신을 찾아온 조선 청년 김정희에게 아주 귀한 차 용단승설(龍團勝雪)을 대접하여 환대했다. 그후 그들은 학문과 서예를 교환하며 서로 흠모했다. 김정희는 완원을 스승으로 모시고 그의 인품에 감복하여 완당(완원을 모시는 집)이라는 호를 지었다. 두 사람은 일생 서로 그리워하며 통교했다.

<< 6

7 >>

김한신은 부마가 된 후 항상 조심하고 경계하며 겸손하게 살았다. 비단옷을 입지 않았고 가마를 타지 않을 만큼 엄격했다. 김한신과 화순옹주 부부는 애틋하게 사랑했다고 한다. 그런데 1758년 서른아홉의 나이에 남편 김한신이 세상을 떠나자 화순옹주는 곡기를 끊고 슬퍼하다가 14일 뒤 세상을 떠났다. 영조는 크게 슬퍼하여 직접 빈소에 가서 곡을 하며 친히 제문을 지었다. 그리고 그 정절을 기려 열녀정문을 세워주었다.

을 것이다. 그림을 받은 이상적의 사람됨을 읽었을 것이고 그의 존재에 대해 고마워했을 것이다.

김정희는 조선 최고의 가문 출신이었다. 조선 후기의 대표적 가문은 안동 김씨, 풍양 조씨, 경주 김씨였다. 김정희는 바로 경주 김씨 가문에 속했다. 그의 증조부 김한신은 영조의 둘째딸 화순옹주의 남편이 된 부마 월성위였다. 그는 글씨를 잘 썼고 특히 전각에 일가견이 있었다. 그러나 화순옹주와의 사이에 후손이 없는 채로 세상을 뜨고 말았다.[7] 그래서 조카가 김한신의 양자로 들어가 대를 이었다. 그가 바로 김정희의 조부 김이주였다. 김정희의 아버지 김노경은 병조판서를 지냈다. 김정희는 어렸을 때부터 글씨를 잘 썼는데 일곱 살 때 쓴 입춘첩을 본 채제공이 그의 천재성을 알아볼 정도였다고 한다.

김정희는 스승 박제가로부터 자연스럽게 실학을 접했고 학문을 깊이 연구하면서 중국의 엄청난 저술들을 두루 섭렵하게 되었다. 그러면서 마음속으로는 늘 중국에 가서 직접 눈으로 보고 체험하고 싶은 열망을 갖고 있었다. 그리고 마침내 아버지를 따라 연경에 가게 되었다. 이때 당대 최고의 학자이자 금석학의 대가이며 서예에도 일가견이 있던 옹방강과 완원을 만나 교류하고 사숙하며 고증학과 금석문을 배웠다.[8] 옹방강은 김정희의 천재성과 비범함에 감탄하여 해동에서 가장 뛰어나다고 상찬했고 완원과는 각별한 관계를 맺었다. 그 밖에도 이정원, 서송 등 당대 유명한 학자들을 두루 만나면서 김정희의 학문세계는 더 높은 경지에 오를 발판을 마련했다. 이들과의 교류는 김정희가 귀국한 뒤에도 계속해서 이어졌다. 연경학계와의 교류는 김정희의 일생과 학문, 그리고 서예에서 매우 중요한 의미를 차지한다.

김정희는 마침내 34세에 대과에 급제했다. 1821년의 일이다. 이후 김정희 부자는 승승장구하며 두루 요직을 섭렵했다. 누구나 부러워할 삶의 절정기였다. 그러나 그것도 잠시, 1830년 부친 김노경은 이른바 윤상도옥사 건으로 탄핵을 받게 되었다. 윤상도는 순조 때 안동 김씨 일문을 공격하는 상소를 올렸다. 그는 호조판서 박종훈과 유수를 지낸 신위, 그리고 어여대장 유상량 등을 탐관오리로 몰아 탄핵했다. 그러나 군신 간을 이간질하는 거친 내용이 많아 오히려 순조는 그를 추자도에 위리안치했다. 그렇게 끝난 사건이었다. 그런데 헌종이 즉위하고 얼

《8
김정희가 금석문을 통해 이룬 최고의 업적은 1816년 바로 북한산의 진흥왕순수비의 비문을 판독해서 정체를 밝힌 것이다. 그는 수차례 탁본을 떠 연구한 끝에 68개의 글자를 확인해 그것이 진흥왕순수비임을 밝혀냈다. 이전까지는 그것을 무학대사와 관련된 비석으로 잘못 알려졌었다. 김정희는 비석 측면에 "이 비는 병자년 7월에 김정희가 와서 읽었다"는 글자를 새겼다.

9》
김정희는 8년간의 제주도 유배에서 방면되어온 지 불과 3년 만에 다시 함경도 북청으로 귀양을 갔다. 그리고 1년 만에 돌아와 과천에 은거하다가 1856년 71세를 일기로 서거했다.

마 지나지 않아 수렴청정이 끝날 무렵 갑자기 안동 김씨들이 이 문제를 다시 꺼냈다. 그러면서 윤상도옥사는 자신들 가문을 목표로 삼았던 것이고 그 배후에서 김노경이 상소를 부추겼다고 우겼다. 안동 김씨와 경주 김씨 양대 가문의 목숨을 건 싸움이었다. 결국 김정희의 부친 김노경이 그 배후 조종 혐의로 탄핵을 받아 고금도에 유배되었다.

김정희는 부친의 무죄를 주장했지만 묵살당했다. 김노경은 1년 뒤 해배되었지만 부자는 힘든 시기를 겪었고, 부친이 사망한 다음 해인 1839년 김정희는 병조참판에 올랐다. 그러나 1840년 윤상도가 서울로 송환되어 능지처참되자 안동 김씨 문중은 김노경에 이어 이번에는 김정희를 공격했다. 김정희가 윤상도 부자가 올렸던 상소문의 초안을 잡았다는 이유였다. 추자도에 유배되었던 윤상도 부자가 대역죄로 처형될 때 참판 김양순이 피의자였는데 그의 거짓 진술로 인해 김정희가 사건의 중심인물로 떠오르게 된 것이다. 당시 대사헌이 안동 권문의 김홍근이었다. 자칫 김정희도 사형에 처해질 운명이었다. 그러나 우의정 조인영의 탄원으로 사형을 면하고 김정희는 제주도 대정현에 유배되었던 것이다.[9] 그리고 그것으로 그의 화려한 삶은 끝이 났다.

그러니 누가 그런 김정희와 교류하려 했겠는가. 그러나 이상적은 끝까지 김정희에게 귀한 서책 등을 보내며 정성을 다했다.

이상적은 한어역관 집안 출신으로 열두 차례나 역관의 신분으로 중국을 드나들었으며 당대 저명한 문인들과 교류했다. 김정희와의 관계도 한몫을 했지만, 이상적 자신이 학문에 뛰어났고 당시 중국의 학술계와 예술계의 동향을 꿰뚫고 있을 만큼 식견이 풍부했다. 게다가 인품까지 뛰어나 청나라 학자들과 교분을 쌓으며 명성을 얻을 정도였다. 1847년(헌종 13)에는 중국에서 시문집을 간행했을 만큼 유명했다.[10] 따라서 이상적은 단순한 역관으로 치부될 인물이 아니다. 그는 문학에도 뛰어났는데 언어에 탁월한 재능이 있었음은 그가 쓴 작품의 시어들만 봐도 알 수 있다. 그의 시어는 화려하며 때로는 맑고 우아하다는 높은 평가를 받았다.

이상적이 쓴 『거중기몽(車中記夢)』은 사대부들도 높이 평가했는데, 헌종은 그의 시를 보고 감탄하여 '은송(恩誦)'이라는 별호까지 내렸다. 이상적이 김정희의 제자임을 보이는 또 다른 면모는 그가 골동품과 서화뿐 아니라 금석에도 조예가 깊었다는 사실에서도 찾을 수 있다. 청나라의 금석문학자인 유희해(劉喜海)는 조선의 금석문을 모아 『해동금석원(海東金石苑)』이라는 책을 썼는데 이상적이 그 책에 부치는 글을 쓸 정도였다. 이런 연유로 이상적은 김정희의 〈세한도〉를 지니고 북경에 가서 청나라의 문사 16명의 제찬을 받아올 수 있었던 것이다. 또한 역관으로서 상당한 부를 축적한 덕분에 제주도에서 귀양살이하던

≪10
그가 교유한 중국학자들의 면모에 대해서는 그들로부터 받은 편지글을 모아 귀국 후에 펴낸 책 『해린척소(海隣尺素)』에 자세히 나와 있다.

후지츠카는 김정희에 관한 연구에 매달리면서 당시 조선의 북학파에 관한 연구를 통해 이덕무·박제가·유득공·김정희 등이 중국에 다녀오면서 실학 연구에 더욱 매진하여 조선 후기 지성사의 위상이 높아졌음을 밝혀내기도 했다.

11≫

추사를 위해 수시로 청나라에서 들여온 서적과 예물을 보낼 수 있었던 것이다.

〈세한도〉를 보노라면 조선 시대뿐 아니라 모든 전통시대 지성들의 정신의 요체인 지조와 의리가 고스란히 녹아 있음을 확인할 수 있다. 그림과 글씨는 이미 시대 최고의 경지지만, 거기에는 스승과 제자의 변함없는 애정과 신의가 그대로 나타나 있기 때문에 더욱 감동적이다. 따라서 이 그림은 우리에게 김정희의 뛰어난 시와 그림 솜씨로 감동을 전해주지만, 그에 못지않게 이상적의 사람됨에서 오는 따뜻함도 느끼게 해준다. 아니, 어쩌면 그것을 능가하는 강한 울림을 지니고 있을지도 모른다.

〈세한도〉는 이상적의 제자였던 김병선이 소장하다 그의 아들 김준학이 물려받아 감상기를 적어놓았다. 이후 민영휘 집안이 소유했다가 일본인 경성제국대학 교수이자 동양철학자인 추사 연구가 후지츠카 지카시(藤塚鄰, 1879~1948)에게 팔아넘겨 후지츠카를 따라 도쿄로 건너가게 됐다. 후지츠카는 김정희의 학문과 예술에 매료되어 그에 관한 모든 것을 찾아나섰고 많은 것들을 밝혀냈다. 그는 일제강점기에 인사동 서점가를 샅샅이 찾아다니며 김정희의 작품은 물론 그에 관한 자료를 수집하였고, 청나라 화가 나빙(羅聘)이 그린 박제가의 초상화와 청나라 화가이며 김정희에게 청조문인화풍을 가르치기도 했던 주학년이 김정희에게 보내준 그림 등을 수집하여 오늘날까지도 김정희 연구에 가장 큰 도움을 주었다.//

손재형,
〈세한도〉를
찾아오다

'

〈세한도〉에는 또 한 사람의 아름다운 열정이 담겨 있다. 바로 소전 손재형(孫在馨, 1903~1981)이다. 유명한 서예가이며 고서화 수장가인 손재형은 〈세한도〉가 후지츠카의 소장품이 된 것을 알고 거금을 싸들고 현해탄을 건너갔다. 그때가 1943년의 일이다. 그러나 그의 기대와 달리 단번에 거절당하고 만다. 김정희의 학문과 예술 세계에 흠뻑 빠진 후지츠카가 김정희의 최고 작품을 내줄 리 만무했다. 게다가 그는 병석에 누워 있었다. 그러나 손재형은 포기하지 않았다. 그는 1944년 다시 후지츠카를 찾아가 석 달 동안 병석의 그를 아침저녁으로 문안했다. 그야말로 신발이 손재형이 그림값으로 거금 3000엔을 내놓았지만 후지츠카는 "지하의 완당 선생이 나를 뭘로 치부하겠소. 더구나 우리는 그분을 사숙하는 동문 아닙니까"라면서 사양했다고 한다.

해지고 무릎이 닳을 정도였다. 마침내 손재형의 정성에 감복한 후지츠카는 그 작품을 손재형에게 넘겨주었다.[12] 그렇게 해서 김정희의 〈세한도〉는 다시 우리나라로 돌아올 수 있었다. 후지츠카는 김정희에 관한 수많은 자료를 모았는데 태평양전쟁 말기 미군의 폭격으로 거의 다 불타버렸다. 손재형이 조금만 늦었어도 어쩌면 그 그림은 잿더미가 되어 영영 사라졌을지도 모른다.

손재형은 〈세한도〉를 입수하여 해방을 맞은 뒤 1949년에 독립운동가이며 당대 최고의 서화비평가였던 오세창과 초대 부통령을 지낸 이시형, 그리고 독립운동가이며 뛰어난 국학자였던 위당 정인보에게 그림을 보여주었다. 그러면서 이들로부터 감상문을 받아서 기존의 제발에 이어 붙였다. 그래서 지금처럼 〈세한도〉는 그림과 더불어 그 감상평이 딸린 것으로도 유명해졌다. 중국과 한국의 감상평들이 이어붙여진 결과, 제발이 무려 11미터가 넘게 된 것이다.

그 밖에 우리의 소중한 문화재를 되찾는 노력을 한 대표적인 인물을 꼽자면 단연 간송 전형필을 빼놓을 수 없다. 그는 손재형, 오세창과 더불어 우리의 미술품을 지켜낸 사람으로 손꼽힌다. 그는 우리의 얼을 뺏기지 않기 위해 막대한 재산을 문화재를 되사는 데 쏟아부었다. 그의 노력 덕분에 지금 우리는 국보급 예술품을 간직하게 된 것이다. 그러나 우리 문화재를 지키는 일은 아무리 돈이 많다 해도 애정이 없으면 안 되는 일이고, 애정이 아무리 많아도 안목이 없으면 또한 불가능한 일이다. 손재형, 전형필 등의 재산과 열정, 그리고 안목은 그런 점에서 우리가 두고두고 고마워해야 할 선물이다.

그러나 안타깝게도 손재형을 아는 이들은 의외로 많지 않다. 서예가로서 일가를 이룬 그를 서예를 좋아하는 이들은 존경하고 기억하지만 거금을 기꺼이 내놓겠다 다짐하고 상상 이상의 공을 들여 마침내 〈세한도〉를 되찾아온 그의 노력을 기억하는 이들은 드물다.

아마도 그림을 그려준 김정희도, 그것을 선물 받은 이상적도 후지츠카와 손재형에게 하늘에서도 고마워할 것이다. 그러나 이 그림은 손재형의 손을 떠나게 된다. 그가 국회의원 선거에 출마하면서 선거 자금을 마련하기 위해 이 그림을 저당 잡혔는데 그만 낙선하는 바람에 개성갑부 손세기에게 넘길 수밖에 없었기 때문이다. 그래도 다행인 것은 손세기의 자손들이 그것을 국가에 기탁하여(소유권은 여전히 손씨 집안에 있지만) 국립박물관에 보관, 전시중이라는 점이다.

그림 자체는 고작 세로 23센티미터, 가로 69.2센티미터에 불과하고 종이 바탕에 수묵으로 그린 소박한 작품이지만, 우리가 그 가치를 소중하게 여기는 이유는 그 안에 따뜻한 인간됨과 그것을 지켜낸 후손의 노력이 담겨 있기 때문이 아닐까? 그림에 담긴 웅숭깊은 인간의 품격이 우리를 행복하게 한다.

서산마애삼존불에서
읽어야 할
'그 사람'

1959년 지금의 서산시 운산면 용현리에서 보원사지를 답사하던 국립부여박물관의 연구팀은 놀라운 유물을 발견했다. 바로 서산 마애삼존불이었다. 가야산 자락에 묻혀 있던 서산 마애삼존불의 발견은 세상을 놀라게 한 백제의 미소였다. 이렇게 뒤늦게 발견된 마애석불은 1962년에는 국보 84호로 지정되었다. 이 마애불은 단단한 바위에 새겨졌지만 마치 피가 돌고 있는 듯 표정과 미소가 살아 있는 느낌이며, 풍만하고 따뜻한 자태는 금세라도 말을 걸 것 같은 착각마저 불러일으킨다.

마애석불은 전형적인 삼존불상으로 중심에는 여래입상이, 오른쪽에는 보살입상이, 그리고 왼쪽에는 반가사유상이 새겨졌다. 그런데 일반적인 마애불들이 크기를 극대화하는 추세인 데 비해 이 마애불은 중앙의 본존 여래상은 2.8미터, 제화갈라보살은 1.7미터, 그리고 미륵반가상불은 1.66미터에 불과한 등신불에 가까운 크기여서 더 정겹고 특별하다.

6세기 중엽에서 7세기 초로 추정되는 백제 시대의 작품으로 삼존불 모두 밝은 미소를 짓고 있어 '백제의 미소'로 불린다. 특히 빛이 비치는 방향에 따라 웃는 모습이 각기 변하는 특징이 있으며 놀라울 정도로 정교하고 신비한 아름다움을 간직하고 있다. 이 불상을 볼 때마다 백제 미술의 뛰어남을 새삼 실감할 뿐 아니라 우리네 모습을 가장 많이 닮은 부처와 보살의

서산 용현리 마애여래삼존불

모습에서 푸근함마저 느낀다.

그런데 어떻게 이렇게 외지고 깊은 가야산 자락에 이런 마애불이 만들어졌을까? 삼국시대 이 지역은 백제와 중국의 교통로인 태안반도에서 부여로 가는 길목에 해당했다. 한강을 잃고 남하한 백제로서는 중국과 교류할 수 있는 곳이 필요했고, 그곳이 바로 당진[13]과 태안반도였다. 그러므로 그 길목에 해당하던 운산 지역은 백제와 중국을 연결해주는 요충지였고 당연히 그 지역의 호족은 매우 강성했을 것이다. 이 마애불이 당시 활발했던 중국과의 문화교류를 엿볼 수 있게 하는 걸작이라는 사실도 바로 거기에서 기인한다.

대부분의 마애불들은 큰 바위 가득하게 음각이나 양각으로 새긴 것들로, 선운사 도솔암 마애불은 15미터가 넘는다. 그런 거대함을 과시하는 마애불들과는 달리 용현리의 마애여래삼존불상은 아담하기까지 하다. 게다가 이 불상은 길에서 쉽게 보이는 바위가 아니라 돌아선 자리에 있어서 아예 눈에 띄지도 않는다. 그러니까 그건 과시용이 아니었다는 얘기다.

역설적으로 그렇게 눈에 띄지 않았기에 온전히

13»
당진(唐津)이라는 지명에서 보듯이 중국에 건너갈 수 있는 나루가 있는 곳이라는 뜻이다.

보존되었을 것이다.

　나는 이 마애불을 볼 때마다 그것을 주문했던 사람이 떠오르고 그에게 고마움을 느낀다. 거대한 사찰이나 불상을 세우는 것은 불심의 발로라는 명목상의 이유가 있지만 대부분은 불교의 세를 과시하기 위한 용도였다. 그러나 운산의 호족이었거나 그 호족의 시주를 받은 절의 주지였을 마애불 주문자는 그런 과시보다는 아름답고 친근하면서도 예술적인 부처님을 원했을 것이다. 그래서 당대 뛰어난 석공을 초빙하여 두둑한 사례를 하며 주문했을 것이다. 길에서 보이지 않는 가파른 골짜기에 그런 작품을 새겨 넣지 않았다면 지금 우리는 '백제의 미소'를 보지 못했을지도 모른다. 그러니 이 마애불을 볼 때마다 그것을 주문한 '그 사람(들)'을 기억해야 할 것이다.

　어떤 결과물의 성과에만 눈길을 주지 말고 그것을 가능하게 한 '사람들'을 볼 수 있어야 지금 내가 살아가면서 어떻게 판단하고 행동할 것인지 성찰할 수 있는 것이다.

레이디
고다이버의
인간애

.
,
　　영국 런던에서 승용차로 70분 거리에 있는 코번트리 대
성당 앞 광장에는 여인이 알몸으로 말을 타고 있는 동상이 서 있다. 언뜻
생각하면 성당 앞 광장에 그런 조각품은 어울리지 않는다. 그러나 그 동상
이 담고 있는 이야기는 성서의 그 어떤 이야기보다 감동적이다. 그 동상의
주인공은 11세기경, 코번트리 영주의 부인이었던 레이디 고다이버(Lady
Godiva)다. 제2차 세계대전 때 코번트리와 대성당도 파괴되었는데 코번트리
사람들은 폭격의 잔해들을 그대로 놔둔 채 대성당을 다시 짓고 그곳에 이
동상도 세웠다.

고다이버 부인은 가혹하고 잔인한 영주 레오프릭 백작(Leofric, Earl of Mercia)의 아내였다. 그녀는 강직하고 아름다웠으며 따뜻한 심성의 소유자였다. 그녀는 남편이 나날이 몰락해가는 농민들에게 세금을 덜어주기는커녕 오히려 갈수록 과중한 세금을 매기자 남편의 세금정책을 비판하고, 세금을 줄여 모두가 함께 살 수 있는 방법을 모색하라고 남편에게 충고했다. 그러나 남편은 어림도 없다고 거절하면서 아예 더 이상 그런 말을 못하게 못박으려는 듯 "당신이 알몸으로 말을 타고 성내를 한 바퀴 돈다면 모를까"라고 말했다 .영주인 남편은 세금을 줄일 생각이 전혀 없었지만 아름다운 아내의 간청을 물리치는 것도 내키지 않았던 터라 불가능해 보이는 제안을 함으로써 아내의 요구를 묵살하려 했던 것이다. 그 제안은 조롱이기도 했고, 설마 아내가 그렇게 하지는 못할 것이니 자기 체면도 세우는 것이라고 판단했을 것이다.

그러나 고다이버는 고민 끝에 남편의 폭정을 막고 죽어가는 농민들을 구하기 위해 기꺼이 그렇게 하기로 결심한다. 고다이버는 주민들에게 자신이 알몸으로 말을 타고 달리는 동안 모두 집 안에 들어가 문을 잠그고 커튼으로 창문을 가릴 것을 요청했다. 자신들을 위해서 그런 일을 하겠다는데 누가 그 요청을 거절할 것인가. 이 소식을 접한 마을 농민들은 레이디 고다이버가 나체로 말을 타고 마을을 돌 때 창문을 걸어 잠그고 커튼을 내린 다음 밖을 내다보지 않기로 결의했다.[4]

고다이버의 과감한 행동은 세금감면이라는 약이 되어 백성에게 돌아왔고 이 일은 전설처럼 전해지게 됐다. 옳다고 믿는 뜻을 관철시키기 위해 고

다이버 부인이 감행한 알몸 시위는 당시로서는 그야말로 파격이었다. 관행이나 상식, 힘에 맞서 대담한 역의 논리로 뚫고나가는 신념을 뜻하는 '고다이버이즘(Godivaism)'이라는 용어는 이렇게 탄생했다.

여인이 알몸으로, 그것도 대낮에 마을을 돈다는 건 미친 짓이다. 어떤 여인이 그렇게 할 수 있겠는가. 부끄럽고 치욕스런 행동이다. 그러나 고다이버는 기꺼이 그것을 택했다. 그리고 그녀의 용감한 선택은 남편도 살리고 주민도 살렸다. 그것은 고다이버가 보여준 인간애의 승리였다.

당시 코번트리 농민들이 오로지 고통받는 자신들의 행복을 위해 용감한 결단을 내린 고다이버 부인을 보고 무엇을 느끼고 어떻게 행동했을지 짐작하기 어렵지 않다. 여인이, 그것도 영주의 부인이 보여준 치욕을 무릅쓴 깊은 인간애에 감동하고 더욱 충성했을 것이다. 그리고 현대인들도 오늘날 코번트리 광장에 세워진 그녀의 동상을 보면서 그녀의 숭고한 인간애를 떠올릴 것이다.

하지만 이때 고다이버가 알몸으로 말을 타고 가는 모습을 커튼 사이로 몰래 엿본 톰이라는 양복점 직원이 있었고, 이 일로 남몰래 엿보는 사람을 '피핑 톰(Peeping Tom, 관음증)'이라 부르게 됐다고 한다.

≪14

결국은
사람이다

,

똑같은 것을 보면서도 다르게 느끼고 다르게 해석하는 것은 어쩔 수 없다. 십인십색인 것이 사람의 일이다. 그러나 사람에 대한, 존중은 다를 수 없다. 앞에서 소개한 〈씨름도〉, 〈세한도〉를 비롯해 마애삼존불, 레이디 고다이버를 하나의 지식과 정보라는 실용적 관점에서만 보지 말고 거기에 담긴 의미와 거기에서 읽어낼 수 있는 사람의 가치를 중심으로 바라보면 그 느낌이 더 강해진다.

우리가 맨 처음 살펴본 단원 김홍도의 〈씨름도〉에서 양반들이 이길 수 있는 형편이어도 일부러 져야 한다는 논리는 지금 우리에게도 그대로 적용된다. 그리고 김정희의 〈세한도〉에서는 곤궁한 때일수록 지켜야 할 도리와 우정을, 서산마애삼존불에서는 운산 호족의 깊은 생각을, 고다이버 부인의 용감한 선택에서는 나보다 못한 사람들에 대한 배려와 사랑을 읽어내야 한다. 이처럼 사람을 향한 따뜻한 시선이 더 큰 행복과 더 나은 미래를 가져준다.

우리가 흔히 말하는 생산성이나 효율이 그저 시간 대비 결실이라는 단순한 프레임에 그쳐서는 안 된다. 당장은 좋아 보일지 몰라도 그것은 착취이거나 왜곡이다. OECD 가입국 가운데 우리나라 노동자의 노동시간이 가장 길다. 그것은 더 이상 자랑이 아니다. 그러면서도 소득 수준은 높지 않다. 그것은 여전히 우리의 시장 구조가 값싼 노동력으로 버티고 있다는 반증이다. 노동생산성이 떨어지는 구조는 어디에서 오는가? 그것은 노동자 탓만은 아니다. 노동생산성이 떨어지는 이유 가운데 하나는 작은 이익 구조에 많은 인력이 매달려서 그것을 나누기 때문이기도 하지만, 노동생산성을 높이기 위해서는 사용자가 노동환경을 개선하는 것이 급선무다. 인력 개발에 더 많은 투자를 해야 하고 경영 시스템도 보다 합리적으로 개선해야 한다. 그러나 그러한 투자에는 인색한 채 노동 시간만 늘려서 이익을 얻어내려는 생산 구조가 여전히 변하지 않고 있다. 사람의 가치에 대한 투자에 눈을 돌려야 한다. 인문학적 상상력을 통해 무한한 가치를 얻어내고 다양한 정보를 만들어내기 위해서는 융합과 창조의 가치를 우선해야 한다.

그러나 지금 우리는 어떤가? 여전히 하드웨어 중심이다. 하드웨어는 당장 돈이 많이 들어가지만 금세 그 결과를 얻어낼 수 있다. 다행히 우리 경제력은 어느 정도 하드웨어 투자가 가능할 만큼 성장했다. 그래서 하드웨어 투자에는 인색하지 않을 뿐 아니라 일단 거기에 매달린다. 그에 반해 소프트웨어는 당장 돈은 덜 들어갈지 모르지만 그 환경을 마련하기 위해 문화 체제를 바꿔야 하고 의외로 시간도 많이 걸린다. 그래서 말로는 소프트웨어 개발을 강조하면서도 실제로 만족할 만한 결과를 얻어내지 못하는 실정이다.

진짜 투자해야 할 분야는 바로 휴먼웨어다. 그러나 여기는 많은 투자가 필요하고, 시간도 더 오래 걸린다. 그래서 어느 조직도 거기에 투자하려 하지 않는다. 말로는 교육이 백년대계라고 떠들면서도 걸핏하면 교육정책을 바꾸는 통에 학생과 학부모들만 멍들고 개선이 없다. 이런 풍토는 기업이나 조직이라고 다르지 않다.

사람의 가치를 개발하는 것이 우리의 미래를 결정한다. 인문학이 단순히 달달한 교양이나 품격 있는 지식을 얻기 위한 수단이 아니라, 이러한 미래 가치를 새롭게 창출할 매우 중요한 모멘텀 메이커라는 점을 잊어서는 안 된다.

인문학은 인간의 삶과 앎을 다양한 방식으로 무한히 확장시킬 수 있고 또 그래야만 한다. 오늘날 인문학의 발흥이 일시적인 붐에 그쳐서는 안 된다. 인문학은 바로 미래 발전의 바탕이 되기 때문이며, 그것을 실현하기 위해서는 인간의 무한한 가치를 최대로 이끌어낼 수 있는 새로운 전환이 필요하다. 21세기는 자유로운 상상력과 창의력이 마음껏 융합되는 창조의 프레임으로 나아가야 한다. 그 바탕이 인문학이고, 인문학의 근간은 인간에 대한, 인간의 가치에 대한 재발견이라는 점에서 지금 우리의 인문학은 중대한 전환점에 서 있다. 그것을 제대로 직시해야 한다.

생각의 융합 _

9

인문학은
어떻게
콜럼버스와
이순신을
만나게 했을까

인문학은 질문이다

– 우리의 삶을 바꾸는 질문의 힘

나는 묻는다,
고로
나는 존재한다

"나는 생각한다, 고로 존재한다(cogito ergo sum)."

데카르트(René Descartes, 1596~1650)의 이 문장은 중세에 대한 독립선언이고 근대의 문을 연 성명서다. 왜 그럴까? 흔히 우리는 그 문구가 데카르트의 유명한 말이라고만 배우고 넘어간다. 심지어 철학하는 학생들조차 그렇다. 거대한 텍스트로만 작동할 뿐 그 의미와 영향에 대해서는 무관심하다. 이게 우리 교육방식의 부끄러운 속살이다.

중세 유럽은 신 중심 사회였고 교회가 지배했다. 모든 지식은 교회의 검열을 받아야 했고, 수도원의 도서관이 지식의 중심지였다.

프랑스의 철학자, 수학자, 물리학자이며
'근대 철학의 아버지'로 불리는
르네 데카르트 ⋯→

  진리는 완전하고 확실하다. 인간은 어떻게 그것을 알 수 있을까? 적어도
중세 유럽에서는 그것이 불가능했다. 인간은 불완전한 존재인 피조물에
불과하기 때문이다. 따라서 창조자인 완전한 신의 은총을 받아야만 그것
을 알 수 있다고 여겼다. 그런 시대적 상황에서 데카르트의 이 명제는 기존
의 옹벽에 대한 독립선언이었다.

  그는 일단 지식의 확실성에 대해 찾아보았다. 가장 먼저 감각에 의한 지
식을 살펴보았다. 그것은 믿을 수가 없었다. 감각의 주체인 각 개인에 따
라, 그리고 그 개인도 상황에 따라 다르게 나타나기 때문이다. 그래서 그는
이번에는 수학을 의심한다. 그러나 수학에서의 공리와 공준은 흔들림이
없다. 하지만 데카르트는 설령 그렇다 해도 만약 수학 체계 전체가 악마의
트릭에 의해 만들어질 수 있다고 상상해보았다. 그렇다면 그것도 확실하

지는 않다. 그런데 결코 흔들리지 않는 확고한 사실이 하나 있었다. 그것을 의심하고 있다는 사실과 그 주체인 내가 있다는 사실이다. 그것을 깨닫는 데 '신의 은총' 따위는 필요 없었다! 확실성의 근거가 비록 크지는 않지만 가능하다는 점에서 이 선언이 갖는 의미와 파장은 엄청났다. 작은 구멍 하나가 거대한 방죽을 무너뜨릴 수 있다. 이것이 데카르트 명제가 갖는 의미다. 그 이후 비로소 '자유로운 개인'으로서의 '나'의 존재가 가능해졌고, 근대정신의 바탕이 마련되었다. 따라서 데카르트의 이러한 '물음'이 중세를 무너뜨리고 근대를 열었다고 볼 수 있다. 그게 질문의 힘이다.

우리는 늘 주어진 텍스트를 따라가는 데만 익숙하다. 그것이 우리 교육의 기본 방식이었다. 물론 텍스트를 무시할 수는 없다. 그것은 모든 지식의 기초이고 바탕이다. 그것이 없으면 지식이 형성되기 힘들다. 그러나 거기에만 머무르게 되면, 창의적 생각과 주체적 삶은 없다. 텍스트는 기존의 질서와 체제를 의미하며 우리에게 순응을 요구한다. 그렇게 우리는 알게 모르게 기존의 질서와 체제에 순응해왔다. 즉 텍스트는 내가 만든 게 아니다. 따라서 거기에는 내가 없다.

그럼, 어떻게 내가 정립될 수 있을까? 그것은 바로 질문이다. 질문은 누가 대신하는 것이 아니다. 바로 나 자신이 하는 것이다. 불행히도 우리는 질문하는 훈련을 제대로 받지 못했다. 아무리 미래창조과학부를 신설하고 해법을 찾아내느라 애쓴다 해도, '자유로운 개인'이 마음껏 질문하고 궁금증을 캐낼 수 있도록 자유를 주지 않으면 아무 소용이 없다는 얘기다. 과장해서 말하면 해법을 찾아내도록 강요하는 것이 아니라 자유롭게 답을 찾아닐 수 있도록 내버려두라는 것이다. 그러려면 기다려줄 줄 아는 관용과 인내가 필요하다. 그런 본질을 외면한 채 사소한 성공 사례만 찾아낸다고 해서 과연 성공할 수 있을까?

질문을 마음대로 할 수 있으려면 '자유'가 절대적으로 필요하다. 그러므로 창조는 자유에서 비롯된다. 질문하지 않는 나는 '주체적인 나'가 아니라 타율적인 '개체로서의 나'일 뿐이다.

질문은 힘이 세다. 왜 그런가?

첫째, 답은 하나지만 질문은 끝이 없기 때문이다.

둘째, 질문 자체는 결코 답이 아니지만, 답을 스스로 찾아내려는 주도권을 나에게 주기 때문이다.

셋째, 하나의 정답만 존재하는 게 아니라 다양한 답이 있다는 것을 질문을 통해 발견하게 되기 때문이다. 어떠한 예단도 성급한 판단도 질문에는 허용되지 않는다.

넷째, 질문은 토론과 협의의 핵심이기 때문이다. 질문을 받아들일 줄 알고 귀 기울일 때 함께 해법을 찾을 수 있다. 그것이 바로 토론과 회의의 생산성이다. 그리고 그것은 바로 민주주의의 건강한 초석을 마련한다.

다섯째, 질문은 이야기를 만들어내기 때문이다. 질문이 바로 스토리텔링의 대전제다.

역사에 질문하면
이야기와 합리성을
찾을 수 있다

　　　　　　　　　　　　　　　몇 해 전 두 차례나 추석 날짜를 바꿔보자는 제안이 있었다. 농업경제연구소는 그 까닭을 생산자와 소비자 모두가 살기 위해서라고 밝혔다. 특히 이른 가을의 추석 때면 소비자는 제수 마련을 위해 비싼값에 곡식과 과일을 사야 하고, 생산자도 정작 자신들이 본격적으로 출하할 때 대목을 놓쳐 제값을 받지 못하니 10월 둘째 주쯤으로 추석 명절의 날짜를 바꾸는 게 어떠냐는 제법 합리적인 제안이었다. 그러나 반향은 거의 없었다. 그것은 합리성의 문제가 아니라 전통에 대한 깊은 관습의 문제였다. 그러나 그 문제를 그냥 합리성의 차원에서 제안하지 않고 추석의 역사를 통해 접근했다면 반응도 조금은 달라졌을 것이다. 이른바 스토리텔링의 힘이다. 스토리텔링은 그저 지어내는 이야기가 아니라 사실과 사태에 대한 물음에서 시작된다.

추석이 다가오면 마음이 설렌다. 흩어졌던 가족들이 모이고 조상의 묘를 찾아 인사를 드린다. "더도 말고 덜도 말고 한가위만 같아라"는 말이 있을 만큼 추석은 참 행복한 명절이다. 고속도로가 귀성객들로 넘쳐나 10시간 넘게 운전하느라 고생하면서도 해마다 고향으로 힘들게 가는 걸 보면 우리나라 사람들이 정말 대단하다는 느낌이 절로 든다.

그런데 긴 여름 끝에 곧바로 추석을 맞는 경우가 적지 않다. 실제로 21세기 들어 9월에 추석을 맞는 경우가 절반이 넘었다. 2003년(9월 11일), 2004년(9월 28일), 2005년(9월 18일), 2007년(9월 25일), 2008년(9월 14일), 2010년(9월 22일), 2011년(9월 12일), 2012년(9월 30일), 2013년(9월 19일). 이처럼 9월 추석은 무더위와 함께 맞아 '여름추석'이라는 말이 나올 정도였다. 2014년의 추석은 9월 8일이었다. 9월 8일이라니! 도무지 추석 느낌이 나기 어렵다.

추석은 한 해의 농사를 마치고 햇과일과 햇곡식을 마련하여 조상과 하늘에 감사의 제를 올리는 명절이다. 대부분의 문명에서 곡식을 거둔 뒤에 흔히 따르는 풍속이다. 그런데 9월 초에 과연 햇곡식과 햇과일을 거둘 수 있을까? 쌀 같은 곡식은 다음해 추석 날짜에 맞춰 조금이라도 미리 심거나 조생종을 파종해 제수를 마련할 수 있을지 모르지만, 여러 해 사는 과수는 시기를 조절할 수 없다. 지금이야 하우스에서 재배된 과일을 얻을 수 있지만 옛날에는 꿈도 꾸지 못했을 것이고, 그렇다면 추석 준비가 여간 힘들지 않았을 것이다. 그렇다면 왜 이렇게 지키기 어려운 추석을 따랐을까? 그리고 우리는 지금 왜 그런 추석을 따르고 있을까? 이상하다는 생각이 드는 건 당연하고 자연스러운 일이다. 그런데도 늘 지켜온 가장 큰 명절이니 별로 따지거나 의심하지 않는다. 하지만 '합리적 의심'의 가능성까지 막을 일은 아니다.

인문학이란 '내가 묻는 것'에서 출발해서 '물었던 나'에게 돌아오는 것이다. 그저 다양한 지식과 정보를 얻어 교양을 쌓고 고상해지는 게 전부가 아니다. 가뜩이나 우리는 배운 것, 쓰인 것만 따르는 데 익숙해서 그것을 받아들이는 데 급급하다. 그건 '나의 것'이 아니다. 물론 그게 없으면 내 것을 만들어내는 것이 여간 힘든 게 아니다. 하지만 그건 로켓의 연료통이지 본체는 아니다. 연료통은 위성을 대기권 밖으로 내보내면 그것으로 역할이 끝난다. 실제적인 역할을 수행하는 건 바로 본체다. 합리적 의심은 포기하거나 체념하면 안 된다.

도대체 왜 추석이 이렇게 이른 시간에 찾아오는지 물어보는 건 너무나 자연스럽다. 그런데도 우리는 그것이 아주 오래전부터 이어온 민족의 대명절이기 때문에 당연한 것으로만 여기지는 않았을까? 이런 상황에서 아무리 합리적 절차를 통해 추석을 양력으로 바꿔 지내자고 해도 그 말은 설득력을 갖기 어렵다. 거기에 이야기가, 즉 역사에 대한 물음이 빠졌기 때문이다!

추석이 우리만의 명절은 아니다. 중국에서도 월석(月夕)이나 중추(中秋)라 불리는 추석과 비슷한 명절이 있다. 『예기(禮記)』에 '춘조월 추석월(春朝月 秋夕

月)'이라는 기록에서 '추석'이란 말이 유래했을 것이라 한다. '한가위'의 가위는 가배(嘉俳)에서 연유한 말로, 가배란 옛 신라 여인들이 두 편으로 갈라 길쌈내기를 하던 놀이를 이르는 경주지방의 방언이기도 했다. 또한 가배는 '가운데'라는 뜻을 지닌 것으로 대표적인 우리의 만월 명절, 즉 음력 8월 15일을 지칭하는 말이 되었다.

신라와 추석에 관한 기록은 뜻밖에도 많다. 『수서(隋書)』「신라전(新羅傳)」에 임금이 이날 음악을 베풀고 신하들에게 활을 쏘게 하여 상으로 말과 천을 내렸다는 기록을 담고 있고, 『구당서(舊唐書)』「동이전」에도 신라국에서는 8월 15일을 중히 여겨 잔치를 열고 음악을 베풀었으며 신하들이 활쏘기 대회를 했다고 기록하고 있다고 한다. 이런 점들로 짐작컨대 추석은 분명 삼국시대 신라에서 따르던 풍속이었을 것이다. 실제로 『사기(史記)』에 신라의 가배일 이야기가 한 마디 전하는 것을 봐도 알 수 있다.

추석은 곡식이 무르익고 온갖 과실들이 풍성하게 성장한 시기이고 한 해 중 가장 밝은 달이 떠 있는 때이니 시기적으로 어느 정도 적절하긴 하다. 하지만 이르다는 느낌은 지울 수 없다. 추석이 신라 시대부터 지켜온 세시풍속이라는 것은 위의 기록을 봐도 분명하다. 신라는 다른 나라들에 비해 남쪽에 있고, 상대적으로 이른 추수도 가능했을 것이다.

그래서 어느 정도 그 절기가 맞아떨어질 수 있다. 하지만 북쪽에 있는 나라들은 그렇지 않았다. 실제로 부여의 영고(迎鼓), 고구려의 동맹(東盟), 동예의 무천(舞天) 등은 상달(10월)에 지켜지던 풍속이다. 그것도 추석처럼 한 해의 수확에 대한 감사와 기쁨을 표하는 행사였다. 고구려는 10월에 전 부족이

한 자리에 모여 선조인 주몽신과 그의 생모 하백녀에게 제사를 지내고 풍성한 수확에 대해 천신에게 감사하는 농제를 올렸다는 기록이 『위지(魏志)』 「동이전」에 전한다. 영고, 동맹, 무천 등은 모두 일종의 추수감사제였고 추석과 같은 것이었다. 그런데 만약 고구려나 부여 등이 신라처럼 8월 보름에 그 풍속을 따랐다면 가을걷이를 거의 못한 상황에서 제사를 올려야 했을 것이다. 그러니 그들은 그런 시속을 따르지 않았다.

그러나 삼국통일이 신라에 의해 이루어졌기 때문에 이후 오곡백과의 수확에 대한 감사와 축제는 자연스럽게 신라의 풍속인 추석을 따랐을 것이다. 실제로 신라는 고구려나 백제와는 달리 일찍부터 유구(오키나와)나 여송(필리핀), 안남(베트남) 등과 교류했고, 신라에 복속된 가락국(가야)의 김수로왕이 인도의 아유타라는 나라의 공주를 왕비로 맞았다는 기록을 보더라도 교류의 역사가 오래되었음을 알 수 있다.

이규경(李圭景)은 『오주연문장전산고(五洲衍文長箋散稿)』에서 추석 행사를 가락국에서 나왔다고 했는데, 이것을 보더라도 추석이 한반도의 남쪽에서 따르던 세시풍속 명절이었음을 짐작할 수 있다. 또한 일본 승려 원인(圓仁)의 『입당구법순례행기(入唐求法巡禮行記)』에는 삼국통일을 계기로 신라와 당이 교류하면서 중국의 신라인 집단 거주지인 신라방(新羅坊)과 사찰인 신라원(新羅院)에서 신라인들이 절에서 베푼 추석 명절을 즐겼다는 내용이 기록되어 있다. 특이한 것은 신라인들이 산둥 지방뿐 아니라 양쯔강 일대에도 거주했다는 점이다. 아마도 이전부터 양쯔강 부근의 중국과 교류가 있었음을 짐작케 하는 대목이다.

그렇다면 우리는 여기서 이런 추론을 해볼 수 있을 것이다. 신라가 8월 보름에 추석 명절을 지낸 것은 중국의 남방, 즉 강남과 교류하면서 그 지방의 풍속을 따른 것일지 모른다는 가설이다. 실제로 중국에서 우리의 추석에 해당하는 중추절을 지키는 건 강남쪽이고, 양쯔강 북쪽, 즉 강북쪽은 음력 9월 9일인 중양절(重陽節)에 가을걷이 축제와 성묘를 하는 시속을 따른다. 두보의 「등악양루」에는 고향 장안에 가고 싶어도 그 일대가 여전히 적의 점령하에 있어서 가지 못하는 애절한 심정이 담겨 있다. 만년에 가족과 헤어져 장강을 정처 없이 떠돌던 시기에 지었던 뛰어난 시 「등고(登高)」는 우리의 추석에 해당하는 중양절에 지었다. 등고는 중국에서 중양절에 조상에게 차례를 지내고 높은 곳에 올라 국화주를 마시며 수유를 머리에 꽂아 액땜을 하던 행사다.

중국의 시인들은 중양절을 맞아 많은 시를 지었다. 왕유(王維, 701-761)의 시 「9월 9일 산동의 형제들을 그리며(九月九日憶山東兄弟)」가 그 대표적 경우다. 고향 땅 포주(蒲州)를 떠나 서쪽 수도 장안에 머물고 있던 열일곱 살 때 화산(華山) 동쪽에 있는 산에 올라 지은 시다. 중양절을 맞아 고향에 가족이 모두 모였을 것을 떠올리며 형제들을 보고싶은 간절함을 표현했다.

　　　獨在異鄕爲異客
　　　每逢佳節倍思親
　　　遙知兄弟登高處
　　　遍揷茱萸少壹人

나 홀로 낯선 땅에서 나그네 되어

명절 때마다 가족 그리움은 갑절로 짙어지네

먼 곳에 있어도 형제들 모두 높은 곳 올랐음을 아니

산수유 가지 꽂는데 한 사람 것은 빠졌구나.

물론 '그 한 사람'은 바로 왕유 자신이다. 중양절에 모두 모여 성묘하고 함께 산에 올라 산수유 나뭇가지 꽂고 가을 단풍을 누리고 있을 텐데, 자신은 그러지 못함을 안타까워하는 내용이다. 그렇다고 추석, 즉 중추절을 가볍게 여긴 것은 아니다. 중국에서 중추절은 춘절 다음으로 큰 명절이다. 춘절, 즉 설날이 '해'와 관련되었다면 중추절은 '달'과 관련된다. 가을의 밝고 맑은 둥근 달은 단결과 화목의 상징이라 여겼다. 자연스레 달에 대한 시가 중추절과 맺어진다.

당나라 이백의 "고개 들어 밝은 달을 보고 고개 숙여 고향을 그리네", 두보의 "이슬은 오늘 밤처럼 하얘지고 달은 고향 달이 밝겠지"와 송나라 왕안석(王安石, 1021~1086)의 "봄바람은 또 강남의 강가를 푸르게 하는데 밝은 달은 언제나 나의 귀향 길을 비출까?" 등의 시는 바로 중추절에 맞춘 시들이다. 지금도 중국인들이 소식(蘇軾, 1037~1101)의 「수조가두(水調歌頭)」에 있는 구절 "그저 우리 모두 오래오래 살아서, 아주 멀리 떨어져 있어도 아름다운 저 달 함께 볼 수 있기를!(但願人長久 千里共嬋娟)"이라는 말을 중추절 축하카드에 즐겨 사용한다고 한다. 그런데 특히 상하이 지역에서 달을 감상하며 여인들이 무리를 지어 밤을 즐겼다는 것을 보면 중추절은 확실히 남쪽에서 더 지키고 따랐음을 알 수 있다. 그것을 답월(踏月)이라 불렀다고 한다.

정리해보면 중국의 양쯔강을 경계로 북쪽은 음력 9월의 중양절을, 남쪽은 음력 8월의 중추절을 따랐고, 삼국시대 북쪽의 나라들은 그들의 계절에 맞춰 상달에, 남쪽의 가락과 신라는 8월 보름의 절기를 따랐을 것이다. 풍속도 권력에 따라 변하듯 삼국을 통일한 신라의 이러한 절기가 표준이 되었을 것이다. 고려시대 노래인 『동동』에도 이 날을 가배라고 적은 것을 보면 알 수 있다. 김부식의 『삼국사기』「유리이사금조」에 왕이 신라를 6부로 나누고 왕녀 2인이 각 부의 여자들을 이끌고 7월 16일부터 한 달 동안 매일 일찍 모여 길쌈하며 경쟁했다는 기록을 봐도 이미 고려시대에 신라의 추석 절기를 보편적으로 따르고 있었음을 간접적으로 확인할 수 있다.

고려가 고구려를 계승한다는 의미의 이름이었음에도 불구하고 추석을 예전의 상달로 바꾸지 않은 것을 보면, 일단 자리잡은 명절과 세시풍속은 바꾸기 쉽지 않다는 것을 알 수 있다.

최근 들어 추석의 날짜를 바꿔보자는 논의가 나오는 것도 잘 따져보면 바로 이런 의문에서 비롯되는 것들이다. 물론 얼핏 생뚱맞아 보일 수 있다. 잘 지켜오던 추석을 난데없이 바꾸자니 황당하기도 할 것이다. 그러나 이런 의견은 환경의 변화로 농업생산주기가 달라지고 있으며 너무 이른 가을인 9월 추석을 자주 맞이하다보니 생겨난 자연스러운 문제제기다.

과일을 비롯해 농수산물의 수급 균형을 위해서도 추석을 양력인 10월 중순 이후로 정하면 농민과 소비자 모두에게 이익이 될 것이라고 농협경제연구소에서 제안한 것도 그런 생각의 발로다. 이른 추석이 찾아오면 농가는 연중 최대 대목을 놓쳐 피해를 입고 소비자는 품질 낮은 과일을 비싸게 사야 한다. 실제로 9월 추석에 출가된 대부분의 과일은 성장촉진제를 맞은 것이라고 한다. 그렇지 않으면 출하시기를 맞출 수 없기 때문이다.

물론 추석은 대대로 이어져온 전통이기 때문에 편의적으로 바꾸거나 인위적으로 조작할 수 없다는 반론도 만만치 않다. 여름 추석으로 인해 생기는 농산물도 일부 품목에 불과할 뿐이라고 반박하고, 더 나아가 우리의 추석은 추수감사절이라기보다는 추수를 앞두고 농사를 잘 짓게 해준 하늘에 감사하는 의미의 명절이라고 강조하면서 추수에 대한 감사의 의미로서의 절기라면 10월 상달에 햇곡식으로 제사지낸 풍속을 활용하면 된다고 주장한다. 나로서는 이 대목이 지나친 일반화의 오류라고 여겨진다. '추수를 앞두고' 감사의 제사를 지낸다는 것은 의미에 부합하지 않는다. 추수가 끝난 뒤에 감사의 제사를 지내는 것이지 거두기 전에 감사 제례를 하는 경우는 거의 없을 것이다.

이처럼 추석에 대한 작은 의문과 그에 대한 추론이 반드시 옳다고 확언할 수는 없다. 그러나 이러한 추론은 합리적으로 충분히 가능한 일이다. 그렇지 않고서는 도대체 여름 무더위가 남아 있는 추석을 어찌 설명할 수 있겠는가? 세시와 풍속도 권력이나 의식에 따라간다는 사실을 또 다른 예를 통해 확인할 수 있다.

추석과
추수감사절

,

우리의 추석이 너무 이른 것과 완전히 대비되는 게 있으니 바로 미국의 추수감사절(Thanksgiving Day)이다. 추수감사절은 11월 넷째 주 목요일이다. 절기로 따지면 초겨울쯤이다. 그런데 왜 그날을 정해 가을걷이에 대한 감사의 날로 택했을까? 1620년 메이플라워호를 타고 미국에 도착한 청교도들이 처음으로 수확을 했던 시기이기 때문이다.

신앙의 자유를 찾아 고국을 떠난 그들을 기다리고 있었던 건 풍요가 아니라 고난과 질병 그리고 배고픔이었다. 그들이 뉴잉글랜드에 정착했을 때 많은 사람들이 이미 숨을 거뒀다. 이듬해 봄에는 거의 절반이 죽었다.

처음 도착했던 102명 가운데 불과 44명만이 살아남았다. 추위와 질병이 이어졌고 그들이 가져온 씨앗은 새로운 땅에 그다지 적합하지 않았다. 그래도 절망하지 않고 씨를 뿌리고 농사를 지었다.

본디 그 땅에 살던 사람들(흔히 인디언이라고 잘못 불렸던)과 갈등도 있었고 때론 습격도 받았지만 그들에게서 많은 도움을 받았다. 적합한 작물도 얻고 식량도 얻었으며 경작법도 배웠다. 그렇게 해서 가까스로 살아남았고 드디어 첫 수확을 거뒀다. 그렇게 늦게 추수를 마친 뒤 하느님께 예배를 드렸고 사흘간 축제를 열었다. 얼마나 감격스러웠을까! 그들은 자신들을 도와줬던 인디언들을 초대해서 함께 즐겼다. 그게 추수감사절의 시작이었다. 추수감사절에 칠면조 고기를 먹는 풍습도 이때 생겨났다고 하는데, 당시 인디언들을 초대해서 야생 칠면조를 잡아 나눠먹었다고 한다. 그러나 다른 기록에 따르면 그것은 인디언들이 늦가을에 즐겼던 사냥 풍속을 따른 것이고, 답례로 인디언들이 청교도들을 초대하여 함께 사냥해서 야생 칠면조를 잡았던 데서 비롯되었다는 주장도 있다. 칠면조 고기를 먹는 풍습은 첫 추수감사절 때 새 사냥을 나갔던 사람이 칠면조를 잡아와 먹기 시작한 데서 유래한 것이라는 주장이다. 어쨌거나 추수감사절을 '칠면조의 날(Turkey Day)'이라고 부른 데는 그런 배경이 있었다.

어느 민족이나 추수를 끝내고 감사와 축제를 지냈고 이는 종교에서도 마찬가지다. 구약성서에 나오는 3대 명절인 유월절, 맥추절, 초막절은 모두 감사절이었다. 그중 초막절(Tabernacles)은 선조들이 40년 동안 장막에서 유랑하던 생활을 기념하던 절기로, 그 바탕은 가을에 모든 곡식과 올리브,

제니 브라운스콤,
〈플리머스에서의 첫 추수감사절(The First Thanksgiving at plymouth)〉(1914)

포도 등을 거둬들여 한 해 농사에 감사하는 의식이었다. 청교도들도 그런 풍속을 따랐을 것이다. 그런데 분명 그것은 유럽 대륙의 것과 다르다. 스위스 개혁파 교회에서는 9월에 그런 예식을 따랐다. 영국은 8월(Lammas Day)에, 독일의 복음주의 교회는 성 미카엘의 날(9월 29일) 다음의 일요일에 감사제를 지냈다.

물어라,
그러면
답을 얻을 것이다

,

자, 그럼 여기서 질문을 하나 던져보자. 초기 청교도 이주
자들, 즉 필그림들은 그다음 해 추수감사절을 언제 지냈을까? 추수를 끝냈
을 때일까, 아니면 그 전 해와 같이 11월 넷째 주였을까? 그들도 고민하지
않았을까? 이중으로, 그러니까 진짜 가을걷이를 했을 때와 첫 번째 추수감
사절을 각각 기념했을까? 이런 질문이 바로 문제에 접근하는 핵심이다.

1621년 첫 수확을 거둔 청교도들에게 이날은 결코 잊을 수 없는 날이었
다. 처음에 이 추수감사절은 특별한 종교적 절기는 아니었다. 종교적 색채
를 띠게 된 것은 나중의 일이다. 17세기 말에는 이 날이 코네티컷 주와 매

사추세츠 주의 연례적 성일로 지켜지면서 서서히 다른 지역들로 확산되었다. 플리머스 지방 행정관인 윌리엄 브래드포드가 처음으로 '추수감사절'이라고 불렀다고 한다. 이 관습이 남부지방까지 퍼져나갔고 각 주의 정치가들은 이 추수감사절을 연례행사로 정하는 문제를 토의했다. 1789년 11월 29일 조지 워싱턴(George Washington, 1732~1799) 대통령이 처음으로 추수감사절을 일회성 국경일로 선포했다.

1840년대에 『고디의 레이디스 북(Godey's Lady's Book)』의 편저자였던 새러 조세파 헤일(Sarah Josepha Buell Hale, 1788~1879) 여사는 추수감사절(11월 마지막 목요일)을 미국 전역의 연례적인 절기로 지킬 것에 대한 캠페인을 벌였다. 그녀는 1863년 9월 28일에 추수감사절을 미국 전역의 연례적인 축일로 선포할 것을 촉구하는 서신을 당시 미국의 대통령인 링컨에게 보냈다. 그로부터 4일 뒤 마침내 1864년 링컨 대통령은 미국 전역이 11월 넷째 주간으로 추수감사절을 정해 연례적인 절기로 따르도록 공포했다. 그 이전까지만 해도 감사일에 대한 대통령의 선포는 연례적인 것도 아니었고 추수기와 아무런 관련도 없었다. 하지만 그 이후 그 전례를 따랐고 1941년에 미국 의회는 대통령과의 합의 아래 11월 네 번째 토요일을 추수감사절로 정하고 이날을 휴일로 공포하였다.

그러나 미국과 달리 캐나다에서는 10월 둘째 월요일에 추수감사절을 지낸다. 그것은 캐나다가 미국 대통령의 결정을 따라야 할 이유가 없기 때문일 것이다. 한국은 1908년 미국 교회의 영향을 받았기 때문에 11월 마지막 주 목요일을 추수감사절로 정했고, 1912년에는 음력 10월 4일로 정하는 등 여러 차례 바뀌었으며 현재는 11월 셋째 주일에 따르는 경우가 많다. 그러나 최근에는 추석을 감사절로 지키는 교회들도 증가하고 있다.

'때 이른 추석'을 맞으면서 '합리적 의심'을 갖고 추적해보면 이렇게 뜻하지 않은 것들을 만나게 된다. 중간에 멋진 시들을 만나는 건 덤이다. 이러한 의문과 추적을 통해 역사, 문학, 정치, 사회 등을 씨줄과 날줄로 엮고 풀면서 많은 것들을 알게 된다. 그것은 정해진 틀에 딱 맞춰 가르치는 것이 아니다. 나의 의문과 그 의문의 갈래들이 이리저리 얽히고 짜이면서 구성된다. 이것이야말로 나의 '주체적 학습'이다. 주체적으로, 내가 주인이 되어 사실과 진실을 알게 되면 저절로 앎이 삶으로 내재화된다. 지행합일이라는 게 거창한 구호나 대단한 이념이 아니다. 내가 찾아낸 지식은 내 삶으로 나타난다. 그게 제대로 된 인문학의 방식이다.

이 물음은 이렇게 귀결된다. 추석 명절을 지키는 것은 '신라인'인 나인가, '지금의 나'인가? 그렇게 물어보면 앞에서 제기되었던 농업경제연구소의 제안이 훨씬 설득력을 가질 것이다. 그러니 끊임없이 묻고 또 물어보자. 다행히 예전과 달리 우리는 마음만 먹으면 어렵지 않게 원하는 지식들을 추적할 수 있다.

여러분에게 한 가지 방법을 제안하고 싶다. 하루에 세 가지씩 궁금하거나 모르는 것, 혹은 대략 알기는 하는데 정확하게 알지는 못하는 용어나 개념이 떠오르면 일단 그것을 메모장이나 휴대전화에 적어두라. 물론 궁금한 것과 짧은 아이디어도 마찬가지다. 그리고 그것을 당장 검색하지 말고 먼저 여러분 나름대로 짐작해보고 다른 지식들을 동원해서 풀어보라. 비록 바로 정답을 얻지는 못하더라도 그 과정에서 놀라운 추론 능력이 길러지고 맥락을 다양하게 짚어내고 엮어내는 능력이 시나브로 느는 것을 경험하게 될 것이다. 저녁 무렵에 여러분이 적어둔 메모의 내용을 검색창이나 책을 통해 확인해보라. 그러면 나의 추론과 그 실제가 일치하는지 혹은 비슷하지만 다른 의미와 내용인지 알게 될 것이고, 자연스럽게 그 둘이 또 다른 방식으로 맺어질 것이다.

검색을 통해 찾은 지식들은 여러분의 것이 아니지만, 그것들이 검색되어 여러분의 뇌 속에 저장되면 그렇게 짜인 지식의 직물들은 바로 우리 자신의 것이 된다. 예를 들어 일정하게 두세 달 지나면 그 목록들만 해도 대략 200여 개쯤 될 것인데, 그 때쯤 되면 그것들이 독립적으로 서로 이어지고 맺어지면서 다양한 콘텍스트를 만들어내게 된다.

그러니 끝없이 묻고 의심하고 따져보라. 기존의 지식과 정보는 타인이 만들어놓은 것이지만 여러분이 묻고 따져서 찾아내고 캐낸 것들은 여러분의 것이 된다. 그 출발은 물음에서 시작된다. 물음은 누가 대신하거나 대표하는 것이 아니다. 바로 여러분이 묻는 것이다. 그러니 여러분이 전적으로 주인이다! 그게 바로 인문학의 기본 정신이고 태도다.

역사에 대한
질문은
현재진행형이다

,

질문은 끝이 없다. 역사에 대한 질문은 단순히 먼 과거의 기록에 대한 탐구에 그치지 않는다. 최근 우리가 겪은 역사교과서 파동은 이러한 문제에 대한 근원적 물음을 요구한다.

예를 하나 들어보자. 독일은 히틀러에 의한 제2차 세계대전을 치르면서 전체주의와 광기가 얼마나 치명적인 결과를 초래하는지 뼈저리게 느꼈다. 그래서 전쟁이 끝난 후 유대인을 비롯한 다른 민족과 국가에 깊이 사죄했다. 사실 자신의 허물을 인정하고 다른 이에게 사과하는 것은 생각보다 쉬운 일이 아니다. 자존심이 상하기도 하고 아픈 상처를 되돌아보는 고통을 수반하기 때문이다. 그러나 그러한 반성과 성찰이 있어야 다시는 그런 잘못을 되풀이하지 않을 것임을 알기에 계속해서 사죄하고 혹시라도 나치와 같은 생각을 가진 사람이 있으면 스스로 응징하는 것이다.

반대로 일본은 어떤가? 그들은 우리나라를 비롯한 아시아 여러 나라를 침공하고 식민지로 삼거나 지배했을 뿐 아니라 많은 고통을 안겼다. 그리고 태평양전쟁에서 패배했다. 그것도 히로시마와 나가사키에 원자폭탄을 맞았기 때문에 어쩔 수 없이 무조건 항복했던 것이다. 그런데 한국전쟁을 기회로 삼아 일본이 빠르게 부흥하면서 어떻게 반응했던가? 자신들은 원자폭탄의 피해자인 양 호들갑을 떨었다. 사실 미국이 일본에 원자폭탄을 투하한 것은 일본이 태평양전쟁에서 계속 패퇴하면서도 끝까지 항복하지 않았기 때문이다. 연합군뿐 아니라 무고한 일본인들까지 죽어가자 어쩔 수 없이 선택했던 것이다. 물론 거기에는 미국이 원자폭탄의 성능을 확인해보고자 하는 의도도 있었지만 말이다.

그뿐인가? 일본은 우리나라의 피해에 대해 정식으로 배상하지 않았고 1965년 한일협정을 통해 얼마간의 돈을 주면서 그것으로 끝내려 했다. 일종의 보상이다. 배상과 보상은 다르다. 배상은 가해자가 자신의 잘못을 인정하고 사과하면서 그 피해에 대해 심적 물적 값을 치르는 것이다. 그러나 보상은 어떤 물적 피해에 대해 그것에 버금가는 다른 물적 대체물을 제공하는 것이다. 그것은 잘못에 대한 지불 행위가 아니다. 일본은 여전히 배상한 적이 없다.

그뿐인가? 그들은 걸핏하면 엉터리로 미화된 국수주의적인 역사교과서를 통해 자신들의 침략을 정당화하거나 심지어 미화하기까지 해서 그들에게 피해를 당한 국가와 시민들의 분노를 산다. 독도 영유권 주장이라는 엉뚱한 짓도 바로 그런 사고의 연장선에 있는 것이다.

누구나 자신의 잘못을 인정하고 싶어하지 않는다. 그래서 자신들의 잘못을 역사교과서에 기록하기를 꺼릴 수 있다. 때로는 아예 엉뚱하게 미화하고 싶은 유혹을 느낄 수도 있다. 그러나 그런 유혹에 빠지는 것은 매우 위험하다. 그것은 잘못된 역사관 혹은 역사의식이기 때문이다. 만약 그들이 그런 그릇된 역사를 다음 세대에 가르친다면 어떤 일이 일어날까? 또다시 기회가 주어진다면 전쟁을 일으키거나 침략할 수도 있고, 끊임없이 그런 잘못을 정당화하려 할 것이다. 그리고 그 결과는 어떨까? 주변국들을 위험에 빠뜨릴 뿐 아니라 마지막에는 그들 자신이 패망과 고통을 반복하게 될 것이다. 그래서 올바른 역사를 기록하는 것은 정말 중요하다.

여러분이 보기에 독일의 전후 역사관과 일본의 그것 가운데 어떤 태도가 합리적이고 타당하며 현명한 것이라고 여겨지는가? 물어볼 필요도 없을 것이다.

그렇다면 불행한 경우를 가정해보자. 다시 우리가 다른 나라에 국권을 빼앗기게 된다면 과연 독립운동을 하겠는가, 아니면 그들과 어울려서 자신의 이익을 추구하겠는가? 예전에 독립운동을 했던 분들은 대부분 자신의 모든 재산을 털어 독립운동 자금으로 내놨고 평생을 이역에서 떠돌며 고생했다. 게다가 그 자녀들은 제대로 교육받지 못했고 귀국한 이후에도 냉대를 받았다. 실제로 독립운동가 후손은 대부분 가난하게 살아야 했다.

아무도 그들을 보살피지 않았다. 그러니 과연 다시 나라를 잃게 된다면 누가 맞서 싸우겠는가? 행여 자손들까지 망치게 될 '그런 짓'을 누가 감히 하겠는가? 우리가 친일파를 제대로 청산하지 못하고 독립운동가들을 제대로 대접하지 못한 것이 역사에 죄를 지은 것이 분명한 이유를 알 수 있지 않은가?

우리의 현대사에서 단 한 차례도 친일과 독재의 잔재를 완전하게 청산하지 못한 것은 그래서 두고두고 부끄러운 일이며 역사의 빚으로 남을 일이다. 역사는 인간이 무엇을 해왔는가, 지금 무엇을 하고 있는가를 스스로 돌아보고 반성할 때 가치가 있는 것이다. '인간이란 무엇인가'를 늘 깨어 있는 정신으로 확인해야 하는 이유도 거기에 있는 것이다.

역사는 단순한 과거의 기록도, 승자의 자서전도 아니다. 그것은 개인으로서의 인간과 보편적 인류의 가치가 과연 무엇인가에 대해, 그리고 그 깨달음을 토대로 앞으로 무엇을 해야 하는가를 성찰하는 단서다. 그것은 살아 있는 시간이며 그 속에서 살아 있는 인간의 좌표를 확인할 수 있다. 끊임없이 이어가야 하는 보편적 인간의 가치를 깨닫게 하는 역사는 그래서 우리가 깨어 있는 정신으로 받아들이고 늘 성찰해야 할 주제다.

역사는 미화해서도 안 되고 지나치게 폄하해서도 안 된다. 잘못된 미화는 역사의 허물을 깨닫지 못해 결국에는 그 잘못을 태연하게 반복하게 할 뿐이다. 잠깐 기분은 좋을지 모르지만 아무리 그럴싸하게 포장해도 진실은 감출 수 없다. 진정한 역사의 힘은 바로 진실의 힘이다. 그 진실의 힘은 바로 말할 때 생겨난다!

질문에는
상상력이
필요하다

,

　　　　　우리나라 중고등학생 대부분은 경주로 수학여행을 다녀
온다. 운이 없으면 중학교 때도 가고 고등학교 때 또 가는 경우도 있다. 그
런데 막상 경주 수학여행이 유익했다고 느끼는 경우는 별로 없는 것 같아
안타깝다. 물론 공부에 찌들어 있는 청소년들이 며칠 휴가처럼 학교를 떠
나 여행하면서 일탈의 즐거움을 누리는 것은 좋은 일이다. 그런데 그렇게
찾아간 경주에서 과연 무엇을 보고 느끼는가?

　　물론 경주에 가서 많은 것을 보고 느낄 것이다. 그런데 대부분은 불국사,
석굴암처럼 크고 멋진 건축물이나 대능원처럼 거대한 고분들이 모여 있는

곳을 휘 둘러보는 게 전부일 것이다. 설명도 제대로 듣지 않는다. 수학여행 가기 전 수업 시간에 미리 경주에 대해 지식을 쌓고 가는 경우도 거의 없을 것이고, 그러니 첨성대나 안압지 같은 건축물이나 둘러볼 뿐이다. 반월성 안에 있는 석빙고/는 얼핏 보면 그냥 개구멍처럼 보일 테니 특별히 눈길도 주지 않고 건너뛴다. 물론 그 옛날 얼음을 보관했다는 과학성쯤은 알고 있으니 일부러 들여다보지 않아도 된다고 여기는 경우도 있다.

경주에 가면 적어도 1,300년 전쯤으로 시간을 되돌려볼 필요가 있다. 지금은 별것 아닌 것처럼 보일지 모르지만 옛날로 돌아가보면 예사로운 게 없다. 심지어 수로 하나도 당시의 뛰어난 문화적 생활상을 엿볼 수 있는 증거물들이다.

정말 유심히 살펴보면 옛 조상들의 과학적 지혜에 감탄하게 된다. 이왕 석빙고 이야기가 나온 김에 더 이야기해보자. 배우 차태현이 주연했던 국내 영화 〈바람과 함께 사라지다〉를 본 사람은 알 것이다. 조선시대에는 한강 가까운 곳에 석빙고를 지었다. 지금의 동빙고동, 서빙고동이라는 지명도 거기에서 유래한 것이다. 그런데 왜 석빙고를 지었을까? 여름

1≫
지금 있는 석빙고는 실제로는 조선조 영조 때 축조한 것이다. 그러나 예전 신라시대, 그러니까 6세기쯤에 이미 얼음 창고가 있었다는 기록이 있다.

에 화채를 먹기 위해서였을까? 물론 보통 때는 그런 용도로도 쓰였겠지만 가장 중요한 용도는 왕실의 장례를 위해서였다. 이상하지 않은가? '석빙고-얼음-장례'의 연결고리가 쉽게 짐작되지 않을 것이다.

까닭은 이렇다. 임금이 사망했다. 그걸 훙(薨)이라고도 하고 붕어(崩御)라고도 한다. 예전에 포클레인 같은 장비도 없던 시절에 임금의 무덤인 '능(陵)'을 만들려면 수많은 사람들이 동원되었다. 그런데도 금세 만들지는 못하므로 임금의 장례는 대개 100일 정도 걸렸다. 그렇다면 그동안 사체는 어떻게 보관했을까? 서아시아 같은 아열대지방에서는 시신이 금세 부패하기 때문에 가능한 한 빨리 매장한다. 그래서 이슬람권에서는 24시간 안에 매장하는 문화가 생긴 것이다. 그런데 아무리 온대지방이라 해도 100일 동안 시신을 보관한다는 것은 불가능하다. 그래서 시신이 부패하지 않도록 하기 위해 석빙고의 얼음이 필요했던 것이다. 얼음 위에 돗자리를 깔고 그 위에 임금의 시신을 보관했던 것이다. 얼음이 녹아서 물이 흐르고 습도가 높아지는 것을 막기 위해서 미역을 준비했다. 그래서 그 미역을 '국장(國葬)미역'이라 불렀다고 한다. 대단한 과학 아닌가?

우리가 조금만 상상을 해봐도 이런 예들을 찾아낼 수 있다. 역사는 단순히 지난 사실을 기록한 종이쪼가리가 아니다. 그 당시의 상황을 상상해보면 많은 것을 느끼고 알 수 있다. 앞서 고려의 청자에서 이미 그런 것들을 경험했다. 상상은 단순한 공상과는 분명히 다르다. 물론 오늘날 과학적 정밀성에 익숙한 우리의 눈에는 비과학적이고 비논리적으로 보일지 모르지만 그것은 나름대로 당시의 관점과 가치관이 깔려 있는 상태에서 기록되고 평가되었다는 점을 고려해야 한다.

이 모든 것들은 바로 질문에서 시작된다. 그러니 묻고 또 물어라! 내가 주인이 되어. 그게 인문학의 출발이며 핵심이다. 기존의 답은 누군가 만들어낸 결과물이다. 나는 거기에 개입하지 못한다. 그러나 질문은 바로 내가 던진다. 따라서 질문은 주체성의 바탕이다. 또한 답은 하나지만 질문은 끝이 없으며, 질문의 답을 추적하는 과정에서 훨씬 더 다양하고 풍부한 지식을 축적하고, 거기서 얻은 힘으로 내가 지식을 생산할 수 있다. 그리고 그 힘이 바로 우리의 현재와 미래의 삶을 바꾼다. 질문에서 시작하는 인문학, 그게 바로 지금 우리의 삶과 미래의 가능성을 확대하는 진정한 실용의 힘이다.

●── 참고문헌

강명관, 『조선시대 책과 지식의 역사』, 천년의상상, 2014

김수영, 『김수영 전집』, 민음사, 2003

김수영, 『거대한 뿌리』, 민음사, 1995

김수영, 『풀이 눕는다』, 시인생각, 2013

데이바 소벨, 『코페르니쿠스의 연구실』, 장석봉 옮김, 웅진지식하우스, 2012

데이비드 배츨러, 『미니멀리즘』, 정무정 옮김, 열화당, 2003

도널드 서순, 『유럽문화사1~5』, 오숙은/이은진 외 2인 옮김, 뿌리와이파리, 2012

두보, 『두보시선』, 이원섭 역해, 현암사, 2003

레이 황, 『1587, 만력 15년 아무 일도 없었던 해』, 김한식 옮김, 새물결, 2004

마르코 폴로, 『동방견문록』, 김호동 옮김, 사계절, 2000

마이클 화이트, 『톨킨: 판타지의 제왕』, 김승욱 옮김, 작가정신, 2003

미르치아 엘리아데, 『이미지와 상징』, 이재실 옮김, 까치글방, 1998

박석무, 『유배지에서 보낸 편지』, 창비, 2009

박태원, 『소설가 구보씨의 일일』, 문학과지성사, 2005

E. M. 번즈, R. 러너 외, 『서양문명의 역사, 상/하』, 박상익/손세호 옮김, 소나무, 2007

493

새뮤얼 이녹 스텀프, 제임스 피저, 『소크라테스에서 포스트모더니즘까지』, 이광래 옮김, 열린책들, 2004

샘 웰만, 『사랑으로 세상을 바꾼 위대한 간호사 나이팅게일』, 김세라 옮김, 상상북스, 2006

손종섭, 『이두시신평』, 김영사, 2012

실리어 블루 존슨, 『그렇게 한 편의 소설이 되었다』, 신선해 옮김, 지식채널, 2012

아르망 이스라엘, 『다시 읽는 드레퓌스 사건』, 이은진 옮김, 자인, 2002

아우구스티누스, 『신국론』, 추인해 옮김, 동서문화사, 2013

앙드레 모루아, 『영국사』, 신용석 옮김, 김영사, 2013

에드워드 사이드, 『오리엔탈리즘』, 박홍규 옮김, 교보문고, 2000

에디트 데커, 『백남준』, 김정용 옮김, 궁리, 2001

에밀 졸라, 『나는 고발한다』, 유기환 옮김, 책세상, 2005

예병일, 『전쟁의 판도를 바꾼 전염병』, 살림, 2014

오주석, 『오주석의 한국의 미 특강』, 솔, 2003

요한네스 힐쉬베르거, 『서양철학사 상/하』, 강성위 옮김, 이문출판사, 2008/2012

유홍준, 『완당평전』, 학고재, 2002

이근배, 『시로 그린 세한도』, 과천문화원, 2009

이기백, 『한국사신론』, 일조각, 1990

이자벨 드 메종 루주, 『현대미술』, 최애리 옮김, 웅진지식하우스, 2007

이종각, 『일본 난학의 개척자, 스기타 겐파쿠』, 서해문집, 2013

이종묵, 『한시마중』, 태학사, 2012

이종찬, 『난학의 세계사』, 알마, 2014

일연, 『사진과 함께 읽는 삼국유사』, 리상호 옮김, 강운구 사진, 까치글방, 1999

정민, 『다산의 재발견』, 휴머니스트, 2011

정수일, 『이슬람 문명』, 창작과비평사, 2002

정약용, 『다산시선』, 창비, 2013

정약용, 『한밤중에 잠깨어』, 문학동네, 2012

제임스 조이스, 『율리시스1, 2』, 김성숙 옮김, 동서문화사, 2011

제임스 조지 프레이저, 『황금가지』, 이용대 옮김, 한겨레출판사, 2011

조지프 캠벨, 『천의 얼굴을 가진 영웅』, 이윤기 옮김, 민음사, 2004

조지프 캠벨, 『신의 가면』, 정영목 옮김, 까치글방, 2002

조너선 색스, 『차이의 존중』, 임재서 옮김, 말글빛냄, 2007

존 스탠리, 『천년의 음악여행』, 이창희/이용숙 옮김, 예경, 2008

주경철, 『문화로 읽는 세계사』, 사계절, 2005

주경철, 『대항해시대』, 서울대학교출판부, 2008

최웅, 『미국의 역사』, 소나무, 1997

최인훈, 『소설가 구보씨의 일일』, 문학과지성사, 2009

최하림, 『김수영 평전』, 실천문학사, 2001

캐롤 스트릭랜드, 『클릭, 서양미술사』, 김호경 옮김, 예경, 2013

토머스 쿤, 『과학혁명의 구조』, 김명자/홍성욱 옮김, 까치글방, 2013

J. R. R. 톨킨, 『반지의 제왕』, 김번/김보원/이미애 옮김, 씨앗을뿌리는사람, 2010

티모시 브룩, 『쾌락의 혼돈』, 이정 옮김, 이산, 2005

파트리시아 프리드카라사, 『회화의 거장들』, 김은희/심소정 옮김, 자음과모음, 2011

폴 존슨, 『폴 존슨의 유대인의 역사』, 김한성 옮김, 포이에마, 2014

피터 N. 스턴스, 『문화는 흐른다』, 문명식 옮김, 궁리, 2003

한국서양사학회 엮음, 『유럽중심주의 세계사를 넘어 세계사들로』, 푸른역사, 2009

한나 아렌트, 『예루살렘의 아이히만』, 김선욱 옮김, 한길사, 2006

한성무, 『두보평전』, 김의정 옮김, 호미, 2007

호메로스, 『오디세이』, 이충민 옮김, 문학동네, 2014

Peter Lorge, *War, Politics and Society in early modern China 906~1795*, Routledge, 2005

사진판권

105쪽 ©①◎ Bergmann
110쪽 ©①◎ Libjbr
217쪽 ©①◎ Julian Nitzsche
278쪽 ©①◎ Reggaeman
375쪽 ©①◎ Gisling
391쪽 ©①◎ Seonjong Park
398쪽 ©①◎ Steve46814
452쪽 ©①◎ Brian Chandra

생각의 융합

1판 1쇄 발행 2015년 3월 4일
1판 7쇄 발행 2021년 3월 12일

지은이 김경집

발행인 김기중
주간 신선영
편집 민성원, 정은미
마케팅 김신정, 최종일
경영지원 홍운선

펴낸곳 도서출판 더숲
주소 서울시 마포구 동교로 43-1 (04018)
전화 02-3141-8301~2
팩스 02-3141-8303
이메일 info@theforestbook.co.kr
페이스북 · 인스타그램 @theforestbook
출판신고 2009년 3월 30일 제2009-000062호

ⓒ 김경집, 2015. Printed in Seoul, Korea

ISBN 978-89-94418-86-5 (03100)